»Die Frauen sind mit denjenigen verheiratet und dienen ihnen, die beten, arbeiten und kämpfen«, meinte Bischof Gilbert von Limerick im Mittelalter, und genau so war der Ort der Frauen jahrtausendelang definiert. Doch nicht alle haben sich mit Dienen begnügt, und diejenigen, die es taten oder tun mußten, sind ebenfalls der Rede wert. Das vorliegende Lesebuch stellt ein breites Spektrum historischer Literatur vor, in der die Lebenswelten der Frauen vom Altertum bis in die Neuzeit anschaulich gemacht werden. Das Wirken berühmt gewordener »großer« Frauen wird ebenso beleuchtet wie die Lebensverhältnisse und der Alltag der kleinen Leute. Die Auswahl ist parteiisch, aber nicht einseitig, denn »Geschichte ist eine und unteilbar. Sie wird von Männern und Frauen gemacht« (Rose-Marie Lagrave).

Brigitte Hellmann, geboren 1955, studierte Germanistik und Geschichte, ist Verlagslektorin und Herausgeberin des Lesebuches ›Lebendiges Mittelalter‹ (dtv 4669).

Frauen-Geschichte(n)

Ein historisches Lesebuch

Herausgegeben von Brigitte Hellmann

Deutscher Taschenbuch Verlag

»We got a long way to go ... «
Für Mi

Originalausgabe
September 1997
Deutscher Taschenbuch Verlag GmbH & Co. KG,
München
Umschlagkonzept: Balk & Brumshagen
Umschlagbild: ›Mars und Venus‹ (1498) von Andrea Mantegna
(© Peter Willi/ARTOTHEK)
Gesamtherstellung: C. H. Beck'sche Buchdruckerei,
Nördlingen
Gesetzt aus der Garamond 10/11°
Gedruckt auf säurefreiem, chlorfrei gebleichtem Papier
Printed in Germany · ISBN 3-423-30627-0

Inhalt

Vorbemerkung 9

I. Antike

GERDA LERNER
Die Ehefrau und die Konkubine 11

GAY ROBINS
Fruchtbarkeit, Schwangerschaft und Geburt 27

LOUISE BRUIT ZAIDMAN
Die jungen Mädchen 40

JANE F. GARDNER
Arbeitende Frauen 53

MARGARETHA DEBRUNNER HALL
Eine reine Männerwelt?
Frauen um das römische Heer 70

II. Mittelalter

ERDMUTE HELLER/HASSOUNA MOSBAHI
Der Schleier und die Verbote des Islam 87

HANS-WERNER GOETZ
Eheleben und Sexualität 98

EDITH ENNEN
Die weibliche Frömmigkeitsbewegung 110

GEORGES DUBY
Eleonore 120

JOACHIM BUMKE
Lehren für Frauen. Erziehung und Bildung 135

EDITH ENNEN
Die Frau in der mittelalterlichen Stadtgesellschaft............... 148

PETER SCHUSTER
Die Prostituierten.. 159

RÉGINE PERNOUD
Die Rose und die Schriftgelehrten... 177

III. Neuzeit

WOLFGANG BEHRINGER
Verdacht, Verhör, Folter und Hinrichtung:
Stationen der Hexenverfolgung... 197

MARGARET L. KING
Frauen mit Macht und Einfluß... 206

NATALIE ZEMON DAVIS
Mit Gott rechten
Glikl bas Judah Leib 216

HEIDE WUNDER
Die Hebamme: ein Frauenberuf... 227

DAGMAR VON GERSDORFF
»Nur Ausdauer und Widerstand können uns retten«
Die Unterredung von Luise und Napoleon 1807.................. 233

GERDA LERNER
Frauengruppen, Frauennetzwerke, soziale Freiräume 246

AGNES-MARIE GRISEBACH
Amalie und die Droste... 253

INGEBORG WEBER-KELLERMANN
Bauer und Bäuerin.. 269

MANUELA MÜLLER-WINDISCH
Das Lockern der Gewänder 281

IRENE HARDACH-PINKE
Ein anständiger Broterwerb 295

UTE FREVERT
Männergeschichten – Frauengeschichten
Von der Lust und Last, ein Mann zu sein 306

Autorinnen, Autoren und Quellennachweis 323

Vorbemerkung

»Den Männern gefallen, ihnen nützlich sein, ihre Liebe und Achtung erlangen, sie aufziehen, wenn sie jung, und pflegen, wenn sie alt sind, sie beraten, trösten, ihnen das Leben angenehm und süß zu machen, das sind die Pflichten der Frau zu allen Zeiten, und das soll sie von Kindheit an gelehrt werden«, heißt es in Jean-Jacques Rousseaus Roman ›Emile oder Über die Erziehung‹. So wundert es nicht, daß Frauen in der Geschichte scheinbar keine oder nur ausnahmsweise eine bedeutende, von den männlichen Geschichtsschreibern für überlieferungswürdig befundene Rolle spielten. Sie blieben auf Haus und Familie verwiesen, traten nicht in Erscheinung. In der männlich dominierten Welt waren sie die Untergeordneten, Dienenden, von Bildung, Wissenschaft, Politik und Kultur weitgehend Ausgeschlossenen. Doch ganz so war es nicht, wie die neuere Geschichtsforschung – initiiert vor allem von Frauen – zeigt. Sie bemüht sich in verstärktem Maße darum, die Frauen in der Geschichte sichtbar zu machen und ein neues, die Rollen beider Geschlechter berücksichtigendes Geschichtsdenken zu etablieren. Von den Ergebnissen dieser inzwischen bereits reichhaltigen Forschung soll das vorliegende Lesebuch einen Eindruck vermitteln. Es kann und soll selbstverständlich nicht auf Vollständigkeit der Chronologie und Themenfelder angelegt sein oder den Stand der Forschungsdiskussion dokumentieren, sondern es möchte Annäherungen an die vielgestaltige Geschichte der Frauen vom Altertum über das Mittelalter bis in die Neuzeit bieten.
Sichtbar werden die Lebenswelten von Frauen, in ihren angestammten Feldern Ehe, Familie, Mutterschaft, aber auch in der Arbeitswelt, in der Politik und in der Literatur. Deutlich wird in diesem historischen Streifzug die Ambivalenz der Frauengeschichte. Sie zeigt, wie die Frauen einerseits in der patriarchalen Gesellschaft auf ihren Wirkungskreis in Haus und Familie beschränkt, in ihren Rechten beschnitten und von Bildung,

Kultur und öffentlichem Wirken ausgeschlossen wurden, andererseits jedoch auch, wie es ihnen immer wieder gelang, einen eigenen Weg einzuschlagen, Selbstbewußtsein zu entwickeln und Einfluß zu gewinnen. Ganz allmählich wurde es möglich, mehr und mehr an Terrain zu erobern und den Zugang zu Bildung, Rechten und Entfaltungsmöglichkeiten zu erlangen. Schließlich konnte sich im 19. Jahrhundert eine Frauenbewegung etablieren, die die Forderungen der Frauen artikulierte und erfolgreich ihre Partizipation in Gesellschaft und Politik durchzusetzen begann. Diese Fortschritte manifestieren sich etwa in der Zulassung von Frauen zum Hochschulstudium und in der Durchsetzung des Wahlrechts für Frauen, das in einigen amerikanischen Bundesstaaten auf kommunaler Ebene bereits Mitte des 19. Jahrhunderts, in Europa dann nach dem Ersten Weltkrieg eingeführt wurde. Die Anthologie endet mit dem 19. Jahrhundert, die rasante – natürlich noch längst nicht abgeschlossene – Entwicklung in unserem, dem 20. Jahrhundert böte Stoff genug für ein weiteres Buch.

Das vorliegende Lesebuch soll keine akademische Studie sein, daher wurde bei den einzelnen Texten weitgehend auf die Quellen- und Literaturnachweise verzichtet. Anmerkungen der Herausgeberin sind in eckige Klammern gesetzt.

I. Antike

Gerda Lerner
Die Ehefrau und die Konkubine

Die drei wichtigsten der erhaltenen mesopotamischen Gesetzessammlungen – die Gesetze des Hammurabi (CH), die mittelassyrischen Gesetze (MAL), die Gesetze der Hethiter (HL) – sowie die Mosaischen Gesetze sind ergiebige Quellen für die historische Forschung.

Das Babylonische Reich umfaßte während der Herrschaft des Königs Hammurabi Völker verschiedener ethnischer Herkunft und Kultur, es erstreckte sich von den Flußläufen des Euphrat bis zu den Ufern des Tigris. Seine Zeitgenossen betrachteten ihn allerdings nur als einen mächtigen König unter anderen. Hammurabi, der die bereits geltenden Gesetze der von ihm beherrschten Völker zusammenstellte und mit Zusätzen versah, verlieh den Gesetzen die Autorität seines Amtes und die Sanktionsgewalt des Gottes Schamasch, um ihre Geltung in seinem ganzen Herrschaftsbereich zu gewährleisten. Sein Codex, eingemeißelt auf einer Dorit-Stele etwa 1760 v. Chr., enthält eine Vielzahl von Gesetzen, die schon seit Jahrhunderten galten. Die hethitischen und assyrischen Gesetze stammen aus der Zeit vom 15. bis zum 11. Jahrhundert v. Chr. Das Mosaische Gesetz wurde wohl zwischen dem späten 9. und frühen 8. Jahrhundert v. Chr. niedergeschrieben und stützte sich auf Gesetzestexte, die bis zu 300 Jahre zuvor formuliert und angewendet worden waren. [...]

Der Wert einer Tochter bestand für eine Familie im wesentlichen darin, daß sie sich zur Braut machen ließ. Der für eine Tochter erlöste Brautpreis diente meist dazu, den Preis für die

Braut eines Sohnes aufbringen zu können. Die Ehen in Mesopotamien wurden in der Regel vom Vater des Bräutigams in Verhandlungen mit dem Vater der Braut arrangiert. Manchmal verhandelte der Bräutigam auch direkt mit dem Vater der Braut. Der Austausch von Geld und Geschenken zur Besiegelung des Eheversprechens ist Gegenstand vieler Gesetze im Codex Hammurabi. Der Vater des Bräutigams hatte dem Vater der Braut ein Verlobungsgeschenk *(biblum)* und ein Brautgeschenk *(tirhâtum)* zu bezahlen, wonach das Paar als verlobt galt; aber die Braut blieb im Haus des Vaters, bis die Hochzeit durch die sexuelle Vereinigung vollzogen war. Einem anderen Arrangement entsprechend, das in der Regel für eine Kinderbraut galt, wurde die Braut vom Vater des Bräutigams ausgesucht und lebte fortan im Haushalt des Schwiegervaters, wo sie bis zur Hochzeit als Magd diente. Daß ein derartiges Arrangement die Braut in vielerlei Hinsicht dem möglichen Mißbrauch durch den Schwiegervater preisgab, ist den §§ 155 und 156 des Codex Hammurabi zu entnehmen, die für den Schwiegervater, der solch ein Mädchen vergewaltigte, schwere Strafen vorsahen. Hatte der Sohn bereits Geschlechtsverkehr mit dem Mädchen, so wurde der Schwiegervater als Ehebrecher behandelt und zum Tod durch Ertränken verurteilt. Hatte der Schwiegervater das Mädchen vergewaltigt, als sie noch Jungfrau war, mußte er eine Geldstrafe zahlen, ihr alles, was sie in die Ehe mitgebracht hatte, wie die Mitgift, zurückgeben und sie in das Haus ihres Vaters zurückschicken. Es ist interessant, daß das Gesetz für einen solchen Fall bestimmt, daß »ein Mann nach ihrem Herzen sie heiraten mag«. Dies ist eine der wenigen Gelegenheiten, in denen das Gesetz der Frau eine gewisse Entscheidungsfreiheit bei der Wahl ihres Gatten zugesteht, immer vorausgesetzt, daß ihr Vater mit ihrer Wahl einverstanden ist. Bemerkenswert ist auch der eher beiläufige Hinweis auf die Möglichkeit, daß auch der Sohn mit der Kinderbraut sexuellen Verkehr gehabt haben kann. Das wird nicht unter Strafe gestellt, denn sie ist durch die Verlobung bereits sein sexuelles Eigentum.

Ehen konnten auch durch das Unterschreiben eines Ehevertrages *(riksatum)* geschlossen werden. Solche Verträge konnten den Frauen gewisse Eigentumsrechte sichern, spezielle Bedingungen für den Fall der Scheidung festlegen und verhindern, daß sie wegen Schulden, die der Gatte vor der Eheschließung gemacht hatte, der Sklaverei unterworfen werden könnten.

Nachdem die Ehe vollzogen worden war, erhielt die Braut von ihrem Vater eine Mitgift *(bab. scheriktum)*, auch bekannt als »Versorgung« *(nudunnum)*. Hat eine Frau Söhne geboren, so geht bei ihrem Tode ihr *scheriktum* an diese über (CH §§ 162, 172). Im mittelassyrischen Recht sieht § 29 etwas Ähnliches für eine Mitgift vor, die von der Mutter auf die Söhne übergeht. Während der Ehe bestimmt der Gatte, was mit dem *scheriktum* geschieht; nach seinem Tode ist es Besitz der Witwe, die bis zu ihrem Tode darüber verfügen kann, selbst wenn sie wieder heiraten sollte (CH §§ 173, 174). Wenn der Gatte seine Frau verstößt, weil sie keine Söhne geboren hat oder krank ist und er eine andere Frau heiraten will, so ist die erste Frau berechtigt, weiter in seinem Haus zu wohnen und lebenslang unterhalten zu werden. Wenn sie das nicht will und sie ihn lieber verlassen möchte, kann sie ihre Mitgift zurückfordern. Stirbt eine Frau, die keine Söhne geboren hat, so muß der Schwiegervater des Gatten den Brautpreis an diesen zurückerstatten, der wiederum dem Schwiegervater die Mitgift zurückgeben muß.

Offensichtlich waren die finanziellen Arrangements, die hier Rechtskraft erlangten, nur zwischen Familien möglich, die über Vermögen verfügten. Und diese Gesetze sicherten – bei Homogamie, der Eheschließung von Partnern gleichen sozialen Ranges – das Verbleiben der Vermögen innerhalb der besitzenden Klasse. Dies wurde erreicht, indem Kinder beiderlei Geschlechts erbberechtigt waren: Die Söhne erbten beim Tod des Vaters, die Töchter erhielten ihr Erbteil als Mitgift. Die ständige Überwachung der Mädchen zur Sicherung ihrer vorehelichen Keuschheit und die strenge Kontrolle der Wahl des Ehepartners durch die Familie förderten zusätzlich die Tendenz zur Homogamie. Mitgift und Erbe schufen einen Fonds des Ehepaares, der zur Stabilisierung der Ehe beitrug, weil beide Teile ein finanzielles Interesse an ihrer Aufrechterhaltung hatten. Der Ehemann erfreute sich der lebenslangen Verfügung über den eigenen Besitz und den seiner Gattin; aber er war verpflichtet, die Mitgift der Gattin zu erhalten, sowohl um das Erbe seiner Söhne zu garantieren als auch um den Lebensunterhalt seiner Frau im Witwenstand zu sichern. Die Frau hatte ein Nutzungsrecht (Nießbrauch) an ihrer Mitgift, es lag deshalb in ihrem Interesse, Investitionen zu tätigen und das Vermögen zu vermehren – wie dies auch die *naditum*-Priesterin tun konnte. Dies ist der Grund für die Geschäftstätigkeit der Frauen des Patrizierstandes und für ihre beträchtlichen zivilrechtlichen Befugnisse und ökonomischen Rechte. Der scheinbare Widerspruch, daß Frauen der Oberschicht derartige ökonomische Rechte hatten, wo doch ihre sexuellen Rechte immer stärker eingeschränkt wurden, ist ein integraler Bestandteil der Herausbildung der patriarchalen Familie. Der Sozialanthropologe Jack Goody hat in seiner gründlichen Untersuchung über die Formen der Ehe in aller Welt diese Entwicklung als typisch für die Gesellschaften Eurasiens bezeichnet, deren ökonomische Basis der Ackerbau war und die eine komplexe Sozialstruktur mit Klassenschichtung und eine fortgeschrittene Arbeitsteilung aufwiesen. Solche Gesellschaften entwickeln im allgemeinen die Form der patriarchalen monogamen Ehe, die Homogamie, eine besondere Wertschätzung der vorehelichen Keuschheit und einen hohen Grad von sozialer Kontrolle über das Sexualverhalten der Frauen. In Mesopotamien finden wir eine der ersten Ausprägungen einer solchen Gesellschaft vor.

Es ist durchaus sinnvoll, derartige Zusammenhänge nachzuweisen, d. h. die Gesellschaften weltweit zu klassifizieren und dabei die jeweiligen Beziehungen zwischen Eigentumsordnung und geschlechtsspezifischen Rollenerwartungen zu zeigen. Wir sollten jedoch die Analyse noch weitertreiben und feststellen, daß das Einräumen eines Erbrechts für Söhne und Töchter zur Erhaltung des Familienbesitzes noch nicht bedeutet, daß Söhne und Töchter *gleiche* Rechte haben. Das Beispiel Mesopotamien macht vielmehr deutlich, daß hier das Eigentum von

Mann zu Mann, von männlichem Familienoberhaupt zu männlichem Familienoberhaupt, überging, daß es aber *durch* Frauen weitergegeben wurde. Die Frau hatte ein lebenslanges Nutzungsrecht an ihrer Mitgift, aber ihr Mann (oder ihre Söhne) hatten unveräußerliche Rechte an diesem Besitz, der nach dem Tode der Frau an sie überging. Im Falle einer Scheidung oder wenn sie keine Söhne geboren hatte, fiel die Mitgift wieder an ihren Vater (oder an ihre Brüder) zurück. Eine Frau konnte ihr Eigentum weder abtreten noch in einem Testament über seine Nutzung verfügen, so daß ihre Rechte äußerst eingeschränkt waren. Bezeichnend ist, daß ihre wie immer gearteten Rechte in jedem Falle abhängig waren von ihren sexuellen oder fortpflanzungsrelevanten Diensten gegenüber ihrem Gatten, insbesondere davon, ob sie ihn mit Söhnen versorgte.

Wo Anthropologen eine starke Kausalbeziehung zwischen der Regelung von Erbschaftsangelegenheiten und Eigentumsfragen einerseits und dem Sexualverhalten andererseits konstatieren, befassen sich Assyriologen mehr mit den Besonderheiten konkreter Einzelfälle und der Frage, wie diese zu interpretieren seien. Es gibt zwei Hauptrichtungen der Interpretation der besonderen Form der babylonischen Ehe. Driver und Miles vertreten die Auffassung, das babylonische Eherecht stelle einen Fortschritt hinsichtlich der Rechte der Frauen dar, da deren wirtschaftliche und gesetzliche Rechte in der Ehe weitgehend gesichert gewesen seien. Nach dieser Auffassung stellt das *tirhâtum* keinen Kaufpreis für die Braut dar, sondern lediglich ein symbolisches Geschenk zur Besiegelung der Ehe, ein kulturelles Überbleibsel des früheren Brauchs, die Braut zu kaufen. Driver und Miles arbeiten den Ursprung und die Entwicklung dieses »früheren Brauchs« nicht heraus. Sie gehen von der Tatsache aus, daß ein Heiratsvertrag geschlossen wurde, und folgern aus der Existenz eines solchen Vertrages, daß dessen Abschluß seit der Zeit der Herrschaft Hammurabis der für die Rechtskraft der Ehe entscheidende Akt war und daß dieser Vertrag zugleich den wesentlichen Unterschied zwischen Ehe und Konkubinat ausmachte. Die Autoren weisen darauf hin, daß die wenigen noch erhaltenen babylonischen

Eheverträge sich in der Form von den im Geschäftsleben geschlossenen Kaufverträgen deutlich unterscheiden; und sie führen an, daß der Brautpreis viel geringer war als der Marktpreis einer jungen Sklavin, was zeige, daß der Brautpreis kein Kaufpreis gewesen sein könne.

Der von Paul Koschaker und den meisten europäischen Assyriologen vertretenen entgegengesetzten Auffassung zufolge war die babylonische Ehe eine Ehe durch Kauf und der Brautpreis tatsächlich eine Zahlung seitens des Bräutigams oder seiner Familie für die Braut. Koschaker macht auf das Bestehen von zwei Arten der Ehe in der mesopotamischen Region aufmerksam. Die lange Zeit bestehende ältere Form ist eine Ehe ohne gemeinsamen Wohnsitz: Die Ehefrau bleibt im Haus ihres Vaters (oder ihrer Mutter); der Gatte wohnt als zeitweiliger oder ständiger Gast bei ihr. Hinweise auf diese Form der Ehe finden sich im Codex Hammurabi und in der Bibel, wo sie *beena*-Ehe genannt wird. In dieser Form der Ehe wird der Frau eine größere Autonomie zugebilligt und die Scheidung ist für sie relativ einfach. Koschaker meinte, der Codex Hammurabi und die mittelassyrischen Gesetze hätten jedoch die andere Art, die patriarchale Ehe, formalisiert, die nach und nach zur vorherrschenden Form geworden sei. In einer derartigen Ehe lebt die Ehefrau im Haus ihres Gatten und ist völlig abhängig von seinen Unterhaltsleistungen. Eine Scheidung auf Wunsch der Frau ist fast unerreichbar. Koschaker zufolge entstand diese Form der Ehe ursprünglich als Heirat durch Kauf, entwickelte sich aber ungefähr zur Zeit des Gudea von Lagasch (ca. 2130/40 v. Chr.) zu einer durch schriftlichen Vertrag geschlossenen Ehe. Diese Entwicklung war bezeichnend für die sumerische Gesellschaft; die semitischen Gesellschaften blieben bei der früheren Form der patriarchalen Ehe. Beide Konzepte sind im Codex Hammurabi enthalten.

»Der semitischen Kaufehe stand die sumerische Ehe gegenüber, die zwar auch von der Kaufehe ausgegangen war, diese aber schon längst überwunden hatte … Hammurabi hat daher in der weisen Erkenntnis, daß es Aufgabe des Gesetzgebers sei, Gegensätze auszugleichen, nicht aber solche zu schaffen, ... beide Ehesysteme in sein Gesetz aufgenommen. Neben die Kaufehe hat er die Ehe ohne tirhâtum gestellt, neben die tirhâtum die sumerische Eheschenkung, den nudunnum.«

So versucht Koschaker, die Widersprüche in den Gesetzen des Hammurabi zu erklären, auf die wir aufmerksam gemacht haben. Er warnt auch vor einer vulgarisierenden, vereinfachenden Lesart seiner Hypothese, die diese so interpretiert, als hätte es sich darum gehandelt, daß die Frau wie eine Sklavin zum Eigentum geworden wäre. Seine Auffassung stimmt mit der von Driver und Miles insofern überein, als der Brautpreis nicht als ökonomisches Äquivalent für die Frau verstanden wird. Aber dieser Preis, so stellt Koschaker fest, war das rechtlich gesicherte, einklagbare Äquivalent. »Denn bei der Frage der Kaufehe handelt es sich in erster Linie um die Form des Ehevertrags, um die Frage, ob der Bräutigam für die traditio puellae [Übergabe des Mädchens] einen Gegenwert an den Muntwalt [Vormund] leisten muß. Ist dies der Fall, so ist die Ehe Kaufehe, und zwar auch dann, wenn das aus ihr entstehende Rechtsverhältnis nicht mehr Eigentum an der Frau, sondern eheherrliche Gewalt ist.« Diesen Unterschied zu machen ist unter den hier interessierenden Aspekten außerordentlich einleuchtend, zumal er eine neue Art von Machtverhältnis zwischen Ehemann und Ehefrau definiert, dem in früheren Gesellschaften nichts Vergleichbares entsprochen hat.

Neuere anthropologische Forschungen scheinen Koschakers Rekonstruktion der Aufeinanderfolge von Eheformen von der Ehe ohne ständigen gemeinsamen Wohnsitz zur patrilokalen patriarchalen Ehe zu bestätigen. Die erstere ist charakteristischer für Stämme von Nomaden und Jägern-und-Sammlern, die letztere hingegen entwickelt sich mit dem Ackerbau. Weder Driver und Miles noch Koschaker erklären hinreichend, wie es zur Heirat durch Kauf gekommen ist; sie gehen einfach von der Tatsache ihres Bestehens aus und zeigen, wie sie sich weiterentwickelte. Ein Verständnis dieser Entwicklung ist nur möglich, wenn in die Analyse die soziale Klasse als ein Faktor der Entwicklung einbezogen wird. Heirat durch Kauf war ein Phänomen der Klassengesellschaft, und es betraf die Frauen der verschiedenen Klassen nicht in gleicher Weise.

Das Gewohnheitsrecht männlicher Familienmitglieder (Väter, Brüder, Onkel), weibliche Familienmitglieder durch Eheschließung zu tauschen, bestand schon vor der Entwicklung der patriarchalen Gesellschaft und war einer der Faktoren, die zu deren weiter Verbreitung führten. Mit der Entwicklung des Privateigentums und der Klassenschichtung erhielt dieses Gewohnheitsrecht eine entscheidende ökonomische Bedeutung. Die männlichen Familienoberhäupter mußten nun die Eheschließung der Familienmitglieder so regeln, daß der Familienbesitz maximiert und der soziale Status der Familie erhalten oder gar verbessert wurde. Die Frauen wurden immer wichtiger für die wirtschaftliche Situation der Familie: nicht nur als Warenproduzentinnen, als Kinderproduzentinnen, bei der Hausarbeit, sondern auch als Personen, deren sexuelle Fähigkeiten sich in eine vermarktbare Ware verwandeln ließen. Es sind die sexuellen und fortpflanzungsrelevanten Dienste von Frauen, die verdinglicht wurden, nicht die Frauen selbst.

Familien der Oberklasse nutzten die Ehen der Töchter, um ihre soziale und ökonomische Situation zu verbessern. Ehen zementierten militärische und geschäftliche Vereinbarungen und Bündnisse. Väter hatten die Möglichkeit, einige ihrer Töchter dem Dienst an den Göttern und Göttinnen zu weihen, was als spiritueller Vorteil den Segen der Götter und Göttinnen sicherte und den ökonomischen Vorteil hatte, daß die dem Tempel beim Eintritt der Tochter in die Tempelgemeinschaft übergebene Mitgift nach deren Tode an die Familie zurückfiel. So konnte auch eine Überzahl von Töchtern im Verhältnis zur Zahl der Söhne für die Familien in einen Vorteil verwandelt werden.

In einer Gesellschaft, in welcher der Besitz von Land und Herden einen hohen sozialen Rang begründete, wurde es zum Zweck der Ehe, die Abstammungslinie der Familie durch Söhne fortzusetzen, für Söhne als Stammhalter zu sorgen. Der

Austausch von Geschenken zwischen zwei wohlhabenden Familien bei der Hochzeit ihrer Kinder festigte die gegenseitigen Verpflichtungen der beiden Familien und gewährleistete die Weitergabe des Besitzes an die männlichen Familienmitglieder. Die Mitgift wurde erst übergeben, nachdem die Ehe vollzogen worden war, weil die wichtigste Vertragsbedingung erst erfüllt war, wenn die Frau sich als fähig erwiesen hatte, tatsächlich (oder doch potentiell) Söhne zu gebären. Nur dann hatte die Frau einen eigenen Anspruch auf bestimmte wirtschaftliche und soziale Rechte. Aber die Bestimmung, daß ihre Mitgift an ihre Söhne fallen mußte, bedeutete, daß die Söhne zur Familie des Vaters gehörten und deren Vermögen zu übernehmen hätten. Der Wert der Frauen richtete sich vor allem nach ihrer Fortpflanzungsfähigkeit, und ihre lebenslange Abhängigkeit von einem Mann war institutionell festgelegt.

Dasselbe Streben nach Homogamie und sozialem Aufstieg durch Heirat führte in ärmeren Familien zu ganz anderen Ergebnissen. Der Mangel an finanziellen Mitteln zur Zahlung des Brautpreises für die Frau eines Sohnes konnte durch die Verheiratung einer Tochter behoben werden. Wenn aber, so berichtet die Orientalistin Elena Cassin, »kein junges Mädchen vorhanden war, durch dessen Verehelichung die Familie zu Geld kommen konnte, so mußte ein Teil des Familienbesitzes veräußert werden, indem als Brautpreis ein Acker oder ein Haus angeboten wurde«. Solche Transaktionen konnten durchaus den Weg in den wirtschaftlichen Ruin der Familie ebnen und führten unter Umständen zu Verschuldung und Statusverlust.

Wenn ein solcher Fall eintrat, waren die Familien gezwungen, ihre Töchter und eventuell auch Söhne als Schuldsklaven zu verpfänden oder sie in die Sklaverei zu verkaufen. Töchter, die unter solchen Umständen verkauft wurden, konnten zu Konkubinen, zu gewöhnlichen Hausklavinnen oder zu Prostituierten gemacht werden. Sie wurden vielleicht auch von einem Herrn als Frauen für seine Sklaven gekauft. Was auch immer geschah, die Familie und die Tochter hatten unter den Folgen eines ökonomischen und sozialen Statusverlustes zu leiden.

In einer Familie der Unterschicht, die über ein nicht ausreichendes oder gar kein Vermögen verfügte, wurden Menschen (Kinder beiderlei Geschlechts) als Besitz behandelt und in die Sklaverei oder in die Ehe mit niedrigrangigen Partnern verkauft. Wesentlich war dabei, daß sie dadurch alle Rechte auf den Besitz ihrer Herkunftsfamilie verloren. Doch das Arrangement, in dem die Ehe eines Sohnes mit einem Mädchen seiner eigenen sozialen Klasse durch den Verkauf seiner Schwester ermöglicht wurde, hatte für die Schwester faktisch die Bedeutung einer Heirat durch Verkauf.

In diesem Licht betrachtet lassen sich die beiden Interpretationen in bezug auf die Ehe in Mesopotamien miteinander vereinbaren. Heirat durch Verkauf und Heirat durch Vertrag gab es seit der Zeit des Hammurabi nebeneinander. Die beiden Formen der Ehe betrafen Frauen aus verschiedenen sozialen Schichten. Die Vorstellung, die Braut sei eine Partnerin in der Ehe, war implizit in dem Ehevertrag, der in der Oberschicht üblich war, enthalten. Für Frauen aus niedrigeren Schichten lief die Ehe jedoch auf eine häusliche Versklavung hinaus. Im mesopotamischen Recht und mehr noch im hebräischen Recht sind mit der Zeit deutlichere Unterschiede zwischen den ersten Frauen (Oberschicht) und den Konkubinen (Unterschicht) gemacht worden. Alle Frauen gerieten mehr und mehr unter sexuelle Dominanz und Regulierung, doch der Grad ihrer Unfreiheit variierte je nach der sozialen Klasse. Wie wir gezeigt haben, befinden sich die verheirateten Frauen an dem einen Ende eines Spektrums, die Sklavinnen am anderen Ende, und die Konkubinen nahmen eine Position dazwischen ein. Es wäre aber ein folgenschweres Mißverständnis, die untergeordnete Position einer Ehefrau, die über ökonomische und gesetzlich geregelte Rechte verfügte und die Möglichkeit hatte, selbst in absoluter Weise über ihr gehörende Menschen zu verfügen und von deren Arbeit zu profitieren, mit der Position einer Sklavin gleichzusetzen. Eine solche Interpretation führt in die Irre und verschleiert die tatsächlichen Klassenverhältnisse.

Das Hammurabische Recht regelt das Sexualverhalten, indem es den Unterschied zwischen der Aneignung der Frauen durch Versklavung und dem Erwerb von Frauen durch Heirat verschärft. Im gesamten mesopotamischen Recht und mehr noch im hebräischen Recht können wir eine sich zunehmend verschärfende Unterscheidung zwischen den ersten Frauen und den Konkubinen, zwischen verheirateten Frauen und den Sklavinnen beobachten.

Die meisten Ehen waren monogam. Wir haben bereits die besonderen Umstände, unter denen ein Mann eine zweite Frau (Konkubine) nehmen konnte, erörtert: wenn er eine *naditum*-Priesterin heiratete oder wenn die Ehefrau unfruchtbar war. In beiden Fällen konnte seine Frau ihm eine Sklavin zuführen, damit ihm diese an ihrer Stelle Kinder gebäre. Es war dem Gatten überlassen, ob er ein derartiges Arrangement akzeptieren wollte oder nicht. Die Zweischneidigkeit der Position der Konkubine wurde noch verschärft durch das Hammurabische Recht, das ihr verbot, »sich der Herrin gleichzusetzen«. Eine Sklavin-Konkubine, die Mutter von Söhnen geworden war und deshalb eine der Herrin gleichgestellte Position anstrebte, konnte nach dem Gesetz als Sklavin behandelt, aber nicht verkauft werden. War sie nicht die Mutter von Söhnen geworden und machte sich dieses Vergehens schuldig, so durfte sie verkauft werden.

Ein babylonischer Ehevertrag mit einer zweiten Frau bestimmt, daß die Konkubine verpflichtet ist, der ersten Frau zu dienen, ihre tägliche Mahlzeit zuzubereiten und ihren Stuhl zum Tempel zu tragen. Die biblische Geschichte von der Vertreibung Hagars – der Sklavin, die von Sarai ihrem Mann Abram zugeführt wurde, damit sie Söhne gebäre – beweist, daß nach wie vor ein Statusunterschied zwischen der ersten Frau und der Sklavin-Konkubine bestand.

Das Mosaische Gesetz betont ganz besonders die Rechte der legitimen Ehefrau und Mutter. Wir müssen nur auf den Fortschritt vom Hammurabischen Recht, das vom Sohn Respekt dem Vater gegenüber verlangt, zu den Zehn Geboten und zum 2. Buch Mose (Exodus 21:1) verweisen, wo es zum Grundgebot gemacht wird, daß alle Kinder *beide* Eltern respektieren und ehren sollen. Die genau bezeichneten strengen Verpflichtungen von Ehemännern und Söhnen gegenüber Müttern und Ehefrauen nach dem Hammurabischen und dem hebräischen Recht kann so als eine Stärkung der patriarchalen Familie gesehen werden, die abhängig ist von der Kooperationsbereitschaft der Ehefrauen in einem System, das ihnen Klassenprivilegien im Austausch für die Unterordnung in sexueller Hinsicht gewährt.

Die männliche Dominanz in sexuellen Beziehungen kommt am deutlichsten zum Ausdruck in der Institutionalisierung der Doppelmoral im mesopotamischen Recht.

Das Hammurabische Recht legte die Verpflichtung des Mannes zum Unterhalt seiner Frau fest (CH §§ 133–135) und bestimmte seine Verpflichtungen ihren männlichen Verwandten gegenüber. Ehen waren im allgemeinen monogam, aber Männern war Ehebruch mit Dirnen und Sklavinnen erlaubt. Verallgemeinernd läßt sich feststellen, daß es den Brauch, eine zweite Frau geringeren Ranges zu nehmen, nur in der altbabylonischen Zeit gab.

Die Ehefrau war gesetzlich verpflichtet, ihre hauswirtschaftlichen Aufgaben zur Zufriedenheit des Mannes zu erledigen. Ein Mann konnte sich scheiden lassen oder seine Frau auf den Rang einer Sklavin herabsetzen und eine zweite Frau heiraten, wenn sie »Verschwendungen sich zuschulden kommen läßt, ihr Haus vergeudet, ihren Ehemann vernachlässigt und man sie gerichtlich überführt« (CH § 141). In einem solchen Fall mußte der Mann einen Gerichtsbeschluß herbeiführen, bevor er die Ehe auflöste. Was die sexuellen Pflichten betrifft, so war die Jungfräulichkeit der Braut eine Voraussetzung der Ehe, und jede Eheschließung konnte rückgängig gemacht werden, wenn sich herausstellte, daß sie nicht mehr Jungfrau war. In der Ehe schuldete die Frau ihrem Manne absolute Treue. L.M. Epstein stellt in seiner Untersuchung über die das Sexualverhalten betreffenden Gesetze und Sitten im Altertum die Position der Ehefrau zusammenfassend folgendermaßen dar:

»Ehebruch kann es nur von seiten der Ehefrau geben, weil sie das Eigentum des Gatten ist, nicht auf seiten des Ehemannes ... die Ehefrau schuldet ihrer eigenen Ehe Treue, der Ehemann hat der Ehe eines anderen Mannes gegenüber Treue zu bewahren.«

Epstein scheint mit Koschaker dahingehend übereinzustimmen, daß die Eheschließung mit einem Kauf der Ehefrau gleichzusetzen sei. Ich vertrete die These, daß die verheiratete Frau beträchtliche und genau bestimmte Rechte in Anspruch nehmen konnte, während sie zugleich *sexuell* das Eigentum ihres Mannes war. Epstein betont, daß entsprechend der Auffassung, nach der »Ehebruch eine Verletzung der Eigentumsrechte des Mannes war«, der Ehemann die allein verletzte Partei war und die »Schuld der Frau die Todesstrafe verdiente«. Dementsprechend sieht CH § 129 vor, daß die Ehefrau und der Ehebrecher ertränkt werden sollen, wenn nicht »der Herr der Ehefrau seine Ehefrau am Leben lassen will (und) so ... auch der König seinen Untertan am Leben lassen (soll)«. Diese Festsetzung beinhaltet, daß der Ehemann, der seine Frau auf frischer Tat ertappt hat, diese vor das Gericht des Königs stellen muß, damit hier ein Urteil über sie gesprochen werde. In früherer Zeit war es üblich, daß der Ehemann und seine männlichen Verwandten selbst außerhalb der Zuständigkeit des Gesetzes Rache übten. Ein anderes Prinzip wird hier deutlich: Die beiden Schuldigen müssen auf die gleiche Weise bestraft werden. Wenn der Gatte bereit ist, seiner Frau gegenüber nachsichtig zu sein, so muß das Gericht auch den Ehebrecher ungestraft lassen. Ein entsprechendes Gesetz im assyrischen Recht (MAL § 15) ist bei der Definition dieses Grundsatzes genauer: Wenn der Mann das Leben seiner Frau schont und »seiner Gattin die Nase abschneiden will, so soll er den (anderen) Bürger zu einem Verschnittenen machen, und man soll sein ganzes Gesicht zerstören; wenn er jedoch seine Gattin (straffrei lassen will), so soll man auch den (anderen) Bürger straffrei lassen.« In den Paragraphen 197 und 198 des hethitischen Rechts sind dieselben Strafen vorgesehen, und es wird im einzelnen festgelegt, daß der Gatte straffrei bleiben soll, wenn er beschließt, seine Frau und den Ehebrecher zu töten.

Beschließt er aber, den Fall vor das Gericht zu bringen, so kann er beiden garantieren, daß sie am Leben bleiben. Wenn er beschließt, daß sie bestraft werden sollen, dann obliegt es dem König, die Strafe festzusetzen, der sie zum Tode verurteilen oder aber freilassen kann.

Einmal abgesehen von der Unverhältnismäßigkeit zwischen dem Tatbestand des Ehebruchs und der Grausamkeit der Strafe ist bemerkenswert, daß dem Staat (dem König) eine zunehmende Macht hinsichtlich der Regelung sexueller Angelegenheiten eingeräumt wird. Oblag in früheren Zeiten die Kontrolle des sexuellen Verhaltens einer Ehefrau ganz eindeutig der privaten Regelungsmacht des Ehemannes, so wird durch das Hammurabische Gesetz das Gericht einbezogen, wenn auch nach wie vor der Ehemann die eigentliche Entscheidung über Leben und Tod trifft. Das assyrische Recht beschränkt die Entscheidungsfreiheit des Ehemannes und legt fest, welche Arten der Bestrafung er verhängen kann. Das hethitische Gesetz erlaubt es dem Ehemann zu töten, schließt ihn aber von der Entscheidung über die Verhängung anderer Strafen aus. Das Mosaische Gesetz geht noch weiter, indem es darauf besteht, daß die Gesetzesbrecher vor ein Gericht gestellt werden müssen und daß »der Ehebrecher und die Ehebrecherin getötet werden (sollen)«. Bei Ezechiel 16: 38–50 wird die öffentliche Hinrichtung der Schuldigen durch Steinigen als die angemessene Art der Bestrafung beschrieben.

Alle diese Kodizes bemühen sich um eine Unterscheidung zwischen der Ehefrau, die innerhalb oder außerhalb ihres Hauses sexuelle Begegnungen sucht, und der Frau, die vergewaltigt worden ist. Die Vergewaltigung einer unberührten Braut, die noch im Hause ihres Vaters lebt, wird wie ein Ehebruch behandelt. Der Vergewaltiger einer solchen Frau wird getötet, während sie straffrei bleibt, wenn sie beweisen kann, daß sie sich gewehrt hat (CH § 130).

Für Frauen konnte bereits die Anschuldigung, einen Ehebruch begangen zu haben, fatale Folgen haben. Wenn der Ehemann die Frau vor einem Gericht anklagte, so konnte sie sich retten, indem sie »beim Leben eines Gottes« einen Eid schwor (CH § 131). Wenn sie aber nicht von ihrem Ehemann, sondern von anderen Mitgliedern der Gemeinschaft beschuldigt wurde, konnte sich die Frau nur retten, wenn sie sich einem Gottesgericht unterwarf: Das bedeutete, daß sie »für ihren Mann in den Fluß springen« mußte (CH § 132). Der Flußgott hatte dann über ihre Schuld oder Unschuld zu entscheiden.

Eine Scheidung war vom Ehemann leicht zu erreichen, da er seine Scheidungsabsicht nur öffentlich bekanntzumachen brauchte. Die Vorrechte des Gatten hinsichtlich der Scheidung waren allerdings begrenzt durch eine Reihe von Vorkehrungen in bezug auf das Vermögen und den Unterhalt der Ehefrau. Diese verpflichteten zur Rückgabe ihrer Mitgift, der Hälfte ihres Eigentums oder zumindest einigen Silbers als »Trennungsgeld«.

Für eine Frau war es schwierig, eine Scheidung zu erreichen, und nur eine völlig unbescholtene Frau konnte versuchen, diesen Schritt zu tun. Der Codex Hammurabis legt in § 142 fest:

»Wenn eine Frau gegen ihren Ehemann Abneigung bekommt und sagt: ›Du sollst nicht mit mir verkehren‹, so soll ihre Angelegenheit von ihrer Behörde überprüft werden; wenn sie unbescholten ist und keine Schuld trägt, ihr Ehemann hingegen aushäusig ist und sie schwer vernachlässigt, so ist diese Frau schuldlos, sie darf ihre Mitgift nehmen und weggehen zum Hause ihres Vaters.«

Und § 143 lautet:

»Wenn sie nicht unbescholten ist, aushäusig ist, ihren Haushalt verschlampt und ihren Ehemann vernachlässigt, so soll man diese Frau ins Wasser werfen.«

Die Asymmetrie bei der Festlegung der Strafe für das »Aushäusigsein« ist offensichtlich. Die Frau eines ehebrechenden Mannes, wenn sie denn eine Scheidung erreichen wollte, riskierte, daß ihr Mann sie verschiedener Missetaten anklagte und sie deshalb unter Umständen getötet wurde.

Diese Doppelmoral setzte sich im Mosaischen Recht fort, das es einem Ehemann gestattete, willkürlich eine Scheidung zu vollziehen, aber der Frau das Recht versagte, unter welchen Umständen auch immer, eine Scheidung zu verlangen. [...]

Offensichtlich erweiterte sich in dem hier untersuchten Zeitraum eines Jahrtausends die patriarchale Herrschaft über das Privatleben hinaus auf die durch das öffentliche Recht zu regelnde Sphäre der Gesellschaft. Die Kontrolle der weiblichen Sexualität, die zuvor dem einzelnen Ehemann oder dem Familienoberhaupt oblag, wurde nun zu einer staatlich reglementierten Angelegenheit. Das entspricht zweifellos einer allgemeinen Tendenz zur Erweiterung der Macht des Staates und der Durchsetzung eines öffentlichen Rechts.

Die patriarchale Familie, die zuerst in der Gesetzgebung des Hammurabi rechtlich voll abgesichert worden ist, war ein Spiegelbild des archaischen Staates in seiner Mischung aus Paternalismus und nicht in Frage gestellter Autorität. Was aber besonders wichtig ist zum Verständnis des geschlechtsbestimmten Systems sozialer Rollen, in dem wir noch heute leben, das ist die Kehrseite dieses Prozesses: Der archaische Staat wußte von Beginn an um seine Abhängigkeit von der patriarchalen Familienstruktur und setzte das ordnungsgemäße Funktionieren der Familie der öffentlichen Ordnung gleich. Die Metapher der patriarchalen Familie als Zelle, als Grundbaustein eines gesunden gesellschaftlichen Organismus wurde zuerst im mesopotamischen Recht formuliert. Diese Vorstellung wurde drei Jahrtausende lang sowohl in der Ideologie wie in der Praxis ständig bestätigt. Daß sie noch immer einen beherrschenden Einfluß ausübt, läßt sich verdeutlichen an der Kampagne gegen das Verfassungsänderungsgesetz über die Gleichberechtigung in den USA im 20. Jahrhundert (Equal Rights Amendment).

Gay Robins
Fruchtbarkeit, Schwangerschaft und Geburt

Fruchtbarkeit, Kinderlosigkeit und Adoption

Der Zweck der Ehe war in erster Hinsicht, Nachkommen zu zeugen und den Fortbestand der Familie zu sichern. Der Verfasser der ›Lehre des Ani‹ aus dem Neuen Reich rät seinen männlichen Lesern:

> »Nimm dir eine Frau, solange du jung bist,
> Auf daß sie dir einen Sohn bringe;
> Sie soll für dich gebären, solange du noch jugendlich bist.
> Es ist richtig, Menschen hervorzubringen.
> Glücklich der Mann, der viele Menschen hat,
> Er wird wegen seiner Nachkommenschaft bewundert.«

Ähnlich lauten die Empfehlungen in zwei älteren ›Lehren‹: »Wenn dein Reichtum wächst, gründe deinen Haushalt,/ Nimm ein gesundes Weib, ein Sohn wird dir geboren werden«, und »Wenn dein Reichtum wächst und du deinen Haushalt gründest,/ Und du liebst dein Weib mit Leidenschaft, ... Erfreue ihr Herz, solange du lebst,/ Sie ist ein fruchtbares Feld für ihren Herrn.« So war Fruchtbarkeit von höchster Wichtigkeit, und man kann vermuten, daß Unfruchtbarkeit ein möglicher Scheidungsgrund war. In den magisch-medizinischen Papyri gibt es Tests, um festzustellen, ob eine Frau fruchtbar war oder nicht; sie tragen den Titel »Zur Unterscheidung einer Frau, die gebären wird, von einer, die nicht gebären wird«.

Obwohl wir weniger über Wohnhäuser als über Tempel und Gräber wissen, legt das Material von Ausgrabungsstätten wie Deir el-Medineh und Amarna nahe, daß die Häuser einen Hausaltar hatten. Hier wurden Hausgottheiten wie Bes und Thoeris sowie die Göttin Hathor verehrt; sie alle wurden mit Fruchtbarkeit und Geburt in Verbindung gebracht. Zu diesen Altären gehörten kleine weibliche Statuetten, die fast nackt, oft mit eingezeichnetem Schamdreieck, dargestellt wurden. Manchmal tragen sie ein Halsband, einen Gürtel um die Hüften und eine kunstvolle Frisur. Diese Figürchen treten in einer Vielfalt von Typen auf; sie sind seit dem frühen Mittleren Reich bekannt und durch das Neue Reich bis in spätere Zeiten bezeugt. Man fand sie in Siedlungen, Gräbern und Tempeln. Ursprünglich wurden sie in der Forschung »Beischläferinnen« genannt; man spekulierte, sie seien in Gräber gelegt worden, um das sexuelle Begehren des männlichen Grabherrn zu erregen und zu befriedigen, doch diese Erklärung berücksichtigte nicht, daß sie auch in Frauengräbern, Tempeln und Wohnhäusern auftreten. Man hat inzwischen herausgefunden, daß diese Objekte sich auf Fruchtbarkeit und Geburt beziehen, und zwar im Leben wie im Tod. Ihr Vorhandensein in Gräbern läßt sich damit erklären, daß die männlichen und weiblichen Verstorbenen auf ihre Wiedergeburt in ein Leben nach dem Tode hofften, so daß diese Statuetten für Erwachsenen- und Kinderbegräbnisse beider Geschlechter verwendet werden konnten. Was ihre Rolle im Leben betrifft, so sollten sie im häuslichen Kult den Fortbestand der Familie in dieser Welt sichern, während sie in Tempeln als Votivgaben dargeboten wurden. Da die Mehrheit der erhaltenen Figuren, die man in Tempeln gefunden hat, aus Hathor-Heiligtümern stammt, sind sie eindeutig mit Sexualität und Fruchtbarkeit verknüpft. Da keine Texte überliefert sind, die erklären, weshalb sie dargebracht wurden, sind wir auf Vermutungen angewiesen; es scheint jedoch, daß die Figürchen von Personen aufgestellt wurden, die sich ein Kind wünschten.

Die Ägypter baten nicht nur die Götter um ihr Wohlwollen, sondern sie glaubten auch, daß die Toten guten oder schlechten Einfluß auf die Lebenden ausüben konnten, und eine Reihe von Briefen sind an Tote gerichtet, die sich über Einflußnahme des Toten beklagen oder in einer bestimmten Situation um Hilfe bitten. Ein solcher Brief wurde in der Ersten Zwischenzeit in hieratischer Handschrift auf ein rotes Tongefäß geschrieben, offenbar vom Sohn an den toten Vater, für dessen Grab das Gefäß gestiftet wurde. Der Vater wird in dem Brief gebeten, gegen zwei Dienerinnen – die möglicherweise auch tot sind – vorzugehen, welche der Schreiber für die Unfruchtbarkeit seiner Frau verantwortlich macht, damit diese ihm einen Sohn gebäre. Nachträglich fügte der Schreiber eine Bitte um einen weiteren Sohn für seine Schwester hinzu.

In einem weiteren Fall aus dem Mittleren Reich ist es offenbar eine Tochter, die um Hilfe bittet. Eine Statuette, die deutlich einer Fruchtbarkeitsfigur ähnelt, trägt ein Kind auf ihrer linken Hüfte. Sie hat auf der rechten Hüfte eine Inschrift, die lautet: »Möge deiner Tochter Seh eine Geburt gewährt werden.« Die Form der Hieroglyphen stellt das Objekt in einen Begräbniszusammenhang, und man kann sich vorstellen, wie die unfruchtbare Frau Seh die kleine Figur in das Grab ihres Vaters gestellt hat, nicht etwa um seine eigene Wiedergeburt anzuregen, sondern in der Hoffnung, er könne ihr helfen, das Kind zu empfangen, das sie sich so sehnlichst wünschte.

Im Neuen Reich treffen wir auf ein kinderloses Paar in Deir el-Medineh: den Schreiber Ramose und seine Frau Mutemwia. Es ist vielleicht kein Zufall, daß von allen ihren Denkmälern, die uns erhalten geblieben sind, nur die beiden, die das Paar gemeinsam in Auftrag gab, Gottheiten der Fruchtbarkeit und der Geburt geweiht waren. Falls sie auf ein Kind hofften, so scheinen ihre Gebete vergeblich gewesen zu sein, denn Ramoses Nachfolger im Amt, Kenherchepeschef, war nicht sein Sohn. Ramose scheint ihn jedoch adoptiert zu haben. Die beiden Männer stifteten gemeinsam einen Opfertisch für Osiris und Hathor, und außerdem nennt Kenherchepeschef in einer Inschrift auf einem Steinsitz den Namen »der Schreiber des Königs im Ort der Wahrheit Ramose« und bezeichnet sich selbst als »sein Sohn, der seinem Namen Leben verleiht, der Schreiber Kenherchepeschef«. Ramose selbst war von dem Schreiber Hui adoptiert worden, welcher Ramose in seinem Grab »Sohn« nennt. In einem anderen Fall geht es um den Vorarbeiter Neferhotep und seine Frau Webchet, die ebenfalls kinderlos waren. Zunächst schien Neferhotep den jungen Paneb, Sohn des Nefersenut, zu begünstigen, der dann zu einem unangenehmen Vorarbeiter aufstieg und mehrere Affären mit verheirateten Frauen hatte. Ihre Beziehung endete jedoch im Streit, und Neferhotep wandte seine Gunst Hesisunebef zu, von dem es hieß, er sei als Sklave zur Welt gekommen. Hesisunebef widmete Neferhotep später eine Stele, und er nannte seinen Sohn nach seinem Wohltäter, seine Tochter nach dessen Ehefrau.

Im ›Adoptions-Papyrus‹ aus der 18. Dynastie geht es um Nebnefer und seine Frau, die ebenfalls keine Kinder haben; Nebnefer adoptiert seine Frau als Erbin, um alle anderen Verwandten vom Erbe auszuschließen. Später schenkt seine Frau Rennefer drei Kindern einer Sklavenfrau, die sie mit Nebnefer gekauft hatte, die Freiheit. Ein männlicher Verwandter Rennefers heiratet das älteste Mädchen, er und die drei Kinder werden von Rennefer als Erben adoptiert. Man muß wohl voraussetzen, daß Nebnefer der Vater der drei Kinder der Sklavin war.

Die Adoption bot also einen Ausweg aus der Kinderlosigkeit. Ein schockierender Brief aus Deir el-Medineh aus der Zeit der 20. Dynastie gibt uns weitere Informationen zu diesem Thema. Er ist an den Schreiber Nechemmut gerichtet und beginnt nach der üblichen Begrüßung:

> »Was bedeutet es, daß du dich in solch schlechter Stimmung befindest wie jetzt, daß niemandes Rede deine Ohren erreicht, als Folge deines aufgeblasenen Ichs? Du bist kein Mann, weil du nicht in der Lage bist, deine Frau zu schwängern wie deine Mitmänner.
>
> Eine weitere Sache: Du bist reich daran, außerordentlich geizig zu sein. Du gibst niemandem irgend etwas. Jemand, der keine Kinder hat, adoptiert statt dessen einen Waisenjungen, [um] ihn aufzuziehen. Es ist seine Pflicht, Wasser auf deine Hände zu gießen als dein eigener ältester Sohn.«

Jedenfalls wissen wir über die rechtlichen Aspekte der Adoption, sofern sie bestanden, kaum etwas. Wie bei der Ehe war es bestimmt sehr wichtig, die Verteilung des Eigentums und das Erbe zu regeln. Angenommene Kinder werden sicherlich auch für das Begräbnis und den Totenkult ihrer Adoptiveltern zuständig gewesen sein. Die Aufnahme in eine Familie war vermutlich ebenfalls mit der Übernahme der Verantwortung für den Hausaltar und den Ahnenkult verbunden.

Menstruation und Schwangerschaft

Die Menstruation wird in den erhaltenen Dokumenten kaum erwähnt. Es gibt mögliche Hinweise auf Binden in Wäschelisten des Neuen Reiches. Einer Interpretation einer Passage aus der Berufssatire zufolge »wäscht« der Wäscher »die Kleider einer menstruierenden Frau«, doch dies ist in letzter Zeit umstritten. In der viel späteren demotischen Geschichte von Setne Chaemwaset sagt die frisch verheiratete Prinzessin Ahwere: »Als meine Zeit der Reinigung kam, vollzog ich keine Reinigung mehr.« Da aus dem folgenden klar ersichtlich ist, daß sie sagen will, sie sei schwanger geworden, können wir zwei Schlußfolgerungen ziehen: Zumindest zu dieser Zeit war Menstruation notwendig mit Reinigung verbunden, und das Ausbleiben der Periode wurde als Anzeichen einer Schwangerschaft gedeutet. Diese Beobachtung ist mit Sicherheit weitaus älter als der Text.

Die Notwendigkeit des Beischlafs, um eine Schwangerschaft auszulösen, war allgemein bekannt. Ahweres Ankündigung folgt, nachdem sie berichtet hat: »Er schlief mit mir in jener Nacht und fand mich [angenehm. Er schlief] wieder und wieder mit mir, und wir liebten uns.« Ähnliche Anspielungen auf Empfängnis findet man in den Geschichten vom ›Verwunschenen Prinzen‹ und von ›Wahrheit und Lüge‹ aus dem Neuen Reich. In der ersten lesen wir: »Es war einmal ein König, der keinen Sohn hatte. [Nach einiger Zeit] bat [seine Majestät] die Götter seines Reichs um einen Sohn für sich, und sie verfügten, daß ihm einer geboren werden sollte. In jener Nacht schlief er mit seiner Frau, und sie [wurde] schwanger. Nachdem sie die Monate des Austragens vollendet hatte, wurde ein

Sohn geboren.« In der zweiten Geschichte heißt es, die Wahrheit »schlief mit ihr in jener Nacht und erkannte sie mit dem Wissen eines Mannes. Und sie empfing einen Sohn in dieser Nacht.« In den Pyramidentexten aus dem Alten Reich wird die Empfängnis des Gottes Horus, Sohn des göttlichen Paares Isis und Osiris, folgendermaßen beschrieben: »Deine Schwester Isis kommt zu dir [Osiris] und erfreut sich deiner Liebe. Du hast sie auf deinen Phallus gesetzt, und dein Same strömt in sie hinaus …«. Worte, die sich auf Kopulation und Befruchtung beziehen, werden in der Hieroglyphenschrift häufig durch einen Phallus bezeichnet, welcher Flüssigkeit verströmt, worunter man hier vermutlich Sperma zu verstehen hat. Wenn in anderen Mythen oder mythischen Erzählungen biologisch unmögliche Darstellungen der Empfängnis auftauchen, sollte man daraus nicht schließen, daß die Ägypter den wirklichen Vorgang der Empfängnis nicht verstanden hatten. Solche Darstellungen finden sich weltweit in Mythen und Volkserzählungen von Gesellschaften, die sich wie die Ägypter ansonsten der Tatsachen des Lebens eindeutig bewußt sind. Wenn jedoch Seth in der Geschichte von Horus und Seth den Samen des Horus ißt und schwanger wird, zeigt dies, daß die Verbindung von Sperma und Schwangerschaft eindeutig erkannt war.

Obwohl das Ausbleiben der Periode als mögliches Zeichen einer Schwangerschaft galt, hatten die Ägypter auch eine Reihe von Tests entwickelt, die man anwenden konnte, um festzustellen, ob eine Frau schwanger war oder nicht. Sie werden in verschiedenen magisch-medizinischen Papyri beschrieben, von denen sich einige fast ausschließlich mit Gynäkologie, Geburtshilfe und Kindespflege befassen, woraus wir schließen können, wie wichtig die erfolgreiche Geburt und das Aufziehen der Kinder für die ägyptische Gesellschaft waren. Diese Texte bleiben uns, wie alle medizinischen Papyri, aufgrund der Lücken in unseren lexikographischen Kenntnissen an vielen Stellen dunkel, so daß die Ingredienzien vieler Rezepte nicht identifiziert werden können. Häufig fällt es uns schwer, die beschriebenen Beschwerden und Krankheiten in moderne Begriffe zu fassen, besonders da die ägyptische Auffassung von

Krankheit ganz anders als unsere war; man glaubte, Krankheiten würden durch die Böswilligkeit von Dämonen oder Toten verursacht. Lücken in vielen Papyri erschweren noch die ohnehin komplizierte Aufgabe, die Texte zu entziffern.

Schwangerschaftstests bestanden darin, den Puls zu nehmen, den Zustand der Brüste und die Farbe der Haut zu begutachten und die Wirkung des Urins auf das Keimverhalten von Gersten- und Emmerkörnern zu beobachten. Der letzte Test sollte bei positivem Ergebnis auch das Geschlecht des Kindes anzeigen. Die Frau mußte jeden Tag auf die Körner urinieren. Wenn sie keimten, war sie schwanger. Keimte die Gerste zuerst, war es ein Junge, keimte zuerst der Emmer, war es ein Mädchen. Wenn keines von beiden keimte, war sie nicht schwanger.

Obwohl Fruchtbarkeit in Ägypten von höchster Bedeutung war, muß es Situationen gegeben haben, in denen eine Schwangerschaft unerwünscht war, denn einige medizinische Texte enthalten auch Rezepte für Empfängnisverhütungsmittel für Frauen. Von diesen werden nicht alle in der Praxis gewirkt haben, doch die Einführung verschiedener Substanzen in die Vagina mag in einigen Fällen wirksam gewesen sein. Krokodilsdung oder Honig könnte beispielsweise dienlich gewesen sein, um dem Sperma den Weg zu versperren. Ein Rezept verzeichnet unter anderem gemahlene Akazienspitzen. Diese enthalten Gummiarabikum, das eine chemische Wirkung auf Sperma hat und die Empfängnis aktiv verzögert. Wir werden später sehen, daß die Kinder bis zu drei Jahren gestillt wurden, und dies könnte die Aussichten, erneut schwanger zu werden, ebenfalls verringert haben. Es gibt keine Belege dafür, daß es Verhütungsmethoden gab, die von Männern angewandt werden konnten.

Schwangerschaft wird in der sakralen Kunst selten dargestellt. Eine Ausnahme bilden die Zyklen, in denen die göttliche Geburt des Königs gezeigt wird. Hier sieht man die Königsmutter, wie sie von verschiedenen Gottheiten in das Geburtszimmer geführt wird. Obwohl es sich um eine diskrete Form der Darstellung handelt, unterscheidet sich die Bauchform der

Königin weitgehend von der normalen weiblichen Figur und signalisiert deutlich, daß sie schwanger ist. Die einzige weibliche Gottheit, die regelmäßig als Schwangere dargestellt wird, ist Thoeris, die Schutzgöttin der schwangeren Frauen. Sie nimmt die Gestalt eines Nilpferdes mit Löwenbeinen, Krokodilsschwanz und flachen, herabhängenden menschlichen Brüsten an. Sie steht aufrecht auf ihren Hinterbeinen und streckt ihren sichtbar geschwollenen Bauch nach vorn. Außerdem zeigt die Hieroglyphe, die Worte für Empfängnis und Schwangerschaft bezeichnet, eine kniende Frau, die eindeutig schwanger ist. In der sakralen Kunst dominiert sonst das Bild der schlanken Frau, obwohl sich die meisten ägyptischen Frauen zwischen Pubertät und Menopause wohl häufig in irgendeinem Stadium einer Schwangerschaft befanden.

In der säkularen Kunst gibt es einen Gefäßtyp, meist aus Kalzit (ägyptischem Alabaster), der die Form einer schwangeren Frau hat. Die sitzende oder hockende Figur ist nackt und hält die Hände auf den Unterleib, als ob sie ihn massieren würde. In einem Fall hält sie ein Ölhorn, und man glaubt, daß die Gefäße selbst Öl enthielten, um die Bildung von Schwangerschaftsstreifen zu verhindern und die über dem Bauch gespannte Haut geschmeidig zu halten. Man hat ähnliche Ölhörner, wie die auf den Gefäßen dargestellten, gefunden, zumeist in Frauengräbern.

Wenn die Schwangerschaft einmal erreicht war, mußte man vermutlich Vorsichtsmaßnahmen gegen Fehlgeburten treffen. Interessanterweise werden bei fast allen Schwangeren-Gefäßen die Genitalien nicht dargestellt, obwohl die Figuren nackt sind. Vielleicht handelt es sich dabei um einen magischen Schutz vor Fehlgeburt: Wenn der Körper einer Frau verschlossen ist, ohne eine Öffnung zu zeigen, kann es zu keiner Fehlgeburt kommen. Ein Beispiel zeigt jedoch einen Tampon, der in die Scheide eingeführt ist und vermutlich den Zweck hatte, einen Blutausfluß aufzuhalten, der möglicherweise Vorbote einer Fehlgeburt war. Man nimmt an, daß der sogenannte Isis-Knoten, den man häufig als Schutzamulett findet, ursprünglich die Funktion eines solchen Tampons für die Göttin Isis hatte, als sie mit Horus schwanger war und Seth versuchte, das Kind im Mutterleib zu zerstören. Einige der Mittel gegen Fehlgeburten aus den magisch-medizinischen Texten benutzen das göttliche Vorbild von Isis und Horus, um die Schwangere vor Blutungen und Fehlgeburten zu schützen. Ein Zauberspruch, der sich auf das göttliche Geschehen beruft, wurde über bestimmten Objekten ausgesprochen, die dann auf den Rücken der Frau gelegt oder in ihre Vulva eingeführt wurden.

Die Dauer der Schwangerschaft wird in den magisch-medizinischen Texten nicht gesondert erwähnt, doch sie muß aus der Erfahrung bekannt gewesen sein. In einem Zauberspruch, der die Geburt des Kindes beschleunigen sollte, heißt es von Isis, daß »ihre Monate erfüllt wurden gemäß der (richtigen) Zahl«. In der ›Lehre des Ani‹ aus dem Neuen Reich sagt der Schreiber »als du nach deinen Monaten geboren wurdest«, und im ›Verwunschenen Prinzen‹ – ebenfalls aus dem Neuen Reich – heißt es, daß die Mutter des Helden »die Monate des Austragens vollendet hatte«. In einer früheren Geschichte aus dem Mittleren Reich kann der Zauberer Djedi die Frage »Wann wird Rudjedet gebären?« mit der Nennung eines Datums beantworten, was auf eine Berechnung nach der üblichen Dauer der Schwangerschaft hindeuten könnte, wenn es sich nicht um einen Aspekt des magischen Wissens von Djedi und seiner Fähigkeit, die Zukunft vorherzusagen, handelt.

Die Geburt

Über den eigentlichen Geburtsvorgang im Alten Ägypten wissen wir ebenfalls nur wenig. Die Hieroglyphe zur Bezeichnung der Worte für Geburt zeigt eine kniende Frau, neben der der Kopf und die Arme eines Kindes wie bei der Geburt erscheinen. Die wirkliche Entbindung wird in der Kunst selten dargestellt, obgleich einige ptolemäische Tempelszenen die Geburt eines göttlichen Kindes zeigen. Gewöhnlich steht eine Göttin hinter der Mutter, um sie zu halten, und eine andere kniet vor ihr, um das Kind aufzufangen. Eine Geschichte aus dem Mittleren Reich erzählt die wunderbare Drillingsgeburt der ersten drei Könige der 5. Dynastie. Die Mutter, Rudjedet, wird bei der Geburt von vier Göttinnen begleitet: Isis, Nephthys, Meschenet und Hekat. Jede Geburt wird in gleicher Weise beschrieben, bis auf die Wortspiele, die Isis mit dem Namen jedes Kindes macht: »Isis stellte sich vor sie [Rudjedet], Nephthys hinter sie, Hekat trieb die Geburt voran. Isis sagte: ›Sei nicht so mächtig in ihrem Leib, du dessen Name ›Mächtiger‹ ist.‹ Das Kind glitt in ihre Arme ... Sie wuschen es, nachdem sie seine Nabelschnur durchgeschnitten hatten, und legten es auf ein Kissen aus Stoff. Dann näherte sich ihm Meschenet und sagte: ›Ein König, der das Königtum in diesem ganzen Land übernehmen wird.‹«

Wie wir bereits gesehen haben, enthält eine Reihe der magisch-medizinischen Texte Abschnitte über gebärende Frauen. Es gibt Rezepte oder Zaubersprüche »zur Trennung des Kindes vom Leib der Mutter«, während andere speziell dazu dienen, den Geburtsvorgang zu beschleunigen, vermutlich im Fall langandauernder Wehen. Die Wirksamkeit dieser Zaubersprüche entsteht häufig aus der Gleichsetzung der gebärenden Frau mit der Göttin Hathor oder Isis: »Hathor, die Herrin von Dendera ist (die) eine, die gebiert!« Ein Zauberspruch ist eigens überschrieben: »Zur Beschleunigung der Geburt der Isis« und beschreibt den Göttern das Unglück, das entstehen wird, wenn Isis nicht jetzt das Kind zur Welt bringt, da ihre Stunde gekommen ist. Man glaubt, daß die so erschreckten Götter sie veranlassen werden, zu gebären, und dann werden sie ermahnt, in gleicher Weise für die Geburt der menschlichen Mutter zu sorgen.

Während Isis für die Mutter *par excellence* steht, ist Hathor die Göttin der Fruchtbarkeit, Sexualität und Geburt. In einem leider beschädigten Zauberspruch wird die Sprecherin als gebärende Frau dargestellt, die Hathor anruft, bei der freudigen Gelegenheit dabeizusein: »Jubel, Jubel, im Himmel, im Himmel! Die Geburt ist beschleunigt! Komm zu mir, Hathor, meine Herrin, in meine schöne Laube, in dieser glücklichen Stunde.« Der Zweck des Zauberspruchs ist wiederum, den Geburtsvorgang zu beschleunigen und einen erfolgreichen Ausgang zu erreichen. Viele Frauen müssen sich vor der Geburt gefürchtet haben, da sie lange Schmerzen und möglicherweise den Tod erwarteten.

Eng mit Hathor verbunden war besonders in der Spätzeit der Hausgott Bes. Wie sie war er zuständig für Sexualität und ihre Folgen, Schwangerschaft und Geburt. Er wird mit dem gedrungenen Körper und den kurzen Beinen eines Zwerges dargestellt, obwohl sein Gesicht normalerweise die Mähne und die Ohren eines Löwen hat. Bilder von Bes wurden Frauen während der Geburt gegeben, und auf diese beziehen sich Zaubersprüche, die die Schmerzen der Wehen erleichtern sollten.

Frauen wurden häufig auf zwei großen Ziegelsteinen hockend entbunden, und in einem Text sagt ein Mann, als er erzählt, wie er von der Göttin Meresger gezüchtigt wurde: »Ich saß auf den Ziegelsteinen wie die Frau in den Wehen.« Die Göttin Meschenet, auf die wir schon in der Geschichte von der Entbindung Rudjedets gestoßen sind, war die Personifikation eines dieser Ziegelsteine. Ein Zauberspruch zur Geburt aus einem Papyrus ist eine Anrufung Meschenets und ist »auszusprechen über den zwei Ziegelsteinen …«. Rudjedet wurde in einem Zimmer ihres Hauses entbunden, doch es gibt Belege dafür, daß zumindest im Neuen Reich die Geburt – wenn möglich – in einer speziell dafür errichteten Wochenlaube erfolgte, die vielleicht im Garten oder auf dem Dach des Hauses aufgestellt wurde. Ihr Zweck bestand vermutlich darin, Mutter und Kind von der Gemeinschaft abzuschirmen, eine Sitte, die sich weltweit in anderen Kulturen wiederfindet. Diese Wochenlauben sind nicht erhalten, aber aus Darstellungen bekannt, und in solch eine Laube wurde Hathor von der werdenden Mutter in einem der oben zitierten Sprüche eingeladen. Eine Reihe von Ostraka aus der Arbeitersiedlung in Deir el-Medineh bilden die Laube ab, und Bruchstücke von bemaltem Wandputz aus demselben Ort zeigen, daß die Wochenlauben auch in Szenen dargestellt wurden, die einige Häuser der

Siedlung schmückten. Entsprechend den Darstellungen besteht die Laube aus einem Mattendach auf leichten papyrusförmigen Säulen, die mit rankendem Wein verziert sind. Die Mutter sitzt auf einem Hocker oder auf einem Bett. In Szenen, in denen die Frau auf einem Hocker sitzt, ist sie fast immer nackt, bis auf einen Halskragen und einen Gürtel um ihre Hüften. Ihre Frisur ist auffällig: Das Haar ist oben auf dem Scheitel zusammengefaßt, so daß es in Strähnen nach allen Seiten herunterfällt. Sie stillt gewöhnlich ein Neugeborenes. Ein oder mehrere junge Mädchen, die gleichfalls bis auf Halskragen und Gürtel nackt sind, warten ihr auf. Sitzt die Mutter hingegen auf einem Bett, ist sie gewöhnlich mit einem feinen Leinengewand bekleidet und trägt eine kunstvolle, alles umhüllende Perücke und einen Salbkegel auf dem Kopf. Häufig halten Dienerinnen einen Spiegel und waschen die Füße der Frau. Auch kosmetische Gefäße werden gezeigt. Man hat dies als Darstellung des Reinigungsrituals interpretiert, das eine Frau möglicherweise nach der Geburt vollziehen mußte, bevor sie wieder in die Gemeinschaft eintreten konnte. In der Geschichte von Rudjedet wird uns erzählt, daß sie nach der Geburt ihrer drei Kinder »sich reinigte in einer Reinigung von vierzehn Tagen«.

Diese Szenen von erfolgreichen Geburten, die das Haus schmückten, waren möglicherweise zum Schutz der Mutter und Kinder gedacht und sollten darüber hinaus der Geburt einen glücklichen Ausgang verleihen. Andere Bruchstücke aus bemaltem Wandputz, die in der Arbeitersiedlung in Deir el-Medineh und in einer ähnlich angelegten Siedlung in Amarna gefunden wurden, lassen vermuten, daß die Zimmer auch mit Statuen der Gottheiten Bes und Thoeris geschmückt waren, die wir schon kennengelernt haben. Bes war eine Schutzgottheit, dessen Bilder oft die Hieroglyphe *sa* trugen, die »Schutz« bedeutete, und seine groteske Erscheinung war vielleicht apotropäisch, um die bösen Geister abzuschrecken, die sich dem Haus hätten nähern können. Manchmal wurde er auch mit einem Messer in der Hand dargestellt, vermutlich, um alle Bedrohung von denen abzuwenden, die er bewachte. Sein Bild wurde anscheinend besonders häufig als Dekoration für

Schlafzimmermöbel verwendet, für Betten, Kopfstützen, Stühle, Spiegelgriffe und andere Kosmetikgegenstände, sowohl in privater als auch in königlicher Umgebung. Wir haben bereits erfahren, daß ein Teil seiner Beschützerrolle darin bestand, über gebärende Frauen zu wachen, doch er beschützte auch Mütter und Neugeborene nach der Geburt. Thoeris, die in ihrer Darstellung eine Verbindung von Nilpferd, Löwe und Krokodil bietet, ist ebenfalls eine grimmige Erscheinung, die böse Mächte abschrecken soll. Wie bei Bes trägt auch ihr Bild häufig die Hieroglyphe für »Schutz« oder ein Messer, um Dämonen zu vertreiben.

Amulette, die diese beiden Götter darstellen, sind weithin bezeugt und wurden bestimmt von schwangeren Frauen und jungen Müttern getragen, um Gefahren abzuwehren. Mit Sicherheit waren Schwangerschaft und Geburt sehr gefährlich für Frauen. Neben dem bereits erwähnten Risiko einer Blutung oder einer Fehlgeburt war der Tod bei der Geburt, wie in allen vormodernen Gesellschaften, als ständige Drohung präsent, wie das Material aus den Gräbern zeigt. Es ist daher nicht überraschend, daß man versuchte, die Mutter mit Zaubersprüchen zu beschützen. In einem von ihnen wird der Tod so vorgestellt, als schädige er die Frau durch sexuellen Verkehr mit ihr: »Du sollst keinen Verkehr haben [mit dieser Frau] ... Du sollst dich nicht mit ihr verbinden, du sollst ihr nichts Böses oder Übles antun.« Ein anderer Zauberspruch im selben Papyrus überliefert einen Test, mit dem man feststellen kann, ob die Geburt gut oder schlecht ausgehen wird.

Louise Bruit Zaidman
Die jungen Mädchen

Über eine Anzahl von Ritualen bezieht die Polis ihre Töchter, die *parthénoi*, die die Ehefrauen von morgen und die Mütter zukünftiger Bürger sind, in das gesellschaftliche Leben ein. Was man mit Pierre Brulé »die Religion der jungen Mädchen in Athen« nennen kann, bildet ein zusammenhängendes Ganzes von Praktiken im Rahmen der »Religion der Frauen«. Diese wollen wir in das religiöse Leben Athens mit seinen Riten und Mythen einordnen.

Die Mythen spielen oft mit dem Bild, daß junge Mädchen ungezähmte Stuten seien. Während die Heirat die letzte Stufe ihrer Zähmung ist, beginnen die kleinen Mädchen diesen Prozeß, der aus ihnen vollkommene Ehefrauen machen soll, im Alter von sieben Jahren. Aber nur eine begrenzte Zahl junger Mädchen, die aus den angesehensten und durch ihre aristokratische Tradition hervorstechenden Familien ausgewählt werden, erhält diese »weibliche Initiation«. Diese Einschränkung schmälert indes nicht die gesellschaftliche Bedeutung der Einbeziehung der *parthénoi* in den Kult. Die anderen Mädchen dürften in den *parthénoi* ihre Stellvertreterinnen gesehen haben. Das ist zweifelsohne auch der Sinn der bekannten Passage des Chorlieds der Athenerinnen in der ›Lysistrata‹ des Aristophanes (Vers 641–647):

> »Mit sieben Jahren schon war ich Arrephore;
> mit zehn mahlte ich dann das Korn für unsere Beschützerin;
> dann, mit dem Safrankleid angetan, war ich Bärin bei den Brauronien;
> schließlich, als großes schönes Mädchen, war ich Kanephore
> mit einer Kette von getrockneten Feigen.«

Diese Verse werden häufig als eine Beschreibung der weiblichen Initiation in Athen aufgefaßt. Aber sie übertreiben wohl eher die Laufbahn einer angenommenen Person eines jungen Mädchens »von vornehmer Geburt« (*eugeneîs*) in komischer

Weise. Das wenigstens ist die Interpretation, die Christiane Sourvinou-Inwood vorschlägt.

Arrephoren, Plyntriden, Aletriden

Die Arrephoren, vier kleine Mädchen, die von der Volksversammlung aus einer Liste der Töchter »von vornehmer Geburt« *(eugeneîs)* ausgewählt wurden, waren zwischen sieben und elf Jahre alt. Zwei von ihnen sollten von *árchōn basileús* ausersehen werden, sich am Weben des *péplos* zu beteiligen, der jedes Jahr zu den Panathenäen der Athena geweiht wurde. Die beiden anderen, »die nicht weit vom Tempel der Polias entfernt wohnen ... (und) sich einige Zeit auf(halten) bei der Göttin« (Pausanias 1, 27, 3), erfüllen in der Nacht vor dem Beginn der Arrephorien eine rituelle Aufgabe, die darin besteht, auf dem Kopf in einem wohlverschlossenen Korb etwas zu tragen, was ihnen zu betrachten verboten ist und was sie bei dem Heiligtum der Aphrodite, »in den Gärten«, gegen etwas anderes, ebenso Geheimnisvolles austauschen (bei letzterem handelt es sich nach Aussage einiger Lexikographen um Kuchen in Form von Schlangen und *phalloí*). Seit langer Zeit schon hat man dieses Ritual mit der Geschichte der Kekropiden in Verbindung gebracht, der Töchter des Königs Kekrops, den die griechische Überlieferung an den Ursprung der Stadt Athen stellt. Von Athene beauftragt, über den erdgeborenen und von der Göttin aufgenommenen Erichthonios zu wachen, blicken die jungen Prinzessinnen trotz des ihnen gegebenen Verbots unbedacht in den Korb, in dem er ruht, und werden dafür mit dem Tode bestraft. Zahlreichen Interpretationen liegt die Auffassung zugrunde, daß dieses Ritual als der Schlußpunkt eines Übergangsritus betrachtet werden kann, während derer die kleinen Mädchen aus ihrem Haus in den Dienst der Stadtgöttin überführt worden sind; das Ritual war vielleicht eine Art Probe im Zusammenhang mit einem der Ursprungsmythen der Stadt, in dem die Geburt und die Symbole der

Sexualität einen wichtigen Platz einnehmen. Als ein Ritus der Adoleszenz, den dieses Ritual nach Claude Calame darstellt, gehört es zu einer Reihe von »Diensten« der jungen Mädchen, von denen wir weniger wissen.

Das Fest der Plynterien, das der Reinigung der Kultbilder und ihres Schmucks gewidmet ist, findet über Athen hinaus in vielen griechischen Poleis eine Entsprechung, und häufig kommt dort ein Monat mit Namen Plynterion vor. Der ›Hymnos auf das Bad der Pallas‹ des Kallimachos erinnert an diesen Ritus, der von den jungen Mädchen von Argos vollzogen wird. In Athen sind zwei junge Mädchen *(kórai)*, die *plyntrídes* oder *loutrídes,* damit beauftragt, unter Aufsicht eines Priesters den *péplos* der Athena zu waschen.

Eine andere rituelle Aufgabe wird von den *aletrídes* ausgeführt, »die das Mehl für die Opferkuchen mahlen«. Über dieses Ritual sind die Quellen noch zurückhaltender. Man kann indes die Ähnlichkeit in der Art der Auswahl und der Herkunft der jungen Mädchen feststellen, die zu diesen verschiedenen Diensten herangezogen werden. Pierre Brulé macht auch eine Ähnlichkeit in der Funktion aus: die Mädchen »reproduzieren im Bereich des Heiligen die profanen Arbeiten, die die erwachsenen Frauen in den Frauengemächern verrichten«. Aber die Dienste der Arrephoren, Plyntriden und Aletriden verweisen nicht nur auf die zukünftige Rolle der Frauen; mit ihnen erfüllen sie auch eine wichtige kultische Funktion für die gesamte Polis. Auf diesen Aspekt werden wir im Zusammenhang des Dienstes der Kanephoren zurückkommen.

Die kleinen Bärinnen

Im Heiligtum der Artemis von Brauron, 37 km von Athen entfernt, durchleben ungefähr hundert kleine Mädchen, von denen die ältesten zehn Jahre alt sind, eine Periode der Initiation, von der wir nur lückenhafte Kenntnisse haben. Eine Reihe schriftlicher Quellen, das noch nicht vollständig ausgewertete archäologische Material und aufschlußreiche Vasenbilder erlauben es indes, einige Hypothesen aufzustellen.

Schriftliche Quellen (einige magere Zeilen) und Bilder auf den im Heiligtum gefundenen Vasen lassen zunächst ein Ritual erkennen, bei dem die kleinen Mädchen wie »Bärinnen sein« *(arkteúein)* sollten, bevor sie heirateten *(pró toû gámou)*. Welche Bedeutung soll man dieser Formulierung beimessen? Zahlreiche Fragmente von Kultvasen, die ihres kleinen Formats wegen Krateriskoi genannt werden, sind in Brauron selbst und dann im Heiligtum der Artemis Brauronia in Athen gefunden und in das Ende des 5. oder den Beginn des 4. Jahrhunderts datiert worden. Man sieht darauf mehrere kleine Mädchen verschiedenen Alters, die manchmal nackt sind oder kurze Kleider tragen, die Haare bis auf Schulterhöhe geschnitten; sie laufen. Zwei Frauen scheinen sie auf etwas vorzubereiten. Auf einigen Fragmenten erscheinen Tiere wie Hunde und Hirschkühe an der Seite der kleinen Mädchen. In einer der Szenen ist im Mittelpunkt ein Bär dargestellt, und die kleinen Mädchen gehen auf einen Altar zu. In einer anderen tauchen zwei erwachsene Personen auf, eine Frau und ein Mann; sie tragen Tiermasken, die wie Bärenmasken aussehen.

An der rituellen Bedeutung dieser Szenen ist wegen der Nähe des Altars nicht zu zweifeln. Die Tiere lassen an eine rituelle Jagd denken. Alter, das offene Haar und Kleidung verweisen auf die Kindheit, eine Phase der »Wildheit«, über die Artemis wacht. Nach Meinung von Christiane Sourvinou-Inwood, die diese zuvor von Lily Kahil publizierten und interpretierten Vasen mehrmals untersucht hat, verherrlichen die Bildnisse auf den *Krateriskoi*, die von den Eltern der kleinen Mädchen geweiht wurden, den Höhepunkt des Dienstes der »Bärinnen« und das Ende der Periode der Initiation, das mit dem großen, alle fünf Jahre stattfindenden Fest der Brauronia zusammenfiel. Am Ende einer Zeit der Absonderung legt das Mädchen sein safranfarbenes rituelles Gewand ab – den *krokōtós* – und läßt das »Leben der Bärin« hinter sich. Sie tritt damit in das Alter der Pubertät ein, die die letzte Stufe vor dem heiratsfähigen Alter ist. Aus ebendiesem Grund schlägt Christiane Sourvinou-Inwood vor, den Text des Aristophanes nicht zu lesen »mit dem Safrankleid angetan«, sondern »das Safrankleid abgelegt habend«.

Warum »Bärin sein«, und welchen Wert als Initiation konnte diese Handlung haben? Als wildes Tier gehört die Bärin zur Welt der Jagdgöttin Artemis und findet sich in zahlreichen Mythen der Göttin. In Brauron selbst, wird erzählt, sei eine Bärin immer wieder in das Heiligtum gekommen und sei fast zahm gewesen. Eines Tages habe sie ein junges Mädchen beim Spielen im Gesicht gekratzt. Der Bruder des Mädchens habe die Bärin daraufhin getötet und damit eine Landplage heraufbeschworen. Um die Göttin zu besänftigen, müssen seitdem nach Vorschrift des Orakels die jungen Mädchen vor ihrer Heirat »die Bärin spielen« und das safranfarbene Gewand tragen. Wir kennen die Funktionen der Artemis Kourotrophos als Schutzgöttin der Jugend, der die Aufgabe übertragen ist, die Mädchen und Jungen zur Reife zu führen und ihr wildes Wesen zu zähmen. Die Kulthandlungen in Brauron, die die langen Monate der Initiation im Heiligtum krönen, könnten also eine Art Austreibung der »Bärin« sein, die die »Wildheit« der Kindheit symbolisiert. Es würde sich dabei um eine Vorbereitung auf die nächste Stufe in der Entwicklung des jungen Mädchens, auf das Leben als Kanephore, handeln, das sie zu seiner Bestimmung als Ehefrau führen soll; denn das ist das eigentliche Ziel dieser zugleich sozialen und kultischen Erziehung.

Dieser Augenblick, in dem das kleine Mädchen das kindliche Leben hinter sich läßt, um den Abschnitt zu beginnen, in dessen Verlauf die Pubertät sie in eine heiratsfähige junge Frau verwandeln soll, ist in seinem gesellschaftlichen Ablauf, auf dem Wege über den Kult ganz und gar von der Polis bestimmt. Die politische Bedeutung dieser Kulte läßt sich auch gut an der Größe des Heiligtums ablesen, dessen Wohnräume *(parthenōn)* den jungen »Bärinnen« für die Zeit ihrer Absonderung dienten. Sie zeigt sich auch in der Organisation der Brauronia, deren Prozession und Ablauf von den Hieropoioi geleitet wird, den zehn Beamten, denen die Sorge für die großen fünfjährigen Feste des athenischen Kalenders obliegt. Brauron sollte in der Eingliederung der jungen Mädchen eine vergleichbare Rolle spielen wie die Munichia für die jungen Männer, die – ebenfalls der Artemis geweiht – die Rolle der »männlichen Initiation« in die Welt der Erwachsenen übernehmen.

Die Kanephoren

Kanephore sein heißt, den Opferkorb, den *kanoûn,* zu tragen, d.h. einen Ritualkorb, der die heilige Gerste enthält, die auf den Altar und unmittelbar vor seiner Tötung auf das Haupt des Opfertieres gestreut wird. Unter der Gerste liegt, den Blicken verborgen, das Opfermesser, die *máchaira,* das der Priester oder sein Gehilfe ergreifen wird. Jedes blutige Opfer setzt das Vorhandensein des Korbs mit der Gerste voraus, aber nicht immer wird er von einer *parthénos* gebracht. Die Tätigkeit als Kanephore ist eine ehrenvolle kultische Aufgabe, die den jungen Mädchen von vornehmer Geburt vorbehalten ist, die einen Platz in einer feierlichen Prozession aus Anlaß einer der großen offiziellen Feste der Stadt einnehmen. Die Mitwirkung von Kanephoren ist für das Fest der Hera in Argos belegt und für das der Artemis in Syrakus sowie für zahlreiche Festlichkeiten in ganz Attika und an von Athen abhängigen Orten; von besonderer Bedeutung waren die Korbträgerinnen beim Fest der großen Panathenäen. Im 3. Jahrhundert erreicht die Zahl der Kanephoren bei dieser Gelegenheit Hundert, wie das Ehrendekret des Stratokles für Lykurg zeigt, in dem es heißt, dieser habe für die Göttin »Vasen für die Prozession aus Gold und Silber und goldenen Schmuck für hundert Kanephoren« anfertigen lassen. Die Bedeutung, die die Stadt ihrer Teilnahme an der Prozession beimaß, wird durch ihre Darstellung auf dem Parthenonfries bekräftigt und durch ihre Erwähnung auf der Liste der Empfänger von ehrenhalber zugesprochenen Opferanteilen der Großen Panathenäen, wo sie neben anderen Würdenträgern aufgeführt werden. An diesem Tag, an dem die

Stadt sich selbst und ihre Stadtgöttin feiert, werden diese jungen Mädchen wie ehrenvolle Bürger behandelt: Sie erhalten das für Frauen äußerst seltene Privileg, vollberechtigt am Opferritus teilzunehmen.

Auch die Wasserträgerinnen beim Opfer der Bouphonien nehmen an der zentralen Handlung des Opfers, der Tötung des Rindes, teil. Um den Ursprung dieses dem Zeus Polieus dargebrachten feierlichen Opfers zu erklären, erzählt ein Mythos, wie Attika nach der frevelhaften Tötung eines Rindes von einer Trockenheit befallen worden sei (Porphyrios, De Abstinentia 2, 29–30). Auf Anraten des Orakels in Delphi hätten die Athener daraufhin beschlossen, »die Mordtat gemeinsam auf sich zu nehmen«. »Sie wählten junge Mädchen als Wasserträgerinnen aus; diese bringen Wasser zum Schärfen der Axt und des Messers. Nachdem die Geräte geschärft sind, geben sie die Axt einem Mann, der das Rind niederstreckt, ein anderer schneidet ihm die Kehle durch ... Dann veranstaltet man einen Prozeß wegen der Mordtat, und alle sind aufgerufen, sich zu verteidigen, die an der gemeinsamen Tat teilgenommen hatten.« Die Kette der Verantwortlichen beginnt bei den jungen Mädchen und wird bis zum Messer zurückverfolgt, das sich nicht verteidigen kann und daher verurteilt wird. Die jungen Mädchen, die Wasser »zum Schärfen der Axt« bringen, haben demnach eine ähnliche Aufgabe wie jene anderen, die das Messer bringen, das unter der Gerste versteckt wird. Der Ursprungsmythos der Bouphonien ersetzt das Wasser durch die Gerstenkörner, die aufgrund des Frevels nicht mehr verfügbar sind und um deren Wiedererlangung es gerade geht. In beiden Fällen wird das für die Menschen lebenswichtige Element, nämlich die Gerste oder das Wasser, mit dem Instrument der Mordtat in Verbindung gebracht; das Opfer des Rindes soll dann die Vermittlung zwischen Menschen und Göttern wiederherstellen. Auch das Opfer bei den Panathenäen dient dazu, die Ordnung der Polis feierlich zu bekräftigen. In den Kanephoren nimmt die Stadt die künftigen Ehefrauen in die Pflicht, die ihr Fortleben gewährleisten und deshalb von ihr geehrt werden.

Bei Aristophanes wird die Kanephore »schön« genannt *(paîs kalē:* »das schöne Kind«), und das soll heißen, daß das junge Mädchen in die Zeit seiner »Blüte« eingetreten ist, in die Pubertät und in das heiratsfähige Alter. Das junge Mädchen beginnt, den Blicken der Männer aufzufallen. Die Vasen zeigen die Kanephoren mit Schmuck und in einen gemusterten Chiton gekleidet. In einigen Mythen werden Kanephoren von Göttern oder Heroen entführt und zur Ehe gezwungen. Einige Rituale nehmen auf diese Mythen Bezug. In Athen erzählt man, wie die Tochter des Tyrannen Peisistratos, während sie ihren Dienst als Kanephore versah, von einem Mann umarmt und entführt worden sei. Diese Geschichte ähnelt dem Abenteuer der Oreithyia und der Herse, zweier Töchter des Erichthonios, die ebenfalls als Kanephoren entführt wurden, die eine von dem Windgott Boreas und die andere von Hermes. Die Entführung der Oreithyia ist ein vertrautes Thema der Keramik des 5. Jahrhunderts und erfährt beträchtliche Abwandlungen, von denen eine gewisse Anzahl das Geschehen nicht mehr auf der Akropolis ansiedeln, sondern an den Ufern des Illissos, wie auch die bei Platon wiedergegebene Überlieferung (Phaidros 329b-c), oder an noch anderen Orten, an denen sie mit ihren Begleiterinnen spielt und tanzt.

Teilnahme an Chören

Spiel und Tanz waren beliebte Beschäftigungen bei jungen Mädchen. Euripides zählt den Tanz im Chor zu den besonderen Aktivitäten der jungen Mädchen, die »in den Chören aufblühen«. Die verschiedenen Versionen der Geschichte von der Entführung der Oreithyia zeigen, daß das Alter der Kanephoren auch das der Choreuten ist, die eine zugleich rituelle, pädagogische und soziale Funktion haben. Am Ende dieses Altersabschnitts steht die Heirat, für die die Entführung eine Metapher darstellt.

Ihren Auftritt haben diese Gruppen junger Mädchen gleichen Alters unter der Führung einer der Teilnehmerinnen, der

Choregin, zumeist bei Gelegenheit eines Festes oder im Rahmen eines besonderen Kultes. Der Kreis der Sappho auf Lesbos am Ende des 7. Jahrhunderts, der sich aus heranwachsenden Mädchen aus guter Familie zusammensetzt, die aus verschiedenen Teilen Ioniens kommen, bietet einen guten Einblick in das Wesen und die Funktion dieser Chöre. Im Zeichen der Aphrodite stehend, ist diese Aktivität dazu angetan, die jungen Mädchen auf ihre Rolle als erwachsene Frauen vorzubereiten. Diese erzieherische Funktion der Chöre läßt sich aus den Fragmenten der Dichterin herauslesen, die von Schönheit und Anmut handeln und damit das herausheben, was für die heranwachsenden Mädchen wichtig ist. Ein großer Teil der Fragmente der Dichterin stammt aus Hochzeitsliedern *(epithalámioi)* oder aus Gedichten, die von der Hochzeit handeln. Sie preisen diesen Augenblick, der im Zeichen der Göttin der sinnlichen Liebe steht, der Beschützerin der Jungverheirateten. Ähnlich ausgerichtete Gruppen gab es sicherlich auch andernorts. Aber häufig treten diese Chöre junger Mädchen in einem größeren politischen Rahmen neben anderen Gruppen auf.

Teilnahme an Festen

In der gesamten griechischen Welt fällt der Abschluß der Adoleszenz und die Eingliederung in die Welt der Erwachsenen mit einem der großen Feste zusammen. Häufig werden die jungen Männer und Mädchen zusammen im Kreis um die Stadtgottheit versammelt oder im Kreis um Gottheiten wie Artemis oder Apollon.

Das Fest der Artemis von Ephesos ist dafür typisch. Es beginnt mit einer Prozession, die alle jungen Männer im Alter von sechzehn Jahren und alle jungen Mädchen von vierzehn Jahren aus der Stadt herausführt. An der Spitze der beiden Gruppen schreiten die Schönsten unter ihnen. Der Zug führt rituelle Gegenstände mit sich wie Fackeln, Körbe und duftende Öle; ihnen folgen die Einheimischen und die Fremden, die in großer Zahl herbeiströmen. Nach dem Opfer treffen sich alle, »um den jungen Männern im heiratsfähigen Alter zu ermöglichen, junge Mädchen zu finden«. Diese Beschreibung, die bei Xenophon von Ephesos (1, 2, 2ff.) als Hintergrund für das romantische Treffen zweier junger Leute dient, des Habrakomes und der Antheia, deckt sich mit dem Bericht über das Ritual der Artemis Daitis, einem der Göttin geweihten Mahl auf einer Wiese vor der Stadt. Der Ursprungsmythos dieses Rituals betrifft die heranwachsenden jungen Männer und Frauen von Ephesos. Nachdem sie eine Statue der Artemis an das Ufer des Meeres gebracht haben, tanzen und singen sie für die Göttin und ehren sie dann durch eine Weihgabe von Salz. Wie in allen anderen Ursprungsmythen zieht ein Fehler – hier die Unterlassung der Weihgabe im darauffolgenden Jahr – eine Strafe nach sich, die die Begründung eines Rituals fordert (Etymologicum Magnum 252, 11ff.). Die von Artemis gesandte Strafe trifft gerade die jungen Männer und Frauen von Ephesos und hebt damit die Bedeutung des Rituals hervor: Es soll das glückliche Gelingen des Übergangs vom Alter des Heranwachsens in das Erwachsenenalter sichern, das durch die Nachlässigkeit der jungen Leute gefährdet war.

Die Delia, die in Delos zu Ehren des Apollon seit 525 v. Chr. alle vier Jahre gefeiert werden, sind ursprünglich ein ionisches Fest, an dem die gesamte Bevölkerung einschließlich der Frauen und Kinder teilnimmt. Im Mittelpunkt des Festes steht der Chor der Deliaden, Dienerinnen des Apollon, die mit einem Hymnos Apollon, Leto und Artemis preisen. Kallimachos (Hymnos auf Delos 278ff.) überliefert, daß alle Griechenstädte jedes Jahr Chöre nach Delos sandten, ausgestattet mit den Beiträgen und Erstlings-Opfern für den Kult des Apollon; das geschah zur Erinnerung an die ersten Garben, die einst von den drei Töchtern des Boreas gebracht worden waren, und zwar im Namen der Hyperboreer, jenes mythischen, mit den Göttern befreundeten Volkes. Den Töchtern des Boreas weihen die jungen Mädchen und Männer von Delos ihr Haar und ihren ersten Bartflaum. Die Delia sind ein Fest des Frühlings und der Jugend. Unterstützt wird diese Auffassung des Festes durch die Interpretation Platons (Phaidros 58a–c), der in der *theōría*, der jährlichen athenischen Gesandtschaft nach Delos, eine feierliche Erinnerung an den Schutz sieht, den Apollon den sieben jungen Männern und Frauen hatte angedeihen lassen, die mit Theseus am Zug nach Kreta teilgenommen hatten.

Im spartanischen Gebiet, in Amyklai, sind die Hyakinthien das wichtigste Fest des Kultjahres, an dem alle Bewohner, einschließlich der Sklaven, teilnehmen. Auf einen Totenkult, der zum ehrenden Gedenken des Heros Hyakinthos gefeiert wird, folgt ein Fest, das alle Gruppen der Jugend des Landes auf den Plan ruft. Die Kinder spielen die Lyra und singen den Paian zu Ehren des Apollon; die Epheben, in zahlreiche Chöre unterteilt, tanzen und singen; die jungen Mädchen, phantasievoll als Tiere verkleidet, ziehen bei der Prozession auf einem aus geflochtenem Rohr gefertigten Prunkwagen vorbei.

Initiation und Eingliederung

Auf diese Weise ist die Jugend von Athen bis Sparta sowie in zahlreichen anderen Städten bei den großen Festen der Bürger dazu aufgerufen, in Prozessionen, Chören, Gesängen und anderen Vorführungen zu Ehren der Götter aufzutreten. Doch stellt dieses Zusammentreffen der Mädchen und der jungen Männer am Ende ihrer Jugend die Mädcheninitiation nicht auf eine Ebene mit der Initiation der Jungen, die damit den Status der Bürger erlangen. Die Mädchen werden dagegen an die Heirat herangeführt, und es fragt sich, ob dafür der Begriff Initiation überhaupt angemessen ist. Die unterschiedlichen Zielsetzungen der Mädchen- und Jungenerziehung zeigen sich auch in den Inhalten und dem zeitlichen Ablauf sowie in der Auswahl der Teilnehmenden an den Ritualen.

Der Zeitraum, der von der frühesten Kindheit bis zur Heirat reicht, ist für das Mädchen in mehrere Stufen seiner Reifung eingeteilt. Die erste Stufe wird mit zehn Jahren erreicht, wenn die jungen Athenerinnen in das Alter für die *arkteía* (das Ritual der Bärinnen) kommen; danach beginnt eine entscheidende Zeit, im Verlauf derer die *Menarche* stattfindet, d.h. der Beginn der Pubertät. Auf Vasenbildern erkennt man diese Mädchen leicht an ihren schlanken Größen und den aufkeimenden Brüsten. Mit vierzehn Jahren ist dieser Zeitabschnitt beendet, und das ist auch der Zeitpunkt der Heiratsfähigkeit. Das junge Mädchen hat von nun an in den Augen der Griechen seine volle Reife erlangt.

Während alle Jungen zwischen sechzehn und achtzehn Jahren vom Dienst des Epheba betroffen waren, nahm nur eine kleine Gruppe von Mädchen am entsprechenden Dienst für Athena und Artemis teil. Im übrigen ist die Rekrutierung der Teilnehmerinnen zugleich demokratisch hinsichtlich der Vorgehensweise – die Volksversammlung wählt die Arrephoren aus, und die Bärinnen werden von der Phyle gewählt – und aristokratisch von der tatsächlichen Auswahl her. Die Formulierungen sind in dieser Hinsicht klar und unterstreichen die adlige Abkunft der *parthénoi*.

Die Initiation der jungen Mädchen in die Rituale der Stadt hat einen symbolischen Stellenwert. Die wirkliche Einordnung im Hinblick auf die Aufgaben und Funktionen der Frau geht auf der sozialen und pädagogischen Ebene innerhalb der Frauengemächer vor sich und in dem Bereich, den Pierre Brulé die »Werkstatt der Frauen« nennt. Die religiöse Dimension dieses Vorgangs wird nur von wenigen bevorzugten Mädchen und Frauen stellvertretend für alle anderen repräsentiert.

Das Verhalten der Stadt ihren »Jungen« gegenüber ist eigentlich nur die Kehrseite der Ungleichheit der Behandlung, die Männern und Frauen auf religiöser Ebene widerfährt. Der formale Anspruch, allen Bürgern zu gleichen Teilen Zugang zum politischen und religiösen Bereich zu gewähren, widerstreitet der faktischen Diskriminierung.

Zwar werden Frauen in die Rituale einbezogen, der maßgebliche Einfluß aber bleibt den Männern vorbehalten. Die Bevorzugung »adliger« Familien und das Zurückgreifen auf aristokratische Auswahlkriterien waren für die demokratische

Polis ein Mittel, den Widerspruch auszugleichen, der zwischen den kultischen Ansprüchen der Gottheiten – und zwar besonders der weiblichen, die über das Wohlergehen der Menschen und Städte wachen – und dem Mißtrauen bestand, das man dem »Volk der Frauen« entgegenbrachte. Jedoch besaßen die jungen Mädchen vor allem mit ihren Chören einen wichtigen Platz in den Ritualen der Stadt, den sie als Ehefrauen wieder verlieren sollten.

Jane F. Gardner
Arbeitende Frauen

Inwieweit Frauen direkt am römischen Wirtschaftsleben beteiligt waren, ist schwer festzustellen. Frauen »eigenen Rechts«, *sui iuris,* konnten eigenes Vermögen haben und es auch selbst verwalten; nur für bestimmte Transaktionen bedurften sie der Zustimmung ihres Vormunds. Antike Zeugnisse wie die ägyptischen Papyri oder die Schreibtäfelchen aus Herculaneum zeigen häufig Frauen beim Kaufen, Verkaufen, Verpachten und weiteren wirtschaftlichen Tätigkeiten; auch ist bezeugt, daß zum Vermögen mancher Frauen Schiffe und andere umfangreiche Wirtschaftsgüter gehörten. Wir wissen jedoch nicht, inwieweit sich diese wohlhabenden Frauen aktiv an der Verwaltung ihrer Unternehmen oder auch nur an der Aufsicht über die Tätigkeiten ihrer Agenten und Bevollmächtigten beteiligten.

Ähnliche Probleme ergaben sich bei den Zeugnissen für im eigentlichen Sinne arbeitende Frauen, die etwa im Handwerk, Gewerbe oder Handel tätig waren. Die Arten qualifizierter Arbeit sind enger beschränkt als bei Männern, doch fragt sich, ob dies die Wirklichkeit widerspiegelt oder nur an den Zufällen der Überlieferung liegt. Auch ist die Art der aktiven Beteiligung insbesondere bei verheirateten Frauen unklar. Manche sind Sklavinnen, viele Freigelassene, nur wenige sicher Freigeborene. Ist dies das getreue Abbild einer Gesellschaft, in der Sklavenmädchen eine Fertigkeit erlernten und dann anwendeten, freie Töchter jedoch nicht, da sie ohnehin heirateten?

Handwerk und Gewerbe

Sowohl Sklavinnen als auch freie Frauen waren, wie die antiken Zeugnisse belegen, mit verschiedenen handwerklichen Tätigkeiten befaßt, allerdings ist der Status ihres Beschäftigungsverhältnisses nicht immer klar. Sklavinnen in großen städtischen *familiae* haben wohl Gegenstände für den Gebrauch in diesem Haushalt hergestellt. Andere mögen in einem Betrieb beschäftigt gewesen sein, der Güter zum Verkauf produzierte. Ihr Arbeitgeber mag ihr Eigentümer gewesen sein, doch konnten qualifizierte Sklavinnen auch an andere Arbeitgeber vermietet werden. Dies ist in den Digesten für das Bau- und das Schiffsbauhandwerk belegt, ebenso für Wollarbeiten und Weberei. Allerdings konnte nur der tatsächliche Eigentümer die Arbeitskraft seiner Sklaven in dieser Art vermieten. Nach Auffassung der antiken Juristen mußte nämlich ein Nießbraucher, dem die Nutzung, *usus,* der Arbeitskraft zustand, ohne daß er deren Eigentümer war, die Arbeitskraft eines Sklaven direkt nutzen und konnte ihn oder sie nicht an Dritte vermieten. Hatte also jemand, dem der *usus* zustand, die Übernahme von Wollarbeiten vereinbart, konnte er seine Sklavinnen dafür einsetzen; dasselbe galt, wenn er sie Wolle zu seinem eigenen Gebrauch herstellen ließ – er konnte sie aber nicht als Arbeitskräfte in eine wollverarbeitende Werkstatt schicken und sich dafür vom Inhaber des Betriebs bezahlen lassen.

Lehrverträge für Sklaven und (gewöhnlich männliche) Freie, denen das Webereihandwerk beigebracht werden sollte, sind aus dem römischen Ägypten erhalten. In kleinen Haushalten ländlicher Städte mag die Absicht, jemanden ein Handwerk erlernen zu lassen, nicht so sehr auf die Herstellung von Produkten für den eigenen Haushalt gezielt haben als vielmehr darauf, auf diese Weise einen zusätzlichen Verdiener für die Familie zu schaffen. Manche Verträge besagen, daß dem Eigentümer oder Vater ein Lohn ausgezahlt wird, solange der Lehrling ausgebildet wird – bis zu vier Jahre lang. Daß diese Lehrlinge aus kleinen Haushalten stammten, geht aus einem Vertrag hervor, in dem eine Sklavin von ihrem Eigentümer für ein Jahr an einen ortsansässigen Weber namens Achillas vermietet wird: Jener muß ihr Kost und Logis stellen und acht Tage Jahresurlaub gewähren, ihr Eigentümer bekommt für ihre Dienste monatlich einen Geldbetrag. Es wird allerdings ausdrücklich vereinbart, daß sie, wenn ihr Herr sie für die Brotherstellung braucht, nachts bei ihm arbeiten kann, ohne daß der Lohn gemindert werden darf. Das arme Mädchen soll also den ganzen Tag in der Weberei schuften und nachts noch im Haus ihres Herrn Brot backen. Daraus geht übrigens auch hervor, daß jener keine anderen Sklaven hatte, die das Backen hätten übernehmen können.

Die Vorbereitung von Wolle und das Spinnen in kleinem Umfang konnten zu Hause durchgeführt werden, während die Tuchherstellung in der Regel darauf spezialisierten Unternehmen überlassen wurde, abgesehen von so großen Haushalten wie dem der Statilii, in dem es eine eigene Tuchherstellungsabteilung gegeben zu haben scheint. Frauen, die in den Grabinschriften als Spinnerinnen bezeichnet werden, arbeiteten wahrscheinlich in solchen Betrieben und nicht als allgemeine Haushaltssklavinnen. Acht der elf aus Rom bekannten Spinnerinnen sind auf dem Monument der Statilii bezeugt; der einen hat ein Wollverteiler das Grabmal errichtet, zwei anderen Männer, die in anderen Abteilungen jenes großen Haushalts arbeiteten. Untersuchungen des Textilgewerbes in Pompeii und an anderen Orten des römischen Reichs weisen darauf hin, daß meistens Männer die Arbeit des Webens übernahmen, doch sind auch Weberinnen bezeugt.

Schneiderei und Näherei waren hingegen überwiegend Frauenarbeiten. Auch freie Frauen arbeiteten im Textilbereich als Spinnerin, Weberin oder Schneiderin. Literarische Zeugnisse weisen darauf hin, daß der Lohn hierfür gering und der gesellschaftliche Status niedrig war. Der Jurist Gaius nennt die Schneiderin und Weberin, gleich ob Sklavin oder *filiafamilias,* zusammen mit Frauen, die ein anderes »vulgäres« Handwerk ausüben. Seine Bezugnahme auf die Auswirkung dieser Tätigkeiten auf das Handgeld, *peculium,* legt möglicherweise nahe, daß er an solche dachte, die nicht ihre Arbeitskraft vermieteten, sondern selbständig arbeiteten.

Die Arbeit einer Näherin konnte man teils als Produktion, teils als Dienstleistung ansehen, da sie auch schadhafte Kleidung ausbesserte. Dasselbe gilt für die Tuchwalker und Färber, die neues Tuch herstellten, aber auch altes reinigten und neu einfärbten. Unter dem Personal solcher Betriebe finden wir in

Pompeii auch einige Frauen. Auch die bildliche Darstellung eines solchen Betriebs zeigt zwei Frauen. Da diese aber lediglich als sitzend und das Tuch überprüfend dargestellt sind, mag es sich eher um Kundinnen als um Arbeiterinnen handeln, und das Mädchen, das neben einer steht, kann ihre *pedisequa,* »auf dem Fuß folgende« Sklavin, sein.

Besser bezeugt ist ein Gewerbe, das den Textilherstellern zulieferte, nämlich das der Purpurhändler, die mit dem wertvollsten Färbemittel handelten und vielleicht auch andere Farben verkauften. Eine Gruppe von Inschriften aus dem Rom der späten Republik und der frühen Kaiserzeit zeigt uns eine Reihe von Familien, Männern und Frauen, die in diesem Gewerbe tätig und Freigelassene der Veturii waren; sie stammten von mehr als einem *patronus* ab – mit ihnen verbunden ist eine weitere Familie, die Plutii. Die genauen Verbindungen lassen sich nicht mehr nachvollziehen, doch sieht es so aus, als hätten einige der beteiligten Frauen das Gewerbe als Sklavinnen angefangen, vielleicht sogar als Geschäftsführer, *institores,* oder deren Lebensgefährtinnen, *contubernales,* und dann nach ihrer Freilassung weitergeführt. Ob dabei ein solches Unternehmen tatsächlich in Konkurrenz zu dem der *patroni* trat, ist nicht bekannt. Die Juristen Alfenus Varus und Scaevola waren unterschiedlicher Rechtsmeinung, ob *patroni* verlangen durften, daß ihre Freigelassenen nicht mit ihnen konkurrierten; Scaevola vertrat die Ansicht, daß dies nicht zu fordern war. Diese Rechtsmeinung scheint die Oberhand gewonnen zu haben; der Jurist Papinian sagt: »Eine Freigelassene ist nicht als undankbar anzusehen, wenn sie ihr Gewerbe gegen den Wunsch ihres *patronus* ausübt.«

Unzweifelhafte Belege dafür, daß Frauen tatsächlich ein Gewerbe ausübten, gibt es recht wenige. Frauen sind im Zusammenhang mit einer ganzen Reihe von produzierendem Gewerbe bezeugt, allein oder zusammen mit ihren Ehemännern. Ob sie aber wirklich selbst in der Produktion tätig waren oder, wie dies bei den Trockenfrucht- und Gemüsehändlern wahrscheinlich ist, eher im Verkauf der Produkte, läßt sich nicht mehr feststellen. Wenn eine lateinische Beschreibung ausdrücklich die Tätigkeit und nicht nur die Ware nennt, also etwa von einer Näherin spricht, ist es wahrscheinlich, daß die Frau tatsächlich praktisch tätig war. Allerdings ist die Gesamtzahl der Beispiele und die Menge der so bezeugten Tätigkeiten klein, und es ist nicht wirklich möglich, irgendwelche Rückschlüsse darauf zu ziehen, inwieweit oder ob überhaupt eine freigeborene Tochter vor ihrer Hochzeit irgendeine Tätigkeit erlernte, die nicht im Haushalt nötig war. Gelegentlich haben wohl Witwen das Geschäft ihres Ehemanns weitergeführt, doch die tatsächliche Durchführung männlichen Beauftragten überlassen. Dasselbe gilt wahrscheinlich auch für einige der 21 weiblichen »Fabrikantinnen«, *officinatores,* die Tongruben bei Rom pachteten. Sie agierten zusammen mit Männern, wahrscheinlich ihren Ehemännern. Zumindest eine von ihnen, Nunnidia Sperata, scheint die Pacht von ihrem Vater übernommen zu haben; wir müssen freilich nicht annehmen, daß sie selbst in den Tongruben stand und Backsteine, Dachziegel oder Tontöpfe herstellte.

Es gab kein Gesetz, das untersagt hätte, daß Ehemann und -frau eine Gesellschaft, *societas,* bildeten, selbst wenn die Frau nur das Geld beisteuerte und ansonsten eine »stille« Teilhaberin war. Ihr Geld war kein – unter Ehegatten ja ungültiges – Geschenk, denn ihr stand ein Anteil am Gewinn zu; auch verletzte die *societas* nicht die Regelungen des *senatusconsultum Velleianum,* weil das römische Vertragsrecht keine Unternehmungen zuließ, die eine dritte Partei betrafen, und weil die Partner nur bis zur Höhe ihrer Beiträge zum gemeinsamen Fundus hafteten. Brachte ein Ehemann die Mitgift seiner Frau in eine *societas* ein – gleich, ob er diese mit seiner Frau oder anderen Partnern bildete –, dann hatte im Streitfall der Anspruch auf die Mitgift Vorrang gegenüber den Ansprüchen von Gläubigern seines Unternehmens.

Frauen sind nie als Mitglieder von Gilden, *collegia,* belegt, ausgenommen einige wenige, ausschließlich von Frauen gebildete Gruppen wie die Vereinigung der Mimus-Darstellerinnen in Rom – also der Frauen, die die typisch römische Form der derben Posse darboten – oder die neun in Ostia als Friseusen tätigen Sklavinnen, die freilich nicht als *collegium* bezeichnet werden und verschiedenen Eigentümern gehören. Es gibt aber auch keine Belege, die ausdrücklich den Ausschluß von Frauen aus der Mitgliedschaft in *collegia* belegen. Daß keine Beispiele für gemischte Mitgliedschaft in Gilden erhalten sind, mag eine Folge der relativ kleinen Zahl weiblicher Mitglieder sein und der Tatsache, daß viele Frauen eine Arbeitstätigkeit nach der Eheschließung aufgaben.

Qualifizierte Tätigkeiten

Mehr Belege gibt es für Frauen in bestimmten qualifizierten Berufen. Am häufigsten werden Hebammen erwähnt, dies nicht so oft in den Papyri, dafür häufiger in den Inschriften, die sowohl für Sklavinnen als auch für freigelassene oder freigeborene Hebammen errichtet wurden. Manche dieser Frauen mögen den Beruf als Sklavinnen in einem großen Haushalt erlernt haben, andere vielleicht als Lehrlinge bereits ausübender Hebammen. Das Gesetz erkannte ihren Status als berufstätige Frauen an; so konnte ein Provinzstatthalter um ein Urteil bezüglich der von ihnen zu erhebenden Gebühren gebeten werden, wie dies auch im Fall von Ärzten, Schreibern und Buchhaltern möglich war. Mehrere Schreiberinnen und Geschäftsführerinnen sind bekannt, keine davon ist jedoch unzweifelhaft freigeboren.

Noch bemerkenswerter ist die Zahl weiblicher Ärzte, die aus der ganzen römischen Welt belegt sind. Nur einige wenige von ihnen werden ausdrücklich als Freigelassene bezeichnet; wahrscheinlich waren es aber die meisten. Eine gewisse Asyllia Polia aus dem Karthago des 1. nachchristlichen Jahrhunderts wird als *L(uci) f(ilia)*, also – da sie den Vaternamen angibt – als Tochter eines Freien bezeichnet. Auch eine fragmentarisch erhaltene Inschrift aus Metz scheint eine freigeborene Ärztin zu nennen. Hatten sie ihren Beruf als Lehrling eines berufstätigen Arztes oder in der Familie gelernt? Wir wissen es nicht. Auch gab es manche ärztlich tätige Ehepaare. Die Frau mag dabei im wesentlichen als Hebamme tätig gewesen sein, wie wir dies von einer Scribonia Attice, der Frau des Arztes Marcus Ulpius Amerinus wissen; ihre jeweilige Tätigkeit ist in einem Reliefpaar aus Ostia bezeugt. Der in Spanien gefundene Grabstein einer Ärztin namens Iulia Saturnina weist auf seiner Rückseite das Bild eines Kleinkinds in Windeln auf; damit ist eine eindeutige Aussage über die Art ihrer ärztlichen Tätigkeit getroffen.

Es gibt jedoch auch Belege, die auf eine umfassendere Kompetenz hinweisen. So wird von einer Antiochis aus Tlos in Lykien ausdrücklich ihr Wissen »in der ärztlichen Kunst« hervorgehoben, und auch eine Domnina aus Neoclaudiopolis »vertrieb Krankheiten«. Es mag freilich nicht sehr häufig vorgekommen sein, daß Frauen eine allgemeine ärztliche Ausbildung erhielten und als Ärztinnen praktizierten. Ein Arzt, der seiner Frau im 2. nachchristlichen Jahrhundert in Pergamon einen Grabstein setzte, schrieb: »Zwar warst du eine Frau, doch fehlte es dir nicht an meiner Kunst.« Zwei Jahrhunderte später läßt sich ein vergleichbares Gefühl des Ungewöhnlichen in dem Lobpreis finden, den Ausonius seiner Tante mütterlicherseits, der Aemilia Hilaria, widmete, einer »Jungfrau«, die sich »in der Kunst der Krankenheilung wie ein Mann betätigte«. Tante Aemilia, so erfahren wir noch, wurde Hilaria, »die Heitere«, wegen ihrer knabenhaften Fröhlichkeit schon als kleines Kind genannt, und sie »haßte das weibliche Geschlecht«. Wir wissen nicht, wie sie ihre Kunst erlernte. Wenn sie tatsächlich außerhalb des Haushalts als Ärztin für den Gelderwerb tätig war, wäre dies für eine Frau ihrer Schicht noch ungewöhnlicher.

Dienstleistungen

Manche Tätigkeiten, wie die der Masseuse, der Ankleiderin und der Begleiterin, *pedisequa*, scheinen ausschließlich von Frauen ausgeübt worden zu sein, die in privaten Haushalten entweder als Sklavin oder als Freigelassene des Haushalts tätig waren. Zumindest die beiden letztgenannten Tätigkeiten erforderten wohl keine besondere Ausbildung und verliehen natürlich auch kaum die Möglichkeit, eine auf dem Arbeitsmarkt einsetzbare Fertigkeit zu erwerben.

Hingegen war die Arbeit als Friseuse eine qualifizierte Tätigkeit, die man erlernen mußte; die antiken Juristen erörtern die Frage, ob auch schon Lehrlinge gemeint waren, wenn ein Vermächtnis ausdrücklich an Friseusen ging. Es gibt manche Beispiele dafür, daß freigelassene Frauen dieses Gewerbe kommerziell ausübten, doch keine sicheren Belege dafür, daß auch freigeborene Frauen dies taten. Vielleicht hatte diese Arbeit das Image einer Sklaventätigkeit, weshalb freigeborene Mädchen sich nicht gerne zur Friseuse ausbilden ließen.

Andererseits konnten sich freigeborene Frauen für eine Arbeit zur Verfügung stellen, die keine andere Qualifikation erforderte, als die, ein Kind zur Welt gebracht zu haben, nämlich die Tätigkeit als Amme. Daß freigeborene Frauen Ammen waren, belegen die Quellen in vielfältiger Weise, wobei das Zeugnis der Inschriften – insbesondere aus Rom – und das der ägyptischen Papyri unterschiedliche Blickwinkel eröffnen.

Die Ammen, die uns aus den Inschriften bekannt sind, waren oft Dienerinnen in einem großen Haushalt; möglicherweise waren sie vor ihrem Tod dort nicht mehr oder jedenfalls nicht mehr als Amme tätig, wenngleich man sich ihrer in dieser Funktion dankbar erinnert. So ist es unwahrscheinlich, daß die freigelassene Birria Cognita, die Amme des Publius Birrius Gallus, noch immer als solche arbeitete, als sie im Alter von sechzig Jahren starb.

Strenggenommen umfaßt die Tätigkeit einer Amme nur das Stillen und die Betreuung von Säuglingen, doch werden manche der Frauen, die so bezeichnet werden, auch als Erzieherin im Haushalt tätig gewesen sein, wenn das Kind bereits entwöhnt war. Dies ist besonders wahrscheinlich bei den Ammen, von denen gesagt wird, daß sie mehrere Kinder nährten. So können wir eine als Erzieherin bezeichnete Frau aus Verona, die vier Kinder für den Mann aufzog, der ihr ihren Grabstein setzte, mit Rasinia Pietas vergleichen, die eine Ehreninschrift für ihren Arbeitgeber, den Konsul Lucius Burbulius Optatus Ligarianus errichten ließ, in der sie sich selbst als »Amme seiner Töchter« bezeichnet. Eine Frau namens Tatia Baucyl [...] – der Name ist nicht ganz erhalten – war für nicht weniger als sieben Kinder von Flavius Clemens und Flavia Domitilla tätig. Rasinia kann die Sklavin von Burbulius' Ehefrau gewesen sein, woraus sich der Unterschied im Namen erklärte. Tatia hingegen war wohl eine freie, für ihre Tätigkeit bezahlte Amme; dies ist jedenfalls wahrscheinlicher, als daß sie eine Sklavin war, deren Lohn für das Großziehen all dieser Kinder nicht die Freiheit, sondern der Verkauf an einen anderen Herrn war.

In wohlhabenden Kreisen war, wie sowohl der Historiker Tacitus als auch der Satiriker Juvenal angeben, die Beschäftigung von Ammen eine Selbstverständlichkeit, während die Armen sich dies nicht leisten konnten. Manche Autoren zweifelten daran, daß diese Praxis moralisch erstrebenswert sei, doch wurde anerkannt, daß die äußeren Umstände manchmal den Einsatz einer Amme nötig machten. Ein merkwürdiges Fragment eines Briefes, der im 3. nachchristlichen Jahrhundert geschrieben wurde, stammt offenbar von einer Schwiegermutter, die einem gewissen Rufinus schreibt: »Ich habe gehört, daß du sie dazu zwingst, das Kind selbst zu stillen. Bitte laß das Kind eine Amme haben. Ich erlaube meiner Tochter nicht zu stillen.« Die Gründe hierfür werden nicht angegeben, doch ist man geneigt, Snobismus zu vermuten.

Die Wohlhabendsten hatten sicher genügend Ammen im Kreis ihrer eigenen Sklavinnen, die nicht ganz so Reichen mußten eine solche Frau einstellen, wenn ihre Dienste erforderlich waren. Diese Praxis ist in den Digesten belegt. Unter den Tätigkeiten, bei denen Praetoren und Provinzialmagistrate um ein Urteil über die Höhe der Gebühren gebeten werden konnten, werden auch Ammen aufgeführt; allerdings scheint sich dies auf die tatsächliche Ammentätigkeit zu beschränken und nicht allgemein auf die Erziehung zu beziehen. Der Jurist Paulus nimmt einmal auf einen Ehemann Bezug, der Geldbeträge »pro Kopf« an eine Frau zahlt, welche die Kinder der Sklavinnen nährt, die zur Mitgift seiner Frau gehörten. Sie ist offenbar nicht Teil seines Haushalts und wohl frei. Hier scheint eher an eine Pflegemutter gedacht zu sein, zu der die kleinen Kinder gebracht wurden, damit die Sklavinnen mit ihrer eigenen Arbeit fortfahren konnten. Ein ägyptischer Papyrus aus den ersten Jahren des 4. nachchristlichen Jahrhunderts hält den Erhalt eines Geldbetrags für Nahrungsmittel und Kleidung seitens einer Frau fest, die »ein Viertel der Sklavenkinder« nährte; sie und ihr Arbeitgeber werden dabei als Bestattungsunternehmer bezeichnet – es scheint aber ganz so, als hätten beide auch noch einen Nebenerwerb gehabt, er als Händler mit Findlings-Sklaven, sie als Amme. Ob sie ihre Tätigkeit in seinem Büro oder zu Hause ausführte, wird nicht gesagt. In vielen der Ammenverträge für einzelne Kinder, die aus dem römischen Ägypten erhalten sind, ist hingegen vereinbart, daß das Kind bei der Amme in deren Haus bleibt, die Amme also nicht in das Haus der Mutter oder im Falle eines Sklavenkindes des Eigentümers kommen soll. Manchmal ist auch eine Klausel enthalten, die eine regelmäßige Kontrolle des Zustands des Kindes vorsieht.

Der griechische Arzt Soranos gibt in seinen Schriften detaillierte Anweisungen dafür, wie man aus der Form der Brüste einer Frau einschätzen kann, ob sie als Amme geeignet ist. Ob sich freie Bewerberinnen um eine solche Tätigkeit einer derartigen Überprüfung unterziehen mußten, können wir nicht sagen; bei Sklavinnen ist dies freilich recht wahrscheinlich. Soranos fügt Gründe hinzu, weshalb man Trinkerinnen nicht als Ammen beschäftigen sollte: Das Kind müßte durch die Milch mittrinken; außerdem sei es gefährdet, weil die Amme sorglos und unaufmerksam werde. Er betont zudem – wie es auch in mehreren Verträgen aus dem römischen Ägypten steht –, daß die Amme keinen Geschlechtsverkehr haben sollte. Die hierfür angeführten Gründe sind teils psychologischer – die Zuneigung könnte vom Kind abgelenkt werden – und teils physiologischer Art: Geschlechtsverkehr könne, wie Soranos sagt, entweder den Körper der Frau wieder zur Menstruation stimulieren oder eine Schwangerschaft verursachen; in beiden Fällen werde die Milch verdorben oder zumindest weniger. [...]

Einige der in den ägyptischen Verträgen erwähnten Ammen sind Sklavinnen, die von ihrem Herrn vermietet werden, die meisten aber sind freie Frauen, davon auch einige Verheiratete. Auch manche der Kinder sind frei, mehrere aber Findlinge »vom Misthaufen«, die als Sklaven aufgezogen werden. Die Dauer der Tätigkeit variiert zwischen sechs Monaten und drei Jahren, zwei Jahre sind am häufigsten. Es wird regelmäßig vereinbart, daß die Amme keinen Geschlechtsverkehr haben, nicht schwanger werden und auch kein anderes Kind nähren darf. Diese Bedingungen, insbesondere die beiden erstgenannten, ließen sich freilich nicht leicht durchsetzen, und es darf bezweifelt werden, daß die freien Ammen überhaupt vorhatten, diesen Teil der Vereinbarung zu beachten. Mit einigermaßen wirksamer Empfängnisverhütung hatten sie nichts zu befürchten.

Der Lohn für ihre Tätigkeit war nicht hoch, sie erhielten 7 bis 10 Drachmen pro Monat im 1. Jahrhundert n. Chr., 16 bis 20 im zweiten. Zum Vergleich: Eine Sklavin, die an einen Weber vermietet wurde, brachte ihrem Herrn 420 Drachmen im Jahr; eine andere sollte in ihrem vierten Lehrlingsjahr 20 Drachmen Monatslohn erhalten. Männer, die in der kurzen Erntesaison für Oliven arbeiteten, konnten um 100 n. Chr. 1 Drachme pro Tag verdienen, Knaben bis zu zwei Drittel davon. Der Lohn für Frauen ist unbekannt, doch wissen wir, daß eine Frau einen Kredit in Höhe von 16 Drachmen erhielt, den sie aus ihren Tageslöhnen für das Tragen von Oliven bei der Ölpresse zurückzahlen sollte »in derselben Rate wie die (männlichen) Träger im Dorf«.

Für den Fall, daß das Kind starb, sehen die Verträge vor, daß die Amme ein anderes annehmen oder in manchen Fällen eines stellen sollte (also wahrscheinlich einen Findling »vom Misthaufen«) und den Vertrag bis zum Ende zu erfüllen hatte oder aber den vorausbezahlten Betrag zurückgeben sollte.

Eine Familie muß wohl in argen Finanznöten gesteckt haben, um einen Ammenvertrag zu solchen Bedingungen anzunehmen, zumal auf den Bruch eines Vertrags gewöhnlich strenge Strafen standen – mindestens noch einmal die Hälfte des ausstehenden Betrags –, die auch durchgesetzt wurden. So nahm im Jahr 4 v. Chr. in Alexandria Marcus Iulius Felix, ein Freigelassener, ein Sklavenkind von Eugenia und ihrem Vormund, wahrscheinlich ihrem Ehemann, zurück, um es von seiner eigenen Sklavin aufziehen zu lassen. Er bestätigt die Rückgabe des Lohnes für zwölf Monate, den sie bereits von ihm erhalten hatte; als ausstehenden Betrag beansprucht er die Vorauszahlung zuzüglich fünfzig Prozent Schadensersatz und sonstige Kosten. Im Jahr zuvor hatte eine Frau namens Apollonia einem gewissen Harpocration ein Kind zurückgeben müssen, da ihre Milch verdorben war. Sie scheint sich um das Kind einige Zeit lang ohne formellen Vertrag gekümmert zu haben, bevor eine Vereinbarung getroffen wurde; dennoch willigt sie nicht nur in die Rückgabe des bereits bezahlten Geldes, etwa acht Monatslöhne, ein, sondern auch in eine zusätzliche Strafzahlung. Umgekehrt stand der Amme für den Fall, daß ihr Arbeitgeber das Kind zurückzog, ohne daß dies ihre Schuld war, der vereinbarte Lohn in vollem Umfang zu. […]

Freizeit und Vergnügen

Wer für Wein, Weib und Gesang sorgte – wer also in einem Wirtshaus, im Prostitutions- und im Unterhaltungsgewerbe arbeitete –, war in der römischen Gesellschaft allgemein nicht sehr hoch angesehen. Das praetorische Edikt erklärte, daß Unterhaltungskünstler und Prostituierte der Ehrlosigkeit *(infamia)* unterworfen waren, und das Gastwirtsgewerbe war meist mit Prostitution verbunden. Wie erwähnt, war es seit Augustus Senatoren verboten, mit solchen Frauen Ehen zu schließen, und ein Senatsbeschluß aus der Zeit des Kaisers Tiberius untersagte Mitgliedern der senatorischen und ritterlichen Familien, als Gladiatoren aufzutreten. Daß Kaiser Nero neben all seinen anderen Exzessen und Ungeheuerlichkeiten Leute von Rang und Namen zu beidem zwang, sprach wie so vieles gegen diesen Kaiser.

Einige der Unterhaltungskünstler konnten gutes Geld verdienen. Ein Schauspieler auf einer »richtigen« Bühne, etwa der gefeierte Roscius, konnte mit führenden Bürgern seiner Zeit freundschaftlich verkehren. Es hieß, daß er riesige Summen verdiente; in einer für ihn gehaltenen Rede bemerkt Cicero, daß sogar eine Tänzerin namens Dionysia 200 000 Sesterzen verdienen konnte – er sagt freilich nicht, in welchem Zeitraum. In Rom scheinen Schauspieler und andere Unterhaltungskünstler meist in Truppen organisiert gewesen zu sein und aus dem Sklaven- oder Freigelassenenstand gestammt zu haben. Eine Freundin des jüngeren Plinius, die lebenslustige alte Dame Ummidia Quadratilla, hielt sich ihre private Unterhaltertruppe; ihrem puritanischen Enkel wurde geraten, nicht bei deren Vorstellungen zugegen zu sein. Diejenigen, die nicht im Dienste eines großen Hauses standen, hatten es freilich schwerer, ihren Lebensunterhalt zu verdienen, doch konnten sie, da es sich um ein »Luxus-Gewerbe« handelte und es wohl auch nur eine begrenzte Zahl von Darstellern gab, höhere Gagen als gewöhnliche Arbeitslöhne verlangen und bekamen sie wohl auch. Einige Verträge aus dem römischen Ägypten regeln Engagements kleiner Gruppen von Unterhaltungskünstlern, die bei lokalen Festen auf dem Lande auftreten sollten. Zwei Dokumente aus dieser Gruppe, die aus dem 3. Jahrhundert n. Chr. stammen und jeweils zwei Tänzerinnen betreffen, bieten eine Gage von 36 Drachmen für das Paar, außerdem in einem Fall die Verköstigung, den Transport und die Bewachung von Kostümen und Schmuck der Künstlerinnen. Dieser Betrag liegt deutlich höher als der Lohn etwa einer Weberin, allerdings hatten Künstler ja nicht jeden Tag ein Engagement.

Sängerinnen, Tänzerinnen und Musikerinnen, die sowohl bei öffentlichen Anlässen wie auch bei privaten Veranstaltungen auftraten, sind mehrfach bezeugt. Manche erheiterten die Gäste einer römischen Essenseinladung durch eine Art Kabarett. Der jüngere Plinius macht einem Freund augenzwinkernd Vorwürfe, weil dieser seiner Einladung zu einem einfachen Mahl und so intellektuellen Vergnügen wie einer Literaturlesung oder dem Auftritt eines Sängers eine andere zu einem luxuriösen Gelage mit spanischen Tänzerinnen vorgezogen hatte. Tänzerinnen aus Spanien, insbesondere die aus Cádiz, waren berühmt. Der Beschreibung Martials zufolge scheinen sie einen ausgesprochen erotischen Tanz aufgeführt zu haben, »der selbst Hippolytos zum Onanieren gebracht hätte«.

Frauen traten nicht nur auf der »richtigen« Bühne auf, sondern auch als bloße Mimus-Darstellerinnen. Der Dichter Horaz faßt bei seiner Diskussion der verschiedenen sexuellen Vorlieben von Männern diese Frauen mit Prostituierten zusammen. Wie jene scheinen sie wenig Schutz vor sexuellen Belästigungen und kaum eine Chance auf Entschädigung gehabt zu haben. Als Gnaeus Plancius im Jahr 54 v. Chr. wegen Wahlbetrugs vor Gericht stand, wies der Ankläger als Teil der – in solchen Fällen ganz üblichen – Rufmordkampagne darauf hin, daß der Beklagte als junger Mann angeblich an einem Bandenangriff auf eine Mimus-Darstellerin in Atina beteiligt gewesen war. Sein Verteidiger Cicero leugnet dies gar nicht; er wischt den Vorwurf damit zur Seite, daß er den Übergriff als *vetere quodam in scaenicos iure, maximeque oppidano* geschehen bezeichnet, als »nach dem traditionellen Recht solcher Behandlung von Schauspielern, insbesondere in den Landstädten«. Schon in der spätrepublikanischen Zeit war es üblich, daß das Publikum bei den Mimus-Vorstellungen, jedenfalls während der *ludi florales,* laut verlangte, daß sich die Darstellerinnen auszögen, und ebenso üblich, daß die Frauen dieser Forderung nachkamen.

Die Darstellerinnen, deren Namen wir kennen, waren Sklavinnen oder Freigelassene und hatten gewöhnlich Namen griechischen Ursprungs. Manche davon scheinen mehr oder weniger passende Künstlernamen gewesen zu sein, etwa Eucharis, »Charme«, oder Paizusa, »die Spielerin«. Eucharis war bereits eine Freigelassene, als sie in der spätrepublikanischen Zeit im Alter von 14 Jahren starb und ihr von ihrem – nicht namentlich genannten – Vater ein Grabstein errichtet wurde, auf dem ihre Erziehung und Ausbildung »wie von den Musen selbst« gepriesen wird; als ihre eigenen Worte steht folgendes geschrieben: »Ich zierte die Spiele der Vornehmen mit meinem

Tanz und trat erstmals vors gemeine Volk in einem griechischen Stück.« Sie behauptet nicht, daß sie die erste Mimus-Darstellerin gewesen sei, die in Rom auftrat; diese Art von Stücken wurde seit dem 3. vorchristlichen Jahrhundert aufgeführt, und ein anläßlich der Abreise einer griechischen Schauspielerin nach Italien verfaßtes Epigramm belegt dies auch für das 2. Jahrhundert v. Chr. Die Neuerung, die möglicherweise in die Zeit von Eucharis' eigener kurzer Karriere fällt, mag die Einführung bestimmter Mimus-Handlungen aus Alexandria gewesen sein. Eucharis' tänzerische Kunst wird gepriesen, und der ganze Tenor der Grabinschrift betont das hohe Niveau ihrer Erfolge und des Milieus, in dem sie sie erzielte. Es wird ausdrücklich festgestellt, daß sie in den Stücken für »die Vornehmen« auftrat, was wohl besagen will, daß sie nicht an den gewöhnlichen öffentlichen Darbietungen zu Ehren verschiedener Gottheiten teilnahm, die von den Aedilen und dem Stadtpraetor ausgerichtet wurden; vielmehr spielte sie wohl bei privat finanzierten Vorführungen, die entweder zur Erfüllung eines Gelübdes – etwa anläßlich der Feier eines Triumphs oder der Weihung eines öffentlichen Gebäudes aus der Beute eines Feldzugs – oder zu einer Bestattung gestiftet wurden. Eigentümer der Eucharis war eine Frau, Licinia, von der aber unbekannt ist, zu welcher der zeitgenössischen Familien dieses Namens sie gehörte.

Manche Frauen kämpften auch als Gladiatorinnen; von Kaiser Domitian ist bekannt, daß er diese Unterhaltungsform sogar förderte. Eine Inschrift aus Ostia nennt Spiele, die dort wahrscheinlich während der Herrschaft des Kaisers Septimius Severus vom Ortsbürgermeister Hostilianus und seiner Frau ausgerichtet wurden. Bei den Spielen traten Frauen als Schwertkämpfer auf. In gewisser Weise führte Hostilianus mit diesen Spielen eine Neuerung ein; bezüglich des Auftritts weiblicher Gladiatoren mögen sie zu den letzten ihrer Art gehört haben, denn Kaiser Septimius Severus erließ ein Edikt, das den Einzelkampf von Frauen in der Arena verbot. In der frühen Kaiserzeit hatte offenbar der eigene Auftritt dort oder auf der Bühne eine gewisse Anziehungskraft auch für Männer und Frauen der Oberschicht. Im Jahr 19 n. Chr. verbot Kaiser Tiberius derartiges Treiben; ein Teil des zu jener Zeit ergangenen Senatsbeschlusses ist auf einer Inschrift in Larinum gefunden worden. Aus ihr geht hervor, daß manche Leute es tatsächlich bewußt darauf angelegt hatten, Ehrlosigkeit, *infamia*, auf sich zu ziehen, sei es mittels Verurteilung durch ein Strafgericht oder auf sonst eine Weise, um den Status ihres Ranges zu verlieren und endlich ihrer Passion nachgehen zu können. Ähnlich verhielten sich die Frauen, die sich als Prostituierte registrieren ließen, um dem Ehebruchsgesetz zu entgehen. Da also *infamia* allein nicht mehr ausreichte, wurden zusätzliche Strafen vorgeschrieben, etwa die Verweigerung einer ordentlichen Bestattung – dies aber sollte sich nicht auf die Söhne und Töchter derer erstrecken, die Schauspieler, Trainer, Gladiatoren oder Zuhälter waren. Der Text nimmt Bezug auf einen älteren Senatsbeschluß, der unter Kaiser Augustus im Jahr 11 n. Chr. ergangen war und festlegte, daß freigeborene Frauen unter 20 und Männer unter 25 Jahren ihre Dienste für die Arena, die Bühne oder sonstige »dunkle Erwerbsquellen« nicht zur Verfügung stellen durften, es sei denn, der Kaiser zwinge sie dazu, was offenbar als Strafe vorkam. Dennoch gab es hartnäckige Fälle. Der Satiriker Juvenal macht sich über die unweibliche – und, wie er nahelegt, untreue – Ehefrau lustig, die es nicht lassen kann, sich als Gladiator wenigstens zu üben, wenn schon nicht aufzutreten; und Kaiser Nero kümmerte sich, wie schon angedeutet, nicht um die Vorschriften seiner Vorgänger. Ein Wiederausbrechen dieser »Seuche« unter manchen Frauen der Oberschicht und der Spott, den dies beim Publikum auslöste, war nach dem Historiker Cassius Dio die Ursache dafür, daß Kaiser Septimius Severus alle Frauen von der Teilnahme an solchen Darbietungen ausschloß.

Die Begeisterung für weniger blutige »Sportarten« führte nicht zu derselben moralischen Schande. So vertraten Sabinus und Cassius, Juristen aus der Zeit des Kaisers Tiberius, die Auffassung, daß das praetorische Edikt bezüglich Schauspielern und Gladiatoren nicht auf Athleten angewandt werden sollte. Athletinnen sind aus dem griechischen Teil des römischen Reichs bekannt. Eine Inschrift des Jahres 45 n. Chr. ehrt mehrere Frauen, Bürgerinnen von Tralles, die Siege bei griechischen Wettspielen errungen haben, meistens im Lauf, aber vermutlich auch bei einem Wagenrennen in voller Rüstung.

Margaretha Debrunner Hall
Eine reine Männerwelt?
Frauen um das römische Heer

»Männer sagen uns, wir hätten ein gefahrloses Leben in den Häusern, während sie mit dem Speer kämpften – wie sehr sie sich irren! Ich stünde lieber dreimal bereit hinter dem Schild als einmal zu gebären«, läßt Euripides seine Medea sagen. Was Medea hier angreift, ist nur die gängige Meinung, daß sich Männer als Krieger größeren Gefahren aussetzen als Frauen, die Kinder zur Welt bringen. Die Zweiteilung der Lebenssphären – Frauen bleiben im Haus und kümmern sich um den Nachwuchs und Männer kämpfen und trotzen Gefahren – als solche aber stellt sie nicht in Frage. Dieses Rollenmodell war grundlegend für die Gesellschaftsstruktur der antiken Poliswelt. Es wird von Anthropologen noch heute vor allem in ländlichen Gegenden der Mittelmeerwelt beobachtet und wird auch noch in unserer Gesellschaft von feministischen Wissenschaftlern als Problem empfunden.

Die Poliskultur, zu der auch das antike Rom gehört, trennte weitgehend auch örtlich die Sphären »Privatleben und Haus« von der Öffentlichkeit und dem Militärwesen. So betraten fremde Männer ein Haus und insbesondere die Frauenräume nur mit der Erlaubnis des Hausherrn. Anständige Frauen zeigten sich so wenig wie möglich in der Öffentlichkeit, und vor allem hatten sie nichts zu suchen in der Nähe von Heerlagern. So ist Achilles überrascht, Klytaimnestra im Heerlager in Aulis zu sehen. Was macht eine angesehene Frau hier, »eine Frau unter Männern mit Schilden«? Eine um ihren Ruf besorgte Frau zeigte sich offenbar nicht bei einer Armee, die unterwegs war.

Vielmehr wurde, wer dem Heer folgte, als leichtes Mädchen angesehen. Ein oft kritisierter athenischer General des 4. Jahrhunderts, Chares, wird von Theopomp beschuldigt, »Flöten- und Lyra- sowie gewöhnliche Spielgefährtinnen« mit sich und seinem Heer zu führen. Demgegenüber erwähnt ein spätantiker Historiker eine Stele, aufgestellt von Chares für seine Frau, die gestorben war, als sie ihn 340 v. Chr. auf einem Feldzug gegen Byzanz begleitet hatte. Dieses Beispiel mag deutlich machen, wie schwierig es ist, über einzelne Frauen bei Heeren zu urteilen. War die Verstorbene eine »Spielgefährtin« oder eine respektable Gattin?

Doch ist es nicht wahrscheinlich, daß trotz der äußerst spärlichen Quellen in der Praxis stets eine gewisse Anzahl von Frauen sich in einem Lager oder drumherum befanden, daß sie einen inoffiziellen aber üblichen Teil des Militärlebens darstellten (etwa als Händlerinnen oder Prostituierte) – doch daß ihre Gegenwart in der Nähe eines disziplinierten Bürgerheeres als ideologisches Problem empfunden wurde?

Als Schweizerin ist mir diese Spannung zwischen Ideal und Wirklichkeit durchaus vertraut: Die Schweiz mit ihrem Bürgermilizheer bietet in vieler Hinsicht die engste Parallele zur klassischen Polisgesellschaft. Bürgersein und Soldatsein stellte bis weit in die zweite Hälfte dieses Jahrhunderts eine so enge Einheit dar, daß Frauen vom Bürgerrecht ausgeschlossen blieben, u.a. mit dem Argument, daß sie nicht aktiv zur Landesverteidigung beitrügen. Noch heute verbringen viele Schweizer jährlich ein paar Wochen im Militärdienst. In dieser Zeit sind Männer betont unter sich und verteidigen das Land ohne weibliche Hilfe. Doch diese »reine Männerwelt« kann in der Praxis ohne Frauen nicht funktionieren: Die Schweizer Armee hat z.B. keinen Wäschedienst – man nimmt selbstverständlich an, daß wenigstens ein Familienmitglied die Wochenenden mit Waschen und Bügeln verbringen wird ... Ganz anders sind die Verhältnisse in den Ländern mit Berufsarmeen wie z.B. Großbritannien und den USA. Abgesehen von den weiblichen Berufssoldaten sind hier auch Ehefrauen und Kinder ein integrierter Teil von Heeresstützpunkten rund um die Welt.

Der Stadtstaat Rom hatte ursprünglich viele Gemeinsamkeiten mit griechischen Poleis. Er hatte eine Bürgerarmee, rekrutiert nach Bedarf für die Kriegssaison des Jahres. Die Alltagsgeschäfte, insbesondere die Landwirtschaft, ließ man in den

Händen der Frauen und der alten Männer zu Hause. Doch in der Kaiserzeit wandelte sich Rom zu einem monarchischen, militärisch dezentralisierten Territorialstaat. Die Berufsarmee erlaubte zunächst nur Offizieren und schließlich auch Soldaten zu heiraten und ihre Familie bei sich zu haben. Was mich hier interessiert, ist, wie sich das Verhältnis zu Frauen um Heere in dieser Übergangszeit gestaltet hat. […]

Frauen im Heerlager – die Frauen von Offizieren und Amtsträgern

Die Bürgerkriege des ersten Jahrhunderts v. Chr. hinterließen viele Narben und brachten tiefgreifende gesellschaftliche Veränderungen mit sich, darunter auch in den Verhaltensmustern der Frauen der Oberschicht. In dieser Krisenzeit war selbst Rom nicht mehr das sichere Zentrum, wo Mitglieder der Oberschicht, unterwegs mit einer Armee, es ihren Frauen überlassen konnten, die Hand am politischen Puls zu halten. Immer häufiger wurden hohe Amtsträger (die in Rom oft sowohl zivile als auch militärische Aufgaben hatten) auf Reisen von ihren Frauen begleitet. Die erste Frau, von der dies belegt ist, ist Caecilia Metella: sie folgte ihrem Gatten Sulla 86 v. Chr. nach Athen.

Ein solches Verhalten wurde gleichzeitig getadelt und gebilligt, wie eine Passage in Lucans *Bürgerkrieg* zeigt: Cornelia, die ihrem Mann Pompeius Magnus nach Ägypten gefolgt ist, wird Zeugin der Ermordung ihres Gatten, der den Tod eines stoischen Helden stirbt. Der Dichter läßt sie sagen:

»Ich bin nicht von Kriegsschuld frei, war ich doch die einzige Frau, die ihren Mann, durch keine Widrigkeit abgeschreckt, von Meer zu Meer und von Lager zu Lager begleitete, habe ich ihn doch nach seiner Niederlage aufgenommen, was zu tun selbst Könige sich fürchteten. Verdiente ich nicht anderes, mein Gatte, als auf sicherem Schiff allein zu bleiben? Wolltest Du mich treulos schonen? ... Du, großer Gatte, lebst noch, und schon darf Cornelia nicht mehr über sich selbst bestimmen: man hindert mich, den Tod zu suchen, spart mich für den Sieger auf.«

Lucan stilisiert Cornelia zur idealen Gattin, die ihrem Mann auch in schweren Zeiten die Treue hält, ihm auf der Flucht hilft und dann folgt; dennoch drückt sie die Sorge aus, daß ihr Verhalten getadelt werden könnte (»Ich bin nicht von Kriegsschuld frei«). Was wirklich Anstoß erregte war jedoch, wenn Frauen zu viel Initiative zeigten und sich in die Geschäfte von Männern einmischten. In diesem Sinn lästert denn auch Cicero über Fulvias Anwesenheit im Heerlager ihres Gatten Mark Anton in Brindisi 44 v. Chr.

Als Augustus fest im Sattel saß, versuchte er, Rom wieder zu alter Zucht und Sitte zurückzuführen:

»Im Heerwesen führte Augustus viele Änderungen und Neuerungen ein, stellte aber auch in verschiedenen Bereichen die alten Verhältnisse wieder her. Die Disziplin handhabte er sehr streng. Sogar Lagerkommandanten gestattete er nur ungern und nur während der Wintermonate, ihre Frauen zu besuchen.«

Lucretia, Livius' Heldin der römischen Frühzeit, verbringt die Zeit zu Hause mit Weben, während die Männer Ardea belagern. Sie repräsentiert das augusteische Ideal, dargestellt als Norm in einer idealen Vergangenheit: Frauen bleiben zu Hause, auch die Gattinnen von Offizieren und Amtsträgern.

Doch trotz Augustus' Versuchen, die Entwicklung aufzuhalten, finden wir bereits unter seinem Nachfolger Tiberius üblicherweise die Gattinnen von Amtsträgern mit ihren Männern und Kindern in den Provinzen. Wahrscheinlich die berühmteste dieser Ehefrauen war Gemanicus' Frau Agrippina die Ältere und die berüchtigtste Munatia Plancina, Gattin des Gnaeus Calpurnius Piso, Germanicus' Erzfeind. Agrippina, die ihrem Gatten überallhin ins Feld folgte, so Tacitus, hatte »ein etwas zu leidenschaftliches Temperament, doch wußte sie in ihrer reinen Liebe zu ihrem Mann ihren unbändigen Sinn in gute Bahnen zu lenken.« Und wieder fassen wir das Ideal der treuen Gattin im Konflikt mit dem Ideal der Frau, die zu Hause bleibt. Dagegen ging Munatia Plancina zu weit für Tacitus' Geschmack:

> »Plancina hielt nicht die einer anständigen Frau gezogenen Grenzen ein, sondern nahm an den Übungen der Reiterei, an den Manövern der Kohorten teil und erging sich in Schmähreden gegen Agrippina und Germanicus«.

Agrippina und Munatia waren aber nur die Spitze des Eisbergs. M. T. Rapsaet-Charlier hat eine lange Liste der Frauen zusammengestellt, die ihren Männern in die Provinzen folgten. Einer der Gründe, weshalb man diese Frauen kaum hindern konnte, ihren Gatten zu folgen, war wohl, daß die römische Verfassung zivile und militärische Ämter nicht klar trennte; vom rechtlichen Standpunkt war es einerlei, ob ein Provinzverwalter seine Familie ins friedliche Sizilien mitnahm oder sie ihm an die pannonische Front folgte.

Doch das Unbehagen mit dieser neuen Entwicklung blieb: Im Jahr 21 n. Chr. wurde im Senat ein Antrag des Caecina diskutiert: Ein neues Gesetz sollte Frauen von Amtsträgern verbieten, ihren Gatten in die Provinzen zu folgen. Es lohnt sich, die Rede des Caecina etwas näher anzusehen: Sie enthält mehrere schon erwähnte Aspekte der republikanischen Ideologie und bringt sie zusammen mit allgemeineren stereotypischen Ansichten über Frauen. Caecina sagt, er habe selber ein gutes Verhältnis zu seiner Frau und sechs Kinder und habe vierzig Jahre Kriegsdienst geleistet, sei aber stets in Italien geblieben, wie dies Sitte gewesen sei (ganz wie Spurius Ligustinus' Frau und Lucretia).

> »Wenn Frauen zum Gefolge gehörten, so führe dies im Frieden zu Wohlleben und im Krieg zu ängstlicher Rück-

sicht und damit zu Hemmungen, und eine römische Kohorte verwandle sich in eine Art Barbarenaufzug. Schwächlich und Anstrengungen nicht gewachsen sei das weibliche Geschlecht und, wenn man die Zügel locker lasse, brutal, ehrgeizig und machtgierig; sie marschierten mitten unter den Soldaten und benützten die Centurionen als Handlanger. Erst kürzlich habe eine Frau bei einer Übung der Kohorten, ja bei einer Parade der Legionen das Kommando geführt. Sie sollten nur selbst daran denken, sooft es sich um Klagen wegen Erpressung handle, falle der Hauptteil der Vorwürfe den Frauen zur Last«

– kurz, es sei so weit gekommen, daß Frauen, »der Fesseln ledig in Privathäusern und Gerichtssälen, ja bereits über Heere kommandieren.« Der Antrag des Caecina wurde jedoch abgelehnt – mit dem Argument, daß zwar in der Tat Krieg eine reine Männersache sei, daß aber die schönste Erholung für den Krieger bei seiner Gattin sei. Allzu machtgierige Frauen müßten von ihren Männern kontrolliert werden, und dies könnten sie am besten tun, wenn sie ihre Frauen bei sich, d.h. auch in den Provinzen, hätten. Zwei Jahre später, 24 n. Chr., bestätigte ein Gesetz diese Ansicht: von nun an waren Amtsträger haftbar für jegliches Vergehen ihrer Frauen, sollten sie mit ihnen in einer Provinz sein.

Was steckt hinter dieser Debatte? Offensichtlich war es zur unabänderlichen Tatsache geworden, daß die Familie dem Amtsträger und Offizier in die Provinz folgte. War dieser Bruch mit dem traditionellen Verhalten genug, um die konservativen Männer der Elite, deren Machtposition durch die Entstehung des Prinzipats ohnehin unterminiert wurde, in Panik zu versetzen, oder haben diese Frauen, weg von Rom und in einer Situation, wo Macht und Einfluß weniger formalisiert waren, tatsächlich versucht, sich »unweibliche« Machtpositionen aufzubauen, sich als »kleine« Fulvias, Agrippinas oder Plancinas zu gebärden? Wir haben zu wenig Quellen zu Einzelfällen, um zu urteilen. Fest steht, daß die Frauen hoher Offiziere und Amtsträger nun in die Provinzen gingen und mehr und mehr Gattinnen von Offizieren weniger hoher Ränge ihrem Beispiel folgten.

Der Frau eines solchen Offiziers verdanken wir das älteste europäische Dokument, von dem man mit hoher Gewißheit annehmen kann, daß es von einer Frau verfaßt und geschrieben wurde: Es ist der Brief einer Claudia Severa an eine andere Offiziersgattin, Sulpicia Lepidina, eine Einladung zu einem Geburtstagsfest. Gefunden wurde der Brief aus dem frühen 2. Jahrhundert n. Chr. auf einem Holztäfelchen in Vindolanda, einem Fort am Hadrianswall.

Die Familien der Offiziere lebten oft im Heerlager selber, insbesondere in der Privatunterkunft der Lagerkommandanten, dem Principium. War ihre Gegenwart wirklich nur privater Luxus für Offiziere? Könnte ihre Anwesenheit im Zentrum des Lagers nicht auch als symbolische zivile Welt gesehen werden, umschlossen und geschützt von Soldaten und so versinnbildlichen, wofür zu kämpfen sich lohnte? Diese psychologische Bedeutung der Gegenwart von Frauen und Kindern wird deutlich in einem Akt des Generals Germanicus. Als im Jahre 14 n. Chr. ein Teil des römischen Heeres an der germanischen Front meuterte, schickte der General demonstrativ seine schwangere Frau Agrippina und seinen kleinen Sohn Caligula weg in Sicherheit zu einem befreundeten Barbarenstamm, den Treverern. Öffentlich nahmen sie tränenreich Abschied, und Agrippina verließ zusammen mit anderen Frauen in einem »jammervollen Zug« das Lager. Mit einer feurigen Rede brachte Germanicus dann die Soldaten zur Zerknirschung, und »sie baten, er möge seine Gemahlin zurückführen, der Pflegling des Heeres solle zurückkehren und nicht zu den Galliern als Geisel überantwortet werden«. Agrippina blieb fern bis nach ihrer Niederkunft, doch der kleine Sohn kam zurück, und nun hatte Germanicus die Truppen unter Kontrolle. Soviel zu den Frauen und Familien von Offizieren. Doch wie gestalteten sich die Beziehungen zwischen Frauen und gemeinen Soldaten?

Frauen um das Heerlager – Berufssoldaten und Frauen

Das zentrale und meistdiskutierte Problem für die beiden ersten Jahrhunderte der Kaiserzeit ist das Gesetz des Augustus, das gemeinen Soldaten verbot, während ihrer Dienstzeit (Prätorianer 16, Legionäre und Auxiliartruppen 25 Jahre) zu heiraten, und die Masse von Quellen, die trotzdem eheähnliche Beziehungen zwischen solchen Soldaten und Frauen belegen. Dieser Graben zwischen strikter Rechtslage und sozialer Wirklichkeit wurde erst im frühen 3. Jahrhundert überwunden, als der Kaiser Septimius Severus das Eheverbot aufhob. Mein Beitrag wird nicht primär die rechtlichen Einzelheiten diskutieren, sondern versucht, die sozialgeschichtlichen Implikationen dieser Situation darzustellen.

Augustus wollte das Beste zweier Welten: Während ihrer Dienstzeit erwartete er von den Soldaten die Disziplin und Zielstrebigkeit von Berufssoldaten, und sobald sie in Pension gingen, sollten sie sich als Bauern niederlassen und heiraten, ein Leben führen wie der Veteran Spurius Ligustinus. Dagegen war Livius' idealer Soldat der Republik bereits verheiratet, als er ausgehoben wurde und konnte in seine Heimat zu einer Großfamilie und einem florierenden Hof zurückkehren. Anders die Veteranen der frühen Kaiserzeit. Tacitus berichtet von einem wohl nicht untypischen Fall, in dem die Ansiedlung von Veteranen nicht erfolgreich war:

»In Tarentum und Antium wurden Veteranen angesiedelt, konnten aber der Entvölkerung dieser Städte nicht abhelfen, da sich sehr viele von ihnen wieder in die Provinzen zerstreuten, wo sie ihren Kriegsdienst abgeleistet hatten. Da sie nicht gewöhnt waren, Ehen zu schließen und Kinder aufzuziehen, ließen sie verwaiste Häuser ohne Erben zurück.«

Tacitus übersieht hier eine andere mögliche Interpretation des Verhaltens der Legionäre: Sie könnten auf die italische Siedlung verzichtet haben und in die Provinzen zurückgegangen sein, weil sie dort schon ein Heim mit Frau und Kindern hatten, das auf sie wartete.

Wie bereits erwähnt, haben wir viel Quellenmaterial für »Soldatenehen«, und Beispiele werden erörtert werden. Doch im Gesetz und im Denken wurde klar getrennt zwischen Dienstzeit und Ruhestand, obwohl in der Praxis die Grenzen fließend waren: Veteranen konnten öfters bei ihrer alten Einheit bleiben und *sub vexillo,* d.h. mit einigen Erleichterungen, weiterhin Dienst leisten, anstatt sofort die Hand an den Pflug zu legen, und aktive Soldaten konnten de facto Verbindungen eingehen und Kinder zeugen.

Die Armee der frühen Kaiserzeit bestand im wesentlichen aus zwei Typen von Truppen (abgesehen von Spezialeinheiten wie der Flotte, den Prätorianern und dergleichen), nämlich Legionären, römischen Bürgern, und Auxiliarsoldaten, die kein römisches Bürgerrecht hatten, also üblicherweise Provinzbewohner, genannt Fremde *(peregrini),* oder Latiner waren: Um die Mitte des 2. Jahrhunderts n. Chr. bestand die Armee zu etwa 60 Prozent aus Auxiliareinheiten. Ein Grund für Nichtbürger, dem Heer beizutreten, war die Aussicht bei der Pensionierung das römische Bürgerrecht zu bekommen, was beträchtliche Steuervorteile mit sich bringen konnte und zu Hause in den Provinzen einen gesellschaftlichen Status verlieh. Ein großer Teil der Auxiliarveteranen besorgte sich eine schriftliche Bestätigung ihrer Belohnung, eine Kopie der Inschrift in Rom, die festhielt, daß Einheit X ehrenvoll entlassen worden war. Diese individuelle Kopie mit dem Namen des Soldaten war sein Militärdiplom; Hunderte solcher Diplome sind erhalten. Das Dokument besagte, daß der Empfänger, ein Veteran der Einheit X, nun römisches Bürgerrecht und – das ist wichtig – *conubium* habe, d.h. das Recht, die Frau seiner Wahl zu heiraten, »sei es eine, die er schon hat oder eine, die er nehmen wird, solange er nur eine nimmt« *(dumtaxat singuli singulas).* Conubium bedeutete, daß der Veteran nun als römischer Bürger eine im römischen Recht anerkannte Beziehung eingehen konnte auch mit einer Frau, die nicht Bürgerin war, und mit ihr legitime, erbberechtigte Kinder haben konnte, die ihrerseits wieder das römische Bürgerrecht besaßen. Die Frauen selbst bekamen jedoch kein römisches Bürgerrecht. Vor allem für die Kinder, Söhne ebenso wie Töchter, war Conubium also wichtig.

Die Militärdiplome liefern zahlreiche konkrete Belege für »Soldatenehen« und ihre rückwirkende offizielle Sanktionierung. Wie hoch der prozentuale Anteil von in diesem Sinn verheirateten Soldaten im gesamten Heer war, wissen wir allerdings nicht.

Die meisten dieser Ehefrauen dürften wohl irgendwie in der Nähe des Lagers gelebt haben, doch in deutlichem Gegensatz zu den oben besprochenen Frauen von Amtsträgern und Offizieren war ihnen nicht erlaubt, innerhalb des Lagers zu leben. Gelegentlich werfen isolierte Quellenzeugnisse Licht auf einzelne solcher Frauen; ein anderer Brief aus Vindolanda zum Beispiel, geschrieben vor 105 n. Chr. von dem eindeutig nicht-römischen Soldaten Chrauttius endet: »und ich bitte dich, Bruder Virilis, grüße mir unsere (?) Schwester Thuttena und Velbuteius«. War Thuttena Velbuteius' Frau, war sie Chrauttius' leibliche Schwester oder ist dies lediglich ein Ausdruck der Verbundenheit (wie *frater*, Bruder, oft auf Soldatengrabsteinen)? Briefe sind jedoch eine Seltenheit in diesem Zusammenhang. Versuche, etwas allgemeinere Aussagen zu machen, müssen von der breiteren Basis ausgehen, die uns vor allem die Grabsteine bieten.

M. Roxan hat die Grabsteine von Auxiliarsoldaten und -veteranen, die »Ehefrauen« *(coniunx, uxor, liberta, sua)* erwähnen, analysiert mit folgendem Ergebnis: 250 der insgesamt 787 Grabsteine von Auxiliarsoldaten aus dem 1. bis späten 3. Jahrhundert mit identifizierbaren Stiftern erwähnen Frauen.

Aus diesen 250 beziehen sich 156 auf aktive Soldaten und 94 auf Veteranen. Ein klarer Trend zeichnet sich ab: im ersten Jahrhundert beziehen sich lediglich 7 Prozent auf Familienmitglieder der Verstorbenen und 80 Prozent nennen Mitsoldaten, Erben oder niemanden als Stifter. Im 3. Jahrhundert hatte sich das Verhältnis umgekehrt: 53 Prozent der Inschriften erwähnen Frauen oder Kinder und unter 20 Prozent Mitsoldaten, Erben oder niemanden. Dieser Umschwung hat sicher etwas zu tun mit dem Erlaß des Severus, der um die Wende vom 2. zum 3. Jahrhundert Soldatenehen offiziell anerkannte. Doch der Erlaß war nicht die Ursache des Umschwungs, sondern lediglich eine Anerkennung der sozialen Realität: Bereits im 2. Jahrhundert war der Anteil der Inschriften mit Familienmitgliedern auf über 20 Prozent angestiegen. Diese 7 Prozent, über 20 Prozent und 53 Prozent stellen natürlich nicht die absolute Zunahme an Soldatenehen dar, doch zeigen sie die Zunahme der Frauen und Kinder, die, indem sie ihren Namen auf den Grabstein setzten, einen Anspruch auf offizielle Anerkennung zum Ausdruck brachten.

Roxans Studie konzentriert sich auf Auxiliarsoldaten. Wie gestaltete sich das Verhältnis zwischen Legionären und Frauen? Soweit wir wissen, bekamen sie nicht das Conubium mit Nichtbürgerinnen. Das ist bemerkenswert; für Truppen, die doch die meiste Zeit in Gegenden stationiert waren, wo nur eine kleine Minderheit römisches Bürgerrecht hatte, beschränkte dies massiv die Chancen, während der Dienstzeit eine geeignete Braut zu finden. Behrends sieht hinter dieser Regelung eine bewußte Sozialpolitik: Auxiliarsoldaten, denen bei der Entlassung das römische Bürgerrecht verliehen wurde, und die sich dann in ihrer Heimat oder wo sie gedient hatten, niederließen, waren »römischer« als sie bei der Rekrutierung gewesen waren. Sie stellten somit in ihrer Umwelt ein romanisierendes Element dar ungeachtet der Herkunft ihrer Frauen. Römische Legionäre dagegen, die sich mit fremden Mädchen in den Provinzen niederließen, liefen Gefahr, sich diesen kulturell anzugleichen, »to go native«. Nur die Elitetruppe der Prätorianer bekam das Conubium; vielleicht nahm man an, daß es weniger wahrscheinlich war, daß sie Nichtrömerinnen kennenlernen würden oder daß sie »römisch« genug waren, um dieses Privileg zu verdienen.

Als Auswahlstudie zu den Legionären und Frauen, um sie mit Roxans Studie über die Auxiliarsoldaten zu vergleichen, habe ich die Militärinschriften des 1. und 2. Jahrhunderts in Carnuntum betrachtet. Carnuntum, ein wichtiges Lager und eine Siedlung in der Nähe von Wien (der Ort, an dem Septimius Severus zum Kaiser ernannt wurde), bietet etwa 250 solcher Inschriften, welche zudem kürzlich neu ediert worden sind. Die Mehrheit der Inschriften bilden Grabsteine für Soldaten, 119 für aktive Soldaten, 25 für Veteranen. Sechs weitere sind Grabsteine, die aktive Soldaten für Verwandte, Sklaven und Freigelassene aufgestellt haben.

Wie bei den Auxiliarsoldaten derselben Zeit wurde die Mehrheit von Mitsoldaten, Erben oder anonym gestiftet, lediglich sieben wurden von Frauen gestiftet, sechs von männlichen Freigelassenen, einer vom Vater des Verstorbenen und einer von Mutter und Bruder eines Soldaten.

Die einzige Militärinschrift, die keine Grabinschrift ist und eine Frau erwähnt, ist besonders illustrativ für ein fundamentales Interpretationsproblem, das wir schon für den Brief des Chrauttius angesprochen haben. Die Carnuntum-Inschrift ist die Stiftung eines Altars für Jupiter Dolichenus, einen syrischen Gott, der speziell bei den Soldaten der hohen Kaiserzeit beliebt war. Der Altar wurde im späten 2. Jahrhundert vom Centurionen C. Spurius Silvanus und einer Valeria Digna aufgestellt, die damit ein Gelübde erfüllten. Wir fassen hier namentlich eine datierbare Frau in Verbindung mit einem Soldaten. Ihr Name legt nahe, daß sie Römerin oder eine Freigelassene war. Doch wer war Valeria Digna? Was ist ihre Verbindung mit Spurius Silvanus? Was war der Inhalt ihres Gelübdes? Die Mischung aus sehr konkreten Informationen zusammen mit dem Fehlen jeglichen weiterführenden spezifischen Kontextes ist typisch für das Material.

Was sich aufgrund der Carnuntum-Inschriften festhalten und verallgemeinern läßt, ist, daß auch die Legionäre eheähnliche Beziehungen eingingen und daß die Anzahl dieser Beziehungen zunahm, parallel zu der unter den Auxiliarsoldaten. Die Mißachtung des Eheverbots war also offensichtlich ein allgemeines Phänomen.

Obwohl relevante Informationen über einzelne »Soldatenfrauen« sehr selten sind, so lassen sich doch einige allgemeinere Aspekte der Entwicklung ihrer Lebensform rekonstruieren.

Diese werden nun kurz angesprochen werden, und dann versuche ich, die Fäden zusammenzuziehen und das merkwürdige ideologische Problem der »illegalen« Soldatenehen zu erklären.

Ein wichtiger Faktor, der viele Frauen ermutigt haben dürfte, sich auf eine Dauerbeziehung mit einem Soldaten und ein Leben in der Nähe eines Heerlagers einzulassen, war eine strategische Reform: Spätestens unter Hadrian wurden Legionen mehr und mehr stationär; vorher wurden sie nach Bedarf rund um die Reichsgrenzen geschickt. Nun hatten die Siedlungen um Lager, *canabae* (bei Legionslagern) oder *vici* (bei Auxiliartruppen) genannt, die Chance, sich von improvisierten Unterkünften zu Dauersiedlungen zu entwickeln. Die Memoiren eines gemeinen Soldaten in Wellingtons Armee bieten uns eine farbige Parallele, die veranschaulichen mag, wie das Leben von Soldatenfrauen unterwegs gewesen sein könnte, bevor die Legionen mehr oder weniger stationär wurden. James Anton nahm seine Frau mit in den Krieg. Da er nicht die Unterkunft mit zehn ledigen Mitsoldaten teilen wollte, improvisierte er, wo immer sie hinzogen, und baute Hütten. Frauen wie Mrs. Anton ertrugen dieses Leben für ein paar Jahre, die Frauen römischer Soldaten wohl viel länger. Ich halte es für denkbar, daß ihre Sterblichkeitsziffer nicht geringer als die ihrer kriegführenden Männer gewesen ist: Entbehrungen, Seuchen, Feinde, Geburten ...

Die Lage dieser Frauen dürfte sich mit den mehr seßhaften Legionen deutlich gebessert haben. Um recht viele der relativ permanenten Lager bildeten sich zivile Niederlassungen, selbst Municipia, die gelegentlich sogar zu Kolonien gemacht wurden. Veteranen konnten sich dort zur Ruhe setzen und Zivilisten aller Art, Frauen, Verwandte von Soldaten und Händler konnten enge Kontakte mit dem Heer formen und pflegen. Die *canabae* von Carnuntum z.B. haben einen besonders großen öffentlichen Markt mit Markthalle. Ein Soldat mit einer Frau konnte es ihr überlassen, ein Geschäft oder einen Hof aufzubauen, so daß er bei der Pensionierung ein gemachtes Nest hatte. Ein Gesetz verbat es Soldaten, Land zu besitzen in der Provinz, in der sie stationiert waren, weil sie das von ihrer Hauptaufgabe, dem Kriegsdienst, hätte ablenken können. Doch niemand hinderte sie, sich mit einem Mädchen vor Ort einzulassen, das z.B. einen kleinen Hof betrieb.

Für Soldaten gab es offensichtlich Vorteile, die sie bewogen, diese rechtlich nicht anerkannten Ehen einzugehen. Doch was konnten Frauen, die sich mit Soldaten einließen, gewinnen? Zunächst sieht es so aus, als ob eine solche Beziehung nur Probleme mit sich brachte: Gelegentlich wurden schon verheiratete Männer Soldaten. Diese hatten üblicherweise Frauen von zu Hause, die ihnen ins Feld folgten, wohl wie die Frauen in Wellingtons Heer, weil ihre Versorgung direkt und ausschließlich von ihrem Mann abhing. Ein Beispiel: Ein Militärdiplom von 64 n. Chr., gefunden in Noricum, nennt einen Helvetius und seine Frau, eine Helvetia (die wohl seine Tunica zu waschen pflegte), mit je einem Sohn und einer Tochter. Es ist nicht ganz klar, ob bis Severus bei der Rekrutierung die Ehe automatisch rechtlich ungültig oder für die Dienstzeit suspendiert wurde. Was eindeutig ist, ist, daß Kinder, die während der Dienstzeit des Vaters zur Welt kamen, zunächst nicht legitim und somit erbrechtlich benachteiligt waren.

Immer häufiger dürften Romanzen mit Frauen aus der Provinz geworden sein, wo die jeweilige Legion stationiert wurde. Wir finden z.B. in Pannonien das Militärdiplom eines britannischen Soldaten, der drei Kinder hatte mit einer Pannonierin und Marcus Antonius Timus aus Hieropolis in Syrien hatte zwei Kinder mit Doroturma aus Tricornium in Moesia Superior, wo er stationiert gewesen war. Ein Auxiliarfußsoldat aus Nordsyrien bekam in Pamphylien das Bürgerrecht für sich und seine Söhne mit einer Pamphylierin.

In der hohen Kaiserzeit heirateten öfters auch hohe Offiziere Frauen aus Provinzen, in denen sie stationiert waren: Der zukünftige Kaiser Septimius Severus, als Offizier in Syrien, wählte Julia Domna, die Tochter eines syrischen Priesters, und Constantius Chlorus, als er in York diente, ehelichte die britannische Prinzessin Helena, später Mutter Konstantins des Großen.

Die Armee wurde immer mehr ein privilegierter Teil der Gesellschaft des römischen Kaiserreichs, und es wurde lukrativer, sich mit einem Soldaten zu verbinden, auch wenn die Ehe erst bei seiner Pensionierung anerkannt wurde. Einige Papyri aus Ägypten aus der ersten Hälfte des 2. Jahrhunderts n. Chr. zeigen, daß eine Dauerbeziehung mit einem Soldaten attraktiv genug war, um eine Frau oder ihre Familie dazu zu bewegen, eine Mitgift aufzubringen. Dies ist bemerkenswert, denn es bestand die Gefahr, daß dieses Geld verlorenging: Da »Ehen« mit Soldaten nicht rechtsgültig waren, konnte im Falle einer »Scheidung« oder des Todes des Soldaten das Geld nicht zurückgefordert werden. Ein Fallbeispiel mag das Problem illustrieren: 134 n. Chr. wollten sich der Soldat Gemellus und seine Partnerin Chtinbois trennen. Sie zog ihn vor Gericht und verlangte 700 Drachmen zurück, die sie ihm geliehen habe. Er weigerte sich mit dem Argument, das Geld sei seine Mitgift gewesen und damit ihr Anspruch ebensowenig rechtsgültig wie ihre »Ehe«. Sie erklärte dann, daß sie ihm zweimal Geld gegeben habe, zuerst 260 und dann 440 Drachmen. Der Richter erklärte die erste Zahlung zu einer Mitgift, doch verpflichtete er Gemellus, die 440 Drachmen zurückzuzahlen.

Mit der zunehmenden politischen Macht des Heeres schwand jegliche Chance, den Soldaten erfolgreich das Heiraten zu verbieten; jeder Kaiser mußte das Heer für sich gewinnen. Eine Maßnahme zum Beispiel wie die Wellingtons, der für seinen spanischen Krieg eine Quote von maximal sechs begleitenden Ehefrauen per hundert Soldaten festlegte, wäre nicht erzwingbar gewesen. Die Frage ist also nicht, weshalb das Eheverbot für Soldaten nicht strikter gehandhabt wurde, sondern weshalb es nicht früher abgeschafft wurde. Moderne Berufsarmeen nennen sich stolz »a married men's army«, und Soldatenfamilien liefern heutzutage reichliches Material für spezielle psychologische und soziologische Studien.

Wenn es denn keinen praktischen Grund gab für das Eheverbot und seine lange Dauer, so muß es einen ideologischen gegeben haben. […]

Beeinflußt von einem starken Vorbild des idealen Soldaten als Bürgersoldaten verschloß man lange die Augen vor der Tatsache, daß das römische Reich von bezahlten Berufssoldaten verteidigt wurde. Amtsträger und hohe Offiziere hatte es in einer ähnlichen Form auch in der Republik gegeben. Deshalb wurde, wenn auch nicht mit Begeisterung, das neue Verhalten ihrer Frauen akzeptiert. Von ihren bezahlten Männern aber wollten Augustus und seine Nachfolger beides: sowohl die Sachkenntnis und langfristige Verpflichtung von Berufssoldaten als auch die Zielstrebigkeit und exklusive Hingebung eines Bürgersoldaten, der aus Idealismus sein eigenes Land verteidigt. Die zweihundert Jahre Eheverbot für Soldaten zeigen, daß Rom versuchte, eine Berufsarmee mit dem Ethos einer Bürgermiliz zu haben, ein Versuch, der an dem elementaren Bedürfnis der Soldaten nach Lebenspartnerinnen scheitern muß. Die römische Armee war keine reine Männerwelt.

II. Mittelalter

ERDMUTE HELLER
HASSOUNA MOSBAHI
Der Schleier und die Verbote des Islam

»Prophet! Sag deinen Gattinnen und Töchtern und den Frauen der Gläubigen, sie sollen sich (wenn sie austreten) etwas von ihrem Gewand über den Kopf herunterziehen [...]«.

Koran 33, 59

Zu Beginn des neuen Schuljahrs im Herbst 1989 brach in Frankreich eine hitzig geführte Debatte aus über einen Vorfall, der – dank der Massenmedien – als Kopftuch-Affäre weltweites Interesse fand. Die »Kopftuch-Affäre« wurde zum Präzedenzfall, nicht nur für Frankreich, wo 3 Millionen Muslime leben, wo mittlerweile an die tausend Moscheen und Gebetsräume erbaut bzw. eingerichtet wurden und wo es einige hundert islamische Vereinigungen gibt.

Was war geschehen? In einer Schule am Stadtrand von Paris waren zwei marokkanische Mädchen – Leila und Fatima – der Schule verwiesen worden, weil sie verschleiert, d.h. mit islamischer Kopfbedeckung zum Unterricht erschienen waren. Der Direktor der Schule hatte diese Maßnahme »im Namen der laizistischen Verfassung der französischen Republik« beschlossen und verteidigt. Die von ihm geleitete Schule wurde über Nacht zur Hüterin des Laizismus für die einen, zum Symbol der Intoleranz für die anderen. Die Meinung der Politiker wie die der alarmierten Öffentlichkeit war gespalten: Die Linken und Liberalen plädierten für Toleranz, die extreme Rechte malte das finstere Szenario einer islamischen Verschwörung an die Wand, deren Ziel eine »Islamisierung Frankreichs« sei.

Die meisten der Intellektuellen, die sich in die Debatte einschalteten – Journalisten, Historiker und Orientalisten – traten zwar dafür ein, die Rechte der ethnischen und religiösen Minderheiten zu respektieren; gleichzeitig verurteilten sie jedoch energisch den islamischen Fundamentalismus, der sich in den letzten Jahren unter den nordafrikanischen Immigranten immer mehr ausgebreitet hat.

Für den bekannten französischen Orientalisten Maxime Rodinson war die »Kopftuch-Affäre« (l'affaire du foulard) »ein signifikantes Zeichen für diese massive Rückkehr zum strengen Islam der Frühzeit, von der man sich das Heilmittel für alle Übel der Zeit, für alle Demütigungen durch die Gesellschaft, für die hemmungslose Gottlosigkeit und teuflische Zügellosigkeit der menschlichen Natur verspricht. Ist dies verwunderlich?«

Der Chefredakteur der Wochenzeitung ›Le Nouvel Observateur‹, Jean Daniel, nahm die Sache sehr viel ernster. In einem Leitartikel mit der Überschrift ›Die verschlüsselte Botschaft des Kopftuchs‹ schrieb er: »Wenn man gewisse Islam-Spezialisten auffordert, eine Katze eine Katze zu nennen, so antworten sie mit katzenartigen Ausflüchten. Antworten wir also an ihrer Stelle: Wenn junge Mädchen heutzutage in der Schule oder anderswo einen Schleier oder ein Kopftuch, wie Sie wollen, tragen, so hat dies irgendeine Bedeutung. Es handelt sich also nicht um eine modische Koketterie, um die Haare zusammenzubinden oder die Schönheit des Gesichts zu unterstreichen. Es ist nicht einmal der Wunsch aufzufallen, sich zu bestätigen. Die Entscheidung, daß junge Mädchen sich verschleiern müssen, birgt eine doppelte ›Botschaft‹. Sie verweist einerseits auf eine religiöse Bewegung, nämlich den Fundamentalismus. Auf der anderen Seite definiert sie klar den Status der Frau. Man kann darüber unterschiedlicher Meinung sein, vorausgesetzt freilich, daß man weiß, wovon man spricht.«

Die »Kopftuch-Affäre« trat in ihre heißeste Phase ein, als sich auch arabisch-muslimische Intellektuelle, die in Frankreich lebten, zu Wort meldeten. ›Es ist erlaubt zu verbieten‹ war der Titel eines Artikels, den der algerische Historiker Mohammed Harbi in der gleichen Nummer des ›Nouvel Observateur‹ veröffentlichte. Für Harbi folgt die Kopftuch-Affäre der gleichen Logik wie der Fall Rushdie:

»Was sich hinter den einschmeichlerischen Worten der Islamisten verbirgt, die vorgeben, der Schleier sei Ausdruck des Respekts, den man der Frau schuldet, ist der Wille und die Absicht, sie in einem Zustand der Subordination zu halten. Und im Namen dieses ›Respekts‹ wird man morgen verlangen, daß Mädchen und Jungen getrennt zu unterrichten seien oder daß man den Mädchen eine Ausbildung verweigert unter dem Vorwand, dies verstoße gegen ihre Schamhaftigkeit […]. Indem man im Namen der Toleranz die Zurschaustellung angeblich religiöser Symbole akzeptiert, liefert man denjenigen ein willkommenes Argument, die in den islamischen Ländern die Gleichheit der Geschlechter und die Demokratie verhindern wollen […]. Vergessen wir nicht, daß die gleichen Leute, die hier [in Frankreich] im Namen der individuellen Freiheit dafür plädieren, daß [muslimische] Mädchen in der Schule den Schleier tragen können, daß eben diese Leute anderswo verlangen, daß alle muslimischen Frauen sich verschleiern, und nicht davor zurückschrecken, diejenigen, die sich dem widersetzen, mit Terror und Gewalt zu verfolgen.«

Gegenüber einem so radikal laizistischen Diskurs eines arabisch-muslimischen Intellektuellen hielten die meisten nordafrikanischen Immigranten – Männer und Frauen – ihre Meinung zurück. Doch einige von ihnen gingen in Opposition: Der Schleier sei für sie ein Zeichen ihres Festhaltens an der eigenen Identität und Religion. Das Argument einer türkischen Analphabetin, die seit vielen Jahren in Frankreich lebte, bestätigt den oben angedeuteten »Verschleierungs-Effekt«. Sie sagte: »Wenn du auf die Straße gehst, begegnest du einem Franzosen […]. Und wir, wir machen so, wir verbergen uns so [sie macht eine typische Bewegung mit ihrem Tuch], wenn wir auf die Straße gehen […]. Sie lachen über uns, wenn sie uns sehen, oder nicht!? […] Wahrscheinlich sagen sie sich, die wickelt sich ein wie eine Zigeunerin [...]. Aber eines Tages, im Jenseits, werden wir über sie lachen [...]. Bleibst du zu Hause, so fühlst du dich nicht gut, gehst du hinaus, dann kommst du dir komisch vor. Wie sollen die Franzosen verstehen, daß du dich verschleierst, aber daß das, was du im Innern hast, der Islam ist [...]. Es gibt Tausende, die ihren Kopf und ihren Hintern entblößen. Aber das wollen wir nicht. Wir wollen ein Kopftuch tragen.«

Der Streit um das Kopftuch, die Diskussion um den Schleier enthält indessen noch weitere verschlüsselte Codes, die es zu dechiffrieren gilt.

Zunächst einmal geht es um die Beziehung zwischen Orient und Okzident – genauer: zwischen christlicher und islamischer Welt. Durch Agitation im Milieu der nordafrikanischen Immigranten, durch die sie ganz besonders die Jugend zu gewinnen suchen, wollen die Islamisten vor allem dem »mächtigen, arroganten, materialistischen und gottlosen Westen« die Stirn bieten.

Eine weitere Botschaft ist folgende: Indem die Islamisten die Arena des Kampfes um den Schleier in die Metropolen Europas verlegen – nach Paris, London, Berlin, Brüssel und Amsterdam –, wollen sie diejenigen laizistischen Regime innerhalb der arabisch-muslimischen Welt herausfordern, die sich an westlichen Modellen orientieren.

Durch die in Frankreich ausgetragene »Kopftuch-Affäre« wollten die in Europa lebenden Fundamentalisten außerdem »ihre Brüder zu Hause« ermutigen, gegen die laizistischen Regime innerhalb der arabisch-muslimischen Welt – wie etwa derjenigen von Marokko, Algerien, Tunesien, Ägypten etc. – entschlossener vorzugehen, in Ländern also, in denen das Schleier-Problem bereits seit Jahrzehnten immer wieder die Gemüter erhitzt. Indem sie den Schleier zum Instrument in der Konfrontation zwischen Orient und Okzident samt den mehr oder weniger säkularen islamischen Ländern machen, wollen sie vor allem das Scheitern der modernistischen Bewegung beweisen, von der die ganze islamische Welt seit Beginn unseres Jahrhunderts erfaßt worden ist und zu deren wichtigsten Zielen die Emanzipation der Frau gehört. Bevor wir jedoch auf die verschiedenen Phasen und Wechselfälle dieser Bewegung – der *Nahda* – zu sprechen kommen, wenden wir uns zunächst noch einmal zurück in die Geschichte, um zu sehen, welche Rolle dem Schleier in der Frühzeit des Islam zukam.

In seinem Essay ›Die ästhetische Vision des körperlichen und des geistigen Auges‹ beschreibt der große libanesische Dichter Adonis, daß der Islam – im Gegensatz zum vorislamischen Heidentum, das sich in der Sprache der Bilder, in Zeichnungen oder Skulpturen ausdrückte – dem Alphabet und damit dem Abstrakten einen höheren Wert beimißt, es für reicher hält und geeigneter, in die Tiefe zu dringen, und schließlich auch für dauerhafter als das Bild. Adonis geht davon aus, daß auch das Phänomen der Verschleierung der Frau in der arabisch-muslimischen Gesellschaft im Lichte dieser Betrachtungsweise zu verstehen ist: »Die Verschleierung ist das natürliche und logische Resultat des Einheitsgedankens [nämlich hinsichtlich Gottes], der das sinnlich Wahrnehmbare und seine Versuchungen ablehnt. Der über die Frau geworfene Schleier wäre demnach nichts anderes als eine Auslöschung ihres Bildes, von dem diese Verführung ausgeht. Mit anderen Worten: Die Verhüllung des Bildes der Frau ist also eine symbolische Bestätigung der Priorität vergeistigter Abstraktion und damit ein Überschreiten der Welt der Sinne und Instinkte.«

Diese poetische Interpretation nimmt der Verschleierung der Frau jedoch nicht ihren strafenden und restriktiven Charakter. Denn dieser geht klar hervor aus einem historischen Zwischenfall, der den Propheten Mohammed zur Verordnung des Schleierzwanges provozierte:

In der ersten Zeit nach seiner Auswanderung nach Medina hatte der Prophet die Gewohnheit, die Tür seines Hauses für jedermann offen zu halten. Die Gläubigen kamen zu ihm, um zu beten, zu essen, sich miteinander zu besprechen und den Koran zu rezitieren. Mohammed war damals schon weit über fünfzig. Seine Ehefrauen – es waren zu jener Zeit fünf – waren alle jung und schön. Mit der Zeit erlaubten sich manche der Besucher, ihnen aufdringliche Blicke zuzuwerfen. Einige Gefährten, die dies bemerkt hatten, kamen zu ihm und sagten: »Die Frommen und die Lasterhaften haben freien Zugang zu deinem Haus. Sie betrachten deine Frauen. Warum befiehlst du nicht den ›Müttern der Gläubigen‹ (Ehrentitel der Ehefrauen des Propheten), sich zu verschleiern?« Gleichzeitig waren Gerüchte im Umlauf, daß gläubige Frauen oft des Nachts, wenn sie das Haus verließen, um ihre Notdurft zu verrichten – zur damaligen Zeit gab es keine Toiletten in den Häusern – von ungläubigen Medinensern belästigt wurden. Der Prophet, betroffen und verwirrt durch die Worte seiner Gefährten und die skandalösen Gerüchte, verkündete daraufhin eines Tages vor den Gläubigen folgende Verse:

»Ihr Gläubigen! Betretet nicht die Häuser des Propheten, ohne daß man euch [...] Erlaubnis erteilt, einzutreten [...]. Und wenn ihr die Gattinnen des Propheten um irgend etwas bittet, das ihr benötigt, dann tut dies hinter einem Vorhang! Auf diese Weise bleibt euer und ihr Herz eher rein.« (33, 53)

Dieser neuen Verordnung wurde durch folgende Verse Nachdruck verliehen: »Prophet! Sag deinen Gattinnen und Töchtern und den Frauen der Gläubigen, sie sollen (wenn sie austreten) sich etwas von ihrem Gewand (über den Kopf) herunterziehen. So ist es am ehesten gewährleistet, daß sie (als ehrbare Frauen) erkannt und daraufhin nicht belästigt werden.« (33, 59)

Aus beiden Versen geht deutlich hervor, was der ursprüngliche Zweck des Schleiers war: die Frauen des Propheten im besonderen und die gläubigen Frauen ganz allgemein den Blikken der Männer zu entziehen, sie von der übrigen Welt durch einen »Vorhang« – *hídschab* – abzugrenzen. Doch mit der Zeit wurden die Verordnungen noch strenger:

»Und sag den gläubigen Frauen, sie sollen (statt jemanden anzustarren, lieber) ihre Augen niederschlagen, und sie sollen darauf achten, daß ihre Scham bedeckt ist, den Schmuck, den sie (am Körper) tragen, nicht offen zeigen, soweit er nicht (normalerweise) sichtbar ist, und ihren Schal sich über den (vom Halsausschnitt nach vorne heruntergehenden) Schlitz (des Kleides) ziehen [...]. Und sie sollen nicht mit ihren Beinen (aneinander) schlagen und damit auf den Schmuck aufmerksam machen, den sie (durch die Kleidung) verborgen tragen (wörtlich: damit man merkt, was sie von ihrem Schmuck geheimhalten).« (24, 31) [...]

Mohammed war nicht mehr der aus Mekka vertriebene, erfolglose Prophet. Es war ihm gelungen, in Medina ein islamisches Gemeinwesen zu gründen, die Keimzelle des zukünftigen islamischen Staates. Doch im Jahr 5 der *Hidschra* (627), in dem der Schleier verordnet wurde, befand sich die noch junge Gemeinschaft des Propheten in einer schweren wirtschaftlichen, militärischen und moralischen Krise. Sie konnte erst fünf Jahre später durch den entscheidenden Sieg der Muslime überwunden werden, durch den zunächst Mekka und schließlich die ganze arabische Halbinsel islamisches Staatsgebiet wurden. Um dieses Ziel zu erreichen, mußte der Prophet seinen politischen Gegnern große Zugeständnisse machen, vor allem hinsichtlich der Freiheitsrechte der Frau: Der »Staatsmann« Mohammed mußte dem Druck einer patriarchalischen Opposition nachgeben, deren Wortführer der frauenfeindliche (spätere Kalif) Omar war. Mit der Verordnung des Schleiers wurde die Frau nicht nur dem Blick der Männer entzogen, sie wurde gesellschaftlich »unsichtbar« gemacht und in den Bereich des »Verbotenen«, des »Unantastbaren« – *haram* – verwiesen (daher unser Wort Harem).

Der *hídschab* war fortan nicht nur ein Instrument zur Aussperrung der Frau aus der Gesellschaft. Er wurde zum Symbol der Mauer, die zwischen dem Islam und allen anderen Religionen und Kulturen aufgerichtet wurde. Immer wieder sprach der Prophet von jenem *hídschab,* den Allah zwischen den Gläubigen und den Ungläubigen, den Getreuen und den Ungetreuen, den Frommen und den Lasterhaften aufgezogen hatte. Mußte die gläubige Muslimin den *hídschab* tragen, um sich von den ungläubigen und sich prostituierenden Frauen (vor allem aber auch von den Sklavinnen, die man ja weiterhin »belästigen« konnte!) zu unterscheiden, so wurde den gläubigen Männern verordnet, den Turban – *amama* – zu tragen, der gleichfalls die Scheidewand zwischen »Unglaube« und »Glaube« markierte. Die folgende Geschichte, auf die sich die Islamisten heute so gerne beziehen, bestätigt dies:

»Eine Beduinin, die mit einem der Gefolgsleute Mohammeds aus Medina verheiratet war, stellte sich am Markttag vor der Werkstatt eines jüdischen Goldschmieds auf, um ihr Gemüse zu verkaufen. Ein paar jüdische Burschen fingen an, sie zu hänseln und forderten sie auf, ihren Schleier zu lüften, während der Goldschmied etwas an ihrem Rock befestigte, so daß – als sie aufstand – der untere Teil ihres Körpers völlig entblößt war. Alarmiert durch das Geschrei der ihrer Ehre beraubten Gläubigen brachte ein Moslem den Goldschmied um. Daraufhin prügelten die Juden den muslimischen Rächer zu Tode. Die Nachricht von der Ermordung eines *Ansarn* – eines Anhängers Mohammeds –, der die Verletzung des Schamgefühls einer Gläubigen ›mit Blut abgewaschen hatte‹, verbreitete sich in Medina wie der Ruf des Muezzin.«

Der Prophet Mohammed, der sich den Juden Medinas gegenüber bis dahin sehr tolerant gezeigt hatte, konnte eine derartig »schwere Beleidigung des Islam« nicht hinnehmen. Er erklärte der mächtigen und einflußreichen jüdischen Gemeinde Medinas den offenen Krieg, vertrieb ihre Mitglieder aus ihrer angestammten Heimat. Diejenigen, die sich weigerten, ins Exil zu gehen, wurden umgebracht. Nach diesem Vorfall gab es in Medina keine Juden mehr. Auch wenn der hier geschilderte Zwischenfall nur der Anlaß und nicht der eigentliche Grund für die Vertreibung der Juden war – Mohammed hatte vergeblich gehofft, die Juden als Verbündete zu gewinnen, doch sie hatten ihren ganzen Einfluß aufgeboten, ihn lächerlich zu machen und als hochstaplerischen Betrüger darzustellen –, so entbehrt dieser Anlaß nicht einer tieferen Symbolik.

Schon vor der triumphalen Rückkehr des Propheten nach Mekka hatte die kleine muslimische Gemeinde Medinas die strengen Regeln des Islam verinnerlicht und unerbittlich durchgeführt: Man denunzierte die ehebrecherische Nachbarin, man verfolgte die Verliebten, man machte Jagd auf die Prostituierten, man fiel über die Trinker her und molestierte die Mädchen, die nicht »islamisch« gekleidet waren.

Dem Schleierzwang sollten noch weitere restriktive Maßnahmen gegenüber der Frau folgen. Die einschneidendste davon war das den Männern eingeräumte Recht, ihre Frauen zu schlagen, so wie es in der vierten Sure, ›Die Frauen‹ geschrieben steht:

»Die Männer stehen über den Frauen, weil Gott sie (von Natur vor diesen) ausgezeichnet hat [...]. Und wenn ihr fürchtet, daß (irgendwelche) Frauen sich auflehnen, dann vermahnt sie, meidet sie im Ehebett und schlagt sie! [...] Und wenn ihr fürchtet, daß es zwischen einem Ehepaar (w. zwischen den beiden) zu einem (ernsthaften) Zerwürfnis kommt, dann bestellt einen Schiedsrichter aus seiner und einen aus ihrer Familie (um zu vermitteln)! Wenn die beiden sich (dann) aussöhnen wollen, wird Gott ihnen zu ihrem weiteren Zusammenleben (in der Ehe) Gelingen geben [...].« (34 f.)

Der tunesische Historiker Mohammed Talbi geht davon aus, daß diese beiden Verse nur im Zusammenhang mit der schweren Krise zu verstehen sind, von der das islamische Gemeinwesen zu jener Zeit erschüttert wurde. Seiner Meinung nach wurden die Mekkanerinnen, die es in vorislamischer Zeit gewohnt waren, von ihren Männern geschlagen zu werden, ohne sich zu beklagen, von den Medinenserinnen beeinflußt, die sich »als absolute Herrinnen des Hauses« aufführten und ihren Männern »immer wieder die Stirn boten«. Omar, der einflußreichste und frauenfeindlichste unter den Gefährten des Propheten, hatte sich als erster beim Propheten über die »Revolte der Frauen« beklagt: »Wir, die Quraish, hatten immer gegenüber unseren Frauen das Sagen. Als wir dann nach Medina kamen, mußten wir feststellen, daß bei den *Ansar* [den medinensischen Gefolgsleuten des Propheten, wörtlich: Helfer] die Frauen dominierten. Und unsere Frauen fingen plötzlich an, diese Sitte der medinensischen Frauen nachzuahmen! Einmal schimpfte ich mit meiner Frau, da antwortete sie mir in barschem Ton. Als ich sie deshalb tadelte, entgegnete sie: ›Warum machst du mir Vorwürfe, wenn ich etwas einzuwenden habe? Bei Gott, sogar die Ehefrauen des Propheten dürfen ihm widersprechen und sich ihm widersetzen!‹« Aus Angst, seine Gemeinde könnte sich wegen dieser heiß diskutierten Frage spalten, machte der Prophet – geschwächt durch militärische Niederlagen – dem Streit durch eine entsprechende Offenbarung ein rasches Ende: Wieder einmal hatte Gott zugunsten der Männer entschieden. Sie durften ihre Frauen fortan mit Allahs Segen züchtigen!

Mohammed Talbi weist nach, daß die Periode, die den zitierten Koranversen vorausgegangen war, verhältnismäßig »liberal« war. Aus Respekt gegenüber den Medinensern, die ihn nach seiner Auswanderung aufgenommen und unterstützt hatten, legte der Prophet den mit ihm geflohenen mekkanischen Männern nahe, die Frauen nicht zu schlagen. Doch mit der Zeit hatte der tägliche Kontakt zwischen »Auswanderern« – den Mekkanern – und »Helfern« – den Medinensern – zu neuen Verhaltensweisen geführt, zu einer veränderten Mentalität. Die so entstandene Situation hatte das islamische Gemeinwesen in zwei »Parteien« gespalten, in eine »feministische« und eine »antifeministische«. Die »Feministen« wurden angeführt von Umm Salma, einer der Ehefrauen des Propheten. Die frauenfeindlichen Machos versammelten sich um Omar Ibn al-Chattab, der keinerlei Skrupel hatte, Gewalt gegen Frauen anzuwenden. Er selbst hatte dem Propheten einmal berichtet, er habe seiner Frau Dschamila Bint Thabit einen Schlag versetzt, der sie zu Boden warf. Auch seine Schwester Fatima soll er mit solcher Gewalt geschlagen haben, daß Spuren davon zurückblieben.

Der Prophet hatte lange Zeit an seiner Meinung festgehalten, daß man Frauen nicht schlagen dürfe. Doch letzten Endes mußte er sich dem Druck der mekkanischen Männer um Omar beugen und nahm das Recht des Mannes, seine Frau zu »züchtigen«, in den Katalog der sich ständig verschärfenden Maßnahmen gegen die Frauen auf. Umm Salma und die »Feministinnen« Medinas mußten sich geschlagen geben.

Aus vielen historischen Quellen geht hervor, daß Umm Salma eine mutige Frau von starkem Charakter war. Hatte sie doch, obwohl verwitwet und Mutter von vier Kindern, den Eheantrag des Propheten zunächst mit der Begründung abgelehnt, sie sei sehr eifersüchtig – im Klartext: sie sei nicht bereit, eine unter mehreren Ehefrauen zu sein! Auch nach der Eheschließung mit Mohammed trat sie unbeirrbar für die Gleichheit zwischen Mann und Frau ein. Sie plädierte sogar dafür, daß auch die Frauen an den Schlachten teilnehmen sollten. Mit zunehmendem Alter wurde sie zu einer anerkannten Autorität und genoß das Vorrecht, in allen Angelegenheiten der Gemeinschaft konsultiert zu werden. Ihre Ideen übten einen großen Einfluß auf die Frauen Medinas aus. Eine von ihnen wagte es gar, in aller Öffentlichkeit mit folgenden Argumenten vor den Propheten zu treten: »Ihr wurdet von Gott für Männer und Frauen gesandt. Unser aller Vater ist Adam. Und unser aller Mutter ist Eva. Warum also spricht Gott immer nur von Männern und nicht von uns?«

Zwischenfälle wie diese machen deutlich, daß die »Revolte der Frauen« eine Form angenommen hatte, die auch diejenigen beeinflußte, die bisher der Meinung waren, daß die Unterlegenheit der Frau ein gottgewolltes Schicksal sei. Für Omar, einen Mann, den alle Historiker einmütig als rüde, ja gewalttätig gegenüber Frauen beschreiben, war eine solche Entwicklung unerträglich. Er mußte den Propheten zu einer harscheren Haltung, zu einem männlichen »Machtwort« überreden, um diese erste feministische Bewegung des Islam im Keim zu ersticken. Indem Mohammed sich auf die Seite Omars schlug, verlieh er dem Islam jenen autoritären Charakter gegenüber der Frau, der die Wurzel sehr vieler Übel ist, an denen die arabisch-islamischen Gesellschaften bis heute leiden.

Hans-Werner Goetz
Eheleben und Sexualität

Der einzige Aspekt des Ehealltags, der in der bisherigen Forschung gründlicher behandelt worden ist, ist die Frage der Sexualität, über die wir durch Gesetze und theologische Traktate, vor allem aber dank der Bußbücher etwas besser unterrichtet sind. Da diese nie offiziell anerkannten und untereinander wenig einheitlichen, als Handreichungen für den Priester gedachten Schriften das Strafmaß für alle möglichen Vergehen festlegten, bringen sie ausschließlich Verbote in den Blick. Sie berühren daher eher die moralischen Grenzbereiche als die Normalität des Sexuallebens. Sexualität wurde unmittelbar mit der Ehe verbunden und war nur hier erlaubt; alles andere galt als »Unzucht« *(fornicatio)*. Das bayerische Recht bestrafte Sexualverkehr mit einer willigen Frau (weil sie noch nicht vermählt und somit befleckt war), sofern man sie nicht anschließend heiratete.

Nach der kirchlichen Theorie stiftete die Kinderzeugung einerseits den Sinn der Ehe, Sexualität war daher notwendig und auch als menschliches Bedürfnis anerkannt, andererseits sollte sie auf diesen Zweck beschränkt bleiben und wurde zudem durch weitere Regulierungen beeinträchtigt. Diese Vorstellungen finden sich auch bei Jonas von Orléans: Sexualität aus Wollust sei beweinenswert, Sexualverkehr mit der Ehefrau *(coitus cum uxore)* unrein und geil, sofern er nicht der Fortpflanzung diene; der Zeugungsbeischlaf (der *concubitus generandi causa*) hingegen berge, wie Augustin bestätigt, keinerlei Schuld. Insofern waren für Jonas auch die Geschlechtsorgane von der Schöpfung her gut, soweit man sie »ordnungsgemäß«, nämlich nach Gottes Willen, zu seiner Zeit und Ordnung, gebrauchte. Dabei gab es jedoch Einschränkungen, die anscheinend mit Reinheitsgeboten zusammenhingen. So verwehrte Jonas schwangeren und menstruierenden Frauen *propter immunditiam corporis,* wegen »körperlicher Unreinheit«, wie auch Männern nach dem Geschlechtsverkehr den Zutritt zur Kirche, der ausschließlich in körperlicher Reinheit *(mundo corpore)* erlaubt war. Gregor von Tours erzählt von einer jungen Frau, die sogar ihr Seelenheil durch die von Sexualität geprägte Ehe dahinschwinden sah und nur nach einem gegenseitigen Gelöbnis der Enthaltsamkeit in die Heirat einwilligte. Daß bei solchem Sachverhalt jede Abtreibung (in der Regel durch entsprechende Kräutergetränke) verboten und strafbar war, versteht sich von selbst; das bayerische Recht ahndete sie mit dem Verlust der Freiheit bzw., bei Unfreien, mit 200 Hieben. […]

Auch in der Ehe war der Geschlechtsverkehr nicht zu allen Zeiten erlaubt, und die Bußbücher widmeten gerade diesem Aspekt viel Aufmerksamkeit. Mit den *tempora coeundi et non coeundi cum uxoribus*, den Zeiten, in denen die Männer mit ihren Frauen schlafen oder nicht schlafen durften, befaßte sich auch Jonas, der sie jedoch auf Schwangerschaft – denn dann war das Gebot der Kinderzeugung hinfällig – und Menstruation (wegen der Unreinheit) beschränkte. In Bußbüchern erweiterte sich dieser Katalog um eine ganze Reihe von Bestimmungen, und auch Synoden befaßten sich mehrfach mit solchen Fragen. Sexuelle Enthaltsamkeit war – unterschiedlich häufig – an Sonn- und Feiertagen wie auch an bestimmten Wochentagen (Mittwoch, Freitag, Samstag), in den Fastenzeiten, vor allem in der großen Fastenzeit, drei Tage vor der Kommunion, gelegentlich sinnigerweise in der Hochzeitsnacht sowie nach der Schwangerschaft gefordert und wurde darüber hinaus als Strafe für Vergehen verhängt. Klare Richtlinien existierten aber nicht, da jedes Bußbuch sein eigenes System hatte, das durchaus nicht alle der hier aufgezählten Zeiten enthielt. Nach Flandrins Aufzählung wurden am häufigsten Sonntage (43x), Fastenzeit (41x), die Phase nach der Geburt (41x) und Schwangerschaft (35x) erwähnt. Außerdem wurde ein entsprechendes Schamgefühl erwartet: Der Mann, so verlangte das angelsächsische Bußbuch Egberts, dürfe seine Frau nicht nackt sehen.

Bußbücher regelten neben den Zeiten auch die Art des Geschlechtsverkehrs und belegten Anal- und Oralverkehr mit einer hohen (Fasten-)Buße von mehreren Jahren, »unnormale« Stellungen, wie die Rückenlage des Mannes, mit einer niedrigeren Buße von beispielsweise 40 Tagen. Empfängnisverhütende Mittel wurden ebenso verboten wie sexuell stimulierende. Manchen Bußbüchern zufolge boten Frauen dem Mann erfindungsreich Menstruationsblut oder den in Menstruationsblut gegossenen Samen ebenso als Speise an wie einen gekochten Fisch, den sie vorher auf die Genitalien gelegt hatten, oder einen auf dem entblößten Gesäß gekneteten Teig. Üblicher (und wohl auch wirkungsvoller) waren allerdings Kräutersäfte.

Wenn die Synode von Friaul (796/97) mahnte, am Sonntag von jeglicher Sünde und von jeglichem »fleischlichen Werk, selbst mit den eigenen Ehefrauen«, Abstand zu nehmen, so mutet das insofern merkwürdig an, als der eheliche Geschlechtsverkehr hier nur noch zusätzlich zu jeglichem anderen, also unehelichen verurteilt wird, der ohnehin gänzlich verboten war. Diese Unstimmigkeit wird wohl nur dadurch erklärlich, daß man sich in der Praxis nur bedingt an solchen Verboten orientierte. Darauf weisen auch die wiederholten Verbote in den Bußbüchern; die Bußen waren tatsächlich entsprechend mäßig. Das bestätigt auch Jonas:

> »Viele, die ein Eheleben führen, bemühen sich, die Zeiten, in denen sie mit ihren Frauen schlafen oder nicht schlafen dürfen, auf das sittsamste zu unterscheiden; andere aber weisen solche Unterscheidungen nicht nur zurück, sondern sie pflegen darüber hinaus sogar denjenigen, die sie zurechtweisen und bezichtigen, Unverschämtes zu entgegnen.«

Offensichtlich ließ sich auch im frühen Mittelalter nicht jeder vom Priester in den Ehealltag hineinreden. Erneut waren es die Männer, die Jonas ermahnte und denen er folglich den aktiven Teil der Sexualität und vielleicht auch ein größeres Sexualbedürfnis zuschrieb. Dem Wortlaut nach schien das Sexualverhalten ganz vom Mann bestimmt:

»›Unsere Frauen,‹ so erwidern [diejenigen, die sich gegen die Bindung an bestimmte Zeiten wehrten], ›sind uns gesetzmäßig verbunden; wenn wir uns ihrer aus reiner Lust, wann und wie auch immer wir wollen, bedienen, so ist das keine Sünde.‹«

Es sei ein weit größeres Vergehen, sich zu enthalten und dadurch die Zeugungspflicht zu verletzen (eine zugegebenermaßen geniale Argumentation, die sich die Diskrepanz in der kirchlichen Theorie zunutze machte). Daß sich die Männer gegen die kirchlicherseits verhängten Einschränkungen wehrten, zeigt auch ein weiteres Beispiel. Einige behaupteten nämlich:

»›Unsere Geschlechtsorgane sind von Gott, dem obersten Schöpfer, in beiden Geschlechtern dazu erschaffen worden, daß sie sich zur gleichen Zeit vermengen. Wie können wir uns also vergehen, wenn wir den Beischlaf nach unserer Lust vollziehen?‹«

Jonas hielt dagegen, daß man alle Körperteile sowohl erlaubter- wie verbotenermaßen gebrauchen könne. Sexuelle Enthaltsamkeit war demnach jedenfalls keine allgemein verbreitete Tugend (wer hätte das auch geglaubt?), während ein männliches Bestimmungsrecht, zumindest nach damaligen Vorstellungen, durchaus üblich schien. Gerade dagegen aber wandte sich Jonas:

»Die schamlosen Ehemänner sollen doch davon Abstand nehmen, ihre vergnügungssüchtigen Gelüste zu ihrem Recht zu machen; sie sollen vielmehr von den zitierten Autoritäten lernen, daß es ihnen nicht zusteht, ihre Ehefrauen über die Maßen zu ›benutzen‹«.

Die Gemeinsamkeit des ehelichen Verkehrs wird noch deutlicher im Pauluskommentar des Haymo von Auxerre. Er betont (falls die unter Haymos Namen verbreitete Schrift nicht einer späteren Zeit angehört): Mann und Frau sollten hier gewissermaßen gegenseitig über die Geschlechtsorgane des Partners verfügen. Der eheliche Sexualverkehr aber wurde nicht verteufelt, sondern geradezu zur ehelichen Pflicht:

»Der Mann soll der Frau geben, was er ihr schuldig ist, und ebenso die Frau dem Mann«, hatte Paulus verfügt (1. Kor. 7). »Das bedeutet«, (erklärte Haymo), »daß sie sich nicht gegenseitig dem Geschlechtsverkehr entziehen sollen. Wenn der Mann mit seiner Frau schlafen will, so soll sie ihm dazu Gelegenheit und Erlaubnis erteilen. Genauso aber diene der Mann der Frau und erfülle ihr gegenüber die Pflicht zum Beischlaf, wenn sie es wünscht.«

Wenn der Apostel sagt: »Die Frau habe nicht Gewalt über ihren Körper noch der Mann über den seinen«, so bedeutete das für Haymo, daß die Frau dem Mann und daß der Mann der Frau den Beischlaf nicht verwehren darf: »Auf diese Weise sind sie sich gegenseitig Schuldner, ja, mehr noch, Hörige, auf daß ein Wille im Naturgesetz sei.«

Die Pflicht zum ehelichen Beischlaf gebot sich schon zur Vermeidung außerehelicher Aktivitäten. In einem Brief an seine Diözesanen schrieb Bischof Vulfrad von Bourges:

»Die Männer sollen ihren Frauen gegenüber gelegentlich ihre Pflicht erfüllen und sich nicht anderweitig besudeln. Die Frauen aber sollen ihre Männer ganz ähnlich lieben und ihnen in allem zu gefallen trachten, damit sie sie ja nicht durch Abscheu zu anderen Taten zwingen.«

Erneut spricht aus diesen Worten eine unterschiedliche Einschätzung des Sexualverhaltens von Männern und Frauen. Ähnliches verkündete auch die Synode von Tribur (895), wenn sie sich mit einem Fall befaßte, demzufolge der Bruder des Ehemannes mit dessen Frau (seiner Schwägerin) schlief, weil dieser das nicht selbst vermochte, und dabei den Beischlaf als »häusliches Werk« (*domesticum opus*) und als »ehefrauliche

Verrichtung« *(uxoreum opus)* bezeichnete. Offenbar gab es öffentlich vorgebrachte, gegenseitige Vorwürfe, daß die Ehe nicht vollzogen werde (wahrscheinlich, um damit einen Scheidungsgrund zu erwirken, denn Impotenz des Mannes wurde gelegentlich als ein solcher anerkannt, wenn die Frau das beweisen konnte). Karl III., so behaupteten die Annales Bertiniani, sei zum Vater gekommen und habe die Welt verlassen wollen und bekannt, nie mit seiner Frau geschlechtlich verkehrt zu haben (Karl war nach den Worten des Annalisten allerdings vom Teufel besessen). Nach Regino von Prüm beteuerte auch Karls Gemahlin Richgard, daß Karl sich nie mit ihr vereinigt hätte (hier wurde sie allerdings des Ehebruchs mit dem Bischof Liutward von Vercelli bezichtigt). Synoden mußten auch solche Konfliktfälle regeln:

>»Kommt es zu einem Streit zwischen Mann und Frau über den ehelichen Beischlaf«, so bestimmte die Synode von Reisbach (799/800), »weil sie abstreiten, miteinander fleischlich verkehren zu können, so hat die heilige Synode folgendes entschieden: Wenn der Mann bestreitet, das an der Frau vollzogen zu haben, so soll er mit ihr zum ›Gericht des Kreuzes‹ gehen; will er das nicht, befrage man eine andere Frau, die bei ihr ist, und wenn der Mann sagt, sie hätten miteinander geschlafen, und sie das bestreitet, dann reinige sich die Frau gemäß dem Gesetz.« (Mit dem »Gericht des Kreuzes« ist das Gottesurteil der »Kreuzprobe« gemeint, bei dem die Beschuldigten mit ausgestreckten Armen vor einem Kreuz stehen mußten; schuldig war, wer sich als erster bewegte.)

Rigoroser verfuhr ein älteres Kapitular aus der Zeit Pippins, das bei widersprüchlichen Aussagen der Eheleute geneigt war, dem Mann Glauben zu schenken, weil er (nach Paulus) »das Haupt der Frau sei«. Daß der Beischlaf unter Eheleuten aber nicht nur geduldet, sondern als eheliche Pflicht gewertet wurde, daran bestand auch in kirchlichen Kreisen kein Zweifel.

Ehebruch und eheliche Spannungen

Galt die eheliche Gemeinschaft (einschließlich der sexuellen) als normaler Inhalt und Zweck einer Ehe, so bestand das Eheleben in der Praxis natürlich nicht nur aus Harmonie und Fürsorge. Eheleute konnten sich einander entfremden, wenngleich wir davon in der Regel wieder nur in Extremfällen erfahren. Zum Ehealltag (oder auch zu dessen Ausnahmen?) gehörte beispielsweise der Ehebruch, der ursprünglich eher eine Familienangelegenheit war, mit dem sich Gesetze und Synoden aber zunehmend befaßten und der nach weltlichem Recht bezeichnenderweise mit einer Wergeldzahlung geahndet wurde. Gregor von Tours berichtet von einer adligen Frau, die ihren Mann wegen eines anderen verlassen hatte; daraufhin verlangten die Verwandten des Mannes den Beweis ihrer Unschuld oder ihren Tod; als der Vater die Unschuld seiner Tochter am Grab des hl. Dionysius beeiden wollte, kam es jedoch zu einem Gemetzel beider Parteien (Familien) vor dem Altar; die Übeltäter wurden daraufhin exkommuniziert und erst nach einer Sühne wieder in die Kirchengemeinschaft aufgenommen. Die Frau aber beging Selbstmord. Der Vorfall zeigt, daß Ehebruch – zumindest unter bestimmten Bedingungen – keineswegs leicht genommen wurde. Daß die rechtlichen Möglichkeiten – nach bayerischem Recht durfte der Mann seine Frau wie den Ehebrecher töten – in der Praxis häufig ausgeschöpft wurden, ist jedoch kaum anzunehmen. Die Quellen berichten davon – wie Gregor – eben nur in ungewöhnlichen Ausnahmesituationen, denen zudem meist eine politische Dimension innewohnte. Im Falle Judiths, der Gemahlin Kaiser Ludwigs des Frommen, diente der Vorwurf, sie habe sich mit dem Grafen Bernhard (von Septimanien) eingelassen, gleichsam als Vorwand, um sie politisch zu entmachten und ins Kloster zu schicken. Wie »alltäglich« ein Ehebruch war und welche Folgen er hatte, entzieht sich daher ebenso unserer Kenntnis wie die Frage, ob er bei Frauen tatsächlich härter geahndet wurde als bei Männern. Nach weltlichem Gesetz schien das durchaus der Fall zu sein, während man kirchlicherseits eher eine Gleichstellung anstrebte. Einen Scheidungsgrund aber bot der Ehebruch im späteren 9. Jahrhundert schon nicht mehr. Das zeigt neben synodalen Bestimmungen die ebenso spitzfindige wie bezeichnende Argumentation Papst Nikolaus' I. in der Scheidungsaffäre Lothars II., als dieser sich von seiner Gemahlin Teutberga mit dem (ohnehin vorgeschobenen) Argument ihres Ehebruchs trennen wollte: Entweder, so der Papst, bestreite der König die Rechtmäßigkeit der Ehe, dann könne es auch keinen Ehebruch geben; werfe er seiner Frau aber Ehebruch vor, so erkenne er sie als seine rechtmäßige Gattin an und müsse sie behalten. Ehebruch wurde in solcher Argumentation – freilich ungewollt – geradezu zum Kennzeichen legitimen Ehelebens.

Spannungen zwischen Eheleuten sind wie bei jedem Zusammenleben anzunehmen und mochten solche oder andere Ursachen haben. In quellenrelevanten Extremfällen konnten sie bis zum Gattenmord führen. Ein frühkarolingisches Kapitular sprach einen Ehemann frei, der einen von seiner Frau gedungenen Mörder getötet hatte, und erlaubte ihm die Scheidung. Das Konzil von Mainz (852) forderte für Ehegatten, die einander zu ermorden trachteten, die gleiche Strafe. Gattenmord war somit keine Privatangelegenheit mehr. Mehrere Berichte über merowingische Königinnen und Adlige verdächtigten die Ehefrau als Mörderin. Das Motiv bestand meistens in (unerlaubten) Liebschaften. So soll beispielsweise Fredegunde einen Mörder gedungen haben, um ihren Gatten (Chilperich I.) wegen eines Liebhabers zu beseitigen; ein Ambrosius wurde vom Liebhaber seiner Frau umgebracht. Umgekehrt kam es nicht minder häufig vor, daß der Mann seine Frau ermordete oder ermorden ließ. Ein Magnowald tötete seine Gemahlin, die er zuvor schon höchst grausam behandelt hatte, um anschließend die Witwe seines Bruders zu heiraten. Graf Boso von der Provence, so berichten die Fuldaer Annalen, vergiftete seine Frau, um dann die Tochter Kaiser Ludwigs von Italien zu rauben und zu ehelichen. Die angeführten Gründe für den Mord ähneln einander auffällig (wenngleich in der Oberschicht, zumal im letzten Fall, politische Motive ausschlaggebend gewesen sein dürften und die politische Tendenz der Geschichtsschreiber zu berücksichtigen ist). Sie zeigen, daß die legale Trennung einer Ehe auch in der Frühzeit keineswegs so problemlos verlief, wie es in der Forschung meist dargestellt wird; sonst hätte man kaum zu diesem letzten Mittel greifen müssen. Eine Scheidung setzte das beiderseitige Einverständnis oder einen handfesten Grund voraus.

Daß die Auseinandersetzungen zwischen Eheleuten im Einzelfall noch eine ganz andere Ebene berühren konnten, zeigt ein Vorfall, den die Wunderberichte des hl. Furseus vermelden und der trotz seiner Besonderheit ein bezeichnendes Licht auf das Eheverständnis und die Wünsche und Stellung der Ehefrauen zu werfen vermag. Der Hausmeier Erchinoald, dessen Familie mit Berchar nicht nur von Amts wegen in Konkurrenz geriet, sondern auch um den Besitz der Reliquien des heiligen Furseus wetteiferte, entwickelte in dieser Hinsicht solchen Ehrgeiz, daß sich Frau und Familie darüber vernachlässigt und wegen der Schenkungen an den Heiligen auch in ihrem Besitz bedroht fühlten:

»›Sieh‹, so beschwerte sich Leutsinda, ›wie du mich und meine Söhne und Töchter vernachlässigst und ohne Geld und Besitz zurückläßt, indem du all unser Gut in die Hände eines Mannes [des Heiligen] legst, den wir gar nicht kennen und von dem wir nicht einmal die Herkunft wissen.‹« (Erst ein Familienbezug wäre wieder der rechte Grund für ein solches Handeln gewesen.) »Erchinoald erwiderte ihr darauf: ›Meine süße Leutsinda, sprich doch nicht solche Worte.‹ Leutsinda antwortete: ›Gib mich frei [wörtlich: mach' mich fremd] aus deiner Gemeinschaft, wenn du so fortfährst, wie du begonnen hast.‹ Erchinoald sagte: ›Hör auf zu schwätzen, Leutsinda; wenn dein Ärger nicht aufhört, wirst du frei von meiner Gewalt und von meinen üppigen Gaben sein, die ich dir geschenkt habe.‹ Leutsinda antwortete: ›Hätte ich doch nie jenen Tag der Hochzeit erlebt, von der ich nun ausgestoßen bin!‹ Erchinoald sagte: ›Liebste, wenn du wüßtest, wieviel Gutes uns von dem Tage an zuteil wurde, an dem er uns seine Freundschaft schenkte, so würdest du nicht so fortfahren. Du mußt wissen, daß du mit den Deinen und all deinem Besitz ins Verderben geraten wirst, wenn seine Wut sich gegen dich wendet.‹ Leutsinda aber lachte und sagte: ›Hört mir alle zu: was kann mir ein Mann antun, der seit 30 Tagen verwest ist?‹«

Es kam zu einer Art Wette: Wenn Leutsinda den Heiligen verwest auffinden werde, erhalte sie ihr ganzes Geld zurück. Am Tage der Fertigstellung der Kirche und der Translation öffnete Leutsinda das Grab des Heiligen (dessen Gebeine selbstverständlich nicht verwest waren), verlor darüber aber ihr Augenlicht und wurde erst geheilt, als auch sie endlich glaubte. Fortan aber wetteiferten beide Ehepartner im Dienst an dem Heiligen. Eine Wundergeschichte, gewiß, keine alltägliche Begebenheit also, in der – und das scheint eher die Ausnahme – die Frau sich gegen eine scheinbar übertriebene Religiosität des Mannes wandte. Und doch schimmern in dem (zweifellos stilisierten) Zwiegespräch »Szenen einer Ehe« durch, die das Verhältnis der Eheleute beleuchten: die Versorgungsfunktion des Mannes, aber auch die an sich berechtigten Ansprüche der Ehefrau, die Verbindung wieder zu lösen (die hier nur gegenüber dem Heiligen zurückstecken müßten), die Möglichkeit einer Scheidung also, doch mehr noch der Wunsch nach Übereinstimmung und Gemeinsamkeit, die ehelichen Spannungen, aber auch der Versuch, sie (im Gespräch) zu lösen: In der Darstellung der Ausnahmesituation zeigt sich demnach (gelegentlich) zumindest, wie man sich das Alltägliche vorstellte.

Nur in einzelnen Streiflichtern erlauben die Quellen kurze Einblicke in das eheliche Privatleben, und die dabei gewonnenen Einsichten sind durchaus nicht eindeutig. Sie bestätigen – und das liegt in der Natur und Absicht der Berichte – die Abhängigkeit von den rechtlichen und kirchlichen Normen, das zunehmende Eindringen zumal der letzteren in das Eheleben, das sie moralisch zu ordnen suchten. Sie decken aber ebenso die große Diskrepanz auf, die zwischen Norm und Realität lag, und damit die Freiräume, die das von den Volksrechten nahezu völlig ausgeblendete Eheleben besaß, ja sie erwecken den Eindruck, daß die kirchlichen Vorschriften überhaupt erst auf eine oft ganz anders geartete Wirklichkeit reagierten, die auf diese Weise (indirekt) in den Blick gerät. Sie war einerseits von der Haus- und Schutzherrschaft des Ehemannes geprägt, und auch dagegen richteten sich, zumindest in den Auswüchsen, die kirchlichen Bestimmungen, wenngleich sie an der hierarchischen Ordnung strikt festhielten. Andererseits aber gewährte sie der Ehefrau Einflußmöglichkeiten und Funktionsbereiche in der Ehe, erwuchs ihr »Macht«, wie Suzanne Wemple und Jo-Ann McNamara meinen, geradezu aus dieser familiären Position. Die Ehefrau besaß eine eigene »Sphäre« und eine Funktion in dem weithin vom Mann bestimmten Eheleben, die sich nicht in der Mutterschaft und Kindererziehung erschöpften, auch wenn diese naturgemäß einen breiten Raum einnahmen. Sie trug entscheidend zum Zusammenhalt der Familie und zur Wahrung des Familienbewußtseins bei, beeinflußte die Entscheidungen des Mannes zumindest indirekt und handelte, auch nach außen hin und damit gewissermaßen repräsentierend, oftmals mit diesem gemeinsam. Der Alltag war, wie jedes Zusammenleben, von Spannungen geprägt, die in Ausnahmefällen bis zum Gattenmord führen konnten und nur in ihren extremen Ausprägungen in die Quellenberichte gelangten. Er war nach den Vorstellungen der Menschen weit mehr aber von einem einträchtigen familiären Zusammenwirken bestimmt. Diese Ehegemeinschaft war vielleicht das hervorstechendste Element im Familienbild der Quellen.

Über allem erkennt man daher die große Bedeutung der ehelich verbundenen Familie und die Notwendigkeit ihres Zusammenhalts und Zusammenwirkens in der frühmittelalterlichen Gesellschaft. Sollte es im Laufe der abendländischen Geschichte tatsächlich eine *Entwicklung* »vom Patriarchat zur Partnerschaft« gegeben haben, dann setzte sie bereits im fränkischen Frühmittelalter ein. Tatsächlich handelt es sich dabei jedoch kaum um einen kontinuierlichen Prozeß, ist ein solcher Wandel »von der Herrschaft zur Partnerschaft« eher idealtypisch von der Gegenwart her gesehen. Die frühmittelalterliche

Familie war zweifellos von patriarchalen Strukturen bestimmt, die sich kaum – ähnlich der Großfamilie – als »Mythos« werden entlarven lassen. Gleichwohl lassen sich bereits deutliche Ansätze und Forderungen einer »partnerschaftlichen« Beziehung und einer gemeinsamen Haushaltsführung erkennen, die die Ehe nicht *nur* zu einer »Zweckgemeinschaft«, sondern zu einer innigen Beziehung im Kontext sozialer Normierungen ausgestalteten.

Edith Ennen
Die weibliche Frömmigkeitsbewegung

Eine bürgerliche Freiheitsbewegung, die politische Ziele verfolgte, gab es unter den Frauen in den mittelalterlichen Städten nicht. Aber wir konstatieren im Hochmittelalter eine breite und starke weibliche Frömmigkeitsbewegung. Sie trägt alle Zeichen einer »Bewegung«; sie ist emotional und engagiert, oft nur ein unstetes Suchen nach einem »apostolischen« Leben, der »Nachfolge des armen und nackten Christus«. Sie ist oft eine Gratwanderung zwischen Ketzerei – Ordensleben – freier religiöser Gemeinschaftsform. Sie entfaltet sich in einer Zeit, in der die Kirchenreform gelegentlich revolutionäre Züge annimmt, die durch das gefährlich dichte Nebeneinander von Häresie und kirchlich gebundener »Heiligkeit« charakterisiert wird, in der die Katharer eine Gegenkirche aufbauen. An sich gehört die Reform zum Ordensleben; es gibt sie immer. Im 11. Jahrhundert ergreift sie aber die Kirche insgesamt. Es gab damals zu wenig Frauenklöster; und diese wenigen Klöster und Stifte waren zudem nur hochadligen Damen zugänglich. Als Erzbischof Friedrich I. von Köln am 1. August 1126 mit Unterstützung des Abtes von Siegburg und einigen Laien das später Nonnenwerth genannte Kloster auf der Rheininsel Ruleicheswerd gegenüber dem Siebengebirge gründete, klagte er sich an, daß »durch seine sündhafte Schuld und Nachlässigkeit in unserem ganzen Bereich fast kein Frauenkloster zu finden ist, zu dem eine Frau fliehen kann, die sich das Gelübde der Enthaltsamkeit vorgenommen hat«. Deshalb gründete er hier ein Benediktinerinnenkloster, gewährte freie Wahl der Priorin, unterstellte aber im übrigen das Kloster der Abtei Siegburg. Am Adelsprinzip hielten auch im 12. Jahrhundert noch berühmte Ordensfrauen fest. Gleichzeitigkeit des Ungleichzeitigen. Denn andererseits drängen jetzt mit aller Kraft breitere Schichten ins Kloster, Frauen von Ministerialen, städtische Patrizierinnen, auch Angehörige mittlerer bürgerlicher Schichten. Sie drängen zuerst in die Nähe der Männerklöster. Doppelklöster für Männer und Frauen hatte es immer gegeben, aber auch Widerstand dagegen. Ein Mönch ist zu einem asketischen frauenlosen Leben verpflichtet; er wehrt die Nähe von Frauen ab, und wenn man im ersten Reformeifer die religiöse Sehnsucht der Frauen begriff, ihnen zu einem gottgeweihten Leben im Doppelkloster zu verhelfen suchte, dann wurde doch oft bei institutioneller Verfestigung die Form des Doppelklosters wieder aufgegeben.

Den ersten Anstoß zur Chorherrenreform von Springiersbach im Moselgebiet gab Benigna, die Witwe eines pfalzgräflichen Ministerialen; hier dringt also die Gruppe der damals noch unfreien Dienstmannen vor. Um 1100 zog sich Benigna mit ihren Kindern und wohl auch einigen Verwandten zu einem Leben in Gebet und Buße zurück; sie bestimmte ihr Witwengut zur Gründung einer Priestergemeinschaft, die nach der Regel des hl. Augustinus leben sollte. Daraus entstand Springiersbach, wo Benignas Sohn Richard eine weit über die Trierer Bistumsgrenzen hinausgehende Wirksamkeit entfaltete. In Springiersbach bestand von Anfang an neben dem Kanonikerkonvent ein aus dem Kreis um Benigna hervorgegangener Frauenkonvent. Richard lehnte diese Form des Doppelkonvents ab und errichtete selbständige Frauenkonvente. Starke Beteiligung von Ministerialen bei Gründern wie Insassen weisen auch oberschwäbische Frauenzisterzen des 13. Jahrhunderts auf. Das Prämonstratenserinnenkloster Schillingskapellen unweit Bonn gründete 1197 der Ritter Wilhelm, gen. Schilling, das von Niederehe in der Eifel die Brüder von Kerpen, wohl Reichsministerialen. In die Einsiedelei, die der Kanoniker Ailbert von Antoing 1104 bei Klosterrath unweit Aachen gegründet hatte, kam ein Dienstmann des Grafen von Saffenberg, Embrico, mit seiner Frau Aleidis und seinen beiden Kindern, Sohn und Tochter, und brachte seinen ganzen Besitz mit. Die Ansiedlung wuchs, aber auch Ailbert wollte das Nebeneinander von Brüdern und Schwestern nicht dulden; die Schwestern sollten anderswo untergebracht werden, schließlich begrenzte man ihre Zahl auf acht Frauen, die strenger Klausur unterworfen wurden. 1140 wurden 37 Schwestern nach Marienthal an der Ahr versetzt, blieben aber unter der Leitung von Klosterrath. Aber schon 1141 wurden wieder einige Schwestern in Klosterrath aufgenommen, um für alle die Kleider zu machen und weil die Kirche die Dienste der Frauen nicht entbehren könne, zumal man auch lese, daß im Gefolge der Apostel Personen beiderlei Geschlechts gedient hätten. »Man sieht«, sagte Oediger, »welche Sorgen die andrängenden frommen Frauen den Klosteroberen machten. Man braucht sie als Weberinnen und Schneiderinnen, will sie aber auch wieder nicht in der Nähe haben.« Norbert von Xanten brachte in seinem in Prémontré gegründeten Kloster einen Teil der Frauen unter, die er durch seine Predigt angezogen hatte; sie lebten von den Brüdern räumlich getrennt, nahmen jedoch mit ihnen am Gottesdienst teil und arbeiteten für die Brüder; eine Priorin stand ihnen vor, die eigentliche Leitung blieb in der Hand des Abtes oder Propstes. Aber bereits 1140 siedelten die Prämonstratenser aus den ursprünglich als Doppelklöster errichteten Instituten die Frauenkonvente aus und ließen sie nur unter der Oberleitung und Fürsorge der Männerklöster. Die Haltung der Zisterzienser ist nicht ganz eindeutig und konsequent. Grundsätzliche Ablehnungsbeschlüsse werden durch positive Zulassungsbestimmungen und die Praxis teilweise widerlegt. Auf jeden Fall gab der Zisterzienserorden um 1200 seine Ablehnung gegenüber den Frauenklöstern auf. M. Kuhn-Rehfus gibt an, daß um 1250 im Erzbistum Mainz 33 Frauenzisterzen bestanden, im Erzbistum Köln 25, im Erzbistum Trier 11, im Bistum Konstanz 15 und im Bistum Würzburg 9. Neben den Nonnen standen Laienschwestern, Konversen, dazu kamen Lehrtöchter, Kostgängerinnen, Oblatinnen. Die Durchschnittsgröße der Konvente betrug in Deutschland 20–30 Nonnen und 10 Schwestern. Die Nonnen der Gründungszeit gehörten fast ausschließlich dem Adel und Niederadel an, später verbürgerlichten manche Konvente. Die Nonnen konnten Latein, schrieben Handschriften ab und illuminierten sie, stellten Arzneien her, machten Handarbeiten, unterhielten Schulen. Es beweist künstlerisches Selbstbewußtsein, wenn auch in mittelalterlicher Demutsform ausgesprochen, daß sich die Nonne Guda auf dem Vorsatzblatt eines mittelrheinischen Homiliars nennt, das sie sowohl geschrieben als auch – was selten war – illuminiert hat: »Guda peccatrix mulier scripsit que pinxit hunc librum (die sündhafte Frau Guda schrieb und malte dieses Buch).« Die älteste erhaltene Brille – um 1320 – wurde im Kloster Wienhausen bei Celle gefunden, eine (auseinandergeklappt) 11,5 cm lange, 6 cm breite Nietbrille.

Das französische Reformkloster Fontevrault war ein Doppelkloster, das der Äbtissin unterstand. Der Gründer und Wanderprediger Robert von Arbrissel hatte diese Lösung durchgesetzt; er sah seine Lebensaufgabe in der Sorge für die geistlichen Frauen. Aufsehen und Mißtrauen erregte die weibliche Superiorität freilich. Sie setzte sich auch in einem englischen Konvent durch, den 1131 Gilbert von Sempringham in Lincolnshire gründete. Episode blieb die Klosterordnung Abaelards für das Kloster Paraklet in Quincey bei Nogent-sur-Seine, das seine Geliebte Héloise als Äbtissin leitete, in der er den Männern aufgab, das schwache Geschlecht mit Nächstenliebe und Fürsorge zu umgeben und zu schützen. Auch Fontevrault und seine Tochterklöster gerieten um 1200 in eine Krise. Die hochadligen Frauen in den alten Stiften und Benediktinerinnenklöstern wurden weniger von der Armutsbewegung ergriffen. Der reiche Grundbesitz ihrer Klöster verstrickte sie ständig in weltliche Geschäfte. Ihre bäuerlichen Hintersassen wurden rebellisch oder liefen ihnen davon in die nächstgelegene Stadt. So ging es der Äbtissin Adelheid von Maria im Kapitol in Köln; durch erhebliche Herabsetzung des Kopfzinses – in einer Urkunde von 1158 – bekam sie die Lage wieder in den Griff.

Daß die gewaltige Veränderung der Gesellschaft durch die bürgerliche Freiheitsbewegung und das Wachstum der Städte auf die kirchliche Bewegung einwirkte, daß bürgerlichen Kreisen offenstehende Klöster, daß eine auf die Stadt und ihre Probleme ausgerichtete Seelsorge ein dringendes Desiderat wurden, das verschränkte die weltlichen und geistlichen Bewegungen. Unübersehbar wurden auch verstärkt Formen eines frommen Lebens in der Welt und doch nicht von der Welt außerhalb eines Klosters mit Ordensregel gesucht und gefunden. Der Wunsch nach wirtschaftlich-sozialer Geborgenheit, nach Selbständigkeit außerhalb der Ehe spielten mit; im Kern war die Bewegung religiöser Natur, und die Frage der Versorgung und nach sozialer Sicherheit in Kloster und Konvent spielt erst seit dem 14. Jahrhundert eine wichtige Rolle. Im zahlenmäßigen Anstieg der Institute spiegelt sich auch die Kraft dieser Bewegung: Im Jahr 1300 gab es bereits 74 Dominikanerinnenklöster, im 15. Jahrhundert hatten die Benediktinerinnen 115, die Zisterzienserinnen 220 Niederlassungen, um 1600 besaßen die Franziskanerinnen rund 900 Gemeinschaften. Kennzeichnend für die Frömmigkeit des 12. und 13. Jahrhunderts ist die zunehmende Marienverehrung.

Die religiöse Motivation so vieler Frauen, klösterliche Zufluchtstätten zu suchen, ein Leben klösterlicher Enthaltsamkeit in der Welt zu führen, fällt uns zu begreifen schwer. Wir bewerten die christliche Ehefrau und Mutter ebenso hoch wie die gottgeweihte Jungfrau. Anders im Mittelalter: Die religiös motivierte Askese genießt den Vorrang vor dem Leben in der Welt. Schon nach der altchristlichen Ständeordnung wurde der gottgeweihten Jungfrau der Platz vor Witwen und Ehefrauen zugeteilt. Diese Wertung begegnet uns bei Cyprian und Augustinus ebenso wie bei Thomas von Aquin und Bonaventura. Bekannt ist die Parabel der 100-, 60- und 30fachen Frucht, die Jungfrauen, Witwen und Ehefrauen bringen. Die Maße entstammen dem Gleichnis vom Sämann, Markus 4, 1–20, und Matthäus 13, 1–23.

Die Hervorhebung des Jungfrauenstandes bedeutet keine Verwerfung, nur eine Minderbewertung der Ehe, wie Bernards in seiner Analyse des ›Jungfrauenspiegels‹, eines um 1100 wohl am Mittelrhein entstandenen Werkes von großer Verbreitung, ausführt. Eine Verwerfung der Ehe findet sich bei den manichäischen Irrlehren. Der ›Jungfrauenspiegel‹ warnt auch vor der Meinung, die Jungfrauenschaft als solche begründe einen Vorrang: »In jedem Stande sucht Gott mehr den Geist als das Kleid«, »die demütige Witwe steht höher als eine stolze Jungfrau«. Viele Frauen haben sich dem hohen Anspruch gestellt, der im ›Jungfrauenspiegel‹ gefordert wird; ihm zu genügen, ist nicht allen gelungen. Das ›Speculum virginum‹ betrachtet den Fall einer gottgeweihten Jungfrau als Ehebruch gegenüber Christus, als Erschütterung des ganzen Leibes der Kirche. Die normale Strafe war der Entzug der Kommunion. Eine gefallene Klosterjungfrau hatte es in ihrem Konvent sicher nicht immer leicht. Im Doppelkloster von Watton, Yorkshire, kam es zu einer grausigen Reaktion des Konvents auf das sündhafte Verhältnis eines Mönchs und einer Nonne. Vom Erzbischof Anno von Köln wird berichtet, daß er auf einem seiner nächtlichen Rundgänge in St. Ursula Zeuge der Reue und Verzweiflung einer Schwester wurde, die ein Kind erwartete. Er veranlaßte sie zur Beichte und übergab sie für die Zeit der Geburt einem seiner westfälischen Ministerialen mit der ausdrücklichen Forderung, das Geheimnis zu wahren und ihm Mutter und Kind zuzustellen. Das Kind wurde anderswo untergebracht, die Mutter kehrte an ihren Platz im Stift zurück. Einer Dame aus St. Maria im Kapitol, die ihrem Keuschheitsgelübde untreu geworden war, aber vor der Schwangerschaft bewahrt blieb und elf Jahre lang durch strenge Bußübungen zu sühnen suchte, gab er auf, als sie sich erneut vom Teufel des Hochmuts bedrückt fühlte und sich dem Erzbischof offenbarte, demütig zu bleiben und sich in ihrem Leben in nichts von ihren Schwestern zu unterscheiden. Die großen Leistungen vieler Nonnen beweisen, daß sie im Kloster oder Stift ein erfülltes Leben führen konnten, daß die Askese den Menschen nicht verkümmern läßt, sondern Kräfte des Geistes entbindet.

Kehren wir zum ›Speculum virginum‹ zurück: Die Frage nach der Eignung zur Nonne wurde kaum gestellt, die »Berufung« war kein Problem, sondern Voraussetzung; der Eintritt erfolgte, wie gesagt, oft im Kindesalter; auch Frauen, die ihre weltliche Lebensaufgabe als abgeschlossen ansahen, entschlossen sich als Witwen zum Eintritt. Die Wurzel der klösterlichen Tugenden ist die Demut; sie ist die Mutter der Liebe. Demut wird mit Liebe und Keuschheit zu einem ethischen Dreiklang zusammengebunden. Demgemäß ist das Urlaster der Stolz; er beraubt die Jungfräulichkeit ihres Wertes. Das ›Speculum‹ verlangt im jungfräulichen Leben: 1. Unversehrtheit an Leib und Geist und die Absicht, Gott allein zu dienen; 2. freiwilligen Verzicht auf die Welt und den Entschluß, Weltverachtung zu üben; 3. inneren und äußeren Gehorsam, freundliches Wesen, Demut und Keuschheit nach dem Vorbild der Mutter des Herrn und der Mahnung des Apostels Paulus; 4. eine Haltung, die mit ganzem Herzen sich dem geistlichen Wort widmet und nach der Ruhe des Geistes strebt, um wie die beiden Marien die Worte des Lebens zu bewahren und dem Herrn zu Füßen zu sitzen und schließlich 5. Bewußtsein der Unsicherheit bei dem langen Lauf mit der Sorge um die Beharrlichkeit, da jeder den Lohn gemäß seiner Arbeit empfängt. Dieses eindrucksvolle Bild der Jungfräulichkeit ist der Höhepunkt des Unterrichts, den der ›Spiegel‹ erteilt. Dabei wird klargestellt, daß Gott neben der Unversehrtheit des keuschen Leibes die Tugend und Absicht des Herzens sieht; die herkömmliche Unterscheidung einer doppelten Jungfräulichkeit wird betont. Der ›Jungfrauenspiegel‹ bezeugt, daß die Frauenbildung des hohen Mittelalters an der Spiritualisierung Anteil nimmt. Seit dem 11. Jahrhundert setzt sich der Gedanke an die Bedeutung der Gesinnung immer stärker durch; das Bild vom Kampf wird oft gebraucht, ein bequemes Leben kann nicht Ziel des Klostereintritts sein. Das geistliche Streben, zu dem der ›Jungfrauenspiegel‹ erziehen will, trägt das Zeichen des Maßhaltens. Das Leben in der Gemeinschaft soll von Eintracht geprägt sein. Die adlige Abkunft darf im Kloster kein Anlaß zur Überheblichkeit werden. Der ›Spiegel‹ unterscheidet wahren und falschen Adel. Wahrer Adel beruht mehr auf der Gesinnung als auf der Ehre der Eltern. Hier wird ein Hauptproblem der Reform angesprochen: die Brechung des Adelsvorrechtes. Cluny, Hirsau, später Cîteaux hoben die Vorrechte der Geburt auf. Allerdings sieht Bernards keine enge Beziehung des ›Spiegels‹ zur damaligen Klosterreform; die Armutsfrage berührt der ›Spiegel‹ kaum. Die Askese erscheint nicht als Last. Die Jungfrauen des ›Speculum‹ leben mit ruhiger Selbstverständlichkeit in ihrer überschaubaren Welt ohne mystischen Überschwang. »Die subjektive Erlebnisfrömmigkeit der deutschen Mystik«, sagt Bernards, seine einfühlsame Analyse zusammenfassend, »ist das genaue Gegenstück zu der objektiv ausgerichteten religiösen Geistigkeit des romanischen Zeitalters und des Jungfrauenspiegels. Gesundheit an Leib und Seele kennzeichnet die Frauen, an die sich der Spiegel wendet. Krankheiten spielen für sie keine Rolle, der Tod schreckt nicht. Grobe Charakterfehler wie etwa Lügenhaftigkeit sind unbekannt. Das Zauberwort Freiheit hat sie, echte Kinder ihrer Zeit, in seinen Bann geschlagen. Wenn Kirche und Kloster im Zeichen großer Reformen um ihre Freiheit kämpfen, ist Freiheit auch für die Frauenwelt lockendes Ziel. Weil Freiheit von der Fron der Ehe nur als Freiheit für den Dienst Gottes gesehen ist, wird hier der religiöse Sinn und die geistliche Kraft dieser Frauen sichtbar. Als Zeitgenossen der Kreuzritter und Angehörige eines kämpferischen Zeitalters lieben sie es, sich selbst als Streiterinnen in den Kriegen Gottes zu betrachten. Sie alle prägt jener männliche Zug, den man auf dem Antlitz Hildegards von Bingen entdeckt hat.«

Damit fiel der Name der wohl bedeutendsten Nonne des 12. Jahrhunderts. Sie wurde 1098 in Bermersheim bei Alzey aus edelfreiem Geschlecht geboren und mit acht Jahren der Gräfin Jutta von Sponheim übergeben, die sich in der Frauenklause auf dem Disibodenberg angesiedelt hatte. In der Klause unterrichtete sie der Mönch Volmar von Disibodenberg, der ihr später als »Sekretär« zur Seite stand. Zwischen 1112 und 1115 legte sie ihre Profeß ab. Nach Juttas Tod wurde Hildegard Meisterin in dieser Klause, die sich zu einem kleinen Kloster entwickelt hatte. Hier hatte sie 1141 ein mystisches Erlebnis, das sie zu ihrem großen Werk, ›Scivias‹ – Wisse die Wege – inspirierte. Sie hat 10 Jahre daran gearbeitet. Bereits 1147 wurden die ersten Teile dieses Werks Papst Eugen III. bei seinem Aufenthalt in Trier vorgelegt und im Beisein Bernhards von Clairvaux und hoher Prälaten daraus vorgelesen, sie wurden sehr bewundert. ›Scivias‹ gestaltet in 26 Visionen ein umfassendes Weltbild; die Erlösungsbedürftigkeit des Menschen, sein Weg zu Christus in Kampf und Leiden und die Heilsgeschichte in ihrem unaufhaltsamen Wachstum sind die großen Themen. Ihr zweites großes Visionswerk ›Liber vitae meritorum‹ – Buch der Lebensvergeltung oder freier übersetzt ›Der Mensch in der Verantwortung‹ – entstand 1158–1161, der ›Liber divinorum operum‹, in freier Übersetzung ›Welt und Mensch‹, 1163–1174. Jedes dieser drei Werke besteht aus einer Kette von Visionsbildern; auf die Beschreibung des Visionsbildes folgt die Deutung. Neben diesen visionären Werken verfaßte Hildegard naturkundliche und medizinische Schriften. Ihre musikalische Begabung beweisen ihre Kompositionen. Ein moderner Zug im Leben dieser großartigen Frau ist ihre öffentliche Predigttätigkeit. Ein Laienrecht zu predigen ist eine im 12. Jahrhundert immer wieder erhobene Forderung. Hildegard hat vier größere Predigtreisen unternommen. Auf ihrer Rheinfahrt 1161/63 predigte sie in Köln gegen die Ketzer. Die Katharer, haben im 12. Jahrhundert ihre Gegenkirche aufgebaut, sie waren auch in den Rheinlanden verbreitet. 1143 wurden in Köln Ketzer verbrannt und 1163 wieder. Hildegard hat in ihrer Predigt auch dem Klerus ins Gewissen geredet, der durch ein verweltlichtes Leben der Ketzerei Vorschub leiste. Sie wendet sich gegen die Leibfeindlichkeit und Weltverachtung der Katharer, die sich gerade auch in ihrer Einstellung zu den Frauen zeige. 1163 widmet auch Ekbert, Mönch zu Schönau, seine ›sermones adversus Catharorum errores et haereses‹ dem Kölner Erzbischof. Seine Schwester Elisabeth von Schönau war eine Gesinnungsgenossin und wohl auch Bekannte Hildegards; im ›Liber viarum Dei‹ schrieb sie ihre Visionen auf. Hildegard hat die geburtsständische Exklusivität ihres Nonnenkonvents mit dem immer wieder zitierten Spruch »Wer stellt schon Rinder, Esel, Schafe und Ziegen in denselben Stall?« verteidigt; die Äußerung fiel im Briefwechsel mit der Andernacher magistra Tenxwind, einer Schwester des Reformers Richard von Springiersbach. 1127/28 hatten Richard und Tenxwind den Springiersbacher Nonnenkonvent nach Andernach verlegt; er war auf strikte Einhaltung der strengen Springiersbacher Regel festgelegt, die u.a. den klausurierten Nonnen vorschrieb, die Haare unter einer schwarzen Kopfbedeckung zu halten. Tenxwind selbst war durchdrungen von der Liebe zur Armut. Sie kritisiert das Auftreten der Bräute Christi im festtäglichen Gottesdienst des von Hildegard geleiteten Klosters: »Sie sind ... mit leuchtend weißen, seidenen Gewändern bekleidet ... Auf ihrem Haupt tragen sie (über dem herabwallenden Haar) goldgewirkte Kronen ... Außerdem sind ihre Finger mit goldenen Ringen geschmückt.« Sie wendet sich gegen das Adelsprinzip im Kloster, das der Haltung Christi und der Urkirche widerspreche. Hildegard aber läßt sich in ihrer traditionsgebundenen Haltung nicht erschüttern. Ihre Idee der sponsa Christi ist eingebettet in ihr Christusbild des Weltenherrschers.

Hildegard hatte mit ihren Nonnen vor 1151 das zu eng gewordene Kloster auf dem Disibodenberg verlassen und war auf den Rupertsberg bei Bingen übergesiedelt. Eine zweite Klostergründung entstand in Eibingen bei Rüdesheim. Beiden Klöstern stand Hildegard vor. Am 17. September 1179 ist sie im 82. Lebensjahr gestorben.

Georges Duby
Eleonore

Unter der zentralen Kuppel der Abteikirche von Fontevraud – eines der größten, der angesehensten Frauenklöster im Frankreich des 12. Jahrhunderts – sieht man heute vier Liegefiguren, die Überreste alter Grabmäler. Drei der Skulpturen sind in Tuffstein gehauen: die des Heinrich Plantagenet, Graf von Anjou und von Maine durch seine Ahnen väterlicherseits, Herzog der Normandie und König von England durch seine Ahnen in mütterlicher Linie; die Figur seines Sohnes und Nachfolgers Richard Löwenherz; und die der Isabella von Angoulême, der zweiten Gemahlin von Richards Bruder Johann Ohneland, der 1199 seinerseits König wurde. Das vierte Bildnis, dieses aus bemaltem Holz, stellt Heinrichs Gattin Eleonore dar, die Erbin des Herzogtums von Aquitanien, Mutter von Richard Löwenherz und Johann Ohneland, gestorben am 31. März 1204 in Fontevraud, wo sie am Ende ihres Lebens den Schleier genommen hatte.

Der Körper dieser Frau liegt so auf der Grabplatte, wie er während der Bestattungszeremonie auf dem Paradebett ausgestellt worden war, ganz in die Falten des Kleides gefaßt. Eine Tüllbinde umrahmt das Gesicht. Ihre Züge sind vollkommen rein, die Augen geschlossen. Die Hände halten ein aufgeschlagenes Buch. Angesichts dieses Körpers, dieses Gesichts, kann die Phantasie sich frei entfalten. Doch darüber, wie dieser Körper, dieses Gesicht im Leben ausgesehen haben mögen, sagt die bewundernswerte Liegende nichts, was der Wirklichkeit entspräche. Eleonore war seit Jahren tot, als sie gestaltet wurde. Hatte der Bildhauer jemals die Augen der Königin gesehen? Das war nicht wichtig, in der Tat: die Grabkunst dieser Zeit strebte keine Ähnlichkeiten an. Die Figur in ihrer seligen Heiterkeit sollte nicht wiedergeben, was das Auge auf dem Katafalk gesehen haben mochte: die Gestalt und das Antlitz einer Achtzigjährigen, die hart mit dem Leben gekämpft hatte. Der Künstler hatte den Auftrag, diese Gestalt und dieses Antlitz im Zustand ihrer Erfüllung am Tag der Wiederauferstehung von den Toten darzustellen. Infolgedessen wird niemand je ermessen können, welch anziehende Reize die Erbin des Herzogtums von Aquitanien besessen haben mag, als sie 1137 ihrem ersten Gemahl, König Ludwig VII. von Frankreich, zur Frau gegeben wurde.

Sie war damals ungefähr dreizehn, er sechzehn Jahre alt. »Er brannte vor glühender Liebe zu der jugendlichen Maid.« Das jedenfalls berichtet ein halbes Jahrhundert später Wilhelm von Newburgh, einer der englischen Mönche, die zu jener Zeit mit großem Geschick die Abfolge vergangener Ereignisse nachzeichneten. Wilhelm fügt hinzu: »In seinem Begehren war der junge Kapetinger wie gebannt.« Und: »Kein Wunder bei den überaus lebhaften körperlichen Reizen, die Eleonore geschenkt waren.« Auch der Chronist Lambert von Waterloos schätzte ihren Liebreiz als von höchster Güte. Doch was sind solche Elogen tatsächlich wert? Die Anstandsregeln verlangten von den zeitgenössischen Schriftstellern, daß sie die Schönheit jeder Prinzessin, auch der unansehnlichsten, lobpriesen. Im übrigen war Eleonore um 1190 bereits an allen Höfen die legendäre Heldin einer Skandalgeschichte. Wer immer auf sie zu sprechen kam, war selbstverständlich geneigt, der Anmut, die sie einst zur Schau getragen hatte, außergewöhnliche Zauberkraft zu unterstellen.

Diese Legende hat ein zähes Leben. Noch heute gibt es einige Autoren historischer Romane, die sich daran ergötzen, und ich kenne sogar sehr ernsthafte Historiker, deren Phantasie sie immer noch entzündet und in die Irre führt. Seit der Romantik wurde Eleonore abwechselnd als zartes Opfer der kalten Grausamkeit eines unfähigen, borniertenn ersten Gemahls, eines brutalen und flatterhaften zweiten Gemahls oder aber als freie Frau beschrieben, die selbst über ihren Körper bestimmte, die den Priestern die Stirn bot und der Moral der Heuchler trotzte – Bannerträgerin einer glänzenden, fröhlichen, zu Unrecht erstickten Kultur, der Kultur Okzitaniens, gegen die scheinheilige Roheit, gegen die Bedrückungen des Nordens. Aber stets galt sie als betörend, leichtlebig, sinnlich, von den Männern begehrt und der Männer spottend. Geht sie nicht in den nüchternsten Werken als die »Königin der Troubadoure« durch, die deren Kunst gefällig inspirierte? Nehmen nicht viele für bare Münze, was Andreas Capellanus aus reinem Spott in seinem ›De amore‹ schrieb, die lächerlichen Sprüche, die er sich zusammenreimte, um sie Eleonore in den Mund zu legen? Etwa diesen, dessen beißende Ironie damals jeder Leser goutierte: »Niemand kann sich mit Recht auf den Ehestand berufen, um sich der Liebe zu entziehen.« Der Liebe – den Spielen der höfischen Liebe natürlich. Fast möchte man meinen, Eleonore hätte sie erfunden! Durch ihre Vermittlung jedenfalls sollen sich diese Galanterien, ausgehend von ihrem heimatlichen Aquitanien, über ganz Europa verbreitet haben.

Nun sind die Fehlurteile unserer modernen Gelehrten sicher zu entschuldigen. Die Erinnerung an diese Frau ist schon sehr früh verzerrt worden. Sie war noch keine fünfzig Jahre tot, als die imaginäre Biographie des Bernart de Ventadour sie zur Mätresse dieses großen Dichters machte; als der Prediger Étienne de Bourbon, um die sündhaften Freuden der körperlichen Berührungen zu tadeln, das Beispiel der verderbten Eleonore zum Besten gab: eines Tages, da ihr der Sinn nach den Händen des alten Lehrers Gilbert von Poitiers stand, hätte sie ihn aufgefordert, mit den Fingern über ihre Hüften zu streichen. Und was den Menestrel von Reims betrifft – wir wissen um die starke Neigung dieses liebenswerten Erzählers, seinem Auditorium durch freie Erfindung zu gefallen, aber hier spann er nur die Äußerungen derer aus, die immer zahlreicher behaupteten, die Königin von Frankreich hätte sich während des Kreuzzugs nicht gescheut, ihren Körper Sarazenen hinzugeben –, so dichtete er Eleonore eine Affäre mit Saladin an, dem berühmtesten der Heiden: schon einen Fuß im Boot, schreibt er, wollte sie gerade mit ihm durchbrennen, als ihr Gemahl, Ludwig VII., sie erwischte. Nicht nur Treulosigkeit warf man der Getauften vor, die sich dem Heiden hingab, sondern, daß sie außer ihrem Ehemann auch ihren Gott verriet: eine Schamlosigkeit sondergleichen.

Derartige Phantasien entwickelten sich im 13. Jahrhundert auf der Grundlage dessen, was zu Lebzeiten der alternden Königin an Klatsch über sie kolportiert worden war. Manches davon findet sich in neun uns erhaltenen Geschichtsbüchern, die zwischen 1180 und 1200 geschrieben wurden und fast alles liefern, was wir über Eleonore wissen. Fünf der Verfasser sind Engländer, denn die gute Geschichtsschreibung kam damals aus England. Alle sind das Werk von Kirchenmännern, Mönchen oder Kanonikern, und alle rücken Eleonore in ein ungünstiges Licht. Dafür gibt es vier Gründe. Der erste, fundamentale Grund ist der, daß es sich um eine Frau handelt. Für diese Männer ist das Weib ein dem Wesen nach verdorbenes Geschöpf, das die Sünde mitsamt der allenthalben sichtbaren Unordnung in die Welt gebracht hat. Der zweite ist Eleonores Großvater, der berüchtigte Wilhelm IX. von Aquitanien: auch an diesem Fürsten, traditionsgemäß zum ersten Troubadour erklärt, hatte sich seinerzeit die Vorstellungskraft der Chronisten entzündet. Sie warfen ihm Mißachtung der Kirchenmoral, allzu freie Sitten und einen exzessiven Hang zu Liebeleien vor, indem sie jene Art Harem evozierten – eine ganze Gesellschaft hübscher junger Mädchen –, den er gleichsam als Parodie auf das Nonnenkloster zu seinem persönlichen Vergnügen unterhalten hatte. Schließlich und vor allem sprachen zwei Tatsachen Eleonore schuldig. Zweimal hatte sie sich schwer versündigt, indem sie sich aus der Unterwerfung löste, die den Ehefrauen von den etablierten Hierarchien in Gottes Namen auferlegt war: einmal, als sie, letztlich mit Erfolg, die Scheidung verlangte; das zweite Mal, als sie sich der Vormundschaft ihres Gatten entzog und seine Söhne gegen ihn aufbrachte.

Die Scheidung, unmittelbar von der Wiederverheiratung gefolgt, war 1152 *die* große europäische Affäre. Als der Zisterziensermönch Aubry des Trois Fontaines in seiner Chronik bei diesem Datum anlangt, erzählt er das einzigartige Ereignis. Lakonisch und darum um so einprägsamer schreibt er, Heinrich von England habe diejenige zur Frau genommen, die der König von Frankreich sich gerade vom Hals geschafft hatte. »Ludwig hatte sie fallenlassen, fortgeschickt wegen der mangelnden Enthaltsamkeit dieser Frau, die sich nicht wie eine Königin benahm, sondern eher wie eine Hure.« Nun war der fliegende Wechsel der Gattinnen vom Bett des einen in das eines anderen Gemahls im Hochadel an der Tagesordnung. Daß er diesmal derartige Wellen schlug, erklärt sich. In Europa, dessen Einheit damals mit der der lateinischen Christenheit übereinstimmte, und das zu führen sich folglich der Papst berechtigt sah, das er für den Kreuzzug mobilisieren und darum im Zustand des Friedens halten wollte, indem er das Gleichgewicht zwischen den Staaten zu bewahren trachtete, begannen eben diese Staaten – mitgerissen von dem lebhaften Aufschwung, der das Abendland erfaßt hatte –, selbstbewußte Kräfte zu entfalten. Das traf auch auf die beiden rivalisierenden Großmächte zu, deren Herren der König von Frankreich und der König von England waren. Doch bei den insgesamt noch sehr groben politischen Strukturen hing das Schicksal dieser aufstrebenden politischen Formationen weitgehend vom Spiel der Erbfolgen und Heiratsverbindungen ab, also von der Ehe des Thronerben. Nun war Eleonore Erbin eines dritten Staates, weniger umfangreich, gewiß, aber immerhin beträchtlich: Aquitanien, eine ausgedehnte Provinz zwischen Poitiers und Bordeaux, mit Ausblick auf Toulouse. Wechselte sie zu einem anderen Gemahl, nahm sie ihre Rechte auf das Herzogtum mit. Andererseits hatte die Kirche in der Mitte des 12. Jahrhunderts gerade die Ehe zu einem der sieben Sakramente erhoben, um sich ihres Einflusses darauf zu vergewissern. Sie bestimmte gleichzeitig, daß eine Eheverbindung niemals gelöst werden dürfte, und, im Widerspruch dazu, daß sie bei Blutschande unverzüglich gelöst werden müsse, das heißt, wenn sich herausstellte, daß die Ehepartner Verwandte bis zum siebten Grad waren. In der Aristokratie waren sie es alle. Eben das erlaubte der kirchlichen Obrigkeit – insbesondere dem Papst, wenn es um die Ehe der Könige ging –, sich nach Gutdünken einzumischen, um zu binden oder zu lösen, und auf diese Weise die Herrschaft über das große Spiel der Politik an sich zu reißen.

Mit einiger Verspätung erzählt der Menestrel von Reims die Umstände, unter denen es zu Eleonores Scheidung kam.

Ludwig VII., berichtet er, »holte den Rat aller seiner Barone ein, was er mit der Königin denn nun beginnen solle, und legte ihnen dar, wie sie sich betragen hatte. ›Bei uns'rer Treu‹, sagten die Barone, ›laßt sie gehen, das ist der beste Rat, den wir Euch geben, denn sie ist des Teufels, und so Ihr sie länger behaltet, fürchten wir, daß sie Euch noch zu Tode bringt.‹« Teufelei, Unfruchtbarkeit: zwei denkbar schwere Mängel – nun war es Ludwig, der die Initiative ergriff.

Johannes von Salisbury freilich, herausragender Vertreter der humanistischen Renaissance des 12. Jahrhunderts, klarsichtig und gut informiert, ist ein besserer Zeuge. Er schrieb viel früher, 1160, als das Ereignis erst acht Jahre zurücklag. Er war an der Seite von Papst Eugen III. gewesen, als dieser Ludwig VII. samt Gemahlin in Frascati empfing: Rom war damals in den Händen Arnolds von Brescia, auch er eine Geistesgröße ersten Ranges, aber aus dem anderen Lager. Das Paar kam gerade aus dem Orient zurück. Als Anführer des zweiten Kreuzzuges hatte Ludwig VII. Eleonore mit auf die Reise genommen. Nach dem Scheitern der Expedition und den Schwierigkeiten, die sich daraus für die lateinischen Niederlassungen im Heiligen Land ergaben, fragten sich die Kirchenmänner nach den Ursachen des ganzen Ärgers und behaupteten, er käme eben daher: »Seiner Gemahlin in heftiger Leidenschaft verfallen«, schreibt Wilhelm von Newburgh – und nur um das zu erklären, insistiert er auf den körperlichen Reizen der Königin –, hielt der eifersüchtige Ludwig dafür, »daß er sie nicht zurücklassen sollte, und daß es der Königin gebührte, ihn in den Kampf zu begleiten«. Viele Edelleute folgten seinem schlechten Beispiel, und da die Damen auf Kammerfrauen nicht verzichten mochten, war das Heer der Streiter Christi, das ein Inbegriff der männlichen Zucht hätte sein müssen, bald von Weibern durchsetzt und mit Schändlichkeiten überzogen. Das erregte Gottes Zorn.

Tatsächlich hatte die ganze Reise einen schlechten Verlauf genommen. In Antiochia war Eleonore im März 1148 mit Raimund zusammengetroffen, dem Herrn der Stadt, einem Bruder ihres Vaters. Onkel und Nichte verstanden sich gut, zu gut sogar in den Augen des Gemahls, der sich beunruhigte und den Aufbruch nach Jerusalem beschleunigte. Eleonore weigerte sich, ihm zu folgen. Er zwang sie mit Gewalt. Glaubt man dem Erzbischof Wilhelm von Tyr – der sein Geschichtswerk zwar dreißig Jahre später verfaßte, als die Legende in voller Blüte stand, aber immerhin, vergessen wir das nicht, zu Lebzeiten der Königin, und der im übrigen hervorragend plaziert war, um die Echos der Affäre zu vernehmen –, muß die Beziehung zwischen Raimund und Eleonore sehr weit gegangen sein. Demnach hätte der Fürst von Antiochia geplant, den König, um ihn aufzuhalten und das Heer für die eigene Politik zu gebrauchen, »gewaltsam oder durch Intrige« seiner Gattin zu berauben: die, behauptet der Geschichtsschreiber, war einverstanden. In der Tat, sagt er, »zählte sie zu den tollen Weibern. Leichtfertigen Benehmens, wie man es von ihren Sitten bereits kannte und auch später sehen sollte, setzte sie sich zum Hohn der königlichen Würde über das Gebot der Ehe hinweg und mißachtete das Ehebett.« Weniger derb drückt sich da schon Aubry des Trois Fontaines in seiner Anschuldigung aus: Eleonore habe jener Zurückhaltung entbehrt, die den Gemahlinnen, insbesondere denen der Könige, geziemt und ihrem natürlichen Hang zur Wollust entgegengewirkt.

Was nun Johannes von Salisbury betrifft, so lastet er Eleonore nur einen Fehler an, der allerdings schwer genug wiegt: die Rebellion. Ihrem Gatten und somit ihrem Herrn widerstrebend, hatte sie in Antiochia die Trennung verlangt. Eine Forderung, die natürlich unerträglich war. Wenn es dem Mann gemeinhin zugestanden wurde, daß er seine Frau wie einen schlechten Diener abservierte und verstieß, schien der umgekehrte Fall doch skandalös. Als Scheidungsgrund führte die Königin den besten aller Vorwände ins Feld, die Blutschande. Sie erklärte, daß sie und er Verwandte vierten Grades seien, was tatsächlich stimmte, und daß sie in diesem Zustand der Sünde nicht länger zusammenbleiben könnten. Eine seltsame Enthüllung in Wirklichkeit: über diese Verwandtschaft, die ganz offensichtlich war, hatte elf Jahre lang, seit ihrer Heirat, niemand je ein Wort verloren. Ludwig war fromm, er reagierte verstört, und »obgleich von maßloser Liebe für die Königin erfüllt«, machte er sich bereit, sie gehen zu lassen. Einer seiner Ratgeber, der Eleonore ebensowenig mochte wie sie ihn, soll den König schließlich mit folgendem Argument davon abgehalten haben, ihrem Willen nachzugeben: »Welch eine Schande für das Königreich, wenn man erführe, der König lasse sich von seiner Gattin düpieren oder sie habe ihn verlassen!« Aus Paris erteilte Ludwigs Mentor, der Abt Suger, ihm den gleichen Rat: die Wogen glätten und durchhalten, das Ende der Reise abwarten.

Die Verstimmung zwischen den Eheleuten dauerte an, als sie bei der Rückkehr von ihrer Pilgerreise nach Jerusalem vom Papst empfangen wurden. Dieser ermannte sich, sie zu versöhnen. In seinem eigenen Interesse. Einerseits wollte er in aller Deutlichkeit seine Kontrollmacht über die Institution der Ehe demonstrieren. Andererseits fürchtete er die politischen Unruhen, die in diesem Fall durch eine Scheidung ausgelöst zu werden drohten. Gemeinsam war das Paar vor ihm erschienen – und hier dürfen wir Johannes von Salisbury folgen, der dabeigewesen ist. Der Papst hörte sich die Beschuldigungen an. Er beschwichtigte. Und der König frohlockte, immer noch beherrscht von einer Leidenschaft, die Johannes »kindisch« nennt, von einer Begierde, die zu zügeln ein Mann, ein wahrer Mann und insbesondere ein König, sich schuldig ist. Papst Eugen III. ging so weit, die Eheleute unter Wahrung aller Formen und Durchführung aller entsprechenden Riten neu zu vermählen und ihnen insbesondere das wechselseitige Versprechen abzunehmen, das laut und deutlich gesprochene »Ja«, wie auch die schriftliche Erklärung. Dann geleitete er sie feierlich zu dem prunkvoll hergerichteten Brautbett, um – an diesem Ort die Rolle des Vaters erfüllend – zu überwachen, daß alles Weitere verlief, wie es sich gehörte. Abschließend untersagte er ihnen in würdevoller Strenge, diese Ehe je zu lösen und je wieder von Blutschande zu reden.

Weniger als drei Jahre später war wieder die Rede davon – auch diesmal, um die Scheidung zu rechtfertigen. Es geschah in Beaugency, bei Orléans, vor einer Großversammlung von Prälaten. Zeugen traten auf und beschworen, woran es keinen Zweifel gab: daß Ludwig und Eleonore vom gleichen Blute waren. Die Ehe war also inzestuös. Infolgedessen war sie keine Ehe. Die Verbindung brauchte nicht einmal gelöst zu werden: sie existierte nicht. Niemand dachte an das päpstliche Verbot. Der König hatte sich dem Rat seiner Vasallen gefügt, wie es der Menestrel von Reims berichtet, dem man in diesem Punkt sicher glauben darf. War Eleonore in der Zwischenzeit über die Stränge geschlagen? Hatte sie sich wie eine wohlfeile Dirne aufgeführt, als ein Jahr zuvor die beiden Plantagenets, Vater und Sohn, in Paris zu Besuch gewesen waren? Der Hauptgrund war, davon bin ich überzeugt, daß sie sich als unfruchtbar erwies. Nicht ganz unfruchtbar in Wirklichkeit – und wenn man überhaupt davon sprechen kann, so lag es, sollte man meinen, nicht an ihr, die doch in den Armen eines neuen Gatten eine außerordentliche Gebärfreudigkeit an den Tag legte. Dem jetzigen aber hatte sie in fünfzehn Jahren Eheleben nur zwei Töchter geschenkt, und das auf quasi wundersame Weise. Die erste war nach einer Fehlgeburt und sieben Jahren vergeblichen Wartens infolge eines Zwiegesprächs in der Basilika von Saint-Denis geboren worden. Eleonore hatte sich bei Bernhard von Clairvaux über die Härte Gottes beklagt, der verhinderte, daß sie Kinder bekam. Daraufhin hatte der Heilige ihr versprochen, sie würde endlich fruchtbar sein, wenn sie Ludwig dazu brächte, sich mit dem Grafen der Champagne zu einigen und einen Krieg zu beenden, von dem man vielleicht sogar annehmen konnte, daß sie ihn selbst entzündet hatte. Die zweite Tochter war nur achtzehn Monate vor dem Konzil von Beaugency zur Welt gekommen, eine Frucht der Versöhnung von Frascati, der erneuten Hochzeitsnacht und des vom Papst reichlich gespendeten Segens. Nun stand es aber dringend an, daß der König von Frankreich einen männlichen Erben bekam. Dazu schien diese Frau ihm kaum verhelfen zu können. Sie wurde abgeschoben – trotz ihrer Reize und trotz Aquitanien, der schönen Provinz, die sie in die Ehe eingebracht hatte und die sie nun, als sie gleich nach der Nichtigkeitserklärung den Hof verließ, wieder mit sich nahm.

Eleonore wurde 1152 genau das, was sie mit dreizehn Jahren schon einmal gewesen war: eine hervorragende Partie, ein Glücksfall für denjenigen unter den Prätendenten, der ihrer habhaft werden sollte. Viele hatten ein Auge auf sie. Zwei hätten sie während ihrer kurzen Reise von Orléans nach Poitiers beinahe in die Hand bekommen. Es gelang ihr, nächtens aus Blois zu entfliehen, ehe der Stadtherr, Graf Thibaut, Gelegenheit fand, sie mit Gewalt zu seiner Frau zu machen; dann konnte sie, von ihren Knappen gewarnt, den Hinterhalt umgehen, in dem der Bruder Heinrich Plantagenets ihr aufzulauern suchte. Heinrich war es dann, dem sie in die Arme fiel. Gervasius von Canterbury nimmt an, daß sie selbst den Handstreich vorbereitet hatte. Er behauptet, sie habe den Herzog der Normandie durch Geheimboten wissen lassen, daß sie verfügbar sei. Heinrich, »verlockt vom edlen Blute dieser Frau, aber mehr noch von den Gütern, die sie mitbrachte«, eilte herbei. Am 18. Mai vermählte er sich in Poitiers mit ihr. Trotz aller Hindernisse. Ich spreche weder vom Altersunterschied – Heinrich war neunzehn, Eleonore neunundzwanzig: sie hatte längst erreicht, was man damals für ein reifes Alter hielt –, noch spreche ich von der Blutsverwandtschaft, die in dieser Eheverbindung ebenso offenkundig, ebenso eng war wie in der vorherigen. Ich spreche von der Sterilität, die man bei der Ex-Königin Frankreichs vermutete, und vor allem von dem Interdikt, mit dem Heinrichs Vater, Gottfried Plantagenet, Seneschall des Königreichs, seinen Sohn belegt hatte. Rühr' sie nicht an, soll er ihm gesagt haben, und das aus zwei Gründen: »Sie ist die Gattin deines Herrn, und auch dein Vater hat sie schon gekannt.« Mit der Gemahlin seines Herrn zu schlafen, wurde zu jener Zeit in der Tat für unschicklich und sündiger noch gehalten als das, was die Kirche unter Inzest im Sinne der Blutschande verstand. Doch eine Liebespartnerin mit dem eigenen Vater zu teilen, das war Inzest »von der zweiten Art«, ein »ursprünglicher« Inzest, wie Françoise Héritier gezeigt hat, und darum in allen Gesellschaften strengstens verurteilt. Immerhin sind es zwei von neun Geschichtsschreibern, Walter Map und Giraldus Cambrensis, die, wenn auch spät und recht geschwätzig, daran erinnern, daß Gottfried, wie einer der beiden sagt, »seinen Teil an dem gehabt hatte, was sich in Ludwigs Bett befand«. Dieses doppelte Zeugnis macht die Sache glaubwürdig und bestätigt, daß Eleonore nicht zu den Schüchternsten gehörte.

Bei den höfischen Gesellschaften hat man sich natürlich an diesem Abenteuer gelabt, und alle, die den König von Frankreich beneideten, die ihn fürchteten oder die einfach gerne lachten, rissen ihre Witze über ihn. Hier kommen wir der Legende auf den Grund, und die Schriftsteller, die in den Klöstern oder den Bibliotheken der Kathedralkapitel zu memorieren trachteten, was sich in ihrer Zeit ereignet hatte, griffen solchen Klatsch nur allzu gerne auf – bis Eleonore sich zwanzig Jahre nach dem Konzil von Beaugency abermals rebellisch zeigte. Sie erhob sich gegen ihren zweiten Ehemann.

Sie war fünfzig Jahre alt. Mittlerweile unfruchtbar und wohl kaum noch so liebreizend wie einst, konnte ihr Gemahl nichts Nützliches mehr an ihr finden. Sie hatte jene Phase des Daseins erreicht, in der die Frauen des 12. Jahrhunderts, sofern sie das ununterbrochene Gebären überstanden hatten, ihres Ehemanns meist ledig waren, in der sie, über das ihnen bei der Heirat zugesprochene Wittum verfügend und meist von ihren Kindern, namentlich dem ältesten Sohn, geachtet, erstmals in ihrem Leben wirkliche Macht besaßen und sich daran erfreuten. Aber solche Freiheit genoß Eleonore nicht. Heinrich lebte noch. Rastlos, immer unterwegs, von einem Ende zum anderen seiner riesigen Besitzungen galoppierend, die der Zufall der Erbfolgen ihm in die Hand gespielt hatte, von Irland nach Quercy, von Cherbourg an die Grenzen Schottlands, hatte der König von England, Herzog der Normandie, Graf von Anjou und in Eleonores Namen Herzog von Aquitanien sich nie viel um sie gekümmert. Manchmal, wenn es ihm gelegen kam, sie an seiner Seite zu zeigen, hatte er sie diesseits oder jenseits des Ärmelkanals hier- und dorthin mitgeschleppt, sie ab und zu auf die Schnelle geschwängert. Jetzt ließ er sie gänzlich allein, indem er sich mit anderen Frauen amüsierte. Aber er war immer noch da.

Um die ihr verbliebenen Chancen zu nutzen, stützte sich Eleonore auf ihre Söhne, insbesondere auf Richard. Der älteste, Wilhelm, war als Kind gestorben. 1170 hatte Heinrich dem Drängen der beiden nachgeborenen, die allmählich größer wurden und ungeduldig ihren Anteil an der Macht verlangten, nachgeben müssen. Er hatte Heinrich, fünfzehn Jahre alt, zum König krönen lassen, und Richard, dreizehn Jahre alt, das Erbe seiner Mutter abgetreten: Aquitanien. Eleonore stand natürlich hinter dem Jungen, um, in seinem Namen handelnd, endlich Herrin des Erbguts ihrer Ahnen zu werden. Im Frühjahr 1173 wagte sie sich weiter vor: sie unterstützte die Revolte ihrer unersättlichen Sprößlinge und deren jüngeren Bruders. Aufstände dieser Art, bei denen sich die Söhne gegen einen Vater wandten, der nicht zum Sterben kam, waren damals gang und gäbe, doch selten sah man die Mutter der Unruhestifter Partei für sie ergreifen und ihren Ehemann verraten. Eleonores Haltung löste also Empörung aus. Zum zweiten Mal schien sie die Grundregeln der Ehelichkeit zu brechen. Eben das ließ der Erzbischof von Rouen sie wissen: »Die Gemahlin«, sagte er, »ist schuldig, wenn sie sich von ihrem Gatten entfernt, wenn sie dem Ehebund nicht Treu und Achtung schenkt … Wir alle beklagen, daß du dich so von deinem Gatten trennst. Da entrückt der Leib dem Leibe, das Glied dient dem Haupt nicht mehr und, was alle Grenzen überschreitet, du duldest, daß sich des Herrn Königs und dein eigen Fleisch und Blut gegen den Vater erheben … Kehre zurück zu deinem Gemahl, wenn nicht, werden wir dich dem kanonischen Recht gemäß zur Rückkehr zwingen.« Eine solche Standpauke hätten alle Herren in Europa halten können. Denn sie alle waren überzeugt, daß der Mann, wie es der Prälat ausdrückt, »der Frau als Oberhaupt vorsteht, daß die Frau vom Bein des Mannes stammt, daß sie mit ihm verbunden und der Macht des Mannes unterworfen ist«.

Heinrich schlug die Revolte nieder. Im November war Eleonore in seiner Hand, gefangengenommen, als sie in Männerkleidung – auch dies ein schwerer Verstoß gegen das Gesetz – versucht hatte, zu ihrem ersten Ehemann, dem König von

Frankreich, zu fliehen. Heinrich ließ sie auf der Burg von Chinon verwahren. Manche sagen, er habe sich mit dem Gedanken getragen, sie wie sein Vorgänger unter dem Vorwand der Blutschande zu verstoßen, aber das bedeutete ein großes Risiko, er wußte es aus Erfahrung. Er zog es vor, sie bis kurz vor seinem Tod 1189 in der einen oder anderen Festung gefangenzuhalten. Während all dieser Jahre wurde viel über sie geredet – freilich nicht, um ihr zu huldigen, wie es die Träumer unserer Tage tun, nicht, um ihre Tugenden zu preisen, sie als erste Heldin des feministischen Kampfes oder der okzitanischen Unabhängigkeit zu feiern, sondern im Gegenteil, um ihre Schlechtigkeit anzuprangern. Man sprach überall von ihr, ihr kapetingisches Abenteuer in wacher Erinnerung haltend, denn ihre Taten zeigten in aller Deutlichkeit die dunklen Schreckensmächte, die der Frau, wollüstig und verräterisch, von Natur aus innewohnen. Sie waren der Beweis dafür, daß der Teufel sich ihrer als Saat des Unfriedens und der Sünde bediente, woraus sich selbstverständlich die Notwendigkeit ergab, die Töchter eng unter der Kontrolle des Vaters, die Ehefrauen unter der des Gatten zu halten und die Witwen ins Kloster zu schicken. Nach Fontevraud beispielsweise. Am Ende des 12. Jahrhunderts sahen alle Männer, denen das Verhalten der Herzogin von Aquitanien bekannt war, beispielhaft in ihr verkörpert, was sie selbst an der Weiblichkeit zugleich reizte und beunruhigte.

Tatsächlich unterscheidet sich Eleonores Schicksal kaum von dem anderer Frauen vornehmer Abkunft, die durch Zufall, weil sie keinen Bruder hatten, Erbin einer Grundherrschaft geworden waren. Die Hoffnungen auf Machtgewinn durch sie schürten die Begehrlichkeit der Männer. Die Heiratskandidaten stritten sich um sie, eiferten um den Platz dessen, der sich in ihrem Hause niederlassen und ihr Erbgut ausbeuten durfte, bis die Söhne, die sie ihm schenken würden, das Erwachsenenalter erreicht hätten. Auch diese Frauen wurden unentwegt verheiratet und wiederverheiratet, solange sie nur Kinder kriegen konnten. Außergewöhnlich sind an Eleonores Schicksal lediglich die Umstände der Scheidung und der Rebellion; Ereignisse, deren Bedeutung hauptsächlich darin besteht, daß sie, weil diese Frau Königin und in die große Politik verwickelt war, eine Handvoll schriftlicher Kommentare hervorgebracht haben, die dem Historiker etwas über die damalige Stellung der Frau enthüllen, was sich seinen Forschungen gewöhnlich entzieht. Wir wissen sehr wenig über Eleonore: kein Porträt, neun Zeugnisse, wie ich gesagt habe, die einigermaßen aufschlußreich, im übrigen aber sehr kurz sind, sonst nichts – und doch wissen wir sehr viel mehr über sie als über die meisten Frauen ihrer Zeit.

Wie alle Mädchen hatte Eleonore mit dreizehn Jahren gerade das heiratsfähige Alter erreicht. Ihr Vater bestimmte den Mann, dem sie, ohne daß sie ihn je gesehen hatte, zur Frau gegeben wurde. Der Bräutigam holte sie im Haus des Vaters ab, um sie nach der Hochzeit unverzüglich mit an seinen Wohnsitz zu nehmen. Wie in frommen Familien üblich, wurde die Ehe, irgendwo unterwegs, erst nach einer gottesfürchtigen Dreitagesfrist vollzogen, und wie alle verheirateten Frauen lebte Eleonore in der Furcht, auf Dauer unfruchtbar zu sein. Wie viele wurde sie wieder fortgeschickt, weil man zu lange vergeblich auf einen männlichen Nachkommen hatte warten müssen. Da sie aus einer fernen Gegend stammte, da ihre Redeweise und manches an ihrem Benehmen ungewöhnlich dünkte, wurde sie von der Verwandtschaft ihres Gatten als Eindringling betrachtet, ständig belauert und verleumdet. Es steht fest, daß ihr Onkel Raimund sie in Antiochia zu seinem Spielzeug machte, wenn nicht sexuell, so doch jedenfalls politisch. Er war der einzige männliche Nachkomme des Geschlechts. Infolgedessen besaß er die Macht eines Vaters über Eleonore. Man darf wohl annehmen, daß er sie absichtlich getrieben hat, die Trennung aus Inzestgründen zu verlangen, um sie anschließend nach seinen eigenen Interessen neu zu verheiraten. Fest steht auch, daß es bei dem Trubel, der in den großen Adelshäusern herrschte, nicht an Damen fehlte, die dem stürmischen Werben des Seneschalls ihres Gatten erlagen. Ihnen allen widmeten die Auftragsschreiber ihre Werke, um eben diesen Gatten zu gefallen; ihnen allen schmeichelten sie mit anbiedernden Elogen, ohne darum ihre Liebhaber zu sein. Die Frauen dieser Zeit lebten von Schwangerschaft zu Schwangerschaft. So erging es Eleonore, kaum daß sie das Bett des Plantagenet teilte. Hatte sie Ludwig VII. nur zwei Töchter geschenkt, gebar sie Heinrich drei weitere Mädchen und fünf Knaben dazu. Zwischen dem neunundzwanzigsten und dem vierunddreißigsten Lebensjahr brachte sie, alle zwölf Monate geschwängert, fünf Kinder zur Welt. Dann wurde der Abstand größer. 1165 kam Eleonore mit dem letzten ihrer Kinder nieder, die dem Historiker bekannt sind, da sie erwartungsgemäß kamen und bis auf ein einziges nicht vor der Pubertät gestorben sind. Es war die zehnte Geburt in zwei Jahrzehnten. Eleonore war einundvierzig Jahre alt. Ihre Reproduktionsfähigkeiten waren, wie bei allen Damen ihrer Lebenswelt, vollständig ausgeschöpft worden. Wie jene nahm sie nach der Menopause die Stellung der Matrone ein, indem sie ihren Einfluß auf die Söhne geltend machte, ihre Schwiegertöchter tyrannisierte, die Verwaltung ihres Wittums ihren Intendanten überließ und Heiratspläne für die Enkeltöchter schmiedete – darunter Blanca von Kastilien, die im folgenden Jahrhundert ebenfalls eine unerträgliche Schwiegermutter sein sollte. Wie alle Witwen ihres Ranges zog Eleonore sich schließlich zurück, um sich einem dritten, diesmal himmlischen Gemahl zu widmen. Sie ging in das Kloster, das ihre Familie, ja das sie selbst ihr Leben lang, um sich – etwa nach ihrer Scheidung – von allen Sünden reinzuwaschen, mit Gunstbezeigungen überhäuft hatte. Nach Fontevraud. Wilhelm der Troubadour, ihr Großvater, hatte dieses Kloster sattsam verspottet, es aber, als es ans Sterben ging, selbst mit Almosen bedacht. Heinrich lag dort schon unter der Erde. Dorthin hatte sie Richard das letzte Geleit gegeben. Dort ruht Eleonore in der Erwartung des Jüngsten Gerichts.

Joachim Bumke
Lehren für Frauen. Erziehung und Bildung

Weil die weibliche Natur so schwach war, mußten Frauen sorgfältiger belehrt und angeleitet werden als Männer. Das hatten bereits die Kirchenväter festgestellt, die in zahlreichen Schriften die Frauen zur Keuschheit gemahnt und vor den Verlockungen der Welt gewarnt hatten. Vor allem die Briefe des hl. Hieronymus an verschiedene Damen der römischen Gesellschaft mit Ratschlägen für die Erziehung ihrer Töchter waren eine Hauptquelle der christlichen Frauenlehre. Wie aktuell die Ansichten und Anweisungen der alten Kirchenlehrer noch in der höfischen Zeit waren, zeigt die Schrift ›Über die Erziehung königlicher Kinder‹ (De eruditione filiorum regalium) von Vinzenz von Beauvais, die König Ludwig IX. von Frankreich (†1270) gewidmet ist. In den letzten Kapiteln hat der Verfasser zusammengestellt, was bei der Erziehung adliger Mädchen zu berücksichtigen war. Dabei konnte er das meiste wörtlich aus den Sprüchen Salomos und aus den patristischen Schriften zitieren.

Das erste Gebot lautete, daß die Mädchen einer strengen Bewachung unterworfen sein sollten, um ihre Jungfräulichkeit nicht zu gefährden. Am besten hielt man sie ständig im Haus; auf dem Weg zur Kirche sollte die Mutter die Tochter begleiten. Zu Hause mußten die Mädchen beschäftigt werden, sonst kämen sie auf schlimme Gedanken. Sie sollten arbeiten, beten und lernen. Arbeiten hieß spinnen, weben und nähen; aber nicht modische, weit ausgeschnittene Kleider, sondern Gewänder aus dickem Stoff, die vor Kälte schützten. Die Mädchen sollten auch lesen lernen und sich viel mit dem Psalter und den heiligen Schriften beschäftigen. Außerdem sollten sie »in guten Sitten und Bräuchen« *(in moribus et consuetudinibus bonis)* unterwiesen werden. »Vier Dinge sind es besonders, über die sie belehrt und unterrichtet werden sollen, nämlich [1.] Schamhaftigkeit und Keuschheit, [2.] Demut, [3.] Schweigsamkeit und [4.] Würde der Sitten und Gebärden.« Schamhaftigkeit und Keuschheit zeigten sich darin, daß alle unnütze Ergötzung des Fleisches unterblieb. Die Mädchen sollten nur essen und trinken, um den Hunger zu stillen; sie sollten nicht zu viel schlafen und auch nicht baden. Zu diesem Punkt wurde aus dem Brief des Hieronymus an Laeta zitiert: »Mir mißfallen Bäder sehr bei einer erwachsenen Jungfrau, die über sich selbst erröten muß und die sich nicht nackend soll sehen können.« Die größten Gefahren drohten der Schamhaftigkeit und Keuschheit der Mädchen nach Vinzenz von Beauvais durch ihre weltliche Putzsucht und durch schlechte Gesellschaft. In ihrer Kleidung sollten sie alles meiden, was dazu diente, Wollust zu entzünden. Denn das Kleid »ist ein Zeichen der Seele«. Sie sollten keine eng anliegenden Gewänder mit Schleppen und Schlitzen, keine Seide und Purpur, keine kostbaren Gürtel und Haarbänder tragen, und vor allem sollten sie sich nicht schminken und nicht die Haare färben: das war sündhaftes Teufelswerk, weil dadurch Gottes Schöpfung verfälscht würde. Statt mit leichtfertigen Mädchen und geschwätzigen Weibern umzugehen, sollten sie Witwen und Jungfrauen von erprobter Reinheit zur Begleitung wählen. – Demut, Schweigsamkeit und Sittenreinheit bewährten sich im gesellschaftlichen Auftreten. Das Mädchen sollte nicht viel reden, nicht viel lachen, sich einfach kleiden, einen ehrbaren Gang haben und vor allem nicht die Augen herumschweifen lassen. »Die Mädchen sollen in jeder Gebärde Würde bewahren, vor allem aber in ihren Blicken, denn darin wird ihre Keuschheit und auch das Gegenteil, ihre Unkeuschheit, am meisten deutlich.« In einem eigenen Abschnitt hat Vinzenz von Beauvais zusammengestellt, was ein Mädchen wissen mußte, wenn es in den Stand der Ehe trat. Ihre Eltern sollten sie darüber belehren, daß sie den ehelichen Verkehr nicht aus Lust suchen sollte, sondern aus Gehorsam und um Kinder zu bekommen. Außerdem sollten die Eltern sie anweisen, wie sie mit ihrem Mann leben sollte: »Ihre Schwiegereltern ehren, ihren Mann lieben, das Gesinde befehligen, das Haus verwalten und sich selbst tadellos halten.« Die Liebe zu ihrem Mann sollte sich darin beweisen, daß sie ihm gehorsam war, ihn ehrte und fürchtete, ihm zu gefallen suchte, sowohl um sich seiner Liebe zu erfreuen als auch um ihn davon abzuhalten, andere Frauen zu lieben, und daß sie seine Fehler und Schwächen geduldig und liebevoll ertrug. Mit einer Abhandlung über Witwenschaft und einem Lob der Jungfräulichkeit beschloß Vinzenz von Beauvais diesen Teil seines Werks, der ein ausgezeichnetes Bild davon vermittelt, mit welchen Fragen die Erziehung adliger Mädchen im 13. Jahrhundert hauptsächlich beschäftigt war. Das meiste davon findet man in der volkssprachlichen Literatur der Zeit wieder. In Deutschland hat Thomasin von Zirklaere in seinem ›Wälschen Gast‹ am ausführlichsten über die Erziehung adliger Mädchen gehandelt.

Wie der Unterricht für junge Damen praktisch organisiert war, entzieht sich weitgehend unserer Kenntnis. Was die praktischen Fertigkeiten betraf, dürfte er in der Hand von Frauen gelegen haben; für die literarische Ausbildung wird in der Regel ein Hofkaplan oder ein eigens dafür angestellter Hauslehrer zuständig gewesen sein. Oder man gab das junge Mädchen zur Erziehung in ein geistliches Stift. Ulrich von Dachsberg schenkte im Jahr 1223 dem Chorherrenstift in Understorf ein Grundstück mit der Auflage, daß seine Tochter Ottilia dort »so lange verköstigt werde, bis sie den Psalter gelernt habe«.

Handarbeiten

Die adligen Mädchen sollten spinnen und weben, nähen und sticken lernen, und viele werden einen großen Teil ihres Lebens mit solchen Tätigkeiten zugebracht haben, auch wenn sie nicht von der Arbeit ihrer Hände leben mußten. Für die Didaktiker war es ein schlechtes Zeichen, wenn eine Dame »den Spinnrocken haßt, nicht webt, nicht spinnt, nicht haspelt« und nur ihre Zeit damit verbrachte, »daß sie sich schön und hübsch macht und sich weiß oder rot anmalt«. Weben, Sticken und Verzieren der Kleider galten auch für große Damen als ehrenwerte Tätigkeiten, während die ersten Stufen der Flachsbearbeitung meistens den Mägden überlassen blieben. Die dreihundert adligen Frauen im ›Iwein‹, die in die Gewalt eines Riesen geraten und von ihm in ein Arbeitshaus gesperrt worden waren, mußten alle Arbeiten selber verrichten. »Viele von ihnen waren damit beschäftigt, alles das herzustellen, was man aus Seide und Goldfäden wirken konnte. Viele arbeiteten am Webrahmen, und deren Arbeit war nicht schimpflich. Die sich nicht darauf verstanden, sortierten die Fäden und wickelten sie auf; eine schlug den Flachs, eine brach ihn, eine hechelte ihn; die einen spannen, die anderen nähten.« Von dem jungen Hugdietrich wurde erzählt, daß er sich Zugang zu der (von ihrem Vater in einen Turm eingesperrten) Hildburg verschaffte, indem er sich als kunstfertige Frau verkleidete. Ein ganzes Jahr lang lernte er von einer Meisterin nähen, spinnen und vor allem die kunstvolle Seidenstickerei, das Entwerfen von figürlichen Mustern und die Ausschmückung mit Bändern und Borten (Wolfdietrich B 22, 2ff.). Manche Frauen haben es in dieser Kunst zu hohem Ansehen gebracht. Die um 1200 entstandene Lebensbeschreibung der Kaiserin Kunigunde († 1033) berichtete, daß die Kaiserin »in Grammatik und in anderen Wissenschaften ebenso erfahren war wie in der Fertigkeit, kirchliche Gewänder mit Gold und Edelsteinen zu verzieren«.

Literarische und künstlerische Ausbildung

Es war nicht ungewöhnlich, daß adlige Mädchen lesen und schreiben lernten; und in Verbindung damit haben nicht wenige Frauen auch elementare Kenntnisse im Lateinischen erworben, so daß sie imstande waren, den Psalter lateinisch zu lesen. Albert von Stade berichtete über Hildegard von Bingen († 1179), sie habe »nichts weiter gelernt als den Psalter, wie es bei adligen Mädchen üblich war«. Im Landrecht des ›Sachsenspiegels‹ wurde aufgezählt, was zum »Frauenerbe« *(rade)* gehörte: Haustiere, Schmuck und »Psalter und alle Bücher, die beim Gottesdienst gebraucht werden und in denen die Damen zu lesen pflegen«. Mit dem Psalter in der Hand haben die Künstler des 13. Jahrhunderts die adligen Frauen dargestellt, zum Beispiel die Gräfinnen Gerburg und Gepa im Westchor des Naumburger Doms; und so haben auch die Dichter sie geschildert. »Jede Nacht, bis es Tag wird, liest sie in ihrem Psalter.« »Sie trug einen Psalter in der Hand.« »Kniend las sie im Psalter.« Für die Minnesänger war die ständige Beschäftigung der Damen mit dem heiligen Buch eher ein störender Faktor. »Herzensgeliebte, meine Königin, willst du eine Betschwester – eine ›Psalterfrau‹ – sein?« Die kostbaren Psalterien, die aus der höfischen Zeit erhalten sind, waren wahrscheinlich zum größten Teil für Frauen bestimmt.

Eine höhere Bildung besaßen die Frauen nur im Hinblick auf die Laiengesellschaft. Von der gelehrten Bildung, die durch das Studium des Trivium und des Quadrivium erlangt wurde, waren sie fast gänzlich ausgeschlossen. Zwar hat es auch in den Nonnenklöstern Schulen gegeben, aber deren wissenschaftliches Niveau scheint im allgemeinen nicht sehr hoch gewesen zu sein. Offenbar waren die Lateinkenntnisse der Nonnen vielfach so gering, daß zu ihnen auf deutsch gepredigt wurde. Das hatte bedeutende Konsequenzen für die Ausbildung eines religiösen Schrifttums in der Volkssprache: Legenden, Gebete und Erbauungsbücher sind speziell für ein Frauenpublikum aus dem Lateinischen übersetzt worden. Die Äbtissin von Hohenburg, Herrad von Landsberg († nach 1196), die selbst hervorragend gebildet war, hat ihren ›Lustgarten‹ (Hortus deliciarum), der für die Unterweisung ihrer Nonnen bestimmt war, nicht nur mit vielen Bildern geschmückt, sondern hat den lateinischen Text außerdem mit über tausend Interlinearglossen, also mit Übersetzungen einzelner Wörter, versehen, weil sie offenbar mit Verständnisschwierigkeiten bei den Nonnen rechnete. Trotz dieser widrigen Umstände hat es immer wieder einzelne hochgebildete Frauen gegeben, nicht nur in den Klöstern, sondern auch unter den großen weltlichen Damen. Aus dem 10. Jahrhundert sind mehrere Mitglieder des sächsischen

Kaiserhauses zu nennen; aus dem 11. Jahrhundert die Kaiserinnen Gisela von Schwaben († 1043) und Agnes von Poitou († 1077). Im 12. Jahrhundert trifft man Frauen mit hoher Bildung auch an den weltlichen Fürstenhöfen. Die Königin Judith von Böhmen, eine Tochter des Landgrafen Ludwig I. von Thüringen († 1140), war nicht nur »durch Schönheit und Anmut« *(specie et decore)* ausgezeichnet, sondern war auch »in den Wissenschaften wie in der lateinischen Sprache sehr unterrichtet«, was – wie der Verfasser hinzufügte – »die Anmut adliger Fräulein ganz besonders erhöht«. Leider ist das historische Belegmaterial für Frauenbildung in Deutschland aus dieser Zeit noch nicht gesammelt worden. Die Ansicht von Vinzenz von Prag wurde übrigens nicht von allen geteilt. In dem französischen Lehrgedicht ›Urbain le courtois‹ gab ein Vater seinem Sohn den Rat: »Nimm keine Frau wegen ihrer Schönheit und keine, die literarisch gebildet ist.« Philippe de Novare, ein renommierter Jurist, ist dafür eingetreten, daß Frauen überhaupt nicht lesen und schreiben lernen sollten, weil sie diese Fähigkeiten nur dazu nutzten, gegen die Gebote der Keuschheit zu verstoßen. »Eine Frau soll man nicht im Lesen und Schreiben unterrichten, außer wenn sie eine Nonne werden will. Denn vom Lesen und Schreiben der Frauen ist manches Übel gekommen. Es gibt nämlich Männer, die es wagen, ihnen Briefe mit Dummheiten und Bitten in Form von Liedern oder Gedichten oder Erzählungen zu übergeben, zu schicken oder zuzuwerfen, was sie nicht mündlich zu bitten und zu sagen wagen würden und auch nicht durch Boten entbieten.« Auch wenn eine Frau keinerlei Neigung zum Bösen hätte, würde es dem Teufel doch gelingen, sie dazu zu bringen, diese Briefe zu lesen und zu beantworten. Dann aber würde »die Schwäche der natürlichen Beschaffenheit der Frau« dazu führen, daß sich daraus eine gefährliche Korrespondenz entwickelte. Mit dieser Auffassung scheint Philippe de Novare allerdings ziemlich alleine gestanden zu haben.

In enger Verbindung mit dem literarischen Unterricht stand die Ausbildung künstlerischer Fertigkeiten. Von einer höfischen Dame wurde erwartet, daß sie Saiteninstrumente spielen, singen und tanzen konnte. Auch das Schachspiel und die Vogelbeize gehörten zu den höfischen Künsten. Was die Dichter darüber erzählten, war meistens ganz ins Ideale stilisiert. Der Bericht Gottfrieds von Straßburg über die Erziehung der jungen Isolde läßt aber wenigstens erkennen, welche Einzelheiten des Bildungsganges als vorbildlich angesehen wurden. Die Prinzessin war zunächst von einem Hofkaplan der Königin unterrichtet worden; sie hatte Französisch und Lateinisch gelernt *(si kunde franzois und latîn)* und beherrschte verschiedene Saiteninstrumente. »Außerdem sang das begabte Mädchen lieblich und mit schöner Stimme.« Zur Vervollkommnung in diesen Fächern wurde die weitere Ausbildung einem kunstreichen Wanderlehrer (dem verkleideten Tristan) übertragen. Dieser legte im Literaturunterricht den Akzent auf angewandte Rhetorik und ließ die junge Dame Texte in Prosa und in Versen anfertigen. »Sie konnte Texte und Melodien für Liebeslieder verfassen und ihre Werke schön ausgestalten.« Im Musikunterricht wurden vor allem die modernen französischen Lied- und Melodienformen geübt, die sich beim höfischen Publikum offenbar besonderer Hochschätzung erfreuten. »Sie fiedelte ihre Tanzweisen, Lieder und fremdartigen Melodien, die fremdartiger nicht hätten sein können, im französischen Stil von Sens und Saint-Denis.« »Sie sang ihre Pastourelle, ihre ›Rotrouenge‹ und ihr Rondeau, Chanson, Refloit und Folate über alle Maßen wunderschön.«

Anstandsregeln

Einen wichtigen Teil der Erziehung bildeten die Anstandsregeln, denen das gesellschaftliche Verhalten der jungen Mädchen unterworfen war. Was dabei alles zu beachten war, ist den Anweisungen von Thomasin von Zirklaere zu entnehmen. »Eine Dame soll nicht mutwillig scherzen.« »Eine Dame soll einen fremden Mann nicht direkt ansehen.« »Eine junge Dame soll wohlgefällig und nicht zu laut sprechen.« »Der Anstand verbietet es allen Damen, beim Sitzen ein Bein übers andere zu schlagen.« »Eine Dame soll beim Gehen niemals zu stark auftreten oder zu große Schritte machen.« »Eine Dame soll sich beim Reiten nach vorne, zum Kopf des Pferdes, wenden und nicht ganz quer sitzen.« »Eine Dame soll beim Reiten nicht ihre Hand aus dem Kleid herausstrecken; sie soll Augen und Kopf stillhalten.« »Eine Dame, die auf Anstand achtet, soll nicht ohne Mantel ausgehen. Wenn sie kein Oberkleid anhat, soll sie ihren Mantel zusammenhalten. Es verstößt gegen die gute Sitte, wenn irgendein Teil ihres Körpers unbedeckt zu sehen ist.« »Sie soll beim Gehen nach vorne schauen und sich nicht viel umsehen.« »Eine junge Dame soll wenig sprechen, wenn man sie nicht fragt; eine erwachsene Dame soll auch nicht viel sprechen, besonders beim Essen.« Eine Dame soll nur kleinere Geschenke von ihrem Freund annehmen, Handschuhe, Spiegel, Fingerring, Brosche, Kranz und Blumen (1338ff.). »Keine sittsame Frau soll sich von einem Mann anfassen lassen, der nicht das Recht dazu hat.«

Noch weiter ins Detail gingen die Anweisungen im ›Chastoiement des dames‹ von Robert de Blois (Mitte 13. Jahrhundert), der seine Verhaltenslehren für adlige Frauen in 21 Punkte gegliedert hat. 1. Auf dem Weg zur Kirche sollte eine Dame »gemessenen Schritts« gehen, nicht zu langsam und nicht zu schnell; und sie sollte die Leute, die ihr begegneten, »freundlich grüßen« und sollte die Armen mit Gaben oder mit gütigen Worten erfreuen. 2. »Paßt auf und laßt keinen Mann seine Hand an euren Busen legen, außer dem, der das Recht dazu hat.« Nur dem Ehemann sollte das erlaubt sein. »Wenn er es will, laßt es willig geschehen, weil ihr ihm Gehorsam schuldet.« Deswegen wurden die Broschen erfunden, daß niemand eine Frau da anfaßte, wo es ihm nicht erlaubt war. 3. Ebenso sollte eine Dame niemandem erlauben, sie auf den Mund zu küssen, außer ihrem Ehemann. 4. Eine Dame sollte ihre Augen hüten und »soll keinen Mann wiederholt anblicken«. Er würde sonst glauben, »es geschehe aus Liebe«. 5. »Wenn jemand euch um eure Liebe bittet, paßt auf, daß ihr euch nicht damit rühmt.« Sich der Liebe zu rühmen, wäre eine »Dörperheit«.

6. Eine Dame setzte sich dem Tadel aus, wenn sie zuviel von ihrem Körper sehen ließ. »Manche zeigen offen ihre Brüste, damit man sieht, wie weiß ihre Haut ist. Eine andere läßt willentlich an der Seite ihren Körper sehen. Eine andere entblößt ihre Beine zu weit.« Die Frau, die so auftrat, nannte man eine Dirne. Was eine Dame sehen lassen durfte, waren »ihre weiße Kehle, ihr weißer Hals, ihr weißes Gesicht, ihre weißen Hände«: daran konnte man erkennen, »daß sie schön ist unter ihren Gewändern«. 7. Eine Dame, die auf ihren Ruf hielt, sollte keine Geschenke von einem Mann annehmen. Denn solche Geschenke »kosten ihre Ehre«. Nur Verwandte durften ihr kleine Geschenke machen, »einen schönen Gürtel oder ein schönes Messer, eine Almosentasche, eine Schnalle oder einen Ring«. 8. »Vor allem will ich euch warnen, ihr Damen, daß ihr nicht streitet.« Eine Dame, die zankte und schalt, verdiente nicht mehr den Namen einer Dame. Ihr »fehlen Verstand und courtoisie«. 9. Eine Dame sollte nicht schwören; sie sollte nicht zu viel trinken und nicht zu viel essen. Denn »es gibt keine größere Dörperheit für eine Dame als Gefräßigkeit«. »Höfischheit, Schönheit, Klugheit kann keine Dame besitzen, die betrunken ist.« 10. Wenn ein mächtiger Herr sie grüßte, sollte eine Dame den Schleier heben und ihm antworten. Überhaupt brauchte eine Frau nur dann verschleiert zu sein, wenn sie zur Kirche ging oder durch die Straßen ritt. Eine häßliche Frau würde oft einen Schleier tragen, eine schöne nicht. 11. »Eine Dame, die eine blasse Farbe hat oder keinen guten Geruch«, sollte etwas dagegen tun. Guter Wein belebte die Farbe, und gegen schlechten Atem half es, wenn »ihr oft am Morgen Anis, Fenchel und Kümmel eßt«. 12. In der Kirche mußte eine Frau besonders auf ihr Benehmen achten, weil sie dort von vielen beobachtet wurde. »Wie man über euch in der Kirche urteilt, gut oder schlecht, so wird man immer urteilen.« »Vor zu viel lachen, vor zu viel reden soll man sich in der Kirche hüten.« 13. Bei der Lesung des Evangeliums sollte man sich erheben; am Anfang und am Schluß sollte eine Dame sich »höfisch bekreuzigen«. 14. Wenn der Gottesdienst beendet war, sollte eine Dame erst die Menge der Leute hinausgehen lassen. 15. »Wenn

ihr eine gute Singstimme habt, so singt frei heraus. Schöner Gesang, am rechten Ort zur rechten Zeit, ist eine sehr wohlgefällige Sache.« Man sollte aber in Gesellschaft nicht zu viel singen, denn »schöner Gesang langweilt oft«. Eine Dame sollte ihre Hände pflegen. »Schneidet häufig die Fingernägel.« Denn »Gepflegtheit und Sauberkeit sind viel wertvoller als Schönheit«. 17. Beim Essen sollte eine Dame nicht zu viel lachen und nicht zu viel sprechen. Wenn sie mit jemand anders speiste, sollte sie diesem die besten Stücke vorlegen. Sie sollte keine zu großen und keine zu heißen Stücke in den Mund stecken. »Jedesmal wenn ihr trinkt, wischt euren Mund gut ab, damit der Wein nicht fettig wird.« Eine Dame sollte nicht ihre Nase oder ihre Augen am Tischtuch abwischen, und sie sollte nicht zu viel essen, wenn sie zu Gast war. 18. »Niemand wird eine Dame lieben oder ihr dienen, die oft lügt.« 19.–21. »Manch eine Dame ist so bestürzt, wenn man sie um ihre Liebe bittet, daß sie nichts zu antworten weiß.« Das war nicht gut; denn man glaubte dann, sie wäre leicht zu erobern. Wenn ein Mann zu einer Dame sagte: »Herrin, eure Schönheit macht, daß ich mich Tag und Nacht nach euch sehne«, und wenn er ihr seinen Liebesschmerz schilderte, dann sollte sie antworten: »Ich liebe den, den ich lieben soll, dem ich meine Treue versprochen habe, meine Liebe, mein Herz und meine Dienstbereitschaft, nach den Gesetzen der heiligen Kirche.« Sie konnte auch sagen, daß sie dem Werber verzeihen würde, wenn er nie wieder so zu ihr spräche. Das sollte sie aber nicht lachend sagen, sondern in vollem Ernst.

Manche Didaktiker haben zugestanden, daß es nicht einfach war für eine junge Dame, allen diesen Verboten, die ihr gesellschaftliches Verhalten einengten und sie auf eine passive Rolle festlegten, Rechnung zu tragen. Redete sie, so sagte man, »sie redet zu viel«; schwieg sie, so sagte man, »sie weiß die Leute nicht anzusprechen. Daher weiß eine Dame manchmal nicht, was tun.« Sie sollte in allem das richtige Maß wahren und sich in ihren Gebärden und Reden größte Zurückhaltung auferlegen; »denn schöne Gebärden und gute Rede krönen die Handlungsweise einer Frau«.

Tugendlehre

In der adligen Mädchenerziehung nahm die Tugendlehre breiten Raum ein. Die Frau sollte ihr ganzes Leben den Normen des sittlichen Handelns unterwerfen und sollte sich auszeichnen durch »ihre hohe Moral, ihre Keuschheit, ihre guten Taten, ihre Aufrichtigkeit und ihre Beständigkeit, ihre Preiswürdigkeit und ihre Höfischheit, ihren guten Ruf, ihre Vornehmheit und ihre Tugend«. Das weibliche Tugendideal umfaßte alle sittlichen Werte, die auch für den höfischen Ritter verbindlich waren. Aber die Akzente wurden verschieden gesetzt. Für die Frauen bestand tugendhaftes Verhalten vor allen Dingen in der Reinerhaltung ihres guten Rufs, der sich fast ausschließlich nach ihrem sexuellen Verhalten bemaß. Schamhaftigkeit, Keuschheit, Reinheit standen in den Tugendkatalogen für Frauen obenan, gefolgt von Werten eines eher passiven Verhaltens: Sanftmütigkeit, Bescheidenheit, Barmherzigkeit, Güte und Demut. Thomasin von Zirklaere hat an einer Stelle Männertugenden und Frauentugenden einander gegenübergestellt. »Falschheit« *(valsch)* war für jeden schädlich; aber »eine Dame soll sich noch mehr vor Falschheit bewahren als ein Mann«. Jeder sollte »freigebig« *(milte)* sein, auch die Frauen. »Dennoch ziemt Freigebigkeit den Rittern mehr als den Damen.« »Demut« *(diemüete)* zierte Männer und Frauen. »Aber den Damen steht Demut besser an.« »Tapferkeit« *(vrümkeit)* war eine Männertugend; »Aufrichtigkeit und Wahrheit« *(triuwe und wârheit)* waren Frauentugenden. Der Ritter sollte sich vor »Geiz« *(arc)* hüten; »eine Dame soll vor Unbeständigkeit, Unaufrichtigkeit und Hoffart behütet sein, das ist gut. Wenn sie diese Tugenden nicht besitzt, so ist ihre Schönheit nichts wert.«

Philippe de Novare hat an den Anfang seiner Tugendlehre für Frauen die Forderung gestellt, die jungen Mädchen müßten lernen, gehorsam zu sein, »weil nämlich unser Herrgott bestimmt hat, daß die Frau immer in Untertänigkeit und Abhängigkeit sei«. Deswegen »soll sie in ihrer Jugend denen gehorchen, die sie ernähren; und wenn sie verheiratet ist, soll sie ihrem Mann gehorchen als ihrem Herrn«. Auch der französische Autor hat betont, daß manche Tugenden für Frauen einen anderen Wert besäßen als für Männer. Freigebigkeit war nichts für Frauen. Junge Mädchen brauchten keine Geschenke zu machen, und für die verheiratete Frau stellte sich die Sache so: »Wenn sie freigebig ist und ihr Mann ist freigebig, dann wird ihnen nichts bleiben. Wenn aber ihr Mann geizig ist und sie ist freigebig, dann macht sie ihrem Herrn Schande.« Daraus folgerte der Autor: »Eine Frau soll nicht freigebig sein.« Nur das Almosenspenden sollte ihr erlaubt sein. Nach Philippe de Novare hatten es die Frauen einfacher als die Männer. Der Mann mußte nämlich eine Reihe von Tugenden besitzen, er sollte »höfisch, freigebig, tapfer und klug« sein. Dagegen beschränkte sich die Vorbildlichkeit einer Frau im Grunde auf einen einzigen Punkt: »Wenn sie als anständige Frau ihren Körper bewahrt, dann bleiben alle ihre sonstigen Fehler verborgen, und sie kann immer mit erhobenem Kopf gehen.«

Nach Thomasin von Zirklaere besaßen die moralischen Qualitäten für Frauen einen höheren Rang als die intellektuellen. Eine Frau brauchte nur so viel Verstand, um »höfisch und gesittet« *(hüfsch unde gevuoc)* zu sein. »Wenn sie mehr Verstand hat, soll sie den Anstand und die Weisheit besitzen, nicht zu zeigen, wieviel Verstand sie hat. Man will sie nicht als Herrscherin haben. Ein Mann soll in vielen Wissenschaften bewandert sein. Die Erziehung einer vornehmen Dame schreibt vor, daß eine Edelfrau, die anständig und von guter Abstammung ist, nicht zu viel Klugheit besitzt. Einfältigkeit steht den Damen gut an.« Ähnliche Gedanken begegnen, in Verbindung mit der (schon im Alten Testament dokumentierten) Vorstellung, daß die Frau ihren Platz im Haushalt haben sollte, in einem Gedicht des Teichners (Mitte 14. Jahrhundert): »Es ist unnötig, daß eine Frau viel reden kann. Wozu soll sie reden können? Wenn sie für das Ansehen des Hauses sorgt und wenn sie das Paternoster kann und wenn sie die Bediensteten tadelt und zu rechtem Benehmen anhält, dann versteht sie genug vom Reden, so daß es keiner Disputationskunst bedarf aus den sieben hohen Künsten.«

Die moralische Unterweisung der adligen Mädchen wird hauptsächlich in den Händen von Geistlichen oder von geistlich Gebildeten gelegen haben. Nicht nur in ihrer Jugend, auch später dürften die meisten adligen Frauen mehr und engeren Umgang mit Geistlichen gehabt haben als ihre Männer. Man wird damit rechnen können – auch wenn das historisch schwer zu belegen ist –, daß die kirchlichen Lehren für das Selbstverständnis der Frauen von größerer Bedeutung waren und daß die Frauen sich mehr als die Männer bemüht haben, den sittlichen Forderungen, die an sie herangetragen wurden, gerecht zu werden, schon weil sie daran gemessen wurden und weil ihr Ansehen in der Gesellschaft weitgehend an ihren guten Ruf gebunden war.

Edith Ennen
Die Frau in der mittelalterlichen Stadtgesellschaft

Wir verfügen heute über ausführliche Nachrichten über die Betätigung der Frau in der mittelalterlichen Stadtwirtschaft und über ihre soziale Stellung in der Stadt. Dabei macht es aber einen großen Unterschied, mit was für einer Stadt wir es jeweils zu tun haben, ob mit einer Großstadt, Mittelstadt oder Kleinstadt, ob mit einer transalpinen oder cisalpinen Stadt, ob mit einer Großstadt, die in erster Linie Handelsstadt war oder mit einer, in der es neben der Handelstätigkeit ihrer Bürger ein ausgebildetes Exportgewerbe gab. Auch der Quellenstand ist bei großen und mittleren Städten im allgemeinen günstiger als bei Kleinstädten, er informiert sehr ungleichmäßig über die sozialen Schichten, besser über Patriziat und Handwerker als über die Unterschichten. Außer den jeweiligen wirtschaftlichen Rahmenbedingungen müssen wir auch die rechtlichen Vorschriften in jedem Einzelfall kennen. [...]

Für die Kölner Geschlechter ist typisch ihre Langlebigkeit. Die alten Geschlechter waren durch die Ereignisse von 1396 [innere Kämpfe, die mit dem Verbundbrief, der lange Zeit maßgebenden Verfassungsurkunde der Stadt, beigelegt wurden] nicht ganz ausgeschaltet, sie beherrschen noch das Schöffenkolleg, bis auch hier ein Wandel eintrat, der einen sozusagen frühneuzeitlichen Charakter trägt; das Schöffenamt verlor seine ständische Bindung und wurde ein akademischer, allein Juristen zugänglicher Beruf. Die Kölner Mittelschicht teilt Irsigler im Anschluß an eine von Maschke vorgeschlagene Unterscheidung in eine obere, vorwiegend kaufmännische und eine untere, mehr handwerklich-zünftische ein. Es gibt breite Übergangsbereiche, im 15. Jahrhundert auch zur Oberschicht. Es gab reiche und arme Zünfte und eine fühlbare soziale Differenzierung innerhalb der einzelnen Zünfte, die durch den Zusammenhalt in der Zunft als Gruppe etwas ausgeglichen worden sein mag. Zur breiten unteren Mittelschicht gehörten auch die Krämer, die Altwarenhändler, die Handels- und Verkehrsarbeiter, Akziseeinnehmer, Unterkäufer, die Boten usw. Die größten Gruppen der Unterschicht stellen Handwerksgesellen, Lohnarbeiter, Knechte und Mägde. Ganz unten standen dann Arme, Bettler, Dirnen, Spielleute und fahrendes Volk. 1403 wurden in Köln etwa 1400 Bedürftige gezählt.

So sah – kurz skizziert – die Gesellschaft aus, in der sich die Frauen Kölns in staunenerregender Weise wirtschaftlich profiliert haben. Allerdings nur wirtschaftlich – an den Revolutionen, Unruhen, Kriegen, politischen Auseinandersetzungen haben sie keinen nachweisbaren Anteil genommen. Sie machen auch nicht das ganz große Geld. Frau Wensky hat die reichen Bestände des Stadtarchivs Köln mit modernen Methoden ausgewertet und eine zuverlässige Darstellung der Stellung der Frau im Kölner Handel und Gewerbe gegeben. Die hohe Rechtsfähigkeit der Frauen bot eine Voraussetzung dafür, daß sie in den Zünften zu Meisterwürden aufsteigen konnten. Es gab kaum Wirtschaftszweige, in denen sie nicht zu finden waren. Nur Schneider, Harnischmacher und Tuchscherer legten Frauen Arbeitsbeschränkungen auf und auch das nur zeit- bzw. teilweise. Die Frauen dominierten als Garnmacherinnen, Goldspinnerinnen und im Seidengewerbe.

»Coelsch garn, fil de Cologne« war ein Kölner Markenartikel, ein leinener, meist blau gefärbter Zwirn, beliebt wegen seiner Appretur und Farbenechtheit. Die Appretur des von den Garnzwirnern gezwirnten Leinengarns wurde in Köln von den Garnmacherinnen besorgt, die eine wohl schon vor 1397 bestehende Zunft bildeten. Eine Amtsordnung, Vorstufe zum Zunftbrief, setzt als Arbeitszeit fest: Arbeitsbeginn nicht vor Tagesanbruch, Arbeitsschluß nicht nach acht Uhr abends, damit die Qualität der Arbeit nicht durch schlechte Beleuchtung leide. Der 1397 bestätigte Amtsbrief setzt die Lehrzeit auf vier Jahre fest, die Lehrfrau durfte einmal gewechselt werden, jede neue »leirmeit« mußte innerhalb von acht Tagen dem Garnamt gemeldet und in das Lehrtochterbuch eingetragen werden. Hatte die Lehrtochter ausgelernt, mußten die Amtsmeister ihr Werk beschauen, »of dat koufmansgoit si of nit«;

wurde es für gut befunden, konnte die Lehrtochter gegen Zahlung einer Gebühr von 2 Gulden sich zu Hause eine eigene Werkstätte einrichten. Leibliche Töchter von Garnmacherinnen zahlten die halbe Eintrittsgebühr. Jede Lehrfrau durfte aber nur einer Tochter zum selbständigen Gewerbebetrieb verhelfen und auch nur mit einer finanziellen Unterstützung, keineswegs mit Garn. Die Zunft sollte offen bleiben. Andere Bestimmungen dienten zur Erhaltung der Konkurrenzfähigkeit der Betriebe untereinander, zur Verhinderung eines Verlagssystems. Die Garnmacherinnen bildeten ein Witwerrecht aus, der Witwer durfte das Gewerbe weiterführen, solange er sich nicht mit einer Frau zusammentat, die dem Amt nicht angehörte. Amtsmeister und Amtsmeisterinnen mußten nach ihrer Wahl einen Diensteid ablegen. Die Gewerbeaufsicht übten vom Rat betraute »Herren zu den Garnmacherinnen« aus. Mit den Garnzwirnern, die um Lohn das Garn auf Rädern, d.h. auf Zwirnmühlen zwirnten, gerieten die Garnmacherinnen wiederholt in Tarifauseinandersetzungen, und zwar seit 1373, als die Garnräder, die vorher Privatbesitz waren, in städtischen Besitz übergingen und auf jeweils 10 Jahre verpachtet wurden. Unter den zunächst acht Kölnern, die insgesamt 12 Räder in Pacht hatten, war auch eine Frau. Unter 14 namentlich bekannten Garnradpächtern der ersten Hälfte des 15. Jahrhunderts waren fünf Frauen. 1498 verbot der Rat, die Räder bei Tag und Nacht mit Pferden zu betreiben; es handelt sich dabei offensichtlich um große, durch Göpel angetriebene Vielspindelmaschinen; einen solchen Fortschritt wollte der Rat nicht, er bestand auf dem alten Herkommen, vielleicht auch aus arbeitsmarktpolitischen Gründen. Wie bei anderen Kölner Textilgewerben betrieben die Ehemänner oft den Absatz, den Garnhandel; die im Garngewerbe tätigen Frauen waren nämlich vielfach Ehefrauen, keine alleinstehenden Frauen. An der städtischen Anleihe von 1418 beteiligte sich eine Garnmacherin mit 50 Gulden. Größere Vermögen waren in diesem Gewerbe im allgemeinen nicht zu gewinnen.

Die Goldspinnerei war in Köln von Anfang an Frauenarbeit. Die Goldspinnerinnen waren mit einem Teil der Goldschläger zu einer Zunft vereinigt. Blattgold und -silber brauchten die Kölner Künstler in der Malerei, im Möbel-, Leder- und Buchgewerbe, die Fäden gingen in die Brokate, in die kirchlichen Gewänder, die Stickereien.

Ausschließlich Frauenarbeit war zunächst die Seidenstickerei. In der Wappenstickerzunft – seit 1397 – waren Männer und Frauen gleichberechtigt. Erzeugnisse von Kölner Borten haben sich bis heute auf kirchlichen Gewändern erhalten. Die Seidmacherinnen erhielten ihren ersten Amtsbrief 1437. Er ist auf ihren ausdrücklichen Wunsch erlassen worden, weil sie sich durch neue Einfälle – technische Neuerungen? – in ihrer Existenz bedroht sahen. Bis 1506 folgten noch drei weitere Amtsbriefe und zwei Transfixbriefe. Die Lehrzeit betrug im allgemeinen auch hier vier Jahre. Die Lehrmeisterin durfte einmal mit Zustimmung der Zunft gewechselt werden. Eheliche Geburt war keine Voraussetzung der Aufnahme in die Zunft. Die Hauptseidmacherin, die »heuftvrauwe«, hatte ihre Werkstatt im eigenen Haus, wo sie eigene Töchter und fremde junge Mädchen ausbildete; auch die fremden Lehrtöchter wohnten bei ihr und waren bei ihr in Kost. Jede heuftvrauwe durfte vier Lehrtöchter halten, eigene Kinder nicht eingerechnet. Ein Zunftzwang ist nicht ausdrücklich verfügt worden, hat aber wohl praktisch bestanden. Die Hauptseidmacherinnen wählten jährlich zwei Frauen zu Zunftmeisterinnen und zwei Männer zu Zunftmeistern. Eheleute durften nicht gleichzeitig Zunftmeister sein. Voraussetzung für die Wählbarkeit war eheliche Geburt. Der Zunftvorstand kam alle 14 Tage zusammen, um die Zunftangelegenheiten zu besprechen, da die Zunft kein eigenes Amtshaus besaß im Haus eines der amtierenden Zunftmeister oder einer Zunftmeisterin. Jeder Anwesende erhielt ein Präsenzgeld, und es wurde ein Imbiß – Brot, Wein, Äpfel – gereicht. Der Zunftvorstand konnte Verstöße gegen die Amtsordnung mit Bußgeldern ahnden. Die Seidmacherinnen sind überwiegend Ehefrauen. Doch hier besorgen häufig die Ehemänner den Absatz der Produktion. Einige Seidmacherinnen waren selbst als Verleger tätig. Zwischen 1437 und 1504 haben 116 Seidmacherinnen einen Gewerbebetrieb unterhalten. Im

Schnitt erwarben jedes Jahr eine bis zwei Frauen das Amt als Meisterin und wurden im Jahr jeweils 12 Lehrmädchen aufgenommen. Die Seidmacherinnen betrieben ihr Gewerbe durchschnittlich 17 Jahre. Nach der Frequenz der Lehrtöchteraufnahmen teilt Wensky die Seidmacherbetriebe in mehrere Kategorien ein: in grössere, kleinere und in nur unregelmässig geführte Betriebe. Unter den Seidmacherinnen, die pro Jahr mindestens eine neue Lehrtochter aufnahmen, d.h. wohl immer über vier Lehrtöchter gleichzeitig verfügten, waren einige besonders tüchtig und erfolgreich, z.B. Grietgen van Berchem, Tryngen Loubach und Fygen Lutzenkirchen. Grietgen van Berchem war Seidmacherin von 1469–1476 und bildete zehn Lehrmädchen aus. Sie war verheiratet mit Jakob van Berchem, der zu einer u.a. im Weinhandel tätigen Kölner Familie gehörte. Er trat auch als Rohseidenimporteur auf und besass das Recht zum Gewandschnitt. Grietgen wurde 1474, ihr Mann 1478 in den Zunftvorstand gewählt. Tryngen Loubach entstammte einer Seidenweberfamilie; ihre Mutter war die Seidmacherin Niesgin Wyerdt (aus Solingen), die in Köln das Seidebereiten gelernt hatte und mit Mertyn Neven, einem erfolgreichen Kölner Kaufmann, Seidenhändler und Ratsherrn, verheiratet war. Tryngens Mann Conrad Loubach war auch als Rohseidenimporteur tätig. Fygen Lutzenkirchen wurde 1474 Hauptseidmacherin und nahm bis 1497 insgesamt 25 Lehrtöchter auf. Ihr Ehemann Peter Lutzenkirchen war ein bedeutender Kölner Kaufmann; er war Mitglied der Gaffel Wollenamt, Faktor mehrerer oberdeutscher Handelshäuser, der Ravensburger Handelsgesellschaft sowie der Vöhlin-Welser-Gesellschaft. Er bezog über die Ravensburger Seide aus Valencia, als Gegengut lieferte er Kölner Goldgespinste, die für Genua und Venedig bestimmt waren. Er sass mehrmals im Rat. Fygen war öfters im Vorstand des Amtes. Mit einigen Unterbrechungen sass das Ehepaar abwechselnd 18 Jahre lang im Zunftvorstand. Peter Lutzenkirchen besuchte die Brabanter Messen in Bergen op Zoom, in Antwerpen und die Frankfurter Messe. Seine Frau scheint sich an den Handelsgeschäften ihres Mannes beteiligt zu haben. Sie hat sich auch im Weingeschäft betätigt. Mit dem Tod ihres

Mannes hat sie anscheinend ihren Betrieb eingestellt, vielleicht hat sie die Seidenweberei ihrer Tochter Lysbeth überlassen, die 1496 als Hauptseidmacherin zugelassen wurde. Das Ehepaar Fygen und Peter Lutzenkirchen muß sehr vermögend gewesen sein; sie besaßen mehrere Häuser. Wir sehen, die Seidamtsfamilien sind untereinander verwandt, Handel der Ehemänner und Gewerbe der Frauen ergänzen sich.

Die Lehrtöchter entstammten im 15./16. Jahrhundert der gleichen sozialen Schicht wie die Lehrfrauen. 10 Prozent der eingeschriebenen Lehrtöchter waren Kinder von Seidamtsangehörigen, dazu kam ein großer Prozentsatz von Kaufmannstöchtern; auch Rohseidenimporteure gaben ihre Töchter zu Seidmacherinnen in die Lehre. Auch von auswärts kommende Mädchen wurden aufgenommen; ihre Herkunftsorte spiegeln Kölner Handelsbeziehungen wider. Eine eigene Zunft bildeten, wie Wensky jetzt einwandfrei feststellte, die Seidspinnerinnen. Die Seidenspinnerei litt unter der Konkurrenz der Klöster und Konvente und stand unter dem unternehmerischen Druck der durchweg reicheren Seidmacherinnen, denen auch die kostspieligen Rohstoffe gehörten; bezeichnend sind die wiederholten Ratsverbote der Entlohnung nach dem Trucksystem.

Es gab auch bedeutende Kölner Kauffrauen, auch sie meist Ehefrauen, die auf eigenverantwortlicher Gewinn- und Verlustbasis tätig waren.

Der Anteil der Frauen am Kölner Gewürzimport lag 1460/68, je nach Gewürz verschieden, zwischen 1,2 und 19,6 Prozent. Auch im Handel mit Metallen und Metallwaren fällt der Frauenanteil ins Gewicht. Unter den Messinghändlern machten fünf Frauen 14 Prozent der Importeure aus und bestritten 19,2 Prozent der Messingeinfuhren, für die 1452–80 Akzise gestundet wurde. Für den Zeitraum von 1452 bis 1459 beträgt der Frauenanteil 30,3 Prozent. Der Stahlimport der Cathringen Broelmann (1497–1501, 1506–1509) stand mit einem Marktanteil von 19,8 Prozent nur geringfügig dem des größten Stahlimporteurs Gerhard Betgin mit 22 Prozent nach. Hohen Anteil an den Importen der Metalle und Metallwaren haben oft Handwerkerfrauen, die für ihre Ehemänner die

Rohstoffe besorgten. Es ergibt sich also eine Arbeitsteilung in dem Sinne, daß die kaufmännischen Aktivitäten den Frauen, denen das Schmiedehandwerk kaum praktische Arbeitsmöglichkeiten bot, obliegen, die in anderen Gewerbezweigen (Garnbereitung, Goldspinnerei, Seidengewerbe) den Männern zufielen, während die Frauen das Handwerk ausübten. Beträchtlich war der Anteil der Frauen am Gewandschnitt. Unter den sieben Frauen, die für mehr als 100 Tuche Akzise zahlten, sind fünf Nachfolgerinnen ihrer Ehemänner; Stina van Waveren hat über 20 Jahre lang den Tuchhandel ihres Mannes Wilhelm auf voller Höhe unterhalten; ihr durchschnittlicher Anteil am Kölner Gewandschnitt lag bei 19,2 Prozent im Jahr; sie war auch im Weinhandel tätig. Doppelberufe sind – wie im Mittelalter allgemein – oft festzustellen. Die Weinhändlerinnen waren zu einem großen Prozentsatz – bis zu 40 Prozent – Mitglieder von Ratsfamilien. Ein Überblick über die Organisationsformen der weiblichen Handelstätigkeit belegt häufig Beteiligungen an Handelsgesellschaften, Handelsreisen – allerdings mit engerem Reisehorizont als dem der Männer – und eine der männlichen ebenbürtige Führung von Rechnungs- und Haushaltungsbüchern. Grietgen van der Burg, Kauffrau in den verschiedensten Handelssparten, besaß um 1487/92 im guten Viertel St. Alban 13 Häuser.

Die Selbständigkeit, der geschäftliche Erfolg der Kölner Frauen in Handel und Gewerbe dürfte in diesem Umfang fast ohne Parallele sein. Parallelen gibt es meist nur für einzelne Gewerbezweige: z.B. für die Goldspinnerinnen in *Nürnberg*. Nürnbergs patrizische Stadtverfassung kennt keine Zünfte, nur geschworene Handwerke; 1597 erreichen die Goldspinnerinnen diesen Status. Eine Reihe von Städten bieten Parallelen für das Seidengewerbe. In *Zürich* gibt es eine Zunft der Seidenweberinnen. Sie arbeiten nicht nur für Verleger – die Abhängigkeit des Züricher Seidengewerbes von patrizischen Kaufleuten war groß –, sondern auch auf eigene Kosten. In Zürich waren die Hilfsgewerbe der Winderinnen (Spulerinnen), Zwickerinnen und Zettlerinnen von den Seidenweberinnen abhängig. In *London* dominierten im Seidengewerbe die Frauen. Sie nahmen

Lehrlinge an und stellten Lehrbriefe aus. Sie, d.h. silkwomen and throwstres (Seidenweberinnen und Seidenspinnerinnen), wandten sich 1368 und 1455 an die Krone gegen fremden Wettbewerb, vor allem der Lombarden. Sie stammten aus guten Familien. Eine Gilde der Seidenweberinnen scheint aber nicht existiert zu haben.

Ein Gegenstück zu Köln ist *Paris*. Schon Etienne de Boileau schildert in seinem undatierten ›Livre des métiers‹, das nach 1252 und vor 1271 entstand, die dominierende Bedeutung der Frauen im Seidengewerbe. Höppner konnte für Paris sechs reine Frauenzünfte nachweisen, alle im Seidengewerbe: die Seidenspinnerinnen mit großen, die Seidenspinnerinnen mit kleinen Spindeln, die Seidenwirkerinnen, die Wirkerinnen von seidenen Hauben und Mützen für Damen, die Hutmacherinnen, die Seidenhüte mit Goldstickereien für Damen anfertigten, die Börsenmacherinnen, die seidene Geldbeutelchen für Damen herstellten. Bei den Seidenspinnerinnen fungierten zwei Männer, wohl Ehemänner von Meisterinnen, als Geschworene; sie übten die Gewerbeaufsicht aus, aber ohne richterliche Kompetenz. Jede Meisterin konnte zwei bis drei weibliche Lehrlinge halten, die Lehrzeit dauerte sieben Jahre. Einige kapitalkräftige Spinnerinnen verarbeiteten eigene Rohseide zu Seidengarn, das sie selbst in den Handel brachten. Viele arbeiteten für Verleger; in Paris waren das – anders als in Köln – die Kurzwarenhändler (merciers). Sie lieferten die Rohseide und nahmen die fertig gezwirnte Seide ab. Den Spinnerinnen wurden oft Betrügereien vorgeworfen. Unter den im Seidengewerbe tätigen Frauen waren sie am schlechtesten gestellt. Die Zunft der Seidenwirkerinnen ging um 1450 ein; es kam zur Neubildung einer Seidenweberzunft, in der Männer und Frauen gleichberechtigt waren. Die übrigen Frauenzünfte des Seidengewerbes galten ausgesprochenen Modeberufen. In der Zunft der Wirkerinnen von kleinen Mützen und Hauben wurden die Ämter der drei Geschworenen nur mit Meisterfrauen besetzt; das war eine Ausnahme, im übrigen waren Männer oder Männer und Frauen Geschworene. Die Mützenmacherinnen durften ein Lehrmädchen annehmen und dazu noch ein Familienmitglied anlernen. Die Lehrzeit betrug entweder sieben Jahre mit oder acht Jahre ohne Lehrgeld. Die Männer besorgten hier nur den Absatz; die Mützenmacherinnen waren in der Regel selbständig, aber nicht reich. Ihr Verdienst entsprach dem männlicher Handwerker. Bei den Seidenhutmacherinnen betrieben die Ehemänner Einkauf und Absatz und lieferten Kapital. Die Blütezeit dieses Gewerbes war die Zeit um 1300; im 14. Jahrhundert ging die Zunft ein. Die Börsenmacherinnen fertigten Almosenbeutel und kleine Geldtaschen an. 1299 legten 124 meist verheiratete Frauen dieses Gewerbezweiges ihre ersten Statuten vor und ließen sie eintragen. Die Lehrzeit betrug zehn Jahre, konnte aber durch Zahlungen bis auf sechs Jahre verringert werden. Die selbständigen, auf eigene Rechnung arbeitenden Meisterinnen beschäftigten auch außerhalb der Stadt wohnende Heimarbeiterinnen. Die Lehrmädchen wurden nach der vorgeschriebenen Zeit ohne Meisterprüfung und Gebühren Vollgenossinnen der Zunft. In vielen anderen Zünften waren Frauen vollberechtigte Genossinnen, so in den Zünften der Bortenmacher, Bändermacher, Sticker und Kurzwarenhändler. Bei den Seidentuchmachern hatten sie nur das Witwenrecht. Vollberechtigt waren sie bei den Flachs- und Hanfhändlern, den Garnspinnern, Leinenwebern, Verfertigern von kurzen Leinenhosen, Filzhutmachern, Hutfütterern, Händlern mit Trödelwaren. Dagegen besaßen sie bei den Wollwebern, Walkern, Färbern, Kleidermachern und Strumpfwirkern nur eine beschränkte Berechtigung als Witwen. Verboten war ihnen die Anfertigung von sarazenischen Teppichen. Auch im Leder-, Metall- und Nahrungsmittelgewerbe standen ihnen manche Berufe offen; verboten waren ihnen die Schlächterei und die Getreidemesserei. Als Chirurgen, Barbiere und Bader waren sie vollberechtigt, als Arzneihändler beschränkt berechtigt. Nicht erwähnt werden Frauen bei den Gerbern, Schustern, Sattlern, Tischlern, Zimmerleuten, Dachdeckern, Goldschmieden und -schlägern, Bildhauern, Müllern, Getreidehändlern, Fischern und Schmieden. Höppner betont, daß unter den gewerblich tätigen Frauen verheiratete im gleichen Ausmaß beteiligt waren wie ledige.

Daß die Frauen eine vollberufliche Tätigkeit in eigenen Werkstätten gerade im Seidengewerbe ausüben konnten – die genannten Städte sind die wichtigsten Seidenplätze diesseits der Alpen, die Domäne dieses Gewerbes lag in Italien – hat seine Gründe, sie dürften vor allem in der Fingerfertigkeit der Frau gelegen haben; rauhe Männerhände eigneten sich da weniger.

Interessant ist aber nun, daß die Frauen sich nicht nur als Hilfskräfte in einem vom Mann geleiteten Betrieb finden lassen, sondern häufig ihre eigenen Werkstätten haben. Auch gilt die besondere Eignung für die Seidenverarbeitung ja nicht für die Kauffrau. Viele vollberuflich tätigen Kölner Ehefrauen kamen aus guten Familien, waren gut verheiratet – hatten sie es nötig, Geld zu verdienen? Hier wird die wichtige Frage der wirtschaftlichen Position vor allem der mittleren Schichten angesprochen. Daß alleinstehende Frauen oft nur als Hökerin, Wäscherin, Magd usw. der blanken Not entgehen, das Existenzminimum bestenfalls gewinnen konnten, also der Unterschicht zuzurechnen sind, dürfte feststehen. Die kürzlich von Ulf Dirlmeier vorgelegten ›Untersuchungen zu Einkommensverhältnissen und Lebenshaltungskosten in oberdeutschen Städten des Spätmittelalters‹ bringen Beweise dafür, daß noch in der unteren Mittelschicht, also auch bei Handwerkern, bescheidene Verhältnisse geherrscht haben. Dirlmeier weist dabei auch auf die Bedeutung der Mitarbeit bzw. des eigenen Verdienstes von Familienmitgliedern hin. In Köln hat sich die Berufstätigkeit der Ehefrau offensichtlich nicht auf Unterschicht und untere Mittelschicht beschränkt. Die Kölner Verhältnisse legen vielmehr die Vermutung nahe, daß die selbständig als Handwerksmeisterin und Kauffrau tätige Ehefrau Familien der Mittelschicht insgesamt einen mehr oder minder großen Anteil am hohen Lebensstandard des Spätmittelalters gewährte. Das reiche Warenangebot vor allem eines großstädtischen Marktes wie Köln für die Küche, den Kleider- und Wäscheschrank, den Schmuckkasten der Frau, für die Ausstattung der Wohnung mit Geschirr und Möbeln war verlockend, und die Exportgewerbestadt Köln bot den Frauen hinreichend Berufsmöglichkeiten. Ermöglichte die weibliche Berufstätigkeit, das Doppelverdienertum vielleicht in manchen Fällen nicht auch dem Ehemann die jetzt breiteren Kreisen zugängliche politische Karriere? Die Ratsämter waren Ehrenämter, das machte es z.B. einem Handwerker so schwer, in den Rat zu gehen, auch wenn es in seiner Stadt möglich war. Maschke hat diese Frage der Unabkömmlichkeit immer wieder erwogen. Trifft unsere Vermutung zu, so entspräche das durchaus unseren modernen Verhältnissen, wo viele männliche Laufbahnen erst durch die Berufstätigkeit der Ehefrauen finanziert werden ebenso wie der hohe Lebensstandard breiter Schichten. Das gilt heute wie damals nicht für den ganz großen Reichtum, den ganz hohen Verdienst. Aber es gilt für aufsteigende Schichten. Wenn man dazu bedenkt, daß die Stadt Köln im Mittelalter kaum direkte Steuern erhob, sondern ihren Haushalt mit indirekten Steuern finanzierte, die weibliche Berufstätigkeit damals also nicht steuerlich zu Buche schlug, kann man das um so besser verstehen.

Wir besitzen keine quantifizierende Analyse der sozialen Schichtung der Kölner Bevölkerung, wir können auch Dirlmeiers Ergebnisse nicht ohne weiteres auf Köln übertragen. Daher können wir diese Fragen nur aufwerfen. Auf jeden Fall sollte man das Verlangen am Luxus teilzuhaben, nicht gering anschlagen. Dafür werden auch heute in den deutschen Mittelschichten enorme Opfer gerade auch von seiten der Frauen gebracht.

Peter Schuster
Die Prostituierten

Wege in die Prostitution

Jede Benennung der Ursachen, warum eine Frau Prostituierte wird, ist notgedrungen eine Vereinfachung. Selbst heute fehlt noch eine empirisch abgesicherte Ursachenforschung. Auch das Sozialprofil der Prostituierten ist bis heute durchaus heterogen geblieben und läßt ein klares Bild der »Durchschnittsprostituierten« nicht erkennen.

Sehr schwierig gestaltet sich demnach die Untersuchung der Herkunft und des vor- bzw. nachmaligen Sozialstatus der Prostituierten in der spätmittelalterlichen Gesellschaft. Zumal – und dies ist als ein Ergebnis herauszustellen – die Prostituierten in der Ära der Frauenhäuser kaum, auch nicht in den Strafbüchern, Spuren in den Quellen hinterlassen haben.

Wir wollen uns im folgenden wegen der dürftigen Quellenlage für das 15. Jahrhundert nicht allein auf die Frauenhausprostitution beschränken. Erst im Verlauf des 16. Jahrhunderts beginnen die Quellen zu sprechen, die auch biographische Angaben über die Prostituierten enthalten: die Verhörprotokolle. In dieser Zeit sind die Frauenhäuser jedoch bereits in der Phase des Niedergangs, so daß in den Quellen hauptsächlich freie Prostituierte verhört wurden. Ein möglicher Einwand, daß, wie Irsigler/Lassotta für Köln herausgearbeitet haben, die Frauenhausprostituierten die Hefe der Prostituierten, die »Billighuren« waren und daher die Befunde aus dem Bereich der privaten Prostitution nicht auf das Frauenhausmilieu übertragbar sind, bestätigt sich für andere Städte nicht. Die Vita der Elß Myndelhaymerin weist im Gegensatz dazu darauf hin, daß manche Prostituierte sowohl als freie Prostituierte als auch als Frauenhausprostituierte arbeiteten. Insofern scheint das gewählte Vorgehen legitim.

Zeitgenössische Chroniken und Berichte betonen durchgehend Armut als Ursache der Prostitution. So bedauerte Hans Wilhelm Kirchhof noch im 16. Jahrhundert die »armen huren, die manichmal auß armut wol auch ihr tag nicht über einmal sich in den handel begeben ...« Ähnlich skizzierte Lukas Hachfurt, Straßburger Almosenschaffner, 1532 in einer Denkschrift die Folgen der Armut, wenn er das Lebensschicksal der Kinder der Armen ausmalt: »... deßhalben müssen sie ellende bettler werden und bliben, so sie in der jugent kein hilf haben, und im alter gibt es diebe oder sunst ful leitschen [Prostituierte], und wan sie wol geraten, so werden saeckträger und kärchleinslüt [Karrer] darus ...« - Einen tragischen Einzelfall greift Freibergs Sammlung heraus. Zwei Jungfrauen, denen ihr Erbe und damit ihre Aussteuer und letztlich die Möglichkeit zu heiraten genommen wurde, endeten als Prostituierte: »... die eine muss gen Regensburg, die ander gen Nürnberg in die gemainen Frauenhäuser.«

Sicherlich war die Zwangsläufigkeit, nach der in diesem Beispiel der Weg in die Prostitution verlief, in der Realität so nicht gegeben. Bei aller Härte und Perspektivlosigkeit, die das Leben alleinstehender Frauen im Spätmittelalter kennzeichnete, mußten, wie auch in späteren Elendszeiten, weitere, individuell durchaus unterschiedliche Umstände hinzukommen, damit eine Frau Prostituierte wurde. Armut allein führt nicht zwangsläufig eine Frau in die Prostitution. Sie senkt allenfalls Widerstände. Dieser Zusammenhang war gewerbsmäßigen Frauenhändlern wohl bewußt, und sie handelten danach. In Straßburg wurde 1400 ein Frauenhändler der Stadt verwiesen, der ein Mädchen mit dem Versprechen nach Straßburg gelockt hatte, sie dort als Dienstmädchen bei ehrbaren Leuten unterzubringen. Statt dessen verkaufte er sie jedoch in ein Bordell. Ähnliche Fälle sind, da sie ein kriminelles Delikt bedeuteten, reichlich überliefert. Heinrich von Westfal schwor 1446 der Stadt Nördlingen Urfehde, weil er eine Frau gegen ihren Willen dem Nördlinger Frauenwirt verkauft hatte. 1497 wurde in Augsburg Gertrud Birckin verhört. Sie gab an, sieben Jahre bei einem Nachrichter gedient zu haben, der »sy hart gehallte, geschlagen und mißhandelt«. Außerdem enthielt er ihr den Lohn vor und nahm ihr zahlreiche Teile ihrer Habe. Schließlich wurde sie ins Frauenhaus geführt, »sy wisse selbs kaum mer ... und also ir armut und arbaitseligkait halben inn der vergannge thewrin [= Teuerung] inn diß ellend verschmecht leben komen.« Der Fall der bereits erwähnten Elß Myndelhaymerin zeigt, daß diese Frauenhändler auch überregional wirkten. Ihr Zuhälter, Endris Hofstetter, bediente nicht nur den Augsburger Frauenwirt mit einer Prostituierten, sondern verkaufte auch nach Lauingen eine Frau. Derselbe Fall offenbart überdies, daß auch der Typus des modernen Zuhälters bereits damals existierte. Der Angeklagte Peter Scheffner bekannte im Verhör, daß er Elß Myndelhaymerin aus dem Landshuter Frauenhaus »hingefurt unnd hergepracht« nach Augsburg »unnd mit Ir in seiners basen haws ... hurerey einkert unnd hab sy darnach hie umgan lassen«. Anschließend übergab er sie – vermutlich gegen eine Geldzahlung – dem erwähnten Endris Hofstetter.

Die zeitgenössische Benennung dieser Zuhälter im oberdeutschen Sprachraum war »Ruffian« oder »Riffian«. Das Basler Rufbuch hat uns für diese Männer eine prägnante Beschreibung überliefert. »offen verrucht riffian [...] ligent die states uf armen varenden tochtern, und waz die mit ihren grossen sweren sunden gedyenet, daz nement sy inen abe, essent, trinkent und kleident sich daruß kostlich, daz schier nyemant weiß, ob es jungherrn oder welkerleye lute si sint, und tragent sich weidenlicher und costlicher denn etlich tund, die zwey hundert gulden gelt oder me habent.«

Am einträglichen Geschäft des Frauenhandels – es wurden bis zu 20 Gulden für eine Prostituierte gezahlt – wollten die Frauenwirte, wen wundert es, gerne teilhaben. 1498 schwor wegen verbotenen Frauenhandels der Landshuter Frauenwirt Peter Vogt Urfehde. Bereits Anfang des 15. Jahrhunderts, 1428, beschäftigte den Rat der Stadt Augsburg ein Ringhandel, bei dem Prostituierte unter den Frauenwirten gehandelt, also durch die Frauenhäuser der Region geschickt worden waren. »sölich böß und über sünntliche gewonhait ... die torochten fröwen auß ainem andern frowenhus als umb ain bente sum gelts koufft«, prangerte die Stadt nachhaltig und in scharfen Worten an. Fast genau hundert Jahre später hatte sich der Rat der Stadt mit einem ähnlichen Fall zu befassen. Eine Prostituierte, die als verheiratete Frau vom Frauenwirt aus dem Frauenhaus gewiesen werden sollte, hatte dieser kurzerhand seinem Kollegen nach Ulm verkauft. Zwei Einträge in den Würzburger Ratsprotokollen belegen, daß Anfang des 16. Jahrhunderts auch dort der Frauenhandel des Frauenwirts das Mißfallen der Stadtväter erregte.

Drei Fälle – alle aus Konstanz – sind uns überliefert, bei denen der Frauenwirt selbst akquirierend tätig wurde; vermutlich, um die Kosten des Ankaufs einzusparen. Hans Stertzinger, 1449 Frauenwirt, hatte innerhalb weniger Tage zunächst die »jungen louren dez nachtz uff der gassen mißhandelt ... und si in daz frowenhus gezogen«, dann hatte »er ain arm tochter mit worten darzu gelukert [= verführt] ... das si Iren maytam [= Jungfräulichkeit] in sinem frowe hus verloren hat«. Der letzte Fall kostete ihn die Stelle. War er beim ersten Mal noch mit einer halbjährigen Turmhaft davongekommen, wurde die Verführung einer Jungfrau mit ewigem Stadtverweis bestraft. Die Strafe wurde vollstreckt; 1450 begegnet uns in Konstanz ein neuer Frauenwirt. 1497 mußte sich der Frauenwirt Hainrich Wint wegen eines ähnlichen Falls verantworten. Er hatte, gemeinsam mit seiner Frau, »ain sin husfrowen in daz frowen huß zogen«. Gegen Zahlung einer Geldstrafe entging der Frauenwirt einem zweimonatigen Stadtverweis.

Der Weg in die Prostitution verlief jedoch nicht nur über Frauenhändler und Frauenwirte. Irsigler/Lassotta haben einige illustrative Beispiele angeführt, wie Armut, Unglücksfälle oder sonstige Umstände, die Frauen zunächst zur Gelegenheitsprostitution, dann zur Professionalität brachten. Mitten in diesem Prozeß befand sich Margreth Neugruber, als sie Anfang Februar 1586 in Nürnberg verhört wurde. Wieder war ein Mann, nicht als Händler, sondern als Freier, Wegbereiter. Ihre Jungfräulichkeit, so ihre eigene Angabe, hatte sie verloren, als sie sich dem Drängen eines Mannes hingegeben hatte. Sie hatte »auß großer armut halben seines willens sein mussen, hab er ir

1 fl. [Gulden] gegeben«. Ihr weiterer Lebensverlauf läßt für ihr späteres Schicksal nur Schlechtes vermuten. Als sie arbeitslos wurde, erhielt sie das Angebot, auf dem Heumarkt eine Stelle als Köchin anzutreten. Als sie sich bei ihrem zukünftigen Arbeitgeber vorstellte, wurde sie »inn dem sußen wein dermaßen bezecht gemacht«, daß sie später nicht mehr anzugeben vermochte, »wie offt er aber mit ir zu thun gehabt«. Später stellte Margreth fest, daß sie schwanger war. Ihr Liebhaber, oder sagen wir besser Vergewaltiger, bestritt die Vaterschaft mit dem Hinweis, sie sei keine Jungfrau mehr gewesen. So allein gelassen, wurde sie verhaftet.

Armut begleitete auch Ursula Eckarts Weg in die Prostitution. Ihr Lebensweg erschütterte selbst die mit dem Fall betrauten drei Gutachter. Wohl wurde herausgestrichen, sie habe »sich mit offentlicher hurerey vilfaltiger massen befleckt« und auch kleinere Diebstähle begangen, doch wurden ganz im Sinne des erwähnten Lukas Hachfurt die Ursachen erkannt. Sie sei noch jung, mußte früh von Bettelei leben, nachdem sie von den Eltern verstoßen worden war »unnd des sie niemandts gehabt, der sich Ir angenommen hat.« Zwar müsse Strafe sein, doch in diesem Fall hielten alle drei Gutachter eine Ausweisung für überzogen. Diese Armut machte die Frauen zu willfährigen Opfern der Frauenwirte. Der Würzburger Frauenwirt bekannte 1515, daß er die Frauen, »so si nackt« seien, bei Eintritt ins Frauenhaus neu einkleide. Dafür stellte er ihnen jedoch acht Gulden in Rechnung, die sie zunächst abarbeiten mußten.

Neben Frauenhändlern und Armut führten auch Kuppler und vor allem Kupplerinnen Frauen in die Prostitution. Ein Beispiel ist ein Nürnberger Fall aus dem Jahr 1567, dem wir die m.W. erste Erwähnung des Begriffs »Prostitution« in Deutschland verdanken, der Fall Anna Hanßen. Ihr wurde vorgehalten, sie habe eine »sehr jung« Dienstmagd »prostituiert«, die nach Meinung der Gutachter jedoch nicht dagegen gewesen war und deshalb für ihre Schande selbst verantwortlich sei. Sicher kein Einzelfall ist die verbotene Aufnahme einer Jungfrau in das Nördlinger Frauenhaus im Jahr 1513. Nach den Ermittlungen der Behörden hatten zwei Frauen dem Frauenwirt eine Jungfrau ins Haus geführt. Zu dem Mädchen sagten sie, sie solle »ein weyl alda verharrn, sie zwen woln mit einand uff den marckt geen. Weren also davon ganngen, die junckfraw allein alda blieb, gemaint sie sesse gleich an eine redlichs ort, als ir dann die weiber gesagt, er wer ein redlich man und Ir derselbs weyber vetter.« Als die zwei Frauen nach einem Tag nicht zurück waren, »het sie [= die Jungfrau] zu Ime Barthlme [= dem Frauenwirt] gesagt, ... rechent die zech, es wollen die zwe nit keme, so will ich haim geen, aber er Barth het zu ir gesagt, er het den zwayen frawen 3 fl. [= Gulden] gelihen, darumb wolt er sie nit hinwegk lassen, sie bezalte im dann dieselben, unnd het sie also lanng behalten und darzu gepracht das sie einem jeden seins willens wie annder gepflegt hat.« Offensichtlich war diese Jungfrau das Opfer eines abgekarteten Handels zwischen den beiden Frauen und dem Frauenwirt geworden.

In welchem Alter Frauen in die Prostitution gingen, beantwortet unser Quellenmaterial nur sehr selten. Drei »gemeine frauen«, vermutlich Bordellwirtinnen, bestätigten 1402 das Recht des Waltpoden in Mainz an den Strafgeldern gegen die Prostituierten und seine Gerichtsbarkeit über sie. Die eine, Grede, war sechzig Jahre alt und nach eigenem Bekunden seit 44 Jahren in dem »frihen leben gewest«, Heddewig konnte mit ihren 41 Jahren auf 16 Jahre Prostitution zurückschauen und Hebele vermochte sich mit ihren siebzig Jahren nur zu erinnern, daß sie seit dreißig oder mehr Jahren dem Gewerbe nachging. Hier deutet sich bereits eine große Bandbreite im Einstiegsalter an. Grede war also bereits mit 16 in die Prostitution gegangen, Heddewig indes erst mit 25. Die von Rossiaud auf breiterer Datenbasis gewonnenen Altersangaben bestätigen dieses Bild. Das Durchschnittsalter bei Eintritt in die Prostitution war in Dijon 17 Jahre. Nichts deutet darauf hin, daß es im deutschsprachigen Raum anders gewesen ist. Mit Erlangung der Geschlechtsreife und Ausbildung der sekundären Geschlechtsmerkmale waren Mädchen für Händler, Kuppler und Frauenwirte interessant. Rossiauds Durchschnittswert, aber auch das Beispiel der sechzehnjährigen Grede lassen vermuten, daß Mädchen demnach ab ca. dem fünfzehnten Lebensjahr Anfechtungen aus diesem Bereich ausgesetzt waren. Daß darüber hinaus auch Kinder als Prostituierte eingesetzt wurden, belegt eine Straßburger Verordnung von 1493. In diesem Jahr wurde den Knechten des Rats aufgetragen, das Milieu zu überwachen. Dabei wurde ihnen u.a. folgendes eingeschärft: »und welhes töchterlin funden wurt das libes halben zu dem werck nit geschicket, sunder zu junge ist, also das es weder bruste noch anders hette, das dozu gehort, das soll mit der ruten darumb gestrofet und dozu der stat verwisen werden, by libs strofe, so lang bitz das es zu sinem billichen [= angemessenem] alter kompt.« Insgesamt scheint es aber so etwas wie ein stillschweigendes Übereinkommen zwischen den Frauenwirten und der Obrigkeit bezüglich des Eintrittsalters Prostituierter in das Frauenhaus gegeben zu haben. In keinem Frauenwirtseid oder in anderen Verordnungen wird ein Mindestalter angegeben. Man begnügte sich, soweit das Thema überhaupt Erwähnung findet, mit der recht pauschalen Bestimmung, die Prostituierten müßten für den gedachten Zweck tauglich sein.

Die meisten Prostituierten der Frauenhäuser stammten nicht aus den jeweiligen Städten selbst. Die Namen der Prostituierten sind dafür beredte Belege. In den Leipziger Ausweisungsbüchern begegnen uns als Prostituierte »Klein Enchen von Eger, Ketha von Wildeshain, Hedwig Schlesierin, Gryta Frankin, Katharina von Meißen« usw. In Nördlingen lernen wir 1471/72 die gesamte Belegschaft des Frauenhauses namentlich kennen. Es sind Anna von Ulm, Cristin von der Etsch, Enndlin von Schauffhusen, Cathrin von Nüremberg, Adelhait von Sindelfingen, Ghundlin von Augspurg, Els von Nüremberg, Mythselbin(?) von Ulm, Ursel von Constentz, Margrett von Bibrach und Els von Eystett. Diese durch ähnliche Zufallsfunde aus anderen Städten beliebig zu erweiternde Aufstellung zeigt, daß die nähere Umgebung Hauptrekrutierungsgebiet war, daß aber auch aus entfernteren Regionen Prostituierte herangeschafft wurden. Immer jedoch gab es auch einheimische Frauen unter den Prostituierten. In Dijon waren es 38 von 146. Lyndal Roper hat aus den Augsburger Strafbüchern und Urgichten 48 Fälle von Privatprostituierten untersucht; danach war die Hälfte der Prostituierten Augsburger Herkunft.

In der Nürnberger Frauenhausordnung hatte der Rat verordnet, daß der Frauenwirt »einich frawen, die eynen eeman hat oder die hie burger kindt sey« nicht aufnehmen dürfe. Diese Bestimmung ist nur zu verständlich. Bestand doch in der offiziellen Lesart die Hauptfunktion des Frauenhauses darin, die einheimischen Frauen in ihrer Tugend zu schützen. Ihnen das Recht zuzusprechen, im Frauenhaus der Prostitution nachzugehen, mußte als Anfechtung der Tugend, als Verführung zum Laster gewertet und demnach verboten werden. Dieses in seiner Logik durchaus nachvollziehbare Verbot fand jedoch nicht in allen Städten Anwendung. In den Eiden und Ordnungen findet man außer in Nürnberg nur in Bamberg das Verbot, Bürgerinnen aufzunehmen. In Augsburg wurde es erst 1520 als neue Regelung eingeführt. Und auch nur in Nürnberg und Augsburg finden sich städtische Maßnahmen gegen die Beherbergung von Bürgertöchtern im Frauenhaus. Zwei Jahre, nachdem die Aufnahme von Bürgertöchtern in Augsburg verboten worden war, bekam Ulrich Ott, einer der Frauenwirte, aufgetragen, »die Brelerin sein diernen als ains burgers tochter von im tun [...] bey vermeydung noch weiterer straff«. In Nürnberg kam es im September 1548 zu einer fast possenhaften Auseinandersetzung zwischen Rat und Frauenwirt. Dem Rat erschien es unstatthaft, daß, wie ihm zu Ohren gekommen war, »im frawen hauß etliche burgers dochter seindt« und entschied, es »soll in des wirts ordnung ersehen werden, ob nit im [= dem Frauenwirt] sollichs verpotten ...« Hier rächte sich, daß der Frauenwirt in Nürnberg anscheinend nicht eidlich auf die bestehenden Grundsätze verpflichtet war; denn nachdem der Rat dies in der Frauenhausordnung nachgeprüft hatte und sich auf das entsprechende Verbot berief, parierte der Frauenwirt, »das er von keiner ordnung wissen mag«. Daraufhin wurde ihm die Ordnung in der Kanzlei vorgelesen, doch bereits 1552 stellte sich das gleiche Problem erneut. Auffällig an den Nürnberger Fällen – und eventuell ein Indiz für eine Bewertung als minderschweres Delikt – ist, daß der Frauenwirt, nachdem er die Bürgertöchter entlassen hatte, straffrei blieb.

Nur in Luzern und in Nördlingen wurde in den 1470er Jahren die Regelung erlassen, daß der Frauenwirt keine Jungfrau aufnehmen durfte. Doch von dieser Vorschrift wissen wir, daß sie, wenn nicht de iure, so doch de facto auch in anderen Städten Geltung hatte. In Konstanz wurde 1449 der Frauenwirt wegen des Versuchs, eine Jungfrau anzuwerben, auf ewig der Stadt verwiesen. Die Höhe der Strafe reflektiert den hohen Wert, der der Jungfräulichkeit beigemessen wurde. Mit hoher Wahrscheinlichkeit ist anzunehmen, daß dieses Verbot in allen Städten galt, obwohl selten ein Verstoß ruchbar wird. Diese wenigen Belege sind jedoch weniger Ausdruck eines obrigkeitlichen Desinteresses an der Strafverfolgung, sondern darin drückt sich vielmehr die Schwierigkeit aus, in solchen Fällen Beweismittel zu erhalten. Gab es Verdachtsmomente, so griff der Rat ein. In Nördlingen mußte sich deshalb 1513 der Frauenwirt B. Seckler wegen eines solchen Delikts verantworten: »Item meine heren die ainunger vorgenant haben Im [= dem Frauenwirt] auch furgehalten zwayen junckfern halben, so man Im in sein hauss zu Ulm gepracht, die er mit prennt wein [= Branntwein] gefült hab unnd uff dieselbs gelihen habs wolt.« Leider beantworten die Quellen nicht, ob Seckler dafür zur Verantwortung gezogen wurde.

Zusammenfassend läßt sich bezüglich der Herkunft der Prostituierten das nicht überraschende Ergebnis festhalten, daß es die armen, jungen und i.d.R. alleinstehenden Frauen waren, die in diesem Beruf Unterkunft und Unterhalt fanden. [...]

Krankheit, Alter, Kinder: Prostituierte und die Wechselfälle des Lebens

Das theoretisch den Prostituierten zustehende Recht, ihr »sündiges Leben« zu bereuen und in ein »sündenfreies« Leben zurückzukehren, war in der Praxis nicht mehr als eine ferne Option. Es ist fraglich, ob ihnen dies ohne die Hilfe Anverwandter, von Freunden oder städtischer Behörden gelingen konnte. Denn nur Freikauf führte offenbar zum Ziel. Als Barbara von Werdenburg 1466 aus dem Frauenhaus in die Augustinerkirche in Konstanz floh, wurde sie vom Frauenwirt unter Verletzung der Immunität gewaltsam zurückgeführt. Diese Immunitätsverletzung, nicht die Rückholung als solche, hat den Fall ruchbar gemacht. Im allgemeinen waren die Prostituierten durch ihre Schulden dem Frauenwirt verpflichtet; er verfügte, ob die Frauen das Haus verlassen durften und zu welchen Bedingungen. Nur in besonderen Fällen, wie im folgenden Beispiel, kamen die Prostituierten trotz bestehender Schulden frei. Nachdem in Nördlingen 1471 bekannt geworden war, daß die Frauenwirtin bei der Prostituierten Els von Eystett einen Abort vorgenommen hatte, versuchten der Frauenwirt und seine Frau Els dazu zu bewegen, die Stadt und das Haus zu verlassen: »aber die Els gesagt, si wölt nit sweigen und sölt ir der wirt darumb alle viere abslahn. ... Auff das hat die wirtin zu der Elsen gesagt, wolt si, so die frawen essen, hinten zum türlin hinawss weg lassen und denn den frawen sagen, si wer entlauffen. Und darumb wolt si ir schencken, was si ir schuldig wer. Das hab die Els getan und sey also weg kommen.«

Was geschah, wenn eine Prostituierte unvermittelt schwanger oder krank wurde? Welche Lebensperspektive blieb ihr fürs Alter, wenn sie in ihrem Beruf nicht mehr arbeiten konnte? Kinder kamen auch im Frauenhaus zur Welt. Es ist aus dem deutschsprachigen Raum kein Hinweis darauf erhalten, daß die Prostituierten empfängnisverhütende Mittel benutzt hätten, wie es im 16. Jahrhundert in spanischen Bordellen offenbar üblich war. Dort trugen die Prostituierten z.T. Amulette, die angeblich empfängnisverhütend wirkten, konstruierten Pessare und Salben aus Kräutern und Mist und wußten auch Mittel und Wege, einen Abort vorzubereiten. Möglicherweise waren diese Praktiken allgemein, und möglicherweise wirkten sie auch. Bereits Vincent von Beauvais hat in der berühmtesten

Enzyklopädie des Mittelalters, dem ›Speculum majus‹, darüber nachgedacht, warum Prostituierte trotz des täglichen Risikos so selten schwanger wurden. Er indes verwies nicht auf konzeptionshemmende Methoden, sondern bot ein biologistisches, sicher auch im 15. und 16. Jahrhundert noch verbreitetes Erklärungsmuster. Zunächst ging Vincent von der verbreiteten Ansicht aus, daß Kinder nur dann gezeugt werden, wenn beide Sexualpartner zum Orgasmus und das bedeutete für die Frau zu einer Art inneren Samenerguß kamen. Die Prostituierte, die nicht aus Liebe Geschlechtsverkehr hat, erfährt diesen Samenerguß nicht. Daher empfängt sie nicht. Aber auch wenn sie Lust empfindet, ist nach Vincent die Wahrscheinlichkeit der Konzeption gering: »Die Prostituierten also, nach der Häufigkeit des Koitus, haben eine verschlammte Gebärmutter, und die Fasern, mit denen sie den Samen zurückhalten muß, sind völlig bedeckt, von wo sie nach Art des fettigen Marmors, was immer sie aufnimmt, sogleich wieder herausgibt.« Die Empirie stützt diese These nicht. Von den zehn Prostituierten, die 1471 im Nördlinger Frauenhaus arbeiteten, erwähnten Adelhait von Sindelfingen und Cundlin von Schauffhausen eher beiläufig, daß sie im Frauenhaus ein Kind zur Welt gebracht hatten. Und auch der Anlaß der Nördlinger Verhöre war die Schwangerschaft einer Prostituierten des Frauenhauses. In diesem Zusammenhang wird auch belegt, daß Methoden der Abtreibung in den Bordellen durchaus bekannt waren. Mehrere Prostituierte sagten aus, daß die Frauenwirtin der in der zwanzigsten Woche schwangeren Els von Eystett ein Getränk aus »singrien [= Immergrün], karotten, lorber und Negelin [= Nelken] ... in wein gesotte« verabreicht hatte, das bei Els starke Übelkeit und letztlich eine Fehlgeburt auslöste. Bemerkenswert ist in diesem Zusammenhang auch die Kundigkeit der Frauenwirtin im Umgang mit Kräutern und anderen Ingredienzen. Ein weiteres Mal begegnet uns diese Kenntnis der Zubereitung magischer und heilender Trunke im Milieu. 1498 wird in Erfurt Andres Vogler verhört. Er scheint sich in ein pathologisches Liebesempfinden zu seiner Stieftochter verloren zu haben. Nach seiner Aussage hatte er vor zwei Jahren mit seiner Stieftochter die eheliche Wohnung verlassen und war mit ihr herumgezogen. Mehrmals in der Folgezeit vergewaltigte er die Tochter. Auch versucht er wiederholt, mit magischen Mitteln ihre Liebe zu gewinnen. Schließlich »bekennt [er], das er ores [ihr] hares in dry puschel [= Büschel] genomen hat unde wolte domitte gehen gegen Molhusen [= Mühlhausen] zen eyn wirtynn im frawenhuße, genannt Anna, dy solt on [= ihm] lernen, wie er mit denne hare solt gebaren, das sy on [= ihn] lib gewinne«. Entscheidend ist hier nicht, ob die Frauenwirtin dem Vogler geholfen hat, sondern, daß Vogler ausgerechnet im Frauenhaus Hilfe erwartete. Möglicherweise waren also die Frauen in den deutschen Bordellen doch ebenso versiert wie ihre spanischen Kolleginnen.

Hinweise auf Kinder von Prostituierten sind bis auf das Nördlinger Beispiel eher zufällig: In Altenburg brachte die neue Frauenwirtin 1441/42 ein Kind zum Rat, »daz eyne Frouwe lis legin«. 1443 erfahren wir von einem Kind im Leipziger Frauenhaus. In Dresden wurden allein 1519 zwei Prostituierte schwanger. Diese spärlichen Belege sind vermutlich weniger als die Spitze des Eisbergs.

Einer schwangeren Prostituierten blieben wenige Handlungsmöglichkeiten. Sie konnte das Kind austragen und als alleinstehende Mutter ein Leben in gesellschaftlicher Ächtung und in Armut führen. Sie konnte aber auch das Kind aussetzen oder den sich seit dem 15. Jahrhundert ausbildenden Fürsorgesystemen übergeben. Die Aussetzung war nicht nur für Prostituierte, sondern für alle alleinstehenden Frauen eine Möglichkeit, den sozialen und ökonomischen Folgen des Lebens als ledige Mutter zu entgehen. 1436 zahlte die Stadt Augsburg bereits 4 Gulden 26 Pfund 13 Schilling für 18 Findelkinder, 1502 waren es sogar über 148 Gulden für »funden Kinder«. Es war allgemein bekannt, aus welchem sozialen Milieu die meisten dieser ausgesetzten Kinder kamen. Als der Rat von Zerbst den Marktmeister von Magdeburg wegen eines ausgesetzten Kindes anschrieb, antwortete dieser, daß er über die Herkunft des Kindes nichts sagen könne, obwohl er recherchiert und »ock flitge vorforschinge mith den untuchtingen dernen gehath, sie op dat hordeste darumme angetogen«.

Wurde die Prostituierte schwanger, wurde sie i.d.R. für den Frauenwirt wertlos, doch scheint es üblich gewesen zu sein, die Prostituierte, so lange es ging, arbeiten zu lassen. Anders sind die häufigen Mahnungen nicht verständlich, daß der Frauenwirt eine schwangere Prostituierte, »sobald Er es gewar wurdet, von und aus dem Hause weisen und thun« sollte. Aus allen diesen Komplex berührenden Passagen der Eide ist kein Hinweis auf fürsorgliche Maßnahmen der Obrigkeit zum Schutz der Mütter und Kinder zu erkennen, allenfalls insofern, als die Schwangeren dem Zugriff des Frauenwirtes entzogen werden sollten. Klärend ist da ein Auszug aus den Dresdener Brückenhospitalrechnungen, nach dem die Stadtobrigkeit auch den Prostituierten in ihrer Not zur Seite stand. Für die Beherbergung und Pflege von zwei schwangeren Prostituierten wurden 1519 insgesamt 26 Groschen ausgezahlt. Bemerkenswert ist, daß die Prostituierte behandelt wurde wie jede nicht verheiratete Schwangere. Und bemerkenswert ist auch, daß nicht verheiratete Frauen bei einer Schwangerschaft überhaupt Hilfe erfuhren. Das Recht des Kindes auf Fürsorge überwog in dieser Zeit noch die zweifellos vorhandene Negativbewertung einer nichtehelichen Schwangerschaft. Erst mit der Reformation betrat das bis in unser Jahrhundert wirkende umfassende Stigma der unehelichen Schwangerschaft die historische Bühne. Die Folge waren Heimlichkeit und Isoliertheit, sofern nicht menschliche Hilfe kam. Von der Obrigkeit war für schwangere nicht verheiratete Frauen seit der Reformation nur noch Strafe zu erwarten. Die Kriminalisierung außerehelicher Schwangerschaften wurde von der Bevölkerung offenbar nur unzureichend nachempfunden. Zumindest in den Städten gab es halblegale Hilfseinrichtungen, wo schwangere Frauen Zuflucht fanden. In eingehenden Verhören wurde 1576 die Nürnberger »Kindbetterinnenszene« durchleuchtet. Die schwangeren Frauen waren nun »Vetteln« und »unzuchtige Weiber«, die »zu die unehe Kinder getragen«. Zum Teil hielten sie sich drei Monate bei aufnahmebereiten Einwohnern auf, die nicht zuletzt auch von dieser Beherbergung lebten. Die Kontakte wurden in Nürnberg u. a. durch die Hebammen, die ständig mit der Not nicht verheirateter schwangerer Frauen konfrontiert wurden, vermittelt. Treffend charakterisierte Herr Kummer, ein beschuldigter Kindbettbeherberger, die Situation der betroffenen Frauen. Sie standen allein, sie hätten »sonsten nirgendts hin under kommen mögen«.

Indirekt wird für die vorreformatorische Zeit eine obrigkeitliche Fürsorge für schwangere Prostituierte durch die Regelungen bezüglich kranker Prostituierter bestätigt. Die Prostituierte erscheint in diesem Kontext nicht als Ware, als quasi austauschbarer Wegwerfartikel, sondern durchaus als der städtischen Fürsorge würdige Einwohnerin. Wie die Schwangere mußte auch die an Syphilis erkrankte Prostituierte aus dem Haus gewiesen werden. Beide waren in den Augen der Stadtväter für den Beruf auf Dauer nicht mehr geeignet. Die Schwangere, weil sie als werdende Mutter der »Sünde« entzogen werden sollte, die Syphilitikerin, weil sie eine Ansteckungsgefahr darstellte. Alle anderen kranken Prostituierten wurden nur als vorübergehend nicht berufsfähig gesehen. Für sie wurden dem Frauenwirt z.T. detaillierte Betreuungspflichten auferlegt. In Ulm verpflichtete sich der Wirt, eine kranke Prostituierte aus der »Lade«, einer von den Prostituierten und ihm zu finanzierenden Sammelkasse, zu versorgen. In Nürnberg und Konstanz beließ man es bei der Bestimmung, daß kranke Prostituierte nicht für »den Brauche des Hauses« eingesetzt werden durften. Liebe zum Detail verraten die Münchener Frauenwirtseide. Während der Menstruation war der Frauenwirt verpflichtet, der Prostituierten »alle mal ain par ayr [zu] geben«. Einzigartig, auf ein verständliches Mißtrauen und ein erstaunliches hygienisches Engagement hindeutend, war die Ulmer Praxis, vierteljährlich die Prostituierten einer Gesundheitskontrolle zu unterziehen. Eine Beschwerde des Frauenwirtes verrät uns Näheres über die Untersuchungspraxis: »Weiter so auch aine krank wirdet, und man sie besichtigen soll, thut es der Artzet und Bettelknecht und nement ein weib, und legen die auf ain Tisch und besehent sy einwerts irs Leibs, das khainem Mann nit zustat, sondern vor haben es die Weiber und Hebammen thon.« War die Prostituierte so krank, daß sie professioneller Behandlung bedurfte, standen ihr die städtischen und kirchlichen Pflegeinstitutionen wie anderen Einwohnern, aber noch vor den Fremden zur Verfügung. 1472 wurde eine »arme(n) tochter uß dem frawenhauß« nicht nur in das Nürnberger Heilig-Geist-Spital aufgenommen, sondern man lieh ihr zudem die für ihre Heilung nötigen sechs Gulden. Trotz der nach dem epidemischen Auftreten der Syphilis rar gewordenen Plätze wurden 1496/97 auch zwei kranke Prostituierte des Frauenhauses ins Nürnberger Heilig-Kreuz aufgenommen. Offenbar notwendige Voraussetzung war jedoch, daß die Prostituierte zuvor »gepeicht hat und ir puß angetreten«. Derart gereinigt, standen sie in ihren Rechten denen der anderen Einwohner der Stadt nicht nach.

Mit dem Austreten der Prostituierten aus dem Frauenhaus verliert sich ihre Spur. Abgesehen von den vermutlich wenigen, die durch Heirat, Klostereintritt oder Freikauf dem Milieu entweichen konnten, endete die Berufslaufbahn der Prostituierten dann, wenn sie krank oder zu alt wurde. Es ist nicht davon auszugehen, daß die bereits erwähnten drei Mainzer »gemeine frawen«, die siebzigjährige Hebele, die vierundsechzigjährige Grede und die vierzigjährige Heddewig noch als Prostituierte arbeiteten. Vermutlich waren sie – und damit zeigen sie *eine* Perspektive gealterter Prostituierter – die Leiterinnen von konzessionierten Privatbordellen. Die Reuerinnenanstalten als letzte Station, gleichsam als Auffangbecken reumütiger Prostituierter, waren im 15. Jahrhundert bedeutungslos und schieden als Zufluchtsort alter Prostituierter weitgehend aus. Blieb der Weg in die Armut. Armut und Prostitution waren für die Zeitgenossen eng verbundene Geschwister. Etliche Bettlerinnen, sensibel für Stimmungslagen und Vorstellungswelten, wußten dieses zu nutzen. Als sogenannte Sundfegerinnen zogen sie durch das Land und bettelten um das Almosen mit dem Hinweis, »sie sein in dem offen leben gewesen und wollen sich bekeren von den sunden«. Erfolgreich konnten sie damit nur sein, wenn die Wirklichkeitserfahrung der Menschen diese Lebensgeschichte plausibel erscheinen ließ. Kupplerin und Armut sind auch die Lebensperspektiven, die der Humanist Erasmus von Rotterdam den Jüngling Sophronius der Hure Lucretica zeichnen läßt: »Diese Blüte der Schönheit ... wird in Kürze abfallen. Was wirst du dann tun? Welcher Misthaufen wird verächtlicher sein als du? Aus einer Hure wirst du zu einer Kupplerin werden. Diese Stellung erreicht dabei gar nicht jede ...«

Wege aus der Armut oder Sackgasse? Verdienst und Vermögen der Prostituierten

Empirische Belege über die Vermögenslage der Prostituierten sind rar. In den Steuerrechnungen der Städte, den wichtigsten Quellen zur Ermittlung der Vermögen einzelner Einwohner, fehlen sie in der Regel. Eine Ausnahme stellt die Basler Vermögenssteuerliste von 1454 dar. Die sechs Prostituierten des Frauenhauses wurden dort allesamt mit einem Schilling besteuert, womit sie der niedrigsten Vermögenskategorie von 0–10 Gulden zugeordnet wurden. Diesem empirischen Nachweis stehen verstreute Einzelfälle zur Seite, die vorwiegend ein Bild der Armut zeichnen. Zahlreiche Prostituierte waren mittellos und konnten nicht die auf ihnen liegende Schuld abbezahlen. Häufig war selbst die Kleidung nur geliehen. Als 1530 zwei Prostituierte nach den Predigten des Reformators Doktor Frosch und seiner Kollegen das Augsburger Frauenhaus verlassen wollten, mußten sie von der Stadt neu eingekleidet werden. 1532 wiederholte sich dieses mit vier Prostituierten, die zudem vorübergehend auf städtische Kosten beköstigt werden mußten. Ein ähnliches Bild vermitteln die Aussagen der Nördlinger Prostituierten 1471. Mit dem Eintritt ins Frauenhaus wurden ihnen die meisten Kleidungsstücke abgenommen und an jüdische Trödler versetzt. Den Frauen verblieben nur die notwendigsten Kleidungsstücke, selbst Unterhemden wurden ihnen vorenthalten. Auch diese Maßnahme diente dazu, die

Prostituierten in stärkere finanzielle Abhängigkeit zu bringen. An Feiertagen, zum Kirchgang oder wenn die Prostituierten zu einer Hochzeit eingeladen wurden, lieh ihnen der Wirt gegen eine Gebühr einen Rock, ansonsten gingen sie in Lumpen oder spärlich bekleidet. Selbst Kleidungsgeschenke von Freiern zogen den Zorn des Frauenwirtes auf sich. Wychselbrunn von Ulm war eines Tages von einem »gutt gesell« ein Tuch geschenkt worden. Die Wirtin des Hauses erteilte dem Freier daraufhin Hausverbot. Alle Kleidung, Nahrung und sonstigen Dinge des Lebensbedarfs bezogen die Nördlinger Prostituierten zu übertreuerten Preisen beim Frauenwirt. Der Wein war nach der Aussage von Chündlin von Augspurg einen Pfennig teurer als in den Wirtshäusern der Stadt. Für ein Essensmahl, so Wychselbrunn von Ulm, zahlten sie 23 Pfennig, »das man sust in der statt umb xii dn. [= Pfenning] gäb«. Ein Hemd im Wert von zwei Gulden kostete im Frauenhaus sechs Gulden. Anna von Ulm bestätigte diesen Preiswucher des Frauenwirtes: »wenn inen der wirtt ettwas zu koffen geb, eß sy gewand oder annders, das ains halben guldin oder ains guldin wert sey, so geb er inen das umb zwen, dry oder vier guldin.« Die Folge dieser Form der Ausbeutung war, daß »die ganzen wochen kennen sy hie nit verdienen, das sy am sampstag das essen bezalen, deß sy die wochen gebrucht haben«, und ein stetiger Anstieg der Schulden. Als Adelhait von Sindelfingen aus dem Augsburger Frauenhaus in das Nördlinger Stadtbordell überführt wurde, hatte sie 16 Gulden Schulden. In der Zeit ihres Aufenthalts in Nördlingen war diese Schuldsumme mittlerweile auf 23 Gulden angestiegen. Wychselbrunn von Ulms Verschuldung stieg in drei Wochen von sechs auf zwölf Gulden, obwohl sie als einzige unverpfändet und aus freien Stücken in das Frauenhaus gegangen war. Das Maß der Willkür in dieser Verschuldungspraxis offenbart die Aussage Cundlins von Schauffhusen: »sie sagt sie sy zwolff guldin schuldig, doch wisse sie nit wie daz gelt uff sy komen sy.«

Von den Einnahmen aus dem Umgang mit den Freiern Rückschlüsse auf das Einkommen der Prostituierten ziehen zu wollen, wäre nach diesen Vorbemerkungen ein nicht zu gesicherten Ergebnissen führendes Verfahren. Zu viele Unwägbarkeiten wirken in die Einkommensbewertung hinein. Wenn auch der Prostituierten von »jeder fart« zwei Drittel der Einnahme zustanden, bleibt es dennoch fraglich, ob sie tatsächlich darüber verfügen konnte. Sie mußte davon Schulden abtragen, evtl. bestehende Verpfändungsbeträge begleichen und Abgaben für die Beköstigung leisten. Was den Prostituierten wirklich blieb, wissen wir nur in seltenen Fällen. 1495 vermachte eine Dresdener Frauenhausprostituierte der Kreuzkirche ihr gesamtes Vermögen: elf Groschen. Wohlhabender war die »arme Dorne, die im Frauenhause erschlagen ward von einem von Quedlinburg«. Sie vermachte dem S. Crucius Altar in der Stadtkirche fünf neue Schock, was in etwa 300 Groschen, also immerhin fünfzig Tagelöhnen eines Knechtes entsprach. Das dritte und letzte uns bekannte Testament einer Prostituierten wurde 1467 in Hamburg niedergelegt. Diese Prostituierte, deren Tätigkeitsort nicht überliefert ist, hinterließ den sehr hohen Betrag von 124 Pfund, das entspricht der Summe aller städtischen Einnahmen aus dem Hamburger Bordellwesen in 14 Jahren. Diese Heterogenität der Vermögenslage der Prostituierten findet sich auch bei Irsiglers/Lassottas biographischen Skizzen von Prostituierten in Köln. Eindeutig ist auch dort, daß das weitaus häufigste Schicksal der Prostituierten die Armut war, jedoch bestand für wenige Frauen durchaus die Möglichkeit, in der Prostitution zu einigem Wohlstand zu gelangen.

RÉGINE PERNOUD
Die Rose und die Schriftgelehrten

»Weh euch Schriftgelehrten! Ihr habt den Schlüssel zur Erkenntnis weggenommen. Ihr selbst seid nicht hineingegangen, und habt auch die gehindert, die hinein wollten.«

Lk 11, 52

In der Zeit, da der König von England [1400] und der Graf von Salisbury [1399] ermordet wurden, Ungewißheit über das Schicksal der kleinen Königin Isabella herrschte und Christine keine Nachrichten von ihrem Sohn Jean Castel hatte, mußte sich die Dichterin mit etwas auseinandersetzen, das sie von ihren privaten Sorgen ablenkte. Es handelte sich um eine zunächst literarische Polemik, die jedoch rasch weite Kreise zog und im Lauf der Geschichte eine Bedeutung erlangte, die weder Christine noch ihre Zeitgenossen ahnen konnten. Es war, aus heutiger Perspektive gesehen, wohl die zeitlich erste frauenfeindliche Kontroverse.

Unter den Büchern, die Christine sich in fürstlichen, ja sogar königlichen Bibliotheken oder auch jenen Klöstern, zu denen Forscher ohne weiteres Zutritt hatten, »schnappte«, gibt es eines, das Christine nicht mag, dessen Stil und Aussage ganz allgemein – das, was man damals »Sentenz« nennt – sie höchst unangenehm berühren. Es handelt sich um ein sehr bekanntes und verbreitetes Werk, nämlich den berühmten ›Rosenroman‹, am Ende des 14. Jahrhunderts geradezu ein »Kultbuch« und eine »Bibel« der Intellektuellen. Heute existieren noch mehr als zweihundertfünfzig Handschriften, ein Beweis dafür, daß es ein Erfolgsbuch, der Bestseller seiner Zeit war.

Der ›Rosenroman‹ umfaßt bekanntlich zwei Teile: der erste – etwa viertausend Verse – entstand um 1245 und bildet den Höhepunkt der höfischen Literatur. Er vereint die Grundideen der mittelalterlichen Liebeslyrik, die während dreier Jahrhunderte und noch länger die Literatur und die Dichtung ganz allgemein beherrschen. Diese Liebesgedichte wurden erst in lateinischer Sprache, dann auf provenzalisch – mit Wilhelm von Aquitanien, Jaufre Rudel und Peire Vidal als den herausragendsten Dichtern – und schließlich in der alten Sprache Nordfrankreichs, der Langue d'Oïl, aufgezeichnet. Guillaume de Lorris, der diesen ersten Teil des Romans verfaßte, schrieb eine allegorische und leicht preziöse Poesie. Er nimmt das Thema der Suche wieder auf und schildert einen Traum, in dem er in einen Garten eindringt, wo eine Rose blüht, die zum Gegenstand seines Verlangens wird. Um sich der Rose zu nähern, muß er, geführt von Schönem Empfang, eine Reihe von Feinden wie Gefahr, Eifersucht, Üble Nachrede – alles personifizierte Empfindungen – bezwingen. Als er, noch immer unterstützt von Schönem Empfang, das Schloß Eifersucht belagert, verstummt der Liebende plötzlich. Das Gedicht bleibt unvollendet.

Etwa fünfzig Jahre später, gegen Ende des 13. Jahrhunderts, kam ein Professor der Pariser Universität namens Jean de Meung auf die kuriose Idee, dem delikaten Gedicht von der Rose einen Schluß anzufügen: kurios deshalb, weil er offensichtlich nicht das geringste Gefühl für die Eleganz und Formschönheit der höfischen Dichtung besaß. In der langen, wortreichen Fortsetzung, die er komponiert – mehr als achtzehntausend Verse –, treten nur abstrakte Begriffe auf wie Vernunft, Natur oder jene Männerfigur, die er Genius nennt, der Intellekt des Intellektuellen, eine Gestalt, die schulmeisterlich-geschwätzig unter Zuhilfenahme von Analysen und Schlußfolgerungen die an der Universität von Paris entwickelten Lehren über den Menschen und sein Verhalten darlegt. Die Suche nach der Geliebten verschwindet vollständig aus dem Blickfeld. Ohne Hehl und mit äußerstem Zynismus wird die Verachtung für die Frau kundgetan, mit dem Argument, die Liebe diene lediglich der Befriedigung der männlichen Instinkte. Dieser Übergang vom Geist zum Instinkt, über den die Vernunft in höchst professoraler Weise doziert, wobei sie weder Empfindsamkeit noch Phantasie gelten läßt, kennzeichnet in der Literatur das Aufkommen einer neuen Denkweise. Es ist die Denkweise des Professors, der eine gelehrte Abhandlung schreibt, des Universitätsabsolventen, den seine Diplome über jeden Verdacht erhaben machen und der hochmütig seine Verachtung für den Rest der Menschheit demonstriert; ist er sich doch bewußt, daß er im wissenschaftlichen wie im moralischen Bereich als Autorität eine Monopolstellung innehat.

Übrigens hatte die Universität ihr Streben nach diesem Monopol immer wieder deutlich zu erkennen gegeben. Zu Beginn des 14. Jahrhunderts waren mehrere heilkundige Frauen, die ihre Tätigkeit schon über längere Zeit hinweg ausübten, verfolgt worden, weil sie nicht das medizinische Diplom der Universität von Paris besaßen. Daß sie es nicht besaßen, hatte seine Gründe, denn Frauen hatten keinen Zutritt zu den Vorlesungen an der Universität. Von da an waren sie aus der Medizin ausgeschlossen. Im Lauf des 14. Jahrhunderts wurde die Wissenschaft zu einer Domäne der Männer, genauer gesagt: der Männer und Geistlichen, die von der einen oder anderen Fakultät ordnungsgemäß diplomiert wurden.

Zu derselben Zeit begann die Universität von Paris politisch eine Rolle zu spielen, was ihren Hochmut noch steigerte. Diese Entwicklung war abzusehen gewesen, seit Philipp der Schöne als erster König die Rechtsprofessoren, die ihn berieten, mit seinem besonderen Wohlwollen bedachte. Danach machte sich die Universität mit ihrer ganzen Autorität im Herzstück des Königreichs bemerkbar, nämlich als man sie um ihre Stellungnahme zu einem bestimmten Punkt der Thronfolge bat. Es waren die Pariser Magistri, die zum richtigen Zeitpunkt auf ein gewisses »Salisches Gesetz« verwiesen, an das bis dahin keiner gedacht hatte, denn das Volksrecht der salischen Franken war seit dem 7. Jahrhundert praktisch nicht mehr angewendet worden. Dieses »Gesetz« schloß Frauen von der Erbfolge aus. Indem sie es wieder ausgruben, lieferten die Universitätsprofessoren den Valois in dem Erbfolgestreit, den diese mit den Plantagenets führten, die juristische Grundlage, die ihnen bis dahin gefehlt hatte.

Ein weiterer Umstand trug dazu bei, das Ansehen der Pariser Universität zu stärken, nämlich die Präsenz der Päpste in Avignon seit Beginn dieses 14. Jahrhunderts. Sie waren Franzosen und mehr oder weniger alle an der Universität von Paris ausgebildet oder von ihr geprägt worden. Die Pariser Magistri hatten, noch ehe ihr Einfluß so übermächtig wurde, es als ihre Bestimmung angesehen, den Kirchenstreit zu entscheiden: Im ›Rosenroman‹ wies Jean de Meung ausdrücklich darauf hin, daß die Universität »den Schlüssel zur Christenheit« besitze.

Das erklärt auch, warum ein gewisser Honoré Bouvet, Mitglied eines Ausschusses, der die unrechtmäßige Eintreibung von Steuern abstellen soll und sich Gehör verschaffen will, unter dem Schutz Jean de Meungs zu stehen behauptet. 1398 veröffentlicht er sein Gedicht ›L'Apparition Maître Jean de Meung‹ (Die Erscheinung Magister Jean de Meungs): Der gelehrte Magister sei ihm im Traum erschienen und habe Maßnahmen gegen die zahllosen Mißstände in Frankreich gefordert. Von ihm ausgesprochen, würden die Proteste, wie Bouvet glaubte, mehr Beachtung finden.

Und eine solche von jedermann hofierte Persönlichkeit, die in sich allein die Autorität der Professorenschaft verkörperte, wagt Christine anzugreifen!

Im Jahr 1399 hatte sie für die Feiern zum 1. Mai ein Gedicht verfaßt, das Aufmerksamkeit erregte, nämlich die aus etwa achthundert Versen bestehende ›Epître au dieu d'Amour‹ (Epistel an den Gott der Liebe), in dem sie die »wahrhaft Liebenden in Frankreich« anspricht. […]

Kurzum, Christine, die aufgrund ihrer Stellung die damalige Gesellschaft sehr genau beobachtet, wirft den Adligen, den Mächtigen dieser Welt, mit denen sie noch immer Umgang hat, vor, ihre Pflichten zu vernachlässigen. Man kann ermessen, wie berechtigt an dieser Wende des Jahrhunderts in einem Königreich, dessen Oberhaupt den Verstand verloren hat und nur zeitweise zurechnungsfähig ist, ihre Klagen sind und welche Wirkung sie auslösen. Sie hat das Gefühl, daß der Adel nicht so handelt, wie er sollte, sich nicht für die Schwachen einsetzt, also aufgehört hat, jene ritterlichen Tugenden auszuüben, auf die sich vor allem das Ansehen Frankreichs, des Landes des heiligen Ludwig, gründet. Sie weiß nicht, daß die folgenden Jahre diese Behauptung bestätigen werden. Mit weiblichem

Scharfblick hat sie erkannt, wo das Problem liegt: Mit dem Verfall der höfischen Werte büßt auch die Frau ihre Stellung ein. Allmählich gewinnt die Gewalt die Oberhand, denn es gibt ja kein Gegengewicht: Es fehlt das Element der Zärtlichkeit, der Sanftheit, der Gedanke, daß die Weitergabe des Lebens, die Achtung vor den Schwachen Vorrang hat. All das nämlich beinhaltete der Frauenkult, der seit dem 11. Jahrhundert in der Dichtung seinen Niederschlag fand. In der Gesellschaft vollzieht sich ein Wandel, immer mehr treten die kriegerischen Werte in den Vordergrund, bald zählt nur noch der kämpfende Mann, der Haudegen.

In Wirklichkeit ist dieser Umschwung bereits erfolgt, doch nur wenige sind sich dessen bewußt. Christine als Witwe, die ihre ganze Kraft aufbieten muß, um ihre Familie über Wasser zu halten, kann beurteilen, daß in den Sitten eine Veränderung stattgefunden hat, daß die Beziehungen zwischen Mann und Frau von Gewalt geprägt sind, wobei stets die Frau das Opfer ist, den kürzeren zieht. Die Erfahrungen, die sie selbst gemacht hat, versucht Christine ihren Zeitgenossen zu vermitteln, damit sie des Wandels gewahr werden und damit ihnen klar wird, daß von Ritterlichkeit keine Rede mehr sein kann, wenn der Ritter aufhört, für die Schwachen einzutreten. Die vielbeschworene Ritterlichkeit dient nur noch als Vorwand für Paraden, Turniere und kriegerische Kavalkaden, die, wie man im nachhinein mit einiger Verblüffung merkt, mit den Turnieren von früher nichts gemein haben.

Ritterlichkeit existiert nicht mehr, dafür gibt es nun die Ritterorden, in denen die männliche Eitelkeit befriedigt wird: Man trägt prächtige Hofmäntel, trifft sich mit Angehörigen seines Ordens, die nur danach streben, eine Kaste zu bilden, ihre Mitgliedschaft als Vorwand benutzen, um neue Auszeichnungen zu fordern, sprich Pfründe, – allein danach trachtet der Adel. Unmerklich wird er zur Karikatur seiner selbst. Er vergißt seine Pflicht, seinen Daseinszweck, verliert an Substanz, nachdem er sich bereits auf den Schlachtfeldern blamiert hat.

Es ist schon sehr außergewöhnlich, daß eine Frau den Finger auf eben jene Wunde legt, an der Frankreich leidet und in noch viel stärkerem Maß leiden wird. Doch das Übel liegt tiefer, spielt sich auf einer anderen Ebene ab als der, die zunächst der Liebesgott anzeigt. Es betrifft nämlich nicht nur den Adel. Christine registriert es auch in einem anderen Bereich, und zwar bei den Intellektuellen. Denn Gott Amor greift den ›Rosenroman‹ an – zumindest den zweiten Teil des Werks, die Antiphrase zum ersten: Er brandmarkt Jean de Meung, der Material für eine Art von »langem Prozeß« gegen die Frauen »zusammengestellt« und die potentiellen Verführer gelehrt hat, wie sie »durch Täuschung und List« mit einer Jungfrau fertig werden können. Jean de Meung, der Gegner alles Höfischen, der eingefleischte Weiberfeind, der gegen die Frauen mit einer Fülle von Argumenten ins Feld zieht. Niemand erkennt, daß diese Argumente weitaus gefährlicher sind als die Prahlereien der »unredlichen« Ritter.

Das Werk, eine endlose Folge von Belehrungen, die vom Ursprung des Menschen – mit den Mythen vom Goldenen Zeitalter und der Beschreibung der Naturerscheinungen – über Cato, Theophrastos und den Timaios von Platon bis hin zur Geschichte von Pygmalion reichen, ist in Wirklichkeit eine Anklage gegen die Frauen, deren Durchtriebenheit und Koketterie de Meung unentwegt anprangert und von denen er behauptet, daß sie jeden, der darauf eingeht, zugrunde richten. Ihre Schönheit? Alles nur Aufmachung. Ihr Lebensinhalt? Intrigen, Betrug, Eifersucht, »Spitzfindigkeiten und Bosheiten«. »Die Frau hat kein Gewissen.« Im übrigen genüge es dem Mann, sein Vergnügen mit ihnen zu haben. Dafür einige Rezepte: Man schmeichle ihnen, mache sie glauben, »sie seien schöner als eine Fee«. Jedenfalls werde einen diejenige, die man erobert zu haben glaubt, bald gründlich ruiniert haben. Und schließlich: Ein Tor, der an die Liebe glaube. Man müsse auf die Natur hören, die »alle Frauen für alle Männer und alle Männer für alle Frauen« geschaffen habe. Man brauche nur zu beobachten, wie es »die Kühe und Stiere, die Schafe und Hammel« auf den Wiesen trieben.

Der Genius beruft sich auf die »Macht der Natur« – Natur, wie viele Irrtümer wird man in deinem Namen begehen! –, um darzulegen, daß es keine Liebe gibt. Die modernen Sexualwissenschaftler und diejenigen, die mit verschiedenen Argumenten die menschliche Liebe auf die Sexualität zu reduzieren hoffen, brauchen die Deklamationen des Genius nicht zu lesen – es sind die wirklichkeitsfremdesten Vorstellungen, die je dem Gehirn eines Universitätsprofessors entsprungen sind –, denn sie werden feststellen, daß sie nichts Neues erfunden haben. Es gibt allein die Sexualität, nur die Befriedigung der männlichen Instinkte zählt. Die Frau als Erholung des Kriegers ist eine Formel des 19. Jahrhunderts, doch Jean de Meung hatte bereits im 13. Jahrhundert die Frau als Gespielin des Intellektuellen ersonnen.

Mühelos erkennt Christine hinter der akademischen Sprache und den gelehrten Beweisführungen des großen Meisters den Weg, den viele Pariser Universitätsprofessoren damals einschlagen. Sie erheben mit Hilfe einer Unzahl von Syllogismen und rationaler Logik, in der Gewißheit ihrer eigenen Unfehlbarkeit, das Argument, die Schlußfolgerung, das gesamte unverdauliche Produkt ihrer individuellen Hirnarbeit zur obersten Wahrheit: Was sie einmal im Abstrakten formuliert haben, bleibt unumstößlich. Für sie funktioniert die Welt nach einer Reihe von Definitionen, Prinzipien und Theorien, die allein ihnen zugänglich sind, da sie die von ihnen so hoch bewertete abstrakte Sprache beherrschen. Eigenartigerweise ist dieser Umgang mit dem Abstrakten oft gepaart mit einem schnöden Materialismus: Während der späteren Unruhen wird keine Körperschaft so lautstark und beharrlich ihre Pfründe und Vergütungen fordern wie die Universität. Übrigens wird auch keine leichter käuflich sein als sie. Und das wird dem Eroberer sehr schnell klar: Durch hohe Bestechungsgelder lassen sich die meisten Universitätsangehörigen dazu bewegen, schweigend zu gehorchen. Das Abstrakte appelliert an das, was nichts als Instinkt und Materie ist, während der Geist sich in der Konkretheit des Lebens verkörpert.

Noch nie hatte jemand etwas in Worte gekleidet, das zur höfischen Tradition in so krassem Gegensatz stand, wie Jean de Meung in seinem Werk. Er übertrifft sogar noch die Äußerungen jener bürgerlichen Frauenfeindlichkeit, die etwa zur gleichen Zeit – während der letzten Jahre des 13. Jahrhunderts – in einigen Werken wie ›Lamentations de Mathieu‹ (Klagen des Matthäus), ›Blâme des Dames‹ (Tadel der Frauen) und ›Dit de l'épervier‹ (Erzählung des Sperbers) zutage tritt. Mühelos deckt Christine diese Geringschätzung der Frau auf, die die Lehre des Genius im Namen der Natur propagiert (immer die Natur!). Sie kann sich auf ihre Erfahrungen stützen; sie besitzt den Sinn für das Konkrete, den die rationale Logik in Form von Wissenschaftsgläubigkeit oder Ideologie so leicht verdunkelt. Und außerdem ist sie Dichterin. Die langatmige, gelehrte und zugleich anzügliche Predigt des großen Meisters beeindruckt sie nicht im geringsten. Ganz offen weist sie darauf hin, welch unflätiger Ausdrucksweise sich de Meung unter dem Vorwand der Genauigkeit bedient. Mit der Ritterlichkeit entwickelte sich die Eleganz der Sprache, von der Jean de Meung Welten trennen.

Christines Gedicht läßt die Mitglieder der Pariser Universität aufhorchen. Der Gelehrte, der erstmals mit lauter Stimme verkündet hatte, daß die Universität den »Schlüssel zur Christenheit« besitze, ist für seine Kollegen und Nachfolger eine unantastbare Autorität.

Ein bedeutender Mann, Jean de Montreuil, Profoß von Lille und königlicher Sekretär, verfaßt daher im Frühjahr 1401 eine – nicht mehr erhaltene – kleine Abhandlung in französischer Sprache, die er an einen »beachtenswerten Geistlichen«, wahrscheinlich Magister Gontier Col, sowie eine andere, der königlichen Kanzlei verbundene Persönlichkeit – und an Christine de Pizan sendet. Aus ihren Aufzeichnungen geht hervor, daß Jean de Montreuil vermutlich nach seiner Rückkehr von einer Mission in Deutschland im Januar 1401 den ›Rosenroman‹ las und danach seine Abhandlung schrieb, in der er den Verfasser des Werks, Jean de Meung, überschwenglich pries.

Christine greift umgehend zur Feder und schreibt an den Profoß von Lille. Nicht ohne leichte Ironie betont sie die Wichtigkeit ihres Kontrahenten: »Sehr geehrter Herr und Meister, weise und wohlgesittet, Liebhaber der Wissenschaft, mit reichem Wissen, sowie fachkundiger Rhetoriker«, und gibt sich selbst ein wenig übertrieben untertänig: »Unwissende Frau, bar jeder Erkenntnis und von schwachem Urteilsvermögen möge Eure Weisheit in keiner Weise die Belanglosigkeit meiner Beweisführung verachten, vielmehr eingedenk sein meiner weiblichen Schwäche.« Auch sie habe den ›Rosenroman‹ gelesen, ihn »entsprechend ihres geringen kleinen Geistes« verstanden und ungeachtet der Formschönheit, die man dem Werk zugestehen kann (»viele schöne Worte und gefälliger Vers«), von extrem unflätiger Ausdrucksweise gefunden. Die Ideen, die er enthalte, hätten ihren Abscheu erregt. Sie habe darin nur »Zügellosigkeit und Laster« gesehen und sei entrüstet darüber, daß er »so maßlos, heftig und nicht der Wahrheit gemäß die Frauen verleumderisch mehrerer schwerwiegender Laster bezichtige und behaupte, daß ihre Sitten gänzlich verkommen seien«. Diese Anschuldigungen erschienen ihr allerdings unvereinbar mit den Ratschlägen für eine Verführung: »Wenn schon alle (Frauen) so verdorben sind, sollte er (der Roman) nicht empfehlen, sich ihnen zu nähern: Wer Unschickliches fürchtet, möge dieses unterlassen.« Wie komme denn der Verfasser darauf, einer Frau kein Geheimnis anvertrauen zu können? Wo habe er je gesehen, daß jemand aus Verschulden der Ehefrau verraten und gehängt wurde? Welches Verbrechen kann man ihnen anlasten? »Bitten sie dich um Geld aus deinem Geldbeutel, so stehlen sie es dir nicht oder nehmen es dir weg: Wenn du nicht willst, gib ihnen keines; und wenn du sagst, du seist durch sie um den Verstand gebracht, warum läßt du dich dann ›um den Verstand bringen‹? Sind es vielleicht die Frauen, die dich in deinem Palast aufsuchen, dich anflehen oder mit Gewalt nehmen?«

Desgleichen, wenn er von den verheirateten Frauen spreche, die ihre Männer betrügen – kenne er denn nur solche? Daß er jene rüge, »die es tun und sie zu meiden empfiehlt, wäre nur gerecht«, doch nein, er beschuldige ausnahmslos alle der Untreue.

Sollte man nicht auch einmal von den Frauen sprechen, die einen »schlechten Mann« haben? Oder von den Witwen, die von »Schuldnern ... und unredlichen Lügnern« bestürmt werden? Oder von denen, die ausgenutzt werden, weil sie jung und schön sind, und denen gewisse Männer sofort mit Ratschlägen zur Seite stehen wollen, doch »ich rate keiner Frau, auf solche Ratschläge zu hören«.

Danach zitiert Christine, wie sie es gern tut, praktische Beispiele, die sie der Bibel entnimmt: Sarah, Rebekka, Esther, Judith; und solche aus dem wirklichen Leben: »Die heilige fromme Königin Johanna, Königin Blanka, die Herzogin von Orléans, Tochter des Königs von Frankreich (Isabella), die Herzogin von Anjou, die man Königin von Sizilien nennt (Yolanta).« Diese Aufzählung beweist ihr Urteilsvermögen. Dem törichten Geschwätz, das Genius über die Frauen von sich gibt, stellt sie die Erfahrung entgegen. Und nachdem sie sich bei ihren Ausführungen über Jean de Meung ein wenig ereifert hat, macht sie ihn nun vollends nieder: »Ich sage, daß dies zum Laster ermuntert und ein ausschweifendes Leben fördert und eine Lehre voller Lügen ist, die Anlaß zu Verdächtigungen und Ungläubigkeiten gibt.« Dem fügt sie in entschiedenem Ton hinzu: »Man laste es mir nicht als Narrheit, Überheblichkeit oder Dünkel an, daß ich als Frau es wage, einen so feinsinnigen Verfasser zu tadeln und ihm zu widersprechen, nachdem er als Mann es wagte, ein ganzes Geschlecht ausnahmslos zu verleumden und zu tadeln!«

Natürlich protestiert Magister Gontier Col gegen dieses Schreiben. Er schickt Christine eine kurze scharfe Mitteilung, in der er ihre Anschuldigungen gegen Jean de Meung in keiner Weise widerlegt, sondern ihr befiehlt, »den offensichtlichen Irrtum, die Torheit oder Geistesschwäche, die aus Überheblichkeit oder einem anderen Grund über sie gekommen ist, und als Frau, die sich in dieser Angelegenheit über die Maßen erregt hat«, zuzugeben. Im übrigen, »da ich aus Nächstenliebe Erbarmen mit Dir habe, bitte und ersuche ich Dich ... Deine Aussagen zu korrigieren und Dein Fehlen gegen den ausgezeichneten und untadeligen Doktor der Heiligen Göttlichen Schrift, den hohen Philosophen und tiefgläubigen Geistlichen, den Du so schrecklich zu verbessern und zu tadeln wagst, zu bekennen«; und desgleichen gegenüber »dem Profoß von Lille und mir und den anderen«; sie möge »ihren Irrtum eingestehen«, »dann werden wir Erbarmen mit Dir haben und Dich gnädig wieder aufnehmen, indem wir Dir eine heilsame Strafe auferlegen«. So endet er in seinem mit theologischen Brocken durchsetzten Klerikerstil.

Christine zahlt es ihm in gleicher Münze heim: »O feinsinniger Schreiber, von philosophischem Verständnis, geformt durch die Wissenschaft, nie verlegen um schöne Rhetorik und scharfsinnige Poetik ... Du hast mir ... beleidigende Briefe geschrieben, in denen Du mir mein weibliches Geschlecht zum Vorwurf machtest (das Du gleichsam von Natur aus leidenschaftlich, von Wahnwitz und Überheblichkeit bewegt nennst ...)«; anschließend verweist sie ihn mitsamt seiner Verachtung und seinen gelehrten Argumenten auf das »edle Andenken und die ständige Erfahrung einer sehr großen Anzahl beherzter Frauen« und erinnert ihn daran, daß »die kleine Spitze eines Taschenmessers oder eines Messerchens einen mit allerlei handgreiflichen Dingen vollgestopften großen Sack aufzustechen vermag«.

Dieser Briefwechsel blieb weder unbekannt noch unbeachtet. Jean de Montreuil und Gontier Col versammelten die Professorenschaft um sich, und der Profoß von Lille versäumte nicht – obwohl er es angeblich unter seiner Würde fand, das Wort an eine Frau zu richten –, in seinen Schriften »diese Frau, die sich Christine nennt und fortan ihre Schriftstücke an die Öffentlichkeit bringt« anzuprangern. Sein Schreiben drückt in jeder Zeile die Verachtung eines frauenfeindlichen Universitätsprofessors aus: »Obzwar es ihr nicht ganz und gar an Verstand gebricht – soweit eine Frau überhaupt einen haben kann –, glaube ich«, so schreibt er, »die griechische Hetäre Leontion zu vernehmen, die, wie uns Cicero berichtet, gegen den großen Philosophen Theophrastos zu schreiben wagte«. Er geht übrigens mit keinem Wort auf den Inhalt von Christines Schreiben ein, sondern beschränkt sich darauf, die Autorität »des so hervorragenden Magisters Jean de Meung« anzurufen.

Eine weitere Stimme meldet sich zu Wort. Es ist ein Universitätsprofessor, jedoch von anderem Schlag und anderer geistiger Größe als ein Jean de Montreuil oder ein Gontier Col. Es handelt sich um Jean Gerson. Statt einen Brief zu schreiben, hielt er am 25. August 1401 eine Predigt, in der er die Äußerungen Jean de Meungs öffentlich anfocht und dessen Anhänger im Namen der christlichen Moral verurteilte.

Dieses Mal hatte Christine Unterstützung gefunden.

Jean Charlier ist ein Zeitgenosse Christines – ein Jahr älter als sie, geboren am 14. Dezember 1363 in dem Dörfchen Gerson bei Rethel, dessen Namen er sich zulegte. Er entstammt einer sehr kinderreichen Familie (fünf Knaben und sieben Mädchen) und hat trotz seiner geringen Herkunft sehr gute geistige Anlagen. Nachdem er die Schule von Reims und Rethel besucht hat, geht der Vierzehnjährige 1377 nach Paris an das Collège de Navarre. Vier Jahre später ist er Lizentiat der Freien Künste und wird 1394 mit einunddreißig Jahren Doktor der Theologie. Bereits im darauffolgenden Jahr ist er Kanzler der Universität von Paris und der Kirche Notre-Dame. Ein Mitglied der Universität, aber, das sei nochmals betont, sehr verschieden von den anderen: Die kirchlichen Weihen, die er empfangen hat, gelten ihm mehr als seine akademischen Grade und Diplome. Trotz seiner glänzenden Fähigkeiten, die selbst einem so berühmten Magister wie Pierre d'Ailly auffallen, und seiner Redegewandtheit, die ihm bei seinen Predigten eine zahlreiche Zuhörerschaft sichert, bleibt er den Menschen niederen Standes verbunden. Sein ganzes Leben lang liegt ihm die christliche Erziehung der Kinder am Herzen: »Ich werde Euch Euer ABC auf französisch niederschreiben«, wird er eines Tages zu den Kindern von Lyon in der St. Pauls-Kirche sagen, wohin er sie gerufen hatte.

Daß ein solcher Mann auf dem Plan erschien, um Jean de Meungs unanständige Angriffe auf die Frauen zu geißeln, war in Universitätskreisen ein Ereignis. Christine mußte nicht mehr die Ermahnungen Gontier Cols und die indirekten, und dadurch noch beleidigenderen Angriffe Jean de Montreuils allein parieren. Kein Wunder, daß sich der gesamte Klüngel der Pariser Magistri darüber erregte. Es wurde übrigens gemunkelt, daß Jean Gerson es nicht bei seiner Predigt belassen wolle, sondern bereits an einer großen Abhandlung gegen den ›Rosenroman‹ arbeite.

Währenddessen veranstaltete der Herzog von Orléans im Januar 1402 in seinem Palais ein großes Rosenfest, dem Christine, die allmählich wieder am gesellschaftlichen Leben teilnahm, beiwohnte. Auf diesem Fest wurde beschlossen, den Rosenorden ins Leben zu rufen. Alle anwesenden Herren wollten diesem Orden beitreten, dessen Ziel es war, die Ehre der Frauen zu schützen. Durch diese Freundschaftsbezeigungen ermutigt, schreibt Christine de Pizan die ›Dit de la Rose‹ (Rosenerzählung), in der sie sowohl das Fest als auch die lebenden Bilder, die dabei gestellt wurden, schildert. Am Valentinstag, dem Fest der Verliebten und, was noch wichtiger war, dem Namenstag der Hausherrin Valentina Visconti, Herzogin von Orléans, wurde sie im Hôtel d'Orléans vorgelesen. [...]

Christine ist nun die Hüterin des Rosenordens, Vorkämpferin der Frauenrechte, jener Rechte, die bereits drei Jahre zuvor, 1399, durch den am blauen Ostertag (heute Palmsonntag) von Marschall de Boucicaut gegründeten Orden vom grünen Schild mit der weißen Dame verkündet worden waren. Nach und nach entwickelte sich wieder eine Art Ritterlichkeit, die an die Zeit der Minnehöfe der Königin Eleonore oder der Königin Blanka erinnerte.

Da hat Christine einen Einfall. Warum den Streit, über den sich die Herren von der Sorbonne so sehr erregen, nicht vor die Königin persönlich bringen? Ist sie für diese Art Turnier als Schiedsrichterin nicht geradezu ideal? Wenn es jemandem zukommt, sich für die Rechte der Frauen einzusetzen, dann gewiß der Königin. Bis dahin war in Frankreich jede Frau eine Königin. Doch verschwindet die Ritterlichkeit und läßt man es widerspruchslos geschehen, daß die von ihrer Wissenschaft durchdrungenen Herren Hochschullehrer ihrer Verachtung für das andere Geschlecht lautstark Ausdruck geben, dann ist die Frau gefährdet. Und wer sagt, daß die Königin davon ausgenommen ist?

Christine fackelt also nicht lange. Da sie in den Prozessen, die sie hatte führen müssen, ihre eigene »Verteidigerin« gewesen war, weiß sie, wie man eine Akte anlegt. Nun bereitet sie die Akte der Frauen vor, um sie der Königin Isabeau zu unterbreiten.

Entschlossen schreibt sie alle Schriftstücke des Streitfalls ab und faßt sie in einer einzigen Handschrift zusammen. Diese beginnt mit einem Schreiben an die Königin:

»An die vortrefflichste, erhabenste und sehr gefürchtete Fürstin, Madame Isabeau von Bayern, durch Gottes Gnaden Königin von Frankreich.

Sehr erhabene, sehr mächtige und sehr gefürchtete edle Frau ... da ich vernommen habe, daß Eure sehr edle Exzellenz Gefallen daran findet, wenn man Ihr tugendhafte Dinge in wohlgesetzter Rede sagt ... sende ich, eine der einfachen und unwissenden Frauen, Eure demütige, Euch gehorsame und von dem Wunsch, Euch zu dienen, erfüllte Magd ... diese Briefe, aus denen Ihr erseht, mit welchem Eifer, welcher Leidenschaft und Unbeugsamkeit (ich) gegen bestimmte dem Ansehen der Frau abträgliche Meinungen vorgehe und deren Ehre und Lob hochhalte ... ich flehe Eure würdige Hoheit demütig an, meinen Argumenten Glauben zu schenken und ihnen gewogen zu sein. Und alles soll Eurer klugen und milden Berichtigung unterworfen werden.

Geschrieben am Vortag von Mariä Lichtmeß des Jahres 1401.« (1. Februar 1402, denn das Jahr begann damals im März oder zu Ostern.)

Da Christine wirklich jene Kenntnisse anwendet, die sie aus ihren Erfahrungen mit Gerichten und Juristen gewonnen hat, schreibt sie auch an eine Persönlichkeit, von der sie weiß, daß sie ihr wohlgesonnen ist. Es handelt sich um den Profoß von Paris, Guillaume de Tignonville. Fast jeder Profoß von Paris ist irgendwann schon mit den Universitätsprofessoren aneinandergeraten. Wahrscheinlich hat Christine sich einmal mit Tignonville über ihren Streit unterhalten und will daher auch ihm die Akte der Auseinandersetzung übersenden. Ihr Schreiben an Königin Isabeau ist in erster Linie eine Bittschrift. Dem Profoß gibt sie indes einen, wie sie sagt, »liebenswürdigen und nicht haßerfüllten« historischen Abriß des Streites und ersucht ihn ausdrücklich darum, einzugreifen und ihre Sache zu unterstützen: »Ich ersuche Euch, daß mir aus Mitleid mit meiner weiblichen Unwissenheit ... Eure Klugheit gegen diese hohen Magistri Kraft, Hilfe, Verteidigung und Stütze sei, sie würden mit ihren spitzfindigen Argumenten in wenigen Stunden meine gerechte Sache niedermachen, da ich selbst nicht in der Lage bin, diese zu vertreten. Und weil das gute Recht Hilfe braucht, werde ich mit Euch als Bundesgenossen den gegen diese mächtigen Bestrebungen begonnenen Kampf fortsetzen.«

Es folgt ein chronologischer Bericht über den bisherigen Verlauf des Streits, dem sich die Texte der Briefe des Profoß von Lille, des Magisters Gontier Col und natürlich ihre eigenen Schreiben anschließen.

Guillaume de Tignonville ist ein wichtiger Mann, den König Karl VI. mit verschiedenen diplomatischen Missionen betraut hat, vor allem gegenüber dem Papst von Avignon. Er ist Sproß einer alten adeligen Familie aus der Beauce und überdies sehr gebildet. Er hat eine vielgelesene Sammlung mit dem Titel ›Dits des Philosophes‹ (Aussprüche der Philosophen) zusammengestellt, die bereits 1402 ins Provenzalische übersetzt wurde und heute in achtunddreißig Handschriften überliefert ist. Er hat selbst an dem »Minnehof« von 1401 bis 1402 teilgenommen und wird Christine verstehen. Der Vollständigkeit halber sei hinzugefügt, daß er 1408 aufgrund der Angriffe der Pariser Universität sein Amt als Profoß wird niederlegen müssen.

Der Streit sollte sich das ganze Jahr 1402 über fortsetzen und auch noch die beiden darauffolgenden Jahre andauern. Jean de Montreuil, der alle einflußreichen Persönlichkeiten um sich zu scharen versucht, verfaßt ein Schreiben nach dem anderen, während Jean Gerson im Mai seine Abhandlung gegen den ›Rosenroman‹ fertigstellt. Auch er verwendet Allegorien. Als er »am heiligen Hof der Christenheit« weilte, habe er drei Personen gesehen: Gerechtigkeit, Barmherzigkeit und Wahrheit. Der Vorkämpfer an ihrer Seite heißt Gewissen, während der ›Maître des requêtes‹ das Recht ist. Vor diesem Gericht wird Klage erhoben von seiten »der sehr schönen und reinen

Keuschheit«. Diese macht also eine Eingabe gegen jenen, den sie den Närrisch Verliebten nennt, der sie beleidige, die Ehe und auch jene, die ins Kloster gehen, verunglimpfe, der die »Frau Vernunft, meine gute Herrin« verleumde, zur Ausschweifung auffordere, die unanständigsten Worte unter »heilige, göttliche und geistliche Dinge« mische – kurzum gegen alles, was im ›Rosenroman‹ steht. Die Verhandlung nimmt ihren Fortgang, und »Frau Vernunft« wendet sich persönlich gegen jenen, der ihr im Roman ungehörige Worte in den Mund legt. Jean Gerson fährt nicht fort bis zum Urteilsspruch, doch ahnt man, daß »Frau Gerechtigkeit« der Eingabe von Keuschheit stattgeben wird.

Große Erregung im Lager der Universitätsprofessoren! Einem »einfältigen Weib« zu antworten, konnte man als nicht der Mühe wert erachten, doch wenn sich der Kanzler der Universität von Paris persönlich äußerte, so mußte man schon Stellung beziehen.

Seine Amtskollegen hatten allerdings schon vorher begonnen, sich gegen Gerson aufzulehnen. Hätte er nicht in der Gunst des Herzogs von Burgund gestanden (Philipp der Kühne hatte ihn ausgezeichnet, und auf seine Veranlassung hin war Gerson vier Jahre lang Dekan der Kirche von Brügge gewesen), hätten sie es ihn grausam spüren lassen. Besonders erbost waren die Lehrer der Pariser Universität darüber, daß er in dem endlosen Streit zwischen den weltlichen Hochschullehrern und den Bettelorden für diese Partei ergriffen hatte. Wie man weiß, verboten die Magistri seit mehr als einem Jahrhundert den Dominikanern und Franziskanern immer wieder, in Paris zu lehren. Auf diese Weise war es ihnen im 13. Jahrhundert sogar gelungen, einen Thomas von Aquin und einen Bonaventura für einige Zeit aus ihren Reihen zu entfernen!

Eine seltsame Reaktion, wenn man bedenkt, daß die Pariser Universität aus einem plötzlich erwachenden Unabhängigkeitsbestreben heraus entstanden war. Zu Beginn des 13. Jahrhunderts hatten sich nämlich Magistri und Studenten zu einer autonomen Vereinigung zusammengeschlossen (man sagte damals »Ich bin in der Universität«, wie man heute sagt »Ich bin in der Gewerkschaft«), um sich von der Bevormundung des Bischofs von Paris zu befreien, die dieser über die Schulen der Cité ausübte. Wie wir sehen, verwandelte sich dieser Freiheitsdrang sehr schnell in ein Monopoldenken. Die Auseinandersetzungen um den Zutritt der Ordensmänner zur Universität stehen seit der Jahrhundertmitte im Vordergrund. Jean de Meung berichtet übrigens darüber: »Es ist sehr wohl würdig, verbrannt zu werden«, sagte er über das Werk eines Franziskaners, das die weltlichen Hochschullehrer verurteilten. Alle diese Bettelbrüder, Jakobiner wie Franziskaner, sind für ihn »falscher Schein«, das heißt scheinheilig. Jean Gerson, der auf der Seite der Bettelorden stand, geriet dadurch in eine mißliche Lage.

Ein Kanoniker von Paris namens Pierre, Bruder des Gontier Col, schaltet sich in den antifeministischen Streit ein. In einem Schreiben an Christine versucht er, allerdings weniger herablassend als Gontier, ihre Argumente gegen Jean de Meung, »diesen sehr frommen Katholiken und erhabenen Theologen, diesen göttlichen Redner und Dichter und vollkommenen Philosophen«, eines nach dem anderen zu zerpflücken. Ihre Antwort veranlaßt ihn, »ein Schriftstück in der Art eines Plädoyers am heiligen Hofe der Christenheit« zu verfassen – und darin Gerson zu widersprechen, ohne dessen Namen zu nennen. Lang und breit läßt er sich über das Kapitel der Sprachentgleisungen aus, die Christine dem Verfasser des ›Rosenromans‹ vorwirft, viel weniger jedoch über die Einstellung als solche, die im Verlauf des Versromans entwickelt wird. Er beendet seine umfangreiche Beweisführung mit einer Warnung: »Ich ersuche Dich also, Du hochgescheite Frau, daß Du die Ehre bewahren mögest, die Dir wegen Deines hervorragenden Verstandes und Deiner wohlgesetzten Sprache eigen ist. Wenn man Dich gelobt hat, weil Du einen Schuß über die Türme von Notre-Dame gefeuert hast, versuche deshalb nicht, mit einer schweren Kanonenkugel den Mond zu treffen ... bitte alle, all jene, die (ihn) in welchem Teil auch immer mißbilligen oder tadeln (gemeint ist natürlich der ›Rosenroman‹), ihn zu lesen, zunächst viermal mindestens und in aller Ruhe, um ihn besser zu verstehen.« Mit anderen Worten, er unterstellt Christine, das Werk nur oberflächlich gelesen und sich unüberlegt auf einen Streit eingelassen zu haben, ohne das Werk überhaupt genau zu kennen.

Ein solches Schreiben, mag es auch noch so umfangreich und inhaltsschwer sein, »beeinträchtigt in keiner Weise den Mut, noch ändert es die Meinung« der Dichterin. Obgleich »anderweitig beschäftigt und eigentlich nicht willens, noch etwas zu diesem Thema zu schreiben«, greift sie abermals zur Feder und widerlegt seine Argumente eines nach dem anderen: Wenn sie Jean de Meung vorgeworfen hat, daß er von den »verborgenen Geschlechtsteilen« des Mannes und der Frau unschicklich und anstandswidrig spricht, dann nicht einfach aus Prüderie. »Im Zusammenhang mit einer Krankheit oder welchem Umstand auch immer empfände man es nicht als anstößig.« Und wieder verweist sie auf die Bibel und die Geschichte von Adam und Eva, die erst das Bedürfnis haben, ihr Geschlecht zu bedecken, nachdem sie den Befehl des Herrn mißachtet und sich das Recht herausgenommen haben, selbst zwischen Gut und Böse – symbolisiert durch den »Baum der Erkenntnis von Gut und Böse« – zu entscheiden. Daß Jean de Meung unanständige Worte gebrauche, daß er die Frauen verhöhne, daß er seine Leser dazu aufrufe, ohne Scham ihre Leidenschaften zu befriedigen, daß seine Worte zu »Liebesspielen« ohne Achtung vor dem Partner verleiteten – das alles sei nicht zu leugnen. Und wenn er selbstgefällig die geschlechtlichen Beziehungen beschreibe und sie dem Treiben der Kühe und Stiere auf den Weiden gleichsetze, könne man beim besten Willen nicht behaupten, daß er damit den Leser davon abbringen wolle! Sage er doch ausdrücklich, »daß es besser sei zu betrügen als betrogen zu werden«. Alles in diesem Werk sei »irreführende Täuschung«. Sie jedoch, Christine, glaube an die Liebe. Sie glaube, »daß die Mehrzahl treu ergeben und ohne Einschränkung geliebt haben, nicht anderwärts schliefen, niemals betrogen und auch nicht betrogen wurden... und dieser Liebe wegen tapfer und berühmt geworden sind, so sehr, daß sie in ihrem Alter Gott priesen, in dieser Weise geliebt zu haben«. Damit umreißt sie in wenigen Worten die höfische Minne. Jean de Meung habe nicht erfahren, was Liebe ist. Er habe nur ihr Zerrbild gezeichnet. Man brauche nicht antike Schriftsteller wie Terenz zu zitieren, um zu behaupten, daß »Wahrheit Haß erzeuge und Schmeichelei Freundschaft«. Dies sind Lehren, an denen sich eine Christine nicht nur »festbeißen« möchte: Lüge, Betrug, Täuschung sind ihr ein Greuel. Vermutlich war ihr Briefpartner vom selben Schlag wie Jean de Meung oder »sein Priester, den er Genius nennt, und der erst so energisch befiehlt, mit den Frauen zu schlafen ..., um dann zu sagen, man solle sie fliehen«! Das alles stammt aus dem ›Rosenroman‹, in dem »jede Figur unaufhörlich gegen die Frauen zu Felde zieht – die sich aber Gott sei Dank darüber nicht beunruhigen«. Was kann aus einem solchen Werk Gutes kommen? »Behält man nach seiner Lektüre eher im Gedächtnis, daß man sich vorsehen und keusch leben soll, oder ist es die unanständige Sprache?« »Du behauptest, einen Deiner Freunde von einer närrischen Liebe geheilt zu haben, indem Du ihm den ›Rosenroman‹ zu lesen empfahlst: Wem willst Du weismachen, daß er nicht besser geheilt worden wäre, wenn Du ihm die Schriften des heiligen Bernhard gegeben hättest?«

Aus Christines gesamter Epistel spricht ihr gesunder Menschenverstand, ihr geradliniges Denken. Zu den Stellen aus der Heiligen Schrift, die Pierre Col zitierte, um die Frauen anzuklagen, meint sie nur: »Wir wissen genau, daß man sie nicht wortwörtlich nehmen darf.« Obgleich von Pierre Cols Weitschweifigkeit gelangweilt, widerspricht sie seiner Beweisführung Punkt für Punkt. Zum Schluß schreibt sie: »Gott gebe, eine solche Rose wäre nie im Garten der Christenheit gepflanzt worden. Du sagst, Du seist einer ihrer Anhänger. Willst Du einer von ihnen sein, dann sei es meinetwegen. Was mich betrifft, so verzichte ich auf eine solche Zucht, denn andere sind mir wichtiger, die ich für nützlicher halte und die mir angenehmer erscheinen. Ich weiß nicht, warum Ihr mir mehr als den anderen Vorwürfe macht. Ihr, Eure Anhänger.« Warum haben sie Gersons Werk nicht direkt angegriffen? »Was mich angeht, so gedenke ich kein weiteres Schreiben mehr zu verfassen, denn genauso gut könnte ich auch die Seine austrinken«, und sie unterzeichnet mit: »Deine wohlwollende Freundin der Wissenschaft, Christine de Pizan.«

Sogleich griff Pierre Col erneut zur Feder, legte sie jedoch schon nach wenigen Absätzen aus der Hand. Sein Schreiben vom November 1402, mit dem er Christines Brief vom 30. Oktober beantworten wollte, blieb unbeendet. Das letzte Wort hatte Christine. Doch diesmal, Anfang des Jahres 1403, schrieb sie in Versform. Sie verfaßte eine Ballade an die Königin und einige Rondeaus an Guillaume de Tignonville, nachdem Jean Gerson besonders in der Adventszeit des Dezember 1402 in mehreren Predigten auf die Auseinandersetzungen im Zusammenhang mit dem ›Rosenroman‹ eingegangen war, um das Sexualverhalten seiner Zuhörer pädagogisch zu beeinflussen. Jean de Montreuil schickte noch einige Briefe ab, in denen er seine Empörung darüber kundtat, daß eine einfache Frau es wagte, einen Magister und Doktor anzugreifen, den die Universität von Paris auf ein Podest gestellt hatte; doch sie fanden keinen Widerhall mehr.

So endete in diesen ersten Jahren des 15. Jahrhunderts der erste antifeministische Streit unserer Literaturgeschichte.

Dieser Streit beweist jedenfalls, daß sich Christine der Veränderungen, die sich in jener Zeit vollzogen, sehr wohl bewußt war. Auf die Herrschaft des Ritters folgt die des Hochschullehrers, des Intellektuellen, der sich deutlich abzugrenzen versucht von denen, die keinen Zugang zu jenem System der Abstraktionen, der Definitionen und Prinzipien hatten, in dem er zu Hause ist: den Frauen, dem Volk, allen jenen, die nicht die Universität besuchen. Die Kluft, die dadurch entsteht, wird immer breiter. Sie charakterisiert die damalige bürgerliche Kultur, in der Universität und Parlement mit Unterstützung des Königtums die Pfeiler und auch die Rechtfertigung für das Rechtssystem sind. In jener Zeit, in der Christine lebt, tritt an die Stelle des Gewohnheitsrechts allmählich das Gesetz. Als dieses Gesetz zum Code wird, ist die Frau buchstäblich verschwunden. Für die männliche Welt des Code Napoléon existiert sie nicht mehr.

III. Neuzeit

Wolfgang Behringer
Verdacht, Verhör, Folter und Hinrichtung: Stationen der Hexenverfolgung

Dieses Kapitel soll jenseits des chronologischen Ablaufs der Geschichte der Hexen und der Hexenprozesse den systematischen Zusammenhang vermitteln, die Stationen der Hexenverfolgungen darlegen.[...] Die strukturelle Darstellung von Hexenprozessen ist notwendigerweise ein Konstrukt, da im Einzelfall sehr große Unterschiede bestanden. Bei diesem derart umstrittenen Thema sei ausdrücklich noch einmal darauf verwiesen, daß harte Hexenprozesse meist aus spezifischen Konflikten entstanden. Eine Hexereibeschuldigung, die normalerweise mit einer Bestrafung des Verleumders geendet hätte, konnte sich unter bestimmten Bedingungen als lebensgefährlich erweisen.

Ausschlaggebend für den Beginn von Hexenverfolgungen war nicht selten die Stimmung in der Bevölkerung. Das mag manchen überraschen, der sich von »vordemokratischen« Zeiten, die in der Geschichtsschreibung nicht selten unter Begriffen wie »Feudalismus« oder »Absolutismus« abgehandelt werden, ein anderes Bild gemacht hatte. Tatsächlich aber waren die Obrigkeiten in hohem Maße von der Stimmung in der Bevölkerung abhängig. Besonders in Krisenzeiten wurden sie regelrecht unter Druck gesetzt durch Petitionen oder sogar durch die Androhung direkter Rebellion durch die »Untertanen«.

Wie entstanden allgemeine Hexereiverdächtigungen? Ein besonderes Problem lag in der extremen Leichtgläubigkeit, die bis weit in die gelehrten Schichten reichte, die aber in der sozialen Dynamik populärer Bewegungen ein besonderes Potential erreichte. Alle schädlichen, »unnatürlichen« Begebenheiten wurden den Hexen zugeschrieben, und für besonders unglückliche Situationen – große Mißernten, Krisen des »type ancien« – wurde die Verschwörung der Hexen verantwortlich gemacht. Kollektiver Schaden zog kollektive Anklagen nach sich, die oft von ganzen Gemeinden erhoben wurden. Individueller Schaden zog individuelle Anklagen nach sich, wobei es vielleicht einer Bemerkung wert ist, daß solche Klagen besonders häufig von Frauen erhoben wurden und besonders dann, wenn es um die Schädigung der eigenen Kinder ging.

In der heutigen öffentlichen Meinung herrschen über den Verlauf von Hexenprozessen und -verfolgungen grob vereinfachende Ansichten vor, die wesentlich geprägt sind durch die Abscheu vor den großen Verfolgungsexzessen seit ihrer Kritik durch die Aufklärung des 18. Jahrhunderts. Jeder, ob Mann oder Frau, so heißt es, der der Hexerei beschuldigt worden sei, hätte unweigerlich auf dem Scheiterhaufen geendet. Diese Ansicht kontrastiert in geradezu grotesker Weise mit derjenigen der zeitgenössischen Verfolgungsbefürworter, die zwei Jahrhunderte lang klagten, das ganze Land sei voller Hexen und kaum jemals werde eine wegen ihrer schlimmen Verbrechen bestraft. Tatsächlich bestätigen regionale und lokale Hinrichtungsverzeichnisse diese Ansicht: Hexenhinrichtungen bildeten im Vergleich zur übrigen Justizpraxis an den allermeisten Orten die Ausnahme. Der Grund dafür liegt in der Tatsache, daß der Hexereivorwurf, obwohl hinter vorgehaltener Hand sicherlich häufig erhoben, extrem schwer nachweisbar war. Praktisch war dies überhaupt nur durch freiwillige – das kam mitunter vor – oder durch Folter erzwungene Selbstbezichtigung möglich. Ein großer Teil des komplexen Hexereidelikts (Flug, Teufelsbuhlschaft, Tierverwandlung etc.) ist nach unserer heutigen Überzeugung ohnehin fiktiv und daher unbeweisbar. Doch auch das Delikt des Schadenzaubers zeichnete sich ja gerade dadurch aus, daß die Kausalverknüpfung zwischen magischer Manipulation und eingetretenem Schaden wegen der Heimlichkeit des Zusammenhangs nicht eindeutig nachweisbar war. Die Reichsgesetzgebung bestimmte in Artikel 44, daß erst eine Kombination von Verdachtsmomenten die Gerichte zur Anwendung der Tortur berechtigen sollte. Dabei war die Tortur wie in allen anderen Strafprozessen, z.B. wegen Diebstahl, Ehebruch etc., theoretisch an bestimmte Regeln gebunden, die ihren Mißbrauch ausschließen sollten. Die Problematik der Folter war bekannt und mehrfache Tortur war im Grunde nicht erlaubt. Die Tortur galt als Mittel, entweder ein Geständnis zu erzielen oder den Verdächtigen vom Verdacht zu reinigen. Tatsächlich läßt sich beobachten, daß gemäßigte Gerichte die Tortur auch in Hexereifällen zur *purgatio* verwandten.

Mit einem derartigen juristischen Vorgehen war das vermeintliche geheime Superverbrechen der Hexerei – in zeitgenössischer Terminologie *crimen atrocissimum et occultissimum* – nicht zu bekämpfen. Deshalb wurde eine Art Notstandsrecht konstruiert, nach welchem das Hexereiverbrechen zum *crimen exceptum* erklärt wurde, für das die normalen Prozeßbedingungen nicht galten: Im Extremfall sollte bloßer Verdacht zur Verhaftung führen und als Legitimation zur Folteranwendung gelten. Die Folter sollte so lange, so oft und mit solchen Mitteln ausgeübt werden können, daß ein Geständnis unweigerlich erzielt werden konnte. Bereits der »Hexenhammer« gab im Wissen um die Widerrechtlichkeit dieses Vorgehens weltlichen Richtern den Rat, die Wiederholung der Tortur als »Fortsetzung« zu bezeichnen – eine klare Anweisung zur Sprachmanipulation aus dem späten 15. Jahrhundert.

Verhaftet wurde also nicht in jedem Fall; wenn es jedoch dazu kam, belastete allein schon die Gefängnissituation die Verdächtigten weit mehr, als dies den meisten Zeitgenossen bewußt war. Nur besonders sensible Gemüter wie Anton Prätorius registrierten die Gefahren der damaligen »Untersuchungshaft«.

Abgesehen von eigentlich unrechtmäßigen Übergriffen folgte der Hexenprozeß einem geregelten Schema. Dazu gehörte auch, daß die Verdächtigten nicht wahllos gefragt und gefoltert wurden, sondern daß die Regeln des »ordentlichen

Prozesses« *(processus ordinarius)* eingehalten wurden. Dazu gehörte die Befragung nach vorher festgelegten Frageschemata, den »Interrogatorien«. Diese folgten nicht völlig den Vorschlägen des ›Hexenhammers‹, sondern variierten von Ort zu Ort. [...] Nicht nur die Fragen, sondern auch die Antworten der Verdächtigten mußten akribisch schriftlich fixiert werden. Meistens wurde diese Regel auch eingehalten. Nicht selten erfahren wir aus diesen Verhörprotokollen interessante Details nicht nur über den Verlauf der Befragung und die mit der Hexerei verbundenen Vorstellungen, sondern auch über die verdächtigten Personen – die »Hexen« – selbst.

Die Folter war die Seele des Hexenprozesses. Da das Hexereidelikt in wesentlichen Teilen imaginär war, gestanden die meisten Menschen diese Teile des Delikts – anders als einfache abergläubische Handlungen – oft erst unter extremer Gewalteinwirkung. Zwar gab es immer wieder Menschen, die die körperliche und psychische Kraft besaßen, allen Foltern standzuhalten, doch wurden an den Orten, wo das widerrechtliche Vorgehen einmal eingerissen war, unter Berufung auf den vermeintlichen Notstand immer neue Torturen ersonnen: Neben den landläufigen Bein- und Daumenschrauben, dem Aufzug mit dem Seil ohne oder mit Gewichten – diese Torturen wurden in allen Strafprozessen angedroht und angewandt – äußerte sich hier ein mörderischer Erfindungsgeist. Alte Ordalien wie die Feuer- und die Wasserprobe wurden wiederaufgenommen, unerhörte Foltermethoden neu belebt oder entwickelt: der Aufzug auf dem »gespickten Hasen«, das »gefältelte Stüblein«, das Brennen mit Schwefelpflastern, Fackeln und geweihten Kerzen, Beträufeln mit brennendem Pech, die von dem Trierer Weihbischof Binsfeld geforderte Folter durch Schlafentzug *(tormentum insomniae)*, Entzug des Essens und Trinkens, heiße Säurebäder, Ausbrechen der Arme aus den Gelenken, der »Hackersche Stuhl«, die »Spanischen Stiefel« etc. Zeitgenossen kritisierten, das Überstehen solcher Torturen sei praktisch unmöglich und wenn es doch einmal vorkäme, könne das nicht der Wahrheitsfindung dienen. Bei exzessiver Folteranwendung starben viele der betagten Verdächtigten bereits während der Verhöre. [...]

Selbstzeugnisse von Opfern der Verfolgung sind nicht sehr häufig, wenn sie aber überliefert sind, eröffnen sie erschütternde Einblicke, besonders auch in das in den Prozessen angewandte Verfahren. Beim Geständnis sollte größter Nachdruck auf die Benennung der »Gespielen« beim Hexentanz gelegt werden, damit die vermeintliche Verschwörung der Hexen endlich ganz aufgedeckt werden könnte. Diese auch damals widerrechtlichen Fragen haben den »Hexenprozeß« zum heute noch sprichwörtlichen Inbegriff des Unrechts und der Unmenschlichkeit gemacht. Besser als alle abstrakten Ausführungen verdeutlicht der Text eines zeitgenössischen Kassibers die Problematik der Hexenverfolgungen. In der Bischofsstadt Bamberg war 1628 die Verfolgung so weit gediehen, daß der Bürgermeister der Stadt, Johannes Junius, selbst unter Anklage gestellt wurde, nachdem er übereinstimmend von sechs bereits der Hexerei geständigen Personen beschuldigt worden war. Allein aufgrund dieser erfolterten Denunziationen wurde der Mann verhaftet und nun selbst dem Prozeß unterworfen. Vor seiner Hinrichtung konnte er einen Brief an seine Tochter aus dem Hexengefängnis schmuggeln lassen, der uns wie kaum ein anderes Dokument Einblicke in das Verfahren eröffnet. […]

Die Folter war die Seele des Hexenprozesses, doch wer waren die Folterer? Mit der Ausführung betraut war der Berufsstand der Scharfrichter, deren Familien als ehrlos galten. Die Scharfrichter – andere Bezeichnungen sind Henker, Freimann, Kleemeister, Nachrichter etc. – verrichteten die einzelnen Torturen nach festen Tarifen, wir würden heute sagen: im Stücklohn, und waren daher unmittelbar daran interessiert. Beauftragt und überwacht wurden sie jedoch von Vertretern der Obrigkeit, die verpflichtet waren, den Folterverhören persönlich beizuwohnen. Wir wissen mit Sicherheit, daß man dieser Verpflichtung auch nachkam. In den Reichsstädten, beispielsweise in Augsburg, wohnten Stadträte den Folterungen bei, in den Kleinterritorien die Regierungsräte und nicht selten die Reichsgrafen selbst, in den Großterritorien und in den Regierungsorten, beispielsweise in Bayern, Beamte im Ministerrang, und selbst hier mitunter Mitglieder der Fürstenfamilie, des hohen Landadels, des hohen Klerus. Alle Juristen, die politisch im Land eine Rolle spielten, kannten die Folterverhöre der Hexenprozesse aus eigener Mitwirkung. Alle Theologen von Bedeutung wurden im Verlauf ihrer Karriere mit der Gewissensproblematik der vermeintlichen Hexen konfrontiert – sei es als Beichtväter oder als Gutachter, als Ratgeber der Fürsten oder als Prediger und Schriftsteller. Alle deutschen Regierungen und alle Universitäten waren zwischen 1560 und 1660 unaufhörlich mit der Hexenproblematik beschäftigt. Viele Regierungen lehnten in nicht wenigen Einzelfällen die Durchführung von Hexenverfolgungen ab. Dabei spielten Skepsis, Staatsräson, humanitäre Überlegungen und die Umstände des jeweiligen Falls eine Rolle.

Ideologischer Fanatismus, die Höherbewertung abstrakter Prinzipien (»Rettung der Ehre Gottes«), der praktische Gesichtspunkt der Abwendung von Unwetter- und Ernteschäden, die psychische Disposition der autoritären Charakterstruktur mit ihrer Neigung zu radikalen Ausrottungslösungen (»das Ungeziefer ausrotten«) haben jedoch an einzelnen Orten immer wieder zu exzessiven Hexenverfolgungen geführt. Die Entscheidung über die Zulassung oder Durchführung von Verfolgungen fiel in Deutschland immer auf der Ebene der Territorialobrigkeiten, wenn auch gemäß der heterogenen politischen und staatsrechtlichen Struktur nach recht unterschiedlichen Modalitäten. In absolutistisch organisierten Territorien wie Bayern war eine Mitwirkung der Zentralgewalt bereits bei der Tortur obligatorisch, und der Prozeß wurde rein obrigkeitlich geführt. In den territorialen Splittergebieten Schwabens oder des Saarraumes wirkten lokale Gewalten durch Gemeinden und Schöffen am Verfahren mit, was zeitweise die Ausdehnung von Verfolgungen besonders begünstigte.

Wer waren die Opfer der Hexenprozesse? Eine eindeutige Antwort auf diese Frage läßt sich kaum geben. Vor allem zu Beginn von Hexenprozessen zeigt sich, daß das Klischee der Märchenhexe – Merkmale: weiblich, alt, arm, häßlich, eigenartig – den damaligen Vorstellungen noch recht nahekommt. Geschlechterverteilung, Altersstruktur und Sozialstruktur der Prozeßopfer variierten jedoch sowohl regional als auch zeitlich beträchtlich. Bei den ersten großen Hexenverfolgungen der Welle um 1590 lag der Frauenanteil höher als 90 Prozent, bei der letzten großen süddeutschen Verfolgung, dem Salzburger Zauberer-Jackl-Prozeß um 1680, dagegen nur bei 30 Prozent, und mehr als 70 Prozent der ca. 140 wegen Hexerei hingerichteten Personen waren jünger als 22 Jahre.

Auch wenn mit beträchtlichen Abweichungen zu rechnen ist, kann als Faustregel gelten, daß bei größeren Verfolgungen die Prozeßopfer zu Beginn am ehesten dem Klischee entsprachen und sich mit Intensivierung der Verfolgung immer weiter davon entfernten. Am Ende der großen Hexenjagden finden wir als Opfer, sozusagen idealtypisch, das Gegenstück zur Märchenhexe: den reichen, ständisch gehobenen, sozial integrierten Mann – wie den erwähnten Bamberger Bürgermeister Junius –, der normalerweise kaum Opfer eines Strafverfahrens geworden wäre, weil sein gesellschaftlicher Einfluß dies verhindert hätte. Hundertfach wird in den Protokollen der Vorwurf der »Klassenjustiz« angestimmt: Stets hänge man die Armen, und die Reichen lasse man laufen. Dieser Vorwurf war wohl auch damals normalerweise gerechtfertigt. Gerade die Hexenverfolgungen jedoch besaßen – radikal durchgeführt – eine egalitäre Tendenz. Nach der Logik der Hexenverfolger konnten Hexen nur über Beschuldigungen gefunden werden, und deshalb mußte allen Beschuldigungen geglaubt werden, auch hinsichtlich solcher Personen, die nicht dem ursprünglichen Hexenklischee entsprachen. Den ersten Prozeßopfern wurde somit die Chance gegeben, die Ausdehnung der Verfolgung zu beeinflussen. Wie sich nachweisen läßt, benutzten viele diese Möglichkeit bewußt, um nach den von ihnen erpreßten Geständnissen aus eigenem Antrieb – aus Rache oder um ein Ende der Verfolgung herbeizuführen – Angehörige der gesellschaftlichen Oberschichten in den Strudel der Verfolgung hineinzureißen. Das Ergebnis war die wohl radikalste Einebnung der ständisch-hierarchischen Unterschiede durch die Justiz vor dem Einsatz der Guillotine in der Französischen

Revolution. In Würzburg wurden mehrere junge Adelige hingerichtet, gelehrte Theologen, mehrere Chorherren, 14 Vikare, die Frau des Hochstiftskanzlers und die Bürgermeisterin sowie mehrere Ratsherren mitsamt ihren Frauen. In Bamberg wurde der Hochstiftskanzler mit Frau, Sohn und zwei Töchtern verbrannt sowie »viel vornehme Herren und Raths-Personen, sonderlich etliche Personen, die mit dem Bischoff ueber der Taffel gesessen«. Dieser Verfolgung fiel auch Junius zum Opfer. Eine Untersuchung der Würzburger und Bamberger Verfolgungen – sie steht noch aus – könnte ergeben, daß die Oberschichten im Vergleich zur Sozialstruktur der Städte unter den Prozeßopfern deutlich überrepräsentiert waren, eine Folge der seltenen Radikalität der Prozeßführung an diesen beiden Orten. Denn ansonsten bewahrheitete sich auch bei den Hexenverfolgungen oft der Vorwurf der Klassenjustiz: Sobald die Beschuldigungen die Oberschichten bedrohten, endeten die Prozesse.

Über die Ursachen der Hexereibeschuldigungen gegen bestimmte Personen gibt es mittlerweile eine große Debatte, die hier nicht referiert werden kann. Nur soviel: Die dezidierte Absicht, bestimmte soziale, konfessionelle oder andere Gruppen auszurotten, war damit nicht verbunden. Hebammen beispielsweise, von den frauenfeindlichen Verfassern des ›Hexenhammers‹ als besonders verdächtig eingestuft, waren geachtete Mitglieder der Gesellschaft, in den Städten von den Magistraten beamtet und besoldet. Ein wesentliches Motiv zur Abhaltung von Hexenprozessen war die Furcht vor Verhexung. Daß dabei bestimmte unterprivilegierte Personengruppen besonders verdächtigt wurden, hängt vielleicht damit zusammen, daß man davon ausging, daß sie wenig Möglichkeiten hatten, ihre Interessen auf anderem Wege als durch Hexerei durchzusetzen. Eine interessante sozialpsychologische Deutung für die vermeintlich größere Anfälligkeit alter Frauen für Zauberei gab 1610 der Tiroler Arzt Hippolytus Guarinonius.

Die Hexenverfolgungen erschrecken uns in vielerlei Hinsicht, nicht nur durch die Macht der zutage tretenden Vorurteile über bestimmte Personen oder Personengruppen und die

Grausamkeit und Unrechtmäßigkeit des justiziellen Vorgehens. Bestürzend ist auch die Rationalisierung der Hinrichtungen dort, wo man von Einzelhinrichtungen zu Massenprozessen überging. In der Bischofsstadt Bamberg beispielsweise wurden die Todesurteile während der großen Verfolgungswelle von 1626 bis 1630 derart standardisiert, daß für die einzelnen Verurteilten nur noch Nummern eingesetzt wurden. Die Hexenhinrichtungen waren wie alle anderen öffentlichen Hinrichtungen Schauspiele ersten Ranges, zu denen aus Sensationslust nicht selten Zehntausende von Menschen aus allen Himmelsrichtungen herbeiströmten; sie waren erstrangige Demonstrationsmöglichkeiten der Obrigkeit: Hier wurden »Gerechtigkeit« und hartes Durchgreifen gegenüber »Volksschädlingen« zelebriert.

Margaret L. King
Frauen mit Macht und Einfluß

Auf dem Pfahl, an den der brennende Leichnam Johannas von Orléans gebunden stand – des Bauernmädchens, das die Rüstung eines Kriegers getragen und einen König zum Kampf aufgerufen hatte –, war ein Schild mit den Bezeichnungen befestigt, die man in der Renaissance Frauen zu geben pflegte, die man haßte: »eretica, recidiva, apostata, idolatra« – Ketzerin, Rückfällige, Abtrünnige, Götzenanbeterin. Das Geheimnis dieses Hasses hat die so zahlreichen Biographen dieser Schutzheiligen Frankreichs immer wieder beschäftigt. Wir können hier nicht alle diese Geschichten neu erzählen, doch lassen sie sich ohne unzulässige Verallgemeinerung so zusammenfassen: Johanna wurde gehaßt, weil sie tat, was Männer taten, und zwar glanzvoll. Die Männer, die in ganz Europa Scheiterhaufen errichteten, duldeten nicht, daß man sich so über eine Ordnung hinwegsetzte, die ihnen als naturgegeben erschien. Im Zeitalter der Sinnbilder ist Johanna von Orléans ein Sinnbild für jene Renaissancefrauen, die den Versuch unternahmen, an der Zivilisation der Renaissance mitzuwirken: nicht durch das Gebären von Kindern oder die Verehrung Gottes, sondern durch das Mitgestalten ihrer kulturellen Formen. Sie hatten nicht dasselbe Schicksal wie Johanna, aber einige von ihnen verstanden es in seiner Sinnbildlichkeit.

In vorderster Front standen jene Frauen, die keine Wahl bezüglich ihrer Rolle hatten. Sie trugen wie Johanna Waffen oder übten eine noch formidablere Gewalt aus. Sie waren Königinnen und Herrscherinnen und regierten in Vertretung ihrer abwesenden Gatten, toten Väter oder minderjährigen Söhne. Ihre persönliche Stärke und ihre Leistungen waren außerordentlich, aber sie haben keine Spur hinterlassen: Ihr Kapital wurde in der männlichen Linie vererbt, nicht an weibliche Erben – jedenfalls nicht in den Jahrhunderten, von denen hier die Rede ist. Als Frauen aber, die – wenn auch nur kurz – zu gebieten hatten, verdienen sie unsere Aufmerksamkeit. Gegen Ende jenes Jahrhunderts, das Johanna von Orléans erhellte, war Caterina Sforza eine traditionellere, aber immer noch erstaunlich selbständige Gestalt. Als illegitime Enkelin Francesco Sforzas, des illegitimen Usurpators der Mailänder Dynastie Visconti, geriet sie durch die Ehe mit Girolamo Riario, dem Neffen Papst Sixtus' IV., in den politischen Mahlstrom des italienischen Quattrocento. Nach der Ermordung ihres Gatten im Jahre 1488 verteidigte sie vehement die Interessen ihrer Familie sowie die Städte Imola und Forlí. Den Belagerern zahlenmäßig weit unterlegen, hielt sie Forlí gegen den Feind, der ihre sechs Kinder als Geiseln hielt. Zwölf Jahre später befehligte sie die Verteidigung derselben Mauern, doch diesmal wurde sie besiegt, möglicherweise vergewaltigt und von Cesare Borgia gefangen nach Rom geführt.

Caterina Sforza übernahm, wie Johanna von Orléans, eine militärische Rolle, aber sie errang keine Macht; das gelang den wenigsten Frauen, auch wenn sie aus den höchsten Adelsfamilien und Königshäusern stammten. Die beiden großen Ausnahmen waren die gebürtige Italienerin Catherine de' Medici, Witwe des französischen Königs Henri II. (und Regentin für dessen beide Nachfolger François II. und Charles IX.), und Elizabeth, die Tochter des englischen Tudorkönigs. Beide entfalteten die Identität einer Renaissanceherrscherin, in der die Ambiguität ihrer Rolle zum Ausdruck kam. Catherine de' Medici wählte für sich das Sinnbild der Artemisia (den Typus der keuschen, wehrhaften Jungfrau), die in der Mythologie für das pflichtschuldige Gedächtnis berühmt ist, das sie ihrem verstorbenen Gatten Mausolos bewahrte. Unter dieser Devise war es Catherine möglich, autoritativ zu handeln und gleichzeitig ihre Ehrerbietung gegen jene Herrscher zu demonstrieren, zwischen denen sie als Vehikel der Macht vermittelte. Die unabhängigere und mutigere Elizabeth, die ihr öffentliches Image meisterhaft zu prägen wußte, präsentierte sich ihren Untertanen in verschiedenen weiblichen Identitäten: als Astraia, Debora, Diana. Um aber zugleich dem beispiellosen Phänomen eines weiblichen Monarchen für den Ernstfall Unterstützung zu sichern, projizierte sie androgyne Bilder ihrer Rolle (Mann-Frau, Königin-König, Mutter-Sohn) und bezeichnete sich selbst hoheitsvoll als »Fürst« mit dem Leib einer Frau und dem Herzen eines Königs. Sie wehrte sich gegen die Gleichsetzung ihres Geschlechts mit Wankelmut und Inkompetenz. Im Jahre 1601 fragte sie, bereits fortgeschrittenen Alters, das Parlament in ihrer Golden Speech: »Soll ich irgend etwas mir selbst und der Schwachheit meines Geschlechts zuschreiben? Dann wäre ich nicht wert zu leben«; »mein Geschlecht«, sagte sie wenige Wochen vor ihrem Tod, »kann meinen Ruf nicht mindern«. Hätte sie geheiratet, so hätte sie vielleicht einen Erben geboren. Aber dann hätte sie auch dem Einfluß ihres Prinzgemahls unterstanden. Statt dessen nahm sie – eine vollständige Dyade in sich selbst – keinen Gatten und erklärte, mit England verheiratet zu sein. Ihre heroische Jungfräulichkeit – mehr nach dem Muster der großen Heiligen als der modernen Frauen – hob sie aus der Menge der anderen Frauen ihres Reiches heraus, die weiterhin heirateten und ein Familienleben führten. Ihre Geschlechtsnatur war ebenso außergewöhnlich, wie ihre königliche Autorität anormal war. Aus eigener Kraft insistierte sie auf dem Recht zu herrschen, und war die einzige Frau in der Renaissance, die souveräne Macht ausübte.

Die elisabethanische Kultur des Tudorhofes im späten 16. Jahrhundert drehte sich zum großen Teil um diese mann-hafte Jungfrau, die ihr bis heute den Namen gibt. Lyriker, Dramatiker und Gelehrte machten in ihren Werken subtile Anspielungen auf dieses Wunder in ihrer Mitte. An ihrer Spitze stand William Shakespeare; in den androgynen Heldinnen seiner Komödien kann man Variationen dieser Monarchin finden – nur geistreicher und exaltierter als sie. Diese Frauencharaktere – junge Männer, die sich als Frauen verkleideten, die wiederum häufig eine Hosenrolle spielten, und so Wesen von gründlich verworrener Sexualität auf die Bühne stellten – bezauberten und bannten wie die Königin selbst. Shakespeares Genie verstand auch, wie sehr das Phänomen eines Königin-Königs gegen die naturgegebene Ordnung verstieß. In dem scheinbar beschwingten »Sommernachtstraum« spricht er von der Abnormalität einer politischen Ordnung, die unter der Herrschaft einer Frau steht, wenn die Amazone Hippolyta, die Elizabeth verkörpert, endlich mit dem rechtmäßigen männlichen Machtinhaber vermählt wird. Wie Johanna von Orléans wurde Elizabeth als Amazone wahrgenommen (und nahm sich selbst als eine solche wahr), und tief im Bewußtsein des Zeitalters, das sie dominierte, steckte das Unbehagen an der wehrhaften Jungfrau, einem rationalen weiblichen Wesen, einer emotionalen Kraft, die nicht durch die naturgegebene Ordnung gezähmt wurde.

Das Phänomen von Frauen auf dem Thron, wie Catherine und Elizabeth, rief Kontroversen über die Legitimität weiblicher Herrschaft hervor. Niemand äußerte sich so drastisch wie der Presbyterianer John Knox, der 1558 in seinem ›First Blast of the Trumpet Against the Monstrous Regiment of Women‹ den Vorwurf erhob: »Es ist schlimmer denn eine Mißgeburt in der Natur, daß ein Weib herrschen solle und solle Gewalt haben über den Mann.« »Eine Frau zu erheben, daß sie herrschen solle über irgendein Reich, ein Volk oder eine Stadt, ist der Natur widerwärtig, Gott verächtlich, ... und ist endlich die Verkehrung der guten Ordnung, aller Billigkeit und Gerechtigkeit.« Wenn eine Frau herrscht, führt die Blinde den Sehenden, die Kranke den Gesunden, »die Närrische, Irre und Wahnsinnige« den Vernünftigen und Nüchternen. »Denn ihr Blick im zivilen Regiment ist nur Blindheit, ihr Rat Narretei und ihr Urteil Wahnsinn...« Der Wunsch der Frau nach Herrschaft ist ein Akt des Verrats: »Daß das Weib über den Mann herrsche, das hat sie durch Verrat und Verschwörung gegen Gott erlangt. ... (Die Männer) müssen darauf sinnen, die unverschämte Anmaßung und Tyrannei des Weibes bis zum Äußersten ihres Vermögens zu unterdrücken.« Gott könne wohl gelegentlich ein Weib zur Herrscherin erwählen, schrieb John Aylmer ein Jahr darauf in einer Widerlegung Knox'; aber die meisten Frauen seien doch »leichtsinnig, närrisch, lüstern und flatterhaft, geschwätzig, kleingeistig, wankelmütig, geistlos, ohne Urteil, schwach, bedenkenlos, heftig, stolz« und so fort.

Die meisten Verteidiger weiblicher Herrschaft in diesem Jahrhundert kamen über das Problem des Geschlechts nicht hinweg. War Knox außer sich vor Wut darüber, daß Mary Tudor an die Macht kam, so erregte das Verhalten ihrer Nachfolgerin Elizabeth der Großen den Zorn des französischen katholischen Staatsrechtlers Jean Bodin. Im sechsten Buch seiner ›Sechs Bücher von der Republik‹ erforscht Bodin sehr gründlich die emotionale Dimension weiblicher Herrschaft. Er vertritt die These, daß die Geschlechtsnatur der Frau mit Sicherheit ihrer Tauglichkeit als Herrscherin in die Quere kommen werde. Wie sagte doch der venezianische Botschafter in Frankreich, Giovanni Correr, über eine andere Queen Mary, nämlich die unglückliche Königin von Schottland: »Il governare stati non è mestier da donne.« Andere venezianische Botschafter am Hof von Elizabeth' Nachfolgern waren eher beeindruckt: Diese Königin habe durch ihre außergewöhnliche Klugheit und Geschicklichkeit »die Lage der Frauen verbessert« und »in ihrer Regierung die Bedingungen ihres Geschlechts überwunden«. Männliche Beobachter sahen also im Geschlecht des weiblichen Monarchen ein Hindernis für die effektive Ausübung der Herrschaft, oder sie betrachteten es als gleichsam getilgt und sahen darüber hinweg, als sei die Frau keine Frau. Spenser machte seine Monarchin einfach zu einer Ausnahme von der sonst universalen Regel von der Unterordnung der Frau: »tugendhafte Frauen« wüßten, daß sie »to base humilitie« geboren seien, sofern es nicht Gott gefalle, sie »to lawful soveraintie« zu erheben (Faerie Queene V.V. 25).

Dieses Problem war zwar quälend für die wenigen Frauen, die es betraf, aber es gab eben nur ein paar, die selber herrschten: Es kam selten vor, daß eine Frau, wie diese Königinnen, die Macht ererbte. Dazu mußten alle für die Macht in Frage kommenden Männer rechtzeitig gestorben sein. Die meisten Frauen in den herrschenden Klassen herrschten nicht wirklich, sondern genossen nur einige Vorrechte der Souveränität. Im vibrierenden künstlerischen und geistigen Klima der Renaissance, vor allem in Italien, bedeutete das, daß sie die Macht der Patronage besaßen. Frauen, die nicht herrschten oder an der

Spitze ihrer Armeen die Kräfte der Zerstörung lenkten, konnten ihre Autorität und ihren Reichtum dazu nutzen, das Denken und die Kultur mitzuformen.

Überall, wo es Höfe als Zentren des Reichtums, des Kunstschaffens und des geistigen Austauschs gab, hatten intelligente Frauen reichlich Gelegenheit, sich in der Rolle einer Gönnerin der Künste und der Kultur zu gefallen. In Frankreich gab Anne de Bretagne, die Frau König Charles' VIII., die Übersetzung von Boccaccios ›De claris mulieribus‹ in Auftrag und holte gebildete Frauen an ihren Hof, die sich in Diskussionen über die platonische Liebe ergingen. Charles' Schwägerin Louise von Savoyen unterrichtete den künftigen König François I. und seine Schwester Marguerite nach den Grundsätzen des italienischen Humanismus. Diese Marguerite – von Angoulême, später von Navarra – war am königlichen Hof ihres Bruders für die kulturellen Belange zuständig und nahm einen Kreis gelehrter Männer unter ihre Fittiche. Vom Evangelikalismus Lefèvre d'Etaples' und Guillaume Budés beeinflußt und in spirituellen Dingen von Bischof Guillaume Briçonnet beraten, stand sie im Mittelpunkt protoreformatorischer Bestrebungen. Sie war selbst eine originäre Denkerin; ihre Geschichtensammlung ›Heptaméron‹ behandelte die Frage nach der problematischen Rolle der Frau in einer Männerwelt. Aus diesem höfischen Kreis aktiver Erzieherinnen und Förderinnen der Künste gingen andere Frauen mit einigem Einfluß hervor, darunter die Calvinistin Jeanne d'Albret, die Tochter Marguerites und Mutter des künftigen Königs Henri IV., eine unerschrockene Kämpferin für ihre Familie und ihre Religion, sowie Renée, von Rechts wegen Erbin Louis' XII., die aber von ihrem Vetter François übergangen und statt dessen mit dem Herzog von Ferrara verheiratet wurde, der ihr als Gesellschafterin seine eigene Tochter, die junge italienische Humanistin Olimpia Morata, an die Seite gab.

In Spanien stand die formidable Isabella an der Spitze der religiösen Reform und des geistigen Lebens, während in England ihre gelehrte Tochter Katharina von Aragón, die erste Frau König Heinrichs VIII., von den führenden Humanisten der Zeit umgeben war. Für sie schrieben Erasmus seine ›Christiani matrimonii institutio‹ und Vives seine ›Institutio foeminea christianae‹ und andere Werke. Vives suchte sie als Erzieher ihrer Tochter Mary Tudor, der künftigen Königin, zu gewinnen. Eine Generation zuvor war Margaret Beaufort, Gräfin von Richmond, die bereits erwähnte Mutter des ersten Tudormonarchen, der Prototyp der königlichen Mäzenin und gelehrten Frau in England gewesen. An den Höfen Eduards IV. und Richards III. hatte sie *minstrels* und gelehrte Männer um sich gesammelt, die damals noch junge Kunst des Buchdrucks gefördert, Theologieprofessuren in Oxford und Cambridge gestiftet (wo sie zwei Colleges gründete), die Erziehung ihres Sohnes und ihrer Enkel überwacht und selber das Andachtsbuch ›Goldener Spiegel der Sündigen Seele‹ aus dem Lateinischen übersetzt.

In Italien mit seiner Fülle von Höfen und Städten und talentierten Menschen boten sich einer kultivierten Frau zahllose Möglichkeiten, die Kultur der Renaissance mitzugestalten. Eine namhafte Förderin der Künste war Isabella d'Este aus dem Hause der Beherrscher Ferraras, die Schwester Beatrice d'Estes, die später eine ähnliche, aber blassere Rolle in Mailand spielen sollte, sowie Alfonso, Ferrante, Ippolito und Sigismondo d'Este, denen sie an Ruhm nicht nachstand. Unterrichtet von dem Erzieher Battista Guarini, dem Sohn des großen Humanisten Guarino Veronese, verstand sie Griechisch und Lateinisch, diese Insignien einer ernst zu nehmenden Gelehrsamkeit, welche sie ebenso auszeichnete wie die Gewandtheit im Lautespielen und Tanzen und in der geistreichen Konversation. Sie war mit dem Beherrscher Mantuas verheiratet, präsidierte an diesem Hof über Festlichkeiten und Aufführungen, Künstler, Musiker und Gelehrte, Bibliotheken, die reich ausgestattet waren mit eleganten Bänden. Ihre Umgebung war üppig ausgestattet mit Statuen, Kästchen, Uhren, Marmorbüsten, Lauten, Tellern, Spielkarten, alles war geschmückt mit Bildern, Edelsteinen und Gold. Ariost, Bernardo da Bibbiena und Gian Giorgio Trissino gehörten zu ihren Günstlingen. Sie studierte Landkarten und Astrologie und plauderte häufig mit dem Hofbibliothekar Pellegrino Prisciano. Ihr *studiolo* und ihre *grotta*, prächtig ausgeschmückte Räume im Herzogspalast, waren ihr glorreiches Monument. Für diese und andere Projekte entwarf sie persönlich die allegorischen Schemata, wobei sie ihre humanistischen Berater konsultierte. Als ihr Gatte während der Kriege in Gefangenschaft geriet, die Italien nach dem Einmarsch von Streitkräften aus Frankreich, Spanien und dem Reich erschütterten, übernahm sie für kurze Zeit das Regiment und bekam für diese kühne Übernahme der Macht nur zornige Worte zu hören. Ihre großen Fähigkeiten hatten sich auf die Förderung der Künste und Wissenschaften zu beschränken.

Ebenfalls aus einer begrenzten Herrschaftsausübung verdrängt wurde die reiche adlige Venezianerin Caterina Cornaro. Sie war in eine uralte venezianische Adelsfamilie mit Ambitionen im östlichen Mittelmeer hineingeboren worden – ihre Mutter entstammte dem griechischen Königshaus –, und so vermählte man Caterina Cornaro 1472, mit achtzehn Jahren, mit König Jakob II. von Zypern. Ihre Heimatstadt hatte von Anfang an Bedenken ob dieser königlichen Heirat: Die Insel Zypern war strategisch wichtig, und die Serenissima beäugte argwöhnisch die Einmischung ihrer Bewohner in folgenreiche auswärtige Angelegenheiten. Die venezianischen Bedenken waren berechtigt, denn Caterina Cornaro wurde ein Jahr später, nach dem unerwarteten Tod ihres Gatten, Königin von Zypern und führte sechzehn Jahre lang ein unsicheres, von Verschwörungen erschüttertes Regiment über die Insel. Als sie sich durch eine Heirat in das neapolitanische Königshaus locken ließ, machte Venedig seine ganze Autorität geltend, um sie zur Abdankung zu zwingen. Der Abgesandte, der auf die Insel entsandt wurde, um sie zum Rücktritt zu bewegen, war kein anderer als ihr Bruder. Er bot ihr eine jährliche Abfindung von achttausend Dukaten und ein kleines Lehen auf der venezianischen *terraferma:* Sie werde sich mit Ruhm bedecken und für immer als Königin von Zypern bekannt sein – versprach er –, wenn sie die Insel ihres Gatten ihrer *patria* zum Opfer bringe. So gab Caterina Cornaro, mit Ruhm und Reichtum entschädigt, ihr blühendes Inselkönigreich auf und zog in das Miniaturkönigreich Asolo. An diesem Hof herrschte sie als Königin über eine Coterie von *letterati:* nicht der geringste von ihnen war Pietro Bembo, der das geistvolle Treiben, dem Caterina Cornaro präsidierte, in dem arkadischen Dialog ›Gli Asolani‹ verewigte. 1505 von Aldo Manuzio in Venedig herausgebracht, zehn Jahre nach den Unterhaltungen am Hof von Asolo, die Bembos Phantasie beflügelt hatten, zirkulierte er in zweiundzwanzig italienischen sowie in spanischen und französischen Ausgaben. Noch bedeutsamer war aber wohl, daß er den noch berühmteren und komplexeren Dialog des Baldassare Castiglione beeinflußte, der ebenfalls einen Hof verewigt, an dessen Spitze eine andere Förderin der schönen Literatur stand.

Caterina Cornaros Hof, wie Bembo ihn beschreibt, nimmt den Hof in Urbino vorweg, den Castiglione schildert. Hier leiten und beflügeln zwei Frauen - die Herzogin, Elisabetta Gonzaga, und ihre Gesellschafterin, Emilia Pia – jene Gespräche über das schickliche Verhalten beider Geschlechter, die sich in dem führenden Lehrbuch aristokratischer Werte jener Zeit niederschlugen ›Il libro del cortigiano‹, das in mehreren hundert Ausgaben zirkulierte und in alle großen Volkssprachen übersetzt wurde. Für beide Geschlechter definiert dieses Verhalten sich entschieden über das Phänomen des Hofes: Männer durften dort keine Aufschneider sein; Frauen mußten die Gelegenheit zu Schönheit und Entzücken bieten. Kein Hof, »so groß er auch sei, kann Schmuck und Glanz und Frohsinn in sich haben ohne Frauen«; ebensowenig kann »irgendein Hofmann anmutig, gewinnend oder tapfer sein oder liebreiche Taten der Ritterlichkeit vollbringen, sofern er nicht bewegt wird von der Vertrautheit und der Liebe und Gunst der Frauen …«. »Wer lernt, zu tanzen und anmutig sich zu drehen, um einer anderen Sache willen als der Gunst der Frauen? Wer gibt sich der Süße der Musik hin aus einem andern Grund als diesem? Und wer hat jemals Verse geschmiedet, … wenn nicht darum, jene Gefühle auszudrücken, die durch die Frauen verursacht werden?«

Die Tugenden, welche die Frau besitzen muß, um den Mann zu diesen Leistungen anzustacheln, sind mannigfaltig. Die höfische Dame besitzt manche Tugenden, die auch den Herrn auszeichnen – sie muß aus gutem Hause sein, von natürlicher Anmut, gute Manieren haben, klug, vorsichtig und tüchtig sein –, aber sie hat auch Vorzüge, die sie als Frau auszeichnen. Ist sie verheiratet, soll sie eine gute Verwalterin »des Vermögens ihres Mannes und seines Hauses und der Kinder« sein und »alle jene Dinge besitzen, die von einer guten Familienmutter erwartet werden«. Schönheit ist unabdingbar für sie, nicht aber für ihren männlichen Gegenpart: »denn vieles fehlt fürwahr der Frau, der die Schönheit fehlt«. Vor allem aber muß sie reizvoll sein; dann weiß sie immer »mit allen Arten von Männern anmutige und ehrbare Reden zu führen, angemessen dem Ort und der Zeit sowie der Eigenschaft des Menschen, mit dem sie spricht; dabei zeigt sie ein stilles und sittsames Gebaren und jene Ehrbarkeit, die stets alle ihre Handlungen auszeichnen muß, eine rasche Beweglichkeit des Geistes, wodurch sie beweist, daß ihr jede Schwerfälligkeit fremd ist; aber mit so freundlichem Wesen, daß man sie für nicht weniger schamhaft, besonnen und menschlich hält, als sie liebenswürdig, geistvoll und zurückhaltend ist …«. Die Eigenschaften, die die höfische Dame besitzt, unterscheiden sich von denen des Hofmannes, den sie unterhalten will: »vor allem aber … muß die Frau in ihrer Art, ihrem Wesen, in ihren Worten, Gesten und ihrem Betragen ganz verschieden vom Mann sein; denn wie es diesem zukommt, eine gewisse feste und stolze Männlichkeit zu zeigen, so steht der Frau eine weiche und zarte Lieblichkeit gut an, mit einer Art von weiblicher Milde in jeder Bewegung, so daß sie im Gehen und Stehen und Sprechen immer als die Frau ohne jede Ähnlichkeit mit dem Mann erscheinen wird.« Anders als die Königin, welche Kraft und Herrlichkeit der Männer innehat, die sonst den Thron besetzen, muß nach Giuliano de' Medici – Castigliones keineswegs frauenfeindlichem Sprecher – die aristokratische Dame dazu erzogen werden, etwas anderes zu sein als ein Mann. Dasselbe galt für ihre bescheidenere Geschlechtsgenossin aus den bürgerlichen oder Handwerkerklassen.

Natalie Zemon Davis
Mit Gott rechten
Glikl bas Judah Leib

Ende des siebzehnten Jahrhunderts – im Jahr 5451 nach der jüdischen Zeitrechnung – schrieb eine jüdische Kauffrau aus Hamburg für ihre vielen Kinder eine Geschichte auf. Sie erzählte von einem Vogel, der mit seinen drei jungen Vögelein am Ufer des Meeres lebte. Eines Tages kam ein großer Wind auf, der das Meer auf das Ufer zutrieb. »Wenn wir nicht bald auf jener Seite vom Meere sind, so sind wir verloren«, sagte der alte Vogel zu den Jungen, die noch nicht flügge waren. So nahm er das erste Junge zwischen seine Füße und flog mit ihm über das Meer. Als sie mitten über dem Meer waren, sagte der alte Vater zu seinem Sohn: »Mein Kind, welche Nöte und Sorgen habe ich mit dir, und wie wage ich mein Leben um deinethalben. Wenn ich nun alt sein werde, willst du mir auch Gutes tun und mich in meinem Alter ernähren?« Das kleine Vögelchen antwortete: »Mein herzlieb Vater, bring mich nur über das Wasser, ich will in deinem Alter alles für dich tun, was du von mir verlangst.« Daraufhin warf der alte Vogel seinen Sohn ins Meer und sagte: »So soll man es mit einem Lügner, der du bist, machen.«

Der alte Vogel flog wieder hinüber und holte das zweite Junge. Mitten auf dem Meer stellte er dieselbe Frage. Das Vögelchen sagte ihm auch, alles Gute in der Welt zu tun, gleichwie das erste geredet hatte. Wieder warf der alte Vogel sein Junges ins Meer mit den Worten: »Auch du bist ein Lügner.« Als er mit dem dritten Vögelchen mitten auf dem Meer war, stellte er auch ihm dieselbe Frage. Darauf antwortete das kleine Vögelchen: »Mein lieber Vater, es ist alles wahr, was du sagst, daß du große Not und Sorge für mich hast. Ich bin schuldig, solches wieder an dir *[sic]* abzugeben, wenn es möglich sein wird, aber gewiß kann ich es dir nicht sagen. Aber das will ich dir zusagen, wenn ich auch einmal werde Junge kriegen, so will ich bei meinen jungen Kindern tun, wie du bei mir tust.« Da sagte der Vater: »Du redest recht und bist auch klug, dich will ich leben lassen und dir über das Wasser helfen.«

Glikls Geschichte von dem Vogel, der nicht so leichtgläubig war wie König Lear, richtete sich nicht unmittelbar an ihre Kinder. Zwar waren einige ihrer zwölf lebenden Kinder noch klein und nicht flügge, als sie die Geschichte niederschrieb, doch hatte Glikl nicht die Absicht, sie die Erzählung gleich lesen zu lassen. Die Vogelgeschichte stand vielmehr zusammen mit anderen am Anfang einer sorgfältig und bewußt konstruierten jiddischen Autobiographie, die sie über die Jahre hinweg zu vollenden und bei ihrem Tod ihren Kindern zu vermachen gedachte. Einstweilen wandte sie sich, wenn sie die Hoffnungen, Freuden und Enttäuschungen ihres Lebens Revue passieren ließ, ebenso an sich selbst wie an ihre Kinder. Die daraus entstandenen Memoiren, die Glikls Geschichten mit der Schilderung der Wechselfälle und Fährnisse ihres Lebens verbinden, sind ein bemerkenswertes Buch. Es ist nicht nur eine reiche Quelle für die Sozial- und Kulturgeschichte der Aschkenasim und Europas im siebzehnten Jahrhundert, sondern auch ein Selbstzeugnis, das eine ungewöhnliche literarische Struktur und einen eigenen religiösen Ton besitzt. [...]

Zunächst jedoch einige Dinge zu Glikl, angefangen mit ihrem Namen. »Glückel von Hameln« taufte sie 1896 der Herausgeber der ersten Ausgabe der Memoiren in jiddischer Sprache – ein gut deutsch klingender Vorname und ein Nachname mit einem adeligen »von«, das sich auf ihren Ehemann Chajim bezog, der in Hameln geboren war. Auf jiddisch wurde sie indes »Glikl« oder bei ihren Kosenamen »Glikle« und »Gliklikhen« genannt, und so tauchte sie auch in jiddischen Dokumenten auf; und die Unterschrift einer Frau nach jüdischer Tradition brachte sie nicht mit ihrem Ehemann, sondern mit ihrem Vater in Verbindung. (Das traf auch für Frankreich im siebzehnten Jahrhundert zu, wo die Frau ihren Nachnamen von ihrem Vater übernahm und ihr ehelicher Stand durch den Zusatz des Notars angegeben wurde »Frau von ...« oder »Witwe des ...«. In Deutschland nahmen Frauen Ende des siebzehnten Jahrhunderts zunehmend den Namen ihres Mannes an, gegebenenfalls ergänzt durch ihren Mädchennamen: »geboren Merian«.)

Glikls Töchter unterschrieben in hebräischen Schriftzeichen mithin als »Esther bas reb Chajim« oder »Mirjam bas reb Chajim« (»Esther, Tochter unseres Lehrers Chajim«, »Mirjam, Tochter unseres Lehrers Chajim«); manchmal fügten sie »Segal« hinzu, um die Herkunft ihres Vaters Joseph ben Baruch Daniel Samuel ha-Levi (oder Segal) aus dem Hause Levi zu betonen. Unterschrieb eine Jüdin in einer nicht-hebräischen Schrift, so fügte sie einen der Bei- oder Nachnamen an, den ihr Vater für christliche Schreiber oder jüdische Steuereinnehmer angenommen hatte: Glikls verheiratete Töchter unterschrieben als »Goldschmidt« bei den christlichen Notaren in Frankreich, während Glikls Söhne in Deutschland manchmal »Hamel«, ein andermal »Goldschmidt« als Nachnamen benutzten. Auch jüdische Schreiber konnten jedoch den Stand einer Frau durch ihren Ehemann angeben: nach dem Tod ihres Mannes Chajim Hamel tauchte so Glikl als »Almone Glikl« (die Witwe Glikl) im Steuerkontenbuch der Aschkenasi-Gemeinde auf (aber nicht als »Witwe Glikl Hamel«). Als sie selbst in Frankreich starb, wurde sie im Sterberegister als »Guelic, Witwe von Cerf Levy« (Levy war ihr zweiter Ehemann) eingetragen, aber das jüdische *Memorial* [Gedenkbuch] nannte sie – wie auch Männer – in traditionellerer Weise nach ihrem Vater: »Glikl, die Tochter von Judah Joseph seligen Angedenkens aus Hamburg.«

Jüdische Namen wechselten und änderten sich im siebzehnten und zu Beginn des achtzehnten Jahrhunderts viel häufiger als die von Christen, je nach Situation und nach Gefallen ihrer Träger. Ich werde Glikl bei dem jüdischen Namen nennen, der demjenigen am nächsten ist, den sie selbst bei einer Unterschrift benutzte: Glikl bas Judah Leib – Glikl, Tochter von Judah Leib –, den Namen, den sie unter denen ihres Vaters aussuchte und ihrem Sohn gab, der nach dessen Tod geboren wurde.

Glikl wurde Ende 1646 oder 1647 in Hamburg geboren, als eines von sechs Kindern des Judah Joseph, auch Leib genannt, ein Handelsmann und angesehenes Mitglied der aschkenasischen Gemeinde, und der Geschäftsfrau Bele, Tochter von Nathan Melrich aus dem nahegelegenen Altona. Mitte des siebzehnten Jahrhunderts war Hamburg eine florierende, kosmopolitische Hafenstadt mit einer Bevölkerung von mehr als 60 000 Menschen, ein Handelszentrum und Finanzplatz mit Verbindungen nach Spanien, Rußland, London und der Neuen Welt. Die Juden hatten ihren Anteil an diesem Aufschwung. 1612 hatte der Hamburger Senat einen Kontrakt mit der kleinen Gemeinde portugiesischer Juden unterzeichnet (oder Sephardim, wie Glikl sie gewöhnlich nannte); viele von ihnen waren wohlhabende internationale Bankiers und Kaufherren. Danach wurde ihnen erlaubt, als Fremde oder »Schutzjuden« in der Stadt ihren Wohnsitz zu nehmen und Handel zu treiben, gegen Zahlung eines jährlichen Schutzgeldes. In den sechziger Jahren zählten sie 600 Menschen und versuchten, ihre informell geduldeten Bethäuser in eine offiziell zugelassene Synagoge umzuwandeln. Als Königin Christina von Schweden 1667 Hamburg besuchte, residierte sie mit ihrem Gefolge über einen Monat im vornehmen Stadthaus ihrer jüdischen Bankiers Abraham und Isaak Teixeira, nicht weit von der Michaelskirche.

Nicht alle Einwohner Hamburgs begrüßten diese Entwicklung. Der lutherische Klerus wütete gegen den Senat wegen dessen toleranter Politik gegenüber den Juden: »In ihren Synagogen ist gros Murmeln und Schreyen ... Sie feyren ihren eigenen, aber nicht unsern Sabbath ..., halten in ihrem Brodte christliche Diener und Mägde ...; halten ihre Rabbinen, disputiren ohne Scheu wider unsern Messiam ...« Der Senat war bestrebt, den wirtschaftlichen Aufschwung der Stadt zu fördern, und tat deshalb, was er konnte, um die großen Bankiers in der Stadt zu halten, obgleich den Sephardim 1674 befohlen wurde, ihre Synagoge zu schließen. Ihre Zahl begann abzubröckeln, und als der Senat 1697 eine hohe Steuer von den portugiesischen Juden verlangte und ihre Privilegien einschränkte, gingen Teixeira und andere Sephardim nach Amsterdam.

Nunmehr wurde die aschkenasische Gemeinde das Zentrum des jüdischen Lebens in Hamburg – die Gemeinde der *hochdeutschen Juden,* wie der Senat sie nannte. Bereits in den dreißiger und vierziger Jahren waren einige Dutzend aschkenasischer Familien (unter ihnen Glikls Vater) ohne offizielle Erlaubnis in die Stadt eingesickert, handelten dort mit Gold und Edelsteinen, verliehen Geld, betrieben Kleinhandwerk und sicherten ihren prekären Status durch informelle Steuerzahlungen an den Magistrat ab. Während die meisten Sephardim in der Altstadt lebten, konzentrierten sich die Aschkenasim im Westen der Neustadt, nicht weit vom Millerntor.

Das war ein sehr praktischer Wohnort für die hochdeutschen Juden, und dies nicht nur, weil er ihre prekäre Existenz sinnfällig machte – von dort aus konnte man schnell die Stadt verlassen. Dadurch verkürzte sich auch ihr Weg in die einige Meilen westwärts gelegene Stadt Altona, wo die Juden unter den toleranten Augen der Grafen von Holstein-Schauenburg und (nach 1640) der Könige von Dänemark offiziellen »Schutz« genossen. Nach Altona gingen die Aschkenasim, als der Hamburger Senat, aufgestachelt vom lutherischen Klerus und den Klagen der Bürgerschaft, sie 1650 auswies.

Dennoch kamen in den folgenden Jahren hochdeutsche Juden nach Hamburg hinein, um Handel zu treiben; sie mußten Angriffe von Soldaten und Seeleuten abwehren, wenn sie das Millerntor passierten, und liefen Gefahr, arretiert zu werden, wenn sie kein Geleit gezahlt hatten. Nach der schwedischen Eroberung Altonas im Jahr 1657 gestattete der Hamburger Senat den hochdeutschen Juden, sich wieder in Hamburg anzusiedeln, doch durften sie in keiner Weise ihren Glauben praktizieren, um den Christen keinen Anlaß zur Entrüstung zu geben. Zur Synagoge und zur Bestattung ihrer Toten sollten die hochdeutschen Juden nach Altona gehen, wo auch die Jüdische Gemeinde ihren Sitz hatte.

Im letzten Jahrzehnt des siebzehnten Jahrhunderts hatten die Zahl und der Wohlstand der hochdeutschen Juden stark zugenommen. Zwar stießen sie immer noch auf Mißtrauen und gewalttätige Ablehnung bei Gesellen und die allfällige Entrüstung der lutherischen Pastoren beispielsweise über den himmelschreienden »Aberglauben«, ihre Sabbatleuchter vierundzwanzig Stunden brennen zu lassen, um Gottes Gebot nicht zu übertreten. Aber sie wurden nun von Leuten außerhalb des Senats unterstützt, die sie als potentielle Konvertiten zum Christentum oder als nützlich für die städtische Wirtschaft und das Steueraufkommen ansahen. Als der Senat den Aschkenasim 1697 einen ordentlichen Judenkontrakt anbot und eine höhere Steuer verlangte als vormals von den portugiesischen Juden, stimmten sie zu. Im Jahr 1710 schließlich wurde ihnen gestattet, in Hamburg eine Jüdische Gemeinde zu gründen.

Glikls Kindheit in den fünfziger Jahren lag also genau in der Zeit des prekären Lebens der Aschkenasim zwischen Hamburg und Altona. Sie erinnerte sich, daß ihr Vater der erste hochdeutsche Jude war, dem nach der schwedischen Invasion offiziell erlaubt wurde, sich wieder in Hamburg niederzulassen; doch als Parnas (Ältester der Gemeinde) mußte er zum Gebet und in Gemeindeangelegenheiten nach Altona gehen, wenn das Risiko in Hamburg zu groß war, illegale Gottesdienste abzuhalten.

Glikls Kindheit war kurz. Vor ihrem zwölften Geburtstag wurde sie mit dem nur wenige Jahre älteren Chajim verlobt, dem Sohn des Händlers Joseph ben Baruch Daniel Samuel ha-Levi (oder Segal), bekannt auch unter dem Namen Joseph Goldschmidt oder Joseph Hamel, aus der kleinen Stadt Hameln. Zwei Jahre später wurde sie mit ihm verheiratet. Das frühe Heiratsalter stand in starkem Kontrast zu dem christlicher Frauen in Hamburg und andernorts in Westeuropa, die selten vor ihrem achtzehnten Lebensjahr das Eheversprechen ablegten, aber es war unter wohlhabenden Juden in Mittel- und Osteuropa keineswegs unüblich. Es garantierte unter anderem eine jüdische Heirat nach dem Willen der Eltern und förderte den *Mitzvot* – Gehorsam und gute Taten – der Nachkommen. Und warum sollte man warten, wenn die Eltern den jungen Leuten als Mitgift Kreditbeziehungen und flüssiges Kapital statt Grundbesitz oder eine Werkstatt mit auf den Weg gaben? Darüber hinaus nahm man die jungen Eheleute in der ersten Zeit durch den jüdischen Brauch des *Kest* unter die Fittiche, die im Ehevertrag vorgesehene Kost im Haus von Eltern und Schwiegereltern.

Nach einem Jahr bei Chajims Familie in Hameln und einem weiteren Jahr bei Glikls Familie in Hamburg gründete das Ehepaar einen eigenen Hausstand mit zwei Dienstboten in einem gemieteten Haus – alles, was einem Juden erlaubt war – im Aschkenasi-Viertel der Neustadt, nicht weit von der Elbe. In den nächsten drei Jahrzehnten brachten sie vierzehn Kinder auf die Welt, eins starb als Säugling, ein anderes im Alter von drei Jahren. Die anderen sechs Jungen und sechs Mädchen erreichten allesamt das Heiratsalter und hatten – bis auf ein Kind – selbst wiederum Kinder. Für Europa im siebzehnten Jahrhundert, in dem ein Drittel bis die Hälfte der geborenen Kinder starb, bevor sie das zehnte Lebensjahr erreicht hatten, war diese Leistung, so viele Kinder auf die andere Seite des Meeres zu bringen, bemerkenswert – auch für eine wohlhabende Familie, in der die Mutter ihre Kinder selbst stillte.

Während dieser Zeit handelte Chajim mit Gold, Silber, Perlen, Edelsteinen und Geld, schloß Kontrakte von Moskau und Danzig bis Kopenhagen, Amsterdam und London. Regelmäßig besuchte er die Leipziger und Frankfurter Messen und ließ gewöhnlich andere hochdeutsche Juden als Handelsdiener, Faktoren oder Geschäftspartner andere Reisen unternehmen. Glikl nahm an allen geschäftlichen Entscheidungen teil (»mein Mann ... [hat] von niemandem einen Rat angenommen ..., als was wir uns immer zusammen besprochen haben«), setzte die Gesellschafterverträge auf, half bei der Buchführung, den Darlehensgeschäften und der Pfandleihe. Sie fingen als junge Leute an, »ohne großen Reichtum«, sagte Glikl, hatten aber vielleicht in Hamburg und anderswo viel Kredit. Chajim wurde einer der wohlhabendsten Hamburger Aschkenasim.

Eines Abends im Januar 1689 jedoch fiel Chajim auf dem Weg zu einer Verabredung mit einem Kaufmann im nichtjüdischen Viertel Hamburgs auf einen spitzen Stein, genau auf die Stelle, an der er früher einmal einen Bruch gehabt hatte. Einige

Tage später war er tot, und Glikl hatte als Witwe acht Kinder aufzuziehen, mit einer Mitgift auszustatten und zu verheiraten. In den folgenden Jahren verfolgte sie die jüdische Strategie, einige Kinder in ihrer Nähe, andere in weit entfernten Städten zu verheiraten. Vor Chajims Tod waren zwei Söhne in Hamburg, eine Tochter in Hannover und die älteste Tochter Zipora in Amsterdam in den Ehehafen geführt worden. Glikl verheiratete Esther in Metz, andere Kinder in Berlin, Kopenhagen, Bamberg und Baiersdorf; nur Freudchen war eine Zeitlang in Hamburg ansässig.

Was waren die Gründe für eine solche Heiratspolitik? Zum Teil ergab sie sich daraus, daß am Wohnort nicht genügend Aschkenasim geeigneten Standes lebten, selbst wenn man das jüdische Gesetz ausnutzte, das Vettern und Basen ersten Grades die Ehe erlaubte (Chajim und Glikl taten dies für eine Tochter). Wichtiger war indes, daß weit gestreute Ehen ein ökonomischer Vorteil und zugleich eine Sicherheitsmaßnahme waren. Man wußte nie, wie sich das Rad der Fortuna drehen würde: 1674 und 1697 wurden in Hamburg wiederum Stimmen laut, die die Ausweisung der Juden forderten, obgleich diese vom Senat und wirtschaftlich interessierten Kräften in der Bürgerschaft geschützt wurden. 1670 hatte man den Juden gestattet, in Berlin Wohnsitz zu nehmen, aber 1669–1670 waren sie aus Wien ausgewiesen worden und konnten erst Ende des siebzehnten Jahrhunderts zurückkehren. Die Hochzeit von Glikls Sohn Moses mit der Tochter von Samson Baiersdorf, Hofjude des Markgrafen von Bayreuth, verzögerte sich um ein Jahr, weil ein neuer Rat des Markgrafen Samson zu vernichten trachtete. »Nicht anders geradezu als Haman«, meinte Glikl von Samsons Feind und bezog sich damit auf den bösen Ratsherrn, der im Buch Esther damit droht, alle Juden zu vertilgen.

Wie beim gemeinsamen Geschäft, so hatte Chajim auch für den Fall seines Todes keine Notwendigkeit gesehen, Testamentsvollstrecker oder einen Vormund zu benennen (»Meine Frau, die weiß von allem«, sagte er auf dem Sterbebett), und die verwitwete Glikl übernahm die Verantwortung für die Kinder und die Geschäfte. Nach einer ersten, gewinnbringenden Versteigerung, mit deren Erlös sie die Schulden ihres Mannes zahlte, überstand sie den Ansturm der Gläubiger, die sie und ihren Sohn Mordechai unter Druck setzten. Schließlich nahmen ihre Geschäfte einen solchen Umfang an, daß sie bei Christen und Juden an der Hamburger Börse zwanzigtausend Reichstaler Banco hätte haben können – damit lag sie zwar unter dem Kredit, den die großen Bankiers hatten, aber es war doch eine recht beachtliche Summe. Sie gründete eine Strumpfmanufaktur in Hamburg und verkaufte Strümpfe in nah und fern. Von allen Juden in der Stadt kaufte sie Unzenperlen, las sie aus und sortierte sie und verkaufte sie nach Größe an geeignete Kunden. Glikl importierte Waren aus Holland und verkaufte sie in ihrem Laden zusammen mit örtlichen Erzeugnissen. Sie besuchte die Jahrmärkte und Messen in Braunschweig, Leipzig und in anderen Städten, verlieh Geld und honorierte Wechsel in halb Europa. Im Unterschied zu Chajim hatte sie keine Gesellschafter oder Agenten außerhalb der Familie. Einer der älteren Söhne, Nathan oder Mordechai, begleitete sie auf die Messen (eine ehrbare Frau konnte nicht allein reisen), während ein anderer Sohn beispielsweise nach Frankfurt am Main geschickt wurde, um für sie Waren zu verkaufen. Mehr noch als Chajim ließ sie keinen Augenblick ungenutzt, um ein Geschäft zu machen. Ihre vielen Reisen zu Heiratsverhandlungen und Hochzeitsvorbereitungen brachten zugleich geschäftlichen Gewinn: In Amsterdam verkaufte sie nach Esthers Hochzeit Edelsteine; nach der geschlossenen Verlobung in Bayreuth besuchte sie den Jahrmarkt in Naumburg. Und die Mitgift der Kinder wurde bis zur Zahlung gegen Zins verliehen.

War ihre Existenz und Tätigkeit als Geschäftsfrau ungewöhnlich? Bei den Aschkenasim wurde von den Frauen erwartet, daß sie arbeiteten. Glikls Großmutter mütterlicherseits, Mate bas Jakob, und ihre eigene Mutter Bele waren dafür hervorragende Beispiele (Glikl hat sie in ihren *Memoiren* beschrieben, damit sie auch der nachfolgenden Generation als Vorbild dienen konnten). Mate bas Jakob wurde durch die Pest von 1638 zur Witwe, zudem noch ausgeraubt (die mit Edelsteinen und Goldketten gefüllten Beutel wurden von Nachbarn gestohlen); in Altona mußte sie mit kleinen Darlehensgeschäften wieder von vorn anfangen. Als dies nicht reichte, um sie und ihre jüngste Tochter Bele zu ernähren, fingen beide an, Gold- und Silberspitzen zu klöppeln. Die Hamburger Kaufleute waren so zufrieden mit ihrer Arbeit, daß Bele Lehrmädchen annahm und ihnen das Klöppeln beibrachte. Außer Mate erwähnt Glikl andere tüchtige ältere Frauen, darunter Esther, eine »fromme, ehrliche Frau ... [die] allemal ... auf die Messe zum Kieler Umschlag gereist« ist, oder die Witwe Baruchs von Berlin, die »noch ganz im Geschäft gesessen [ist]«, mit deren Sohn die verwitwete Glikl ihre Tochter Hendele verheiratete. Auch in vielen anderen jüdischen Familien führte die Witwe die Geschäfte ihres Mannes weiter.

Christliche Frauen waren ebenfalls im kleinen Leihgeschäft tätig, spannen Goldfäden oder strickten Strümpfe. Glikl unterschied sich von christlichen Frauen in Deutschland im Umfang und Ausmaß ihres Handels und ihrer Kreditgeschäfte. Sie war kein »Hofjude« wie Esther Schulhoff: Die Ehefrau des Hofjuweliers Judah Berlin alias Jost Liebmann belieferte zusammen mit ihrem Mann den preußischen Hof mit Edelsteinen und Schmuck und tat dies auch nach seinem Tod. Insgesamt gesehen blieb jedoch die Aufnahme von Anleihen für Fürsten und die Belieferung und Ausstattung ihrer Heere in den Händen von Männern. Aber Glikls Transaktionen banden sie in den Fernhandel ein; es ging dabei um beträchtliche Summen, die sie höchstpersönlich an der Hamburger Börse wechselte. (Wahrscheinlich hatte sie an der Börse einen Partner oder Begleiter; die Jüdische Gemeinde von Worms empfahl, daß Frauen nicht ohne Begleitung durch einen anderen Juden auf den Marktplatz gehen sollten.)

Christliche Frauen in Deutschland blieben gewöhnlich innerhalb der Stadtmauern und spielten dort eine wichtige Rolle im Einzelhandel. Sie tätigten zwar auch Kreditgeschäfte, gingen aber selbst anscheinend nur unregelmäßig zur Börse; zumindest sind auf den gängigen bildlichen Darstellungen der Börse aus dem siebzehnten Jahrhundert nur selten Frauen zu sehen. Ende des siebzehnten Jahrhunderts kümmerten sich zwar in Hamburg einige christliche Witwen um die Firmen ihrer Männer, bis ihre Söhne alt genug waren, die Geschäfte zu übernehmen. Doch überließen diejenigen, die ein so ausgedehntes Geschäft wie das Chajims erbten, die Geschäftsführung einem männlichen Verwandten oder einem Faktor und widmeten sich dem Haushalt oder religiösen und wohltätigen Aufgaben, die einer wohlhabenden Frau eher anstanden. Für die hochdeutschen Juden taten Reisen zu den Messen der Ehre einer Frau oder Witwe keinen Abbruch, insbesondere nicht, wenn sie so viel Geld dabei verdiente wie Glikl. Sie brachten ihr eher noch mehr Heiratsangebote ein.

Mehr als ein Jahrzehnt lang lehnte Glikl alle Heiratsanträge ab. Im Jahre 1699 jedoch, sie war Anfang fünfzig, willigte sie in die Ehe mit dem Witwer Hirsch Levy ein, einem reichen Financier und führenden Mitglied der Jüdischen Gemeinde von Metz, an der Ostgrenze des französischen Königreichs. Sie hielt ihre Verlobung geheim, um die hohe Abzugssteuer zu vermeiden, die der Hamburger Magistrat von wegziehenden Juden verlangte; im folgenden Jahr verkaufte sie ihren gesamten Warenbestand und bezahlte ihre Schulden. Die Mitglieder der Jüdischen Gemeinde von Altona wurden gewahr, was sich da anbahnte, und legten ein Abzugsgeld fest, das sie aber auch nicht zahlte. Mit ihrer letzten unverheirateten Tochter Mirjam verließ Glikl ihren Geburtsort, für immer.

Heide Wunder
Die Hebamme: ein Frauenberuf

In welcher Weise das hausfrauenspezifische Fach- und Erfahrungswissen zur Voraussetzung für Berufe wurde, zeigt das Beispiel der Hebamme. Bis in das 19. Jahrhundert war es Pflicht der Nachbarinnen, einer Schwangeren in ihrer »schweren Stunde« beizustehen. Die einzige Voraussetzung dafür bestand darin, selbst geboren zu haben. So wurde die Danzigerin Barbara Lubbe am Adrianstag 1470 von einer Freundin gerufen, »die Gott berahtten wollte«, und half, nach über zwölf Stunden »arbeit«, Zwillingsmädchen glücklich zur Welt zu bringen. Thomas Platter berichtet anläßlich der ersten Niederkunft seiner Anni, daß im Wallis lediglich die Nachbarinnen halfen, weil es verpönt war, diese Hilfe gegen Geld zu leisten. Dafür mußten aber auch die Ehemänner ihren Frauen in Kindsnöten beistehen, »domit sy den hernach dester mehr gedult mit den wibren heigin«. Platter fügte hinzu: »aber die wiber konden also mit iren umb gan, das ich nütz gsach, was sy datten; das weiß ich aber gar woll, das min hembdlin bach naß (tropfnaß) ward.«

Die nachbarschaftliche Geburtshilfe und die Mithilfe der Ehemänner blieben vielerorts bis in das 19. Jahrhundert erhalten, denn nicht in jeder Gemeinde gab es eine Hebamme. In den Dörfern wurde die Hebamme vielfach von den »jungen Weibern bis zu den vierziger Jahren« – gemeint waren die Frauen im gebärfähigen Alter – gewählt und mußte sich daher durch Geschick und Tüchtigkeit deren Vertrauen erworben haben. Sie unterstand aber der Aufsicht des Pfarrers, ging es doch um die Kontrolle ihrer Rechtgläubigkeit und Ehrbarkeit, nicht um die Kontrolle von Fachwissen.

In den größeren Städten dagegen begann die Professionalisierung der Hebammentätigkeit bereits im späten Mittelalter. Ende des 14. Jahrhunderts, als sich infolge der großen Bevölkerungsverluste durch die schwarze Pest die städtischen Obrigkeiten veranlaßt sahen, Sorge für das Leben und Überleben von Müttern und Säuglingen zu tragen, wurde die Tätigkeit der Hebammen zum städtisch besoldeten Amt, mit der Aufgabe, arme wie reiche Frauen in gleicher Weise zu betreuen, und zwar während der Schwangerschaft, bei der Geburt sowie etwa zehn bis vierzehn Tage nach der Geburt. Damit sie dieser Aufgabe nachkommen konnten, durften sie – wie die Ärzte – die Stadt nicht ohne Erlaubnis des Rates verlassen. Hebammenordnungen schrieben – häufig nach dem Vorbild der Regensburger Hebammenordnung von 1452 – »guten Ruf« und »gute Hände« als Berufsvoraussetzungen vor. In vielen ländlichen Gebieten waren Hebammen von den »Handdiensten« befreit, um ihre Hände zu schonen. Die Ordnungen regelten ebenfalls das Verfahren bei schwierigen Geburten, wann ein Arzt hinzuzuziehen sei, schließlich die Ausbildung der »Lehrtöchter«, da die Hebammentätigkeit zu einem »Lehrberuf« geworden war. Selbstverständliche – und daher unerwähnte – Berufsvoraussetzung war, daß die zukünftige Hebamme verheiratet oder verwitwet war und selbst geboren hatte.

Die Bedeutung dieses Amtes läßt sich an der Zahl von städtischen »Amts«-Hebammen ablesen. In Schwäbisch Hall waren es 1568 zwei, 1670 vier, 1712 fünf und 1750 drei ordentliche und drei außerordentliche Hebammen. In Frankfurt am Main gab es bis 1728 sechs festangestellte ältere Hebammen, die jährlich 9 Gulden und 6 Malter Korn erhielten. Die jüngeren Hebammen in Warteposition bekamen nur Naturalien. Dagegen wurden die »Beiläuferinnen«, die noch lernten, aber bereits Wartedienste leisteten, mit 5 Gulden im Jahr entlohnt. Das Haupteinkommen der Hebammen bestand jedoch in der Bezahlung durch die entbundenen Frauen. Als Amtspersonen wurden Hebammen zu vom Gericht angeordneten Untersuchungen herangezogen, z.B. wenn es um die Überprüfung von angeklagten Frauen ging, die vorgaben, schwanger zu sein, um Haftverschonung zu erlangen, oder zur Erfragung des Kindsvaters bei nicht-ehelichen Müttern während der Wehen.

Wie alle städtischen Amtsinhaber unterstanden die Hebammen der Aufsicht und Kontrolle des Rates: Überprüft wurden vor allem ihr guter Ruf und ihr Lebenswandel sowie ihr »christliches« – nicht »abergläubisches« – Verhalten während der Arbeit, aber auch der richtige Gebrauch des Fachwissens, das keinesfalls für Abtreibungen genutzt werden sollte. Die Kontrollaufgaben übernahmen in Frankfurt am Main zunächst patrizische Frauen, in Nürnberg seit dem ausgehenden 15. Jahrhundert auch andere »ehrbare« und »fromme« Frauen. In Frankfurt wurde ihre Tätigkeit mit 80 Gulden im Jahr honoriert. Selbst wo Hebammen einem Stadtarzt unterstellt waren, konnte dieser nicht ihre Kunstfertigkeit und ihr Fachwissen überprüfen, denn es gab noch keine professionelle männliche Geburtshilfe, weil die Mediziner während ihres Studiums keine praktischen Kenntnisse über Frauenheilkunde erwerben konnten. Der berühmte Arzt Paracelsus (1493–1541) berichtet, daß er sein gynäkologisches Wissen von Hebammen erfragt habe. Ärzte sollten zwar bei schwierigen Fällen neben den »anderen geschworenen Hebammen« konsultiert werden, aber sie konnten eigentlich nur feststellen, ob alles Menschenmögliche getan und nichts versäumt worden war. Den Kaiserschnitt, also die Entbindung eines lebenden Kindes von seiner toten Mutter, führten auch Hebammen aus; sie verloren jedoch diesen Bereich ihres Arbeitsfeldes an Chirurgen und Wundärzte, die ebenfalls keine akademische, sondern eine praktische Ausbildung besaßen. Erst in der zweiten Hälfte des 18. Jahrhunderts begannen studierte Ärzte, den Hebammen und Chirurgen ihre Kompetenzen streitig zu machen. Noch in der Mitte des 18. Jahrhunderts war in Frankfurt am Main, anders als in vielen anderen Städten, wiederum ein Chirurg als Accouchierarzt eingestellt worden. Doch der Aufstieg der Gynäkologie an den Universitäten seit der zweiten Hälfte des 18. Jahrhunderts brachte immer mehr studierte Ärzte in diese Positionen und unterstellte die Hebammen nicht mehr nur ärztlicher Aufsicht, sondern auch frauenärztlicher Fachkompetenz.

Erfahrene und geschickte Hebammen kamen zu hohen Ehren. Insbesondere die Nürnberger Hebammen waren im 15. und 16. Jahrhundert für ihre Kunstfertigkeit berühmt. Herzogin Dorothea von Preußen ließ ihre Hebammen aus Nürnberg nach Preußen holen. Die geschworene Hebamme Barbara Lamparter in Schwäbisch Hall, selbst Tochter einer Hebamme, brachte auch die württembergischen Prinzen und Prinzessinnen in Stuttgart zur Welt und wurde reich für ihre Mühe belohnt. Erhielt sie in Hall im Vierteljahr 3½ Gulden Sold, so brachte ihr ein Fürstenkind 100 Gulden ein. Zwei Töchter folgten ihr im Hebammenberuf. Apollonia Groß verhalf von 1631–1639 690 Kindern, Barbara Groß von 1637–1667 1697 Kindern ins Leben. Eine andere Haller Hebamme betreute 1647–1668 2036 Geburten.

Professionalisierung konnte den Hebammen also Ansehen, nicht zuletzt Wohlhabenheit einbringen. Doch der Beruf war nicht ohne Gefährdungen. Zum einen bestand die nicht unberechtigte Befürchtung, bei der Arbeit von geschlechtskranken Müttern infiziert zu werden, zum anderen mußten Hebammen die Rache von Eltern fürchten, deren Kind bei der Geburt zu Schaden gekommen oder gar gestorben war. Im Zeitalter der Hexenverfolgungen blieb dies nicht nur eine vage Möglichkeit, sondern konnte zu einer Zaubereianklage mit tödlichem Ausgang führen, da im ›Hexenhammer‹ (1487) die Hebamme als Verkörperung der Hexe galt. Daß Witwen unter den dörflichen Hebammen in der Mehrzahl waren, hängt sicher mit den Risiken dieser Tätigkeit zusammen, die ärmere ältere Frauen in Kauf nahmen, um ihren Lebensunterhalt zu verdienen. Es scheint aber, daß die Professionalisierung für die städtischen Amtshebammen sogar einen gewissen Schutz vor der Bedrohung durch Zaubereianklagen darstellte.

Die Geschichte des Hebammenberufs seit dem 15. Jahrhundert läßt die Auswirkungen von Professionalisierung auf die qualifizierte Arbeit von Frauen deutlich hervortreten. Hebammen wahrten ihre Position so lange, wie ihr Wissen und ihr Können ihnen vorbehalten blieben. Ihre Kontrolleure konnten sie erst unterordnen, als sie mit der Anatomie neue Quellen des Wissens für die Frauenheilkunde erschlossen hatten, die ihnen tatsächlich zu einem Vorsprung verhalfen. Gleichwohl traten sie nicht an die Stelle der Hebammen, vielmehr arbeiteten diese weiterhin vor Ort, aber unter Leitung eines Arztes. Sie wurden in den Accouchierhäusern ausgebildet, und es bedurfte nicht unbedingt der Eingangsvoraussetzung, selbst geboren zu haben.

Bei den Heilberufen ging es jedoch nicht nur um Hebammen und studierte Ärzte, sondern um die Neustrukturierung des gesamten Berufsfeldes im Verlauf der Frühen Neuzeit, die ebenfalls Bader, Wundärzte und Apotheker betraf. Die Tätigkeit von Frauen wird zunehmend schwerer erkennbar, da die Konzessionen nicht mehr für die »Amtsehepaare« ausgestellt wurden, wie bis in das 16. Jahrhundert hinein. So sind es bisher nur einzelne biographische Hinweise, denen Nachrichten über die Arbeit von Frauen in den Heilberufen zu verdanken sind: Lucie Hörmann, die Mutter der heiligmäßig lebenden Nonne Crescentia Höß, war die Tochter eines Baders und arbeitete mit den bei ihrem Vater erworbenen Kenntnissen in der Versorgung armer Kranker. Ihr Beispiel verweist darauf, daß die Tätigkeit von Frauen in den Spitälern, Waisen- und Findelhäusern bisher nur deshalb pauschal als unqualifiziert bewertet wurde, weil ihre Einstufung als »Mägde« keine Anhaltspunkte für eine berufliche Qualifikation gibt.

Schließlich läßt die Geschichte des Hebammenberufs erkennen, warum die bis in das 16. Jahrhundert vielfach belegten Ärztinnen ihre Stellung nicht wahren konnten: Es gelang ihnen nicht, in den Kreis derjenigen aufgenommen zu werden, die die erforderlichen Konzessionen für die Berufsausübung erhielten. Das Berufsfeld war durch den Aufstieg der studierten Mediziner, die zudem Führungspositionen als Stadtphysici einnahmen, verändert worden, und die Tätigkeitsbereiche der verschiedenen Heilpersonen wurden scharf gegeneinander abgegrenzt, was alle als Beschränkung beklagten. Die selbständige Ärztin verschwand aus diesem Berufsfeld ebenso wie die Baderin, obwohl Frauen weiterhin in diesem Bereich arbeiteten. Auch hier ist zu vermuten, daß dennoch Kenntnisse innerhalb der Arztfamilien weitergegeben wurden, zumal die Chirurgen und Wundärzte immer auf die Zusammenarbeit mit weiteren Personen angewiesen waren. Ihre Kenntnisse in der

Heilkunde konnten Frauen jedoch auch von ihren akademisch gebildeten Vätern erhalten haben, eine Vermutung, die z.B. die Heilkenntnisse der Beamtentochter Elisabeth Dellatorin erklären konnte. Belegt ist dies z.B. für die Malerin Ludovike Simanowiz (1759-1827), die mit etwa 20 Jahren in den Haushalt ihrer Patentante Helene Kunigunde Jenisch (geb. 1734) nach Stuttgart kam, die – selbst Tochter eines Physikus – den Leibmedikus Johann Friedrich Reichenbach (1726-1790) geheiratet hatte. Einen anderen Zugang zur Heilkunde zeigt der Lebensweg von Maria Moser (1550-1632), Tochter des württembergischen Vogtes Valentin Moser in Herrenberg. Mit neun Jahren verlor sie ihre Mutter und wurde von ihrer Großmutter aufgezogen und ausgebildet. Sie hatte u.a. die Versorgung der armen Kranken zu übernehmen, die in das Haus der Großmutter kamen. Ihre Kenntnisse der Arzneikunde konnte sie später nicht nur bei den Krankheiten von Kindern und Ehemann (Johannes Andreä) nutzen. Als sie mit 51 Jahren verwitwete, bot ihr Herzogin Sibylla von Württemberg die Hofapotheke in Stuttgart an. Sie übernahm dieses Amt aber erst 1607, nachdem ihre Kinder erwachsen waren. Die Hofapotheke versorgte vor allem Bedürftige mit Medikamenten, wobei es zu allerlei Mißbräuchen durch die Angehörigen des Hofes gekommen war. Maria Andreä gelang es schnell, die Hofapotheke wieder zu ihrer eigentlichen Bestimmung zurückzuführen und errang selbst einen guten Ruf wegen ihrer Kenntnisse.

Der Vorgang der Professionalisierung von Ärzten läßt sich am Leben der Ulmer Ärztin Agathe Streicher (um 1520-1581) verfolgen. Sie hatte wohl bei ihrem Bruder, Dr. Augustin Streicher, ihr Fachwissen erworben und war selbst eine bekannte Ärztin geworden, die sogar an das Krankenbett von Kaiser Maximilian II. nach Regensburg gerufen wurde. Aber ihre Tätigkeit konnte sie vermutlich nur entfalten, weil ihr Bruder ein studierter und konzessionierter Arzt in Geislingen war, so daß sie vom Rat zur Ärztin bestellt wurde: »Jungfrau Agatha Streicherin hat eines erbarn Rats alter und neuer Ordnung zu halten gelobt auf Samstag, den 15. März anno 1561«.

DAGMAR VON GERSDORFF
»Nur Ausdauer und Widerstand können uns retten«
Die Unterredung von Luise und Napoleon 1807

Der Fluchtweg des preußischen Königspaares nach Osten ist mit Hiobsbotschaften geradezu gepflastert. Fürst Hohenlohe hat sich mit den Resten der Hauptarmee bei Prenzlau ergeben. Stark befestigte, gut versorgte preußische Festungen – Magdeburg, Spandau, Stettin – fallen den Franzosen nahezu kampflos in die Hände, zuletzt Küstrin, das der König kurz zuvor verließ und dessen Kommandeur, Oberst von Ingersleben, nach dem Krieg wegen Feigheit erschossen wird.

Aus Königsberg, wohin die Kinder vorausgeschickt wurden, sandte Hufeland die Nachricht, daß Typhus ausgebrochen ist. Der kleine Karl wurde zuerst davon betroffen, dann erkrankte die dreijährige Alexandrine. Anstatt zu den Kindern mußten Friedrich Wilhelm und Luise vor den nachdrängenden Franzosen weiter nach Osten ausweichen, nach Osterode. Dort überreichte Marschall Duroc dem König Waffenstillstandsbedingungen, die an Unverschämtheit grenzten und unannehmbar waren: Bruch Preußens mit Rußland, Anschluß an den Rheinbund, Zahlung von 100 Millionen Francs Entschädigung! Diesmal war es Friedrich Wilhelm, der sich im Gegensatz zu seinen Beratern für eine Fortsetzung des Krieges entschied. »Nur um Gottes willen keinen schändlichen Frieden!« hatte ihm die Königin geschrieben. »Nur Ausdauer und Widerstand können uns retten!«

Die Sympathie der Bevölkerung war auf Luises Seite. Die Berliner waren durchaus kritikbereit und schnell dabei, Fehler und Schwächen anzukreiden. Aber die Standhaftigkeit dieser Königin wirkte ermutigend, ihr Patriotismus begeisternd. Im Grunde war ihre außerordentliche Popularität unerklärlich und allenfalls durch ihre persönliche Wirkung zu begreifen. Denn ihr politischer Aktionsradius war begrenzt, sie besaß keine herausragenden intellektuellen Fähigkeiten wie andere Fürstinnen, unterhielt keine Korrespondenz mit den bedeutenden Köpfen ihrer Zeit, zog keinen Goethe an ihren Hof, und die Werbung um Schiller verlief im Sande. Dennoch war sie als einzige unter den preußischen Königinnen wirklich volkstümlich und wurde von den Dichtern ihrer Zeit, von Kleist und Körner, Fouqué und Goethe, Schenkendorf und Rückert, als Stern und Leitbild schon zu Lebzeiten besungen. Seit Jahrhunderten waren es Männer, denen man Denkmäler setzte – jetzt war es eine Frau, von der Humboldt respektvoll sagte, sie besitze »wirkliche Größe«. Man bewunderte ihre Fähigkeit, sich dem Ganzen zu fügen, ohne ihre Unabhängigkeit aufzugeben – sie war nachgiebig und blieb dennoch souverän. In ihrem Namen stiftete der König den Luisenorden zur Ehrung verdienstvoller Frauen.

Die Flucht vor den Franzosen ging weiter, das Paar nahm Quartier in einem grauenvollen Flecken namens Ortelsburg, in dem es nur verdorbenes Wasser und so gut wie keine Nahrungsmittel gab. Dort hauste, wie der englische Gesandtschaftssekretär Jackson sich ausdrückt, der König mit seiner Königin in einem Gebäude, das ihm wie eine Scheune vorkam. Wenn das gemeinsame Zimmer zum Frühstück benutzt werden sollte, ging der König so lange spazieren, bis der Raum hergerichtet war.

»Bei übermäßig schlechter Laune«, so Jackson, zog Friedrich Wilhelm ein Resumée aus der verlorenen Schlacht. Im eigenhändigen »Publikandum von Ortelsburg« rechnete er voller Zorn ab mit der veralteten Kriegsführung und entwarf eine strenge Reorganisation des Heerwesens. In völliger Einsamkeit, ohne Anwesenheit Scharnhorsts oder eines anderen Beraters, verfaßte er die Grundstruktur einer Militärreform, nach der fortan jeder Bürger, »der Gemeine so gut wie der Fürst«, Offizier werden konnte: damit beschritt der König zumindest in der Heeresverfassung den Weg vom Obrigkeitsstaat zum Bürgerstaat. Die Niederschrift, durch Scharnhorst in die Praxis umgesetzt, bewirkte die Wende im Schicksal der preußischen Armee.

Ein Tag war jetzt schlimmer als der andere. Luise, die mit jeder Stafette angstvoll Nachrichten über die Kinder erwartete, hat damals, am 5. Dezember 1806, die Verse aus Goethes *Wilhelm Meister* in ihr Tagebuch notiert: »Wer nie sein Brot mit Tränen aß ...« An ihren Vater schrieb sie von einer »Prüfungszeit« und ihrem festen Glauben an die Gerechtigkeit Gottes. Die tiefe Religiosität, die sie von Jugend an begleitet hatte, wurde jetzt zur Stütze ihres seelischen Gleichgewichts. Erst, als alles verloren war, als Napoleon immer maßlosere Forderungen diktierte und Alexander sein Versprechen brach, begann Luise zu resignieren. (»Mein Zutrauen soll nicht wanken, aber hoffen kann ich nicht mehr ... Wer so wie ich von seinem Himmel heruntergestürzt ist, kann nicht mehr hoffen.«)

Am 10. Dezember 1806 erreichten sie Königsberg. Kaum angekommen, überfiel der Typhus Luise. Sie bekam so hohes Fieber, daß Hufeland um ihr Leben fürchtete. Noch Jahre später erinnert er sich mit Schrecken der durchwachten Nächte, in denen draußen »ein so fürchterlicher Sturm wüthete, daß er einen Giebel des alten Schlosses herabriß ...«. Weihnachten 1806 trat Besserung ein, und der König, der an Siegesbotschaften der Russen glaubte, gab ein Essen für die inzwischen nach Königsberg geflüchtete »Großfamilie«, zu denen [Luises Schwester] Friederike und Prinz Solms, Fürst Anton und Luise Radziwill mit ihrer jeweiligen Kinderschar, Prinz Wilhelm und Prinzessin Marianne von Preußen gehörten. Doch nicht die Russen unter General Bennigsen haben gesiegt, sondern die Franzosen, die jetzt in Richtung Königsberg marschieren.

Wieder mußte man fliehen. Luise Radziwill sah, wie die kranke Königin bei heftigem Schneegestöber vom Tragsessel in die Kutsche gehoben wurde, um bei arktischen Kältegraden über die Kurische Nehrung transportiert zu werden. Die Überfahrt wurde qualvoll, man hauste »in elendesten Nachtquartieren«, wie Hufeland sagt, «in einer Stube, wo die Fenster zerbrochen waren und der Schnee ihr auf das Bett geweht wurde ... und dennoch behielt sie ihren Mut, ihr himmlisches Vertrauen auf Gott aufrecht, und er belebte uns alle«. Der ebenfalls kranke, fünfjährige Karl reiste in einem Korb, die älteren Söhne fuhren mit ihren Erziehern. Selbst während der Flucht führte die Gräfin Voß ihr Tagebuch, mit unterschiedlichen Federkielen und fast unleserlicher Handschrift. »Nidden, den 8. Januar 1807: Ich hatte auf der Erde geschlafen, da kein Bett zu haben war.« Die kranke Königin wurde von einem Bediensteten auf den Armen getragen, »was mir weh that, mit anzusehen. Wir legten sie auf ein Sopha. Sie wohnte in denselben Stuben, in denen sie vor fünf Jahren wohnte. Ach! welch Unterschied zu damals, als der Zar hier war und wir so heitere Tage verlebten! Die königlichen Kinder aßen mit uns und machten einen ganz furchtbaren Lärm. Niemand sagte ihnen etwas.«

Für Friedrich Wilhelm war es der Tiefpunkt seiner Existenz, tiefer konnte ein Monarch nicht mehr gedemütigt werden als er, der jetzt vor dem Feind in den letzten nordöstlichen Winkel seines Landes, nach Memel, floh.

Zar Alexander von Rußland ließ wissen, daß er sich persönlich zu seinen Truppen begeben wolle, die in der blutigen Schlacht von Preußisch-Eylau immerhin einen Teilsieg errungen hatten. Er traf am 2. April 1807 in Memel ein, dem Ort ihres Kennenlernens – Friedrich Wilhelm fuhr ihm entgegen wie damals, stieg aus der Kutsche und umarmte ihn, Luise konnte ihn vor Erregung kaum begrüßen. »Nein, es läßt sich nicht wiedergeben, was ich empfand, und er selbst war so bewegt, so traurig und doch so groß, so nobel…«, schrieb sie Therese. »Du wirst nicht mehr zweifeln, wenn ich von seiner Vollkommenheit spreche…« Delbrück, der Erzieher des elfjährigen Kronprinzen, erlebte, wie der Zar alle Herzen mehr denn je bezauberte – »besonders eines, so daß er Eifersucht erweckt habe«. Dem König gefiel es nicht, daß Luise nur Augen für Alexander hatte und acht Tage lang nicht von seiner Seite wich.

Immerhin erreichte sie, daß mit Alexanders Zuspruch der von ihr begünstigte Hardenberg zum Kabinettsminister und Leiter der auswärtigen Politik ernannt wurde. Während der König mit dem Zaren nach Bartenstein ging, machte Luise eine der gefährlichsten Reisen ihres Lebens, bei Überschwemmung zurück nach Königsberg. »Ich bin hier, weil Gott es gewollt hat, denn eigentlich hätte ich unterwegs umkommen müssen«, schrieb sie der Gräfin Voß. »Ich bin mit Lebensgefahr durch ausgetretene Flüsse gefahren, und mein Wagen ist mitten auf der Landstraße im Schmutz steckengeblieben, zwei Pferde sind im Kot verschwunden... Mehr tot als lebendig bin ich hier in drei Tagen angekommen...« Sie blieb dann nicht im kalten Königsberger Schloß, sondern zog ins Haus des Grafen Schlieben, weil dort Friederike wohnte, die am 12. März 1807 einen gesunden Sohn geboren hatte, aber unter ihrem Ehemann litt, dem verrückten Prinzen Solms, der »dick, fett und rot«, in Wahrheit aber »krank im Kopf« sei.

Zusammen mit Friederike ließ sich das Leben leichter ertragen. So war es schon in Berlin. Die Schwestern schliefen wie als Kinder gemeinsam in einem Zimmer, unterhielten sich die halbe Nacht hindurch und trösteten sich gegenseitig »besser als alle Bücher der Welt«. Die Voß war in Memel, der König in Kydullen, sie genossen die Freiheit, Menschen aller Art und Herkunft um sich zu scharen. Ein junger englischer Oberleutnant, Robert Wilson, erbitterter Feind Napoleons, machte Luise den Hof, brachte ihr Lektüre und erbat sich als Gegengabe ihr Miniaturbildnis, um es an der Brust zu tragen – solange Friederike bei ihr war, genehmigte sich die Königin diesen Flirt.

Sie hatte allerdings ein schlechtes Gewissen, und zwar nicht wegen dieser harmlosen Unbedachtheit, sondern wegen ihrer Neigung zu Alexander. Der König war nicht blind – und er war unzufrieden. Zu ihrer Verteidigung rief sie ihr »unveränderliches Herz« und sogar die Kinder auf: »... wenn sie gut werden und sagen: Wir haben das von Papa und Mama gelernt, so ist das alles Glück, das wir wünschen können... Leb wohl, lieber Freund, habe mich immer lieb und glaube an meine unerschütterliche Liebe. Luise.«

Aber an Alexander hatte sie ebenfalls geschrieben, und zwar genau einen Tag zuvor, am 14. Mai 1807. Der Brief war angesichts der Gerüchte, die über ihr Verhältnis in Umlauf waren, nicht gerade diskret. »Sie haben mir glückliche Augenblicke verschafft«, schreibt sie selig. »In Ihnen verwirklicht sich eine Vollkommenheit, die man als schönes Wunschbild zweifellos immer sehr geliebt hat, man hat die Seele damit erfüllt, aber niemals geglaubt, es je verwirklicht zu sehen. Man muß Sie kennen, um an Vollkommenheit zu glauben...« Es sei schwer für sie, »vernünftig zu bleiben« – ein Geständnis, das nicht ungefährlich war. »Aber ist das auch ein Verhängnis? Nein, es ein Glück; denn ein wirklich sensibles Herz fühlt sich beschwingt (animé) durch den schönen Eifer, ein solches Beispiel zu befolgen, und ich kann in Wahrheit sagen, daß Sie, teurer, sehr geliebter Vetter, einen glücklichen Einfluß auf mein Dasein ausgeübt haben.« Dem Brief fügt sie ein Geschenk bei: ein Kästchen mit den ersten reifen Kirschen.

Nichts ging nach Wunsch. Der preußische König hatte erklärt, lieber weiterkämpfen zu wollen, als einen beschämenden Frieden zu schließen – nun eilte Napoleon von Sieg zu Sieg.

Im Juni 1807 kam die Nachricht, daß der russische General von Bennigsen sich zum zweitenmal die Gelegenheit entgehen ließ, den Feind nach einer unentschiedenen Schlacht zu verfolgen, den Sieg Napoleon überließ und das Gebiet zur Plünderung freigab. Die Königin hatte seit langem gegen Bennigsen opponiert. »Er haßt Preußen und will es zerstören, soweit das in seiner Macht steht«, rief sie ihrem Mann zu. »Wird er denn bei der Armee bleiben? Wird der Zar ihn nicht erschießen oder wenigstens mit der Knute züchtigen lassen wegen der Dinge, die er zu sagen wagt? ... Ich könnte ihn schlagen und seinen Freund bespucken, der spielt in alledem eine unbegreifliche Rolle...« Luises Briefe veranschaulichen, wieviel Rebellion sich auch unter ihrem sanften Wesen verbarg.

Am 14. Juni 1807 wurden die russisch-preußischen Truppen bei Friedland vernichtend geschlagen – es war die letzte entscheidende Niederlage. Unmittelbar danach begab sich Napoleon an Rußlands Grenze, um dem Zaren in Tilsit ein Abkommen zu unterbreiten – auf Kosten Preußens. Ohne zu ahnen, daß ihr selber eine Begegnung mit Bonaparte unmittelbar bevorsteht, bedauerte Luise ihren Mann, der ihm nun gegenübertreten mußte – »Nein, das ist zuviel! Ihn sehen, den Quell des Bösen! die Geißel der Erde! alles Gemeine und Niederträchtige in einer Person! und sich noch vor ihr verstellen, heiter und liebenswürdig erscheinen müssen!!!...«

Napoleon hatte die Verhandlungen mit dem russischen Kaiser aufgenommen. Wie würde Alexander ihm begegnen? Sie waren überzeugt, daß der Freund ihre Interessen nicht verraten würde. Doch das Unerwartete geschah – am 21. Juni 1807 unterschrieb dieser den von Frankreich aufgesetzten Vertrag, der den Bruch aller seiner Zusagen an Preußen darstellte! Im Tagebuch der Voß liest man: »Der König läßt Alles über sich ergehen in völliger Entmuthigung«, aber für Luise, die das Freundschaftsverhältnis mit anderen Augen sah, brach eine Welt zusammen – »die arme Königin weinte lange«.

Um in Tilsit mit beiden Herrschern weder auf russischem noch auf preußischem Territorium zu verhandeln, benutzte Napoleon eine List. Mitten in der Memel ließ er ein stattliches Floß bauen und mit einem ebenso bequemen wie dekorativ ausgestatteten Holzhaus versehen. Ruderboote von beiden Ufern der Memel brachten die beiden Kaiser hinüber, während der ungebetene Friedrich Wilhelm bei strömendem Regen am Ufer auf und ab lief. Der Bericht über seine unverschämte Behandlung machte die Königin fast krank. Ihre Briefe nehmen einen neuen Ton an, zornig entschlossen oder bitter sarkastisch. »Es gibt kein grausameres Los als unseres. Deine persönlichen Leiden drücken mich nieder ...« – »Wie sollte wohl dieses höllische Wesen, das sich aus dem Kot emporgeschwungen hat, wissen, was Königen zukommt?« – »Nichts, was ich je gesehen habe, gleicht diesem würdelosen, niederträchtigen Mörder.« Sie sieht voraus, daß Bonaparte die Entlassung des Ministers Hardenberg verlangt und beschwört den König in einem Hagel von Verhaltensmaßregeln, unnachgiebig zu bleiben – vergeblich. Hardenbergs Entlassung – so wie im Jahr darauf die des Ministers vom Stein – wurde befohlen.

Wie ein Schuljunge mußte sich Friedrich Wilhelm behandeln lassen. Als er am 26. Juni 1807 zum erstenmal zu einer Verhandlung zugelassen wurde, überschüttete ihn Napoleon mit wütenden Vorhaltungen über die preußische Politik. Der König legte eine nie gesehene Sturheit an den Tag, weigerte sich sogar, am selben Ort zu wohnen wie Bonaparte und verlagerte sein Hauptquartier in das Städtchen Piktupöhnen. Die Bedingungen des auszuhandelnden Friedensvertrages wurden ihm vorenthalten. Sein undiplomatisches Verhalten war unbegreiflich: immerhin ging es um den Weiterbestand Preußens und um seine eigene Existenz!

Die Verhandlungen blieben in einer Sackgasse stecken. Wenn etwas die angespannte Situation entkrampfen und eine günstige Wendung für Preußen herbeiführen könne, dann ein Gespräch der Königin Luise mit dem französischen Kaiser, erklärte Generalfeldmarschall Graf Kalckreuth der Delegation. Friedrich Wilhelm selbst unterstützte die Idee – Luise konnte es kaum fassen. Da verhandelten »drei gekrönte Häupter« so erfolglos, daß nun *sie* dem »Ungeheuer« (monstre) persönlich gegenübertreten sollte! Rätselhaft war, daß ihr eigener Mann diesen Schritt guthieß. »Dein Brief mit der Einlage von Kalckreuth traf gestern spät am Abend bei mir ein. Sein Inhalt hat so gewirkt, wie Du es vorausgesehen hast ...« Sie verstand es nicht und sagte niedergeschlagen zu General Rüchel, wenn der König auf ihre Hilfe baue, dann komme sie und »leere den Becher mit der Würde, die der *Preußen* Königin zukommt«.

Einunddreißig Jahre alt und mit ihrem neunten Kind schwanger, reiste die Königin mit einem Kammerherrn und den Gräfinnen Voß und Tauentzien am 4. Juli 1807 in zehnstündiger Fahrt nach Piktupöhnen. Am nächsten Tag begrüßte sie Zar Alexander, der auf sie zählte – »Die Dinge stehen schlecht ...« Hoffte man auf die Wirkung einer schönen Frau, auf einen weiblichen Ton in der verkrusteten Männerwelt? Baute man auf die Argumente einer Landesmutter in Gestalt einer intelligenten Gesprächspartnerin? Hardenberg, der von dem Projekt wenig hielt, bereitete die Königin auf die Unterredung vor – ihre bei Napoleon erwähnten politischen Vorschläge stammten von ihm.

Zwei Tage später wurde die Königin, von der Garde du Corps eskortiert, nach Tilsit geleitet. Immerhin bequemte sich Napoleon, zu ihr zu kommen und nicht umgekehrt. Nachmittags um vier Uhr stieg der Kaiser der Franzosen die schmale Holztreppe zu ihrem Zimmer empor. Beim ersten Anblick schon bemerkte Luise überrascht, daß dieser Mann keineswegs so »gemein« aussah, wie Friedrich Wilhelm behauptet hatte, sondern eindrucksvoll und bedeutend, einem römischen Cäsarenkopf ähnlich. »Beim Lächeln hat er um den Mund einen Zug von Güte. Überhaupt kann er sehr liebenswürdig sein ...« Die Gräfin Voß, die ihn am Fuß der Treppe empfing, war anderer Meinung. »Er ist auffallend häßlich, ein dickes, aufgedunsenes braunes Gesicht, dabei ist er korpulent, klein und ganz ohne Figur, seine großen runden Augen rollen unheimlich umher, der Ausdruck seiner Züge ist Härte, er sieht aus wie die Inkarnation des Erfolges. Nur der Mund ist schön geschnitten, und auch die Zähne sind schön.« Er hätte »angenehm« ausgesehen, fand die ebenfalls anwesende Gräfin Tauentzien, »wäre seine totenähnliche Färbung nicht gewesen«.

Luise war weiß gekleidet, in einer Robe aus silberbesticktem Crêpe, mit weißem Schal, Perlen und einem Diadem im Haar. »Sie war in der ängstlichsten Spannung, aber trotz aller Gemütsbewegungen erinnere ich mich kaum, sie schöner gesehen zu haben«, berichtet Lysinka Tauentzien. Napoleon muß von ihrer Erscheinung überrascht gewesen sein, er schrieb an seine Frau Joséphine: »Die Königin von Preußen ist in der Tat entzückend, zu mir ist sie voller Koketterie. Aber sei ja nicht eifersüchtig, ich bin eine Wachsleinwand, an der alles nur abgleitet. Es würde mich teuer zu stehen kommen, den Galanten zu spielen.«

Kaiser und Königin tauschten zunächst die nötigen Komplimente aus, dann begann Luise die Unterhaltung mit einem Appell an seine Großmut: »Sie sind der Sieger, aber soll ich annehmen, daß Sie Ihren Sieg mißbrauchen?« Sie erklärte, in der großen Politik nicht mitmischen und nur als Gattin und Mutter sprechen zu wollen. Sie teile die Besorgnis des Königs, und das Schicksal ihrer Kinder läge ihr mehr als alles andere am Herzen. »Aber Majestät glauben doch nicht etwa, daß von der Vernichtung Preußens die Rede ist? Würden Sie erfreut sein, nach Berlin zurückkehren zu können?« fragte Napoleon. »Ja, Sire, aber nicht unter *jeder* Bedingung. Der Friede, den man uns in Aussicht stellt, kann die Vernichtung für die Zukunft vorbereiten...«

Hier wollte Napoleon plötzlich in ein Geplänkel über ihre Eleganz ausweichen, fragte, wo der Crêpe ihrer Robe gemacht sei, in Preußen? In Breslau? Offenbar wollte er in männlicher Überlegenheit das Kleid zum Vorwand nehmen, um ihrer Weiblichkeit zu schmeicheln und dem Gespräch jenen amourösen Beigeschmack zu geben, den er auch bei seinem Bericht an Joséphine hervorhob. Luise ließ sich nicht aus dem Konzept bringen, erwiderte höflich, das Kleid sei aus Berlin, doch sei es kaum angebracht, jetzt über derartige Nebensächlichkeiten zu sprechen. Napoleon hat sich später über die Gewandtheit, mit der sie die Unterhaltung »nach Belieben« lenkte, anerkennend geäußert. Auf seine Frage, wie es Preußen habe wagen können, sich mit Frankreich zu messen, antwortete Luise: »Sire, der Ruhm Friedrichs des Großen hat uns über unsere Mittel getäuscht.« Sie wisse, daß Opfer gebracht werden müssen, »aber wenigstens trenne man von Preußen nicht Provinzen, die ihm seit Jahrhunderten gehören«, er möge dem König wenigstens Magdeburg lassen; er versprach, es sich zu überlegen. In diesem Moment platzte Friedrich Wilhelm in die Unterhaltung, die kaum eine Stunde gedauert hatte. Sonst der Ruhige, packte ihn diesmal die Ungeduld, jedenfalls habe er durch sein Dazwischentreten im denkbar ungünstigen Augenblick – behauptete Napoleon – Zugeständnisse verhindert, die er gerade habe machen wollen.

Lysinka Tauentzien traf Luise in glücklichster Stimmung an, strahlend über Äußerungen, die sie als positive Zusagen nahm. »Kommen Sie«, rief die Königin, »ich muß Ihnen erzählen...« Beim anschließenden Diner saß sie zwischen Bonaparte und Alexander und bestritt die Unterhaltung, da ihr Mann hauptsächlich schwieg. Die Fürstin Radziwill kritisierte, daß die Königin diesmal politisch brisante Themen angeschnitten und sich zu weit vorgewagt habe. Nach Tisch bemerkte Napoleon zu Alexander: »Die Königin von Preußen ist eine reizende Frau, ihre Seele entspricht ihrer Gestalt: auf Ehre, anstatt ihr eine Krone zu nehmen, möchte man versucht sein, ihr eine zu Füßen zu legen«, eine Bemerkung, die von General Rüchel aufgefangen und weitergegeben wurde.

Alles, was das Königspaar erhofft hatte, war jedoch schon hinfällig, als man am folgenden Abend zum letzten Souper fuhr. Luise saß tränenüberströmt im Wagen, ein Billet des Königs in der Hand mit der Nachricht, daß Napoleon, zu keiner Konzession bereit, seine ursprünglichen Bedingungen an Härte noch überbiete. Er habe »nur höfliche Redensarten« mit ihr getauscht, erklärte Bonaparte dem König. Zwischen beiden war es nach der Darstellung von Luise Radziwill noch vor dem Souper zu einem Streit gekommen, bei dem Napoleon vor Wut bleich, ja »gelb vor Zorn« schwor, Preußen zu demütigen, während der König, »ganz rot« im Gesicht, ihm entgegenschrie, daß die Bedingungen »erniedrigend« seien.

Die Unterredung zwischen Luise und Napoleon – vom schwedischen Gesandten Carl Gustav Brinckmann aufgezeichnet – wurde von den Zeitgenossen unterschiedlich bewertet. Unbegreiflich fanden es die Grafen Schwerin, daß man die Königin, belastet mit dem Spott Napoleons, als seine Verhandlungspartnerin auftreten ließ, zumal sie keine »Meisterin der Rede« war. Eine andere Sicht findet sich im Tagebuch der Gräfin Sophie Schwerin: der schüchterne König habe seine Frau schon immer vorgeschoben, da sie sich hervorragend auszudrücken verstand und man sich dazu »den Ton ihrer Stimme, ihren Blick, ihre Haltung« vorstellen müsse, die bewirkten, daß der französische Kaiser sich nur noch mit Hochachtung über sie geäußert habe. Vierzehn Tage nach der Unterredung sprach Napoleon mit dem bayrischen Gesandten über die preußische Königin. »Sie ist eine Frau von Geist und Haltung – ihrem Gemahl ist sie weit überlegen und wird ihn schwerlich lieben. Der Kaiser Alexander hat sie im Jahre 1805 ins Unglück gestürzt – der hat ein liebenswürdiges und angenehmes Wesen und ist ein Romanheld. Es besteht kein Zweifel, wem von beiden man den Vorzug geben muß.«

Erreicht hatte Luise nichts. Der König verlor die Hälfte seines Landes, behielt nur die Provinzen Pommern, Schlesien, ein Stück Westpreußen und Alt-Ostpreußen, während die beiden Kaiser, zwischen denen die Königin beim Essen saß, den Rest unter sich aufteilen; alle polnischen Erwerbungen fallen an Rußland. Zu seiner Demütigung wird dem König noch bedeutet, daß er es ausschließlich Alexander verdanke, wenn er überhaupt seinen Thron behält, der Jérôme zugedacht war. Preußen bleibt so lange besetzt, bis die Kriegskontributionen, deren Höhe noch nicht feststeht, bezahlt sind. Der »Tilsiter Friede« bezeichnet einen Tiefpunkt in der preußischen Geschichte.

Memel, am 9. August 1807. »Genug, bester Georg, in der Nähe Zeuge dessen zu sein, was ich erlebte, da gehört Riesenkraft dazu, es auszuhalten, und dennoch reicht sie nicht. Eine Zusammenkunft dreier gekrönter Häupter! Kann man sich denken, daß diese ohne Folgen sein kann, die nicht von Größe und Milde zeugen? ... Statt dessen finde ich, als ich nach Tilsit kam, einen *Götzen,* der angebetet wird (und dieser Götze ist von einem noch unbekannten, ungenannten Metall), der die anderen beiden Gekrönten geradezu mit *Füßen* tritt ...« Luise schilderte ihrem Bruder erregt die Verderbtheit und Infamie Napoleons, die Schwäche Alexanders, der sich mit preußischen Gebieten belohnen ließ, den unglücklichen Zustand des Königs – »Nein, was dieser Mann gelitten, beschreibt sich nicht. Vierzehn Tage in die Folter *gespannt,* um sich die *ärgsten* Sachen sagen zu lassen, wenn er alles aufbot aus reiner Vaterlandsliebe, um seine *ältesten* Provinzen wenigstens aus Teufelsklauen zu reißen ...«

Ihr vergebliches Gespräch mit Napoleon erschien Luise doppelt demütigend, weil sie als Frau und als Königin versagt hatte. Sie sei »körperlich und geistig« am Ende, schrieb sie Georg damals. Der »Bittgang« hatte trotzdem eine ungeahnte Langzeitwirkung. Er erreichte die nie dagewesene und nicht wiederholte Popularität einer Frau, die durch ihren bereitwilligen Einsatz zur Verkörperung der patriotischen Bewegung wurde. Daß sie nichts erreichte, verlieh ihrer Gestalt einen tragischen Zug. Wenn es Stunden in der Geschichte Preußens gibt, die sich aus dem Ablauf der Zeit unvergeßlich herausheben, so ist es die Begegnung von Napoleon und Luise.

»Mit welcher Aufopferung ihrer Gefühle sie öffentlich auftrat, wenn es seyn mußte«, schreibt Friedrich Wilhelm in seinen Memoiren, »beweist nichts mehr als ihr Erscheinen zu Tilsit vor Napoleon. Mit welcher Grazie und Würde, Gewandtheit und Liebenswürdigkeit sie ihn empfing, muß man gesehen haben, um darüber urtheilen zu können.«

Gerda Lerner
Frauengruppen, Frauennetzwerke, soziale Freiräume

Wir haben in diesem Buch immer wieder darauf hingewiesen, wie wichtig Leitbilder für Frauen sind und wie sehr ein Fehlen solcher Beispiele die Entwicklung des Bewußtseins verzögert. Weil das Schaffen von gesellschaftlichen Freiräumen für Frauen nur unter der aktiven Beteiligung von Frauen möglich ist und sogar die Übernahme von Führungsfunktionen durch Frauen verlangt, läßt dieser Prozeß selbst neue Leitbilder entstehen.

Im Frankreich des 17. Jahrhunderts und England des 18. Jahrhunderts boten die Salons, die von Frauen organisiert wurden, einen Raum des freien Meinungsaustauschs. Eines der wichtigsten Gesprächsthemen dieser Zeit war die Frage nach der Definition des Wesens der Frau und ihrer Rolle in der Gesellschaft – im wesentlichen eine Wiederaufnahme der früheren *Querelle des femmes*. Bei diesem Meinungsaustausch, in dem sich Frauen und Männer gegenseitig als gleichgestellt behandelten, bestand die Neigung, die jahrhundertealte Frage zugunsten der Frauen zu beantworten, zumindest auf einer abstrakten, theoretischen Ebene. Das praktische Ergebnis dieser Debatten war in seiner Wirkung auf Frauen sehr viel ambivalenter.

Der erste der französischen Salons war der von Madame de Rambouillet im Jahre 1617, der das kulturelle Leben des Landes stark beeinflußte und Gegenstand von Molières böser Satire ›Les Précieuses Ridicules‹ (Die lächerlichen Preziösen) war. Der Salon der Madame Madeleine de Scudéry folgte bald danach. Hier wurde die Diskussion über die Rolle der Männer und der Frauen sowie über das Für und Wider in bezug auf die Ehe als Institution fortgesetzt. In diesen Salons waren wirklich gebildete Frauen ebenso anzutreffen wie die *Preziösen,* deren oberflächliches Wissen nur ein der Mode folgendes Gehabe war; aber dennoch ist kaum zu bezweifeln, daß das Bestehen der Salons die intellektuelle Entwicklung der Frauen förderte. Etwa 1760 hatte sich die Funktion der französischen Salons verändert von einem Ort, an dem höfische Ideale auf gebildete Art präsentiert wurden, zu einer, wie eine Historikerin es genannt hat, »hochentwickelten Diskussionsgemeinde« für Denker und Denkerinnen der Aufklärung. Unter Anleitung der Madame de Geoffrin, Mademoiselle de Lespinasse und Madame Necker wurden die Salons demokratisiert, zu einem Forum sachbezogener Begegnungen, wo sich Adlige und Bürgerliche auf gleicher Ebene trafen und Ideen der Aufklärung entwickelten und verbreiteten. Die Frauen, die in Paris einen Salon unterhielten, erwarben die dafür erforderlichen Kenntnisse durch helfendes Mitwirken im Salon einer älteren Frau, bevor sie selbst einen eigenen einrichteten. Madame de Geoffrin war fast zwanzig Jahre lang im Salon der Madame de Tencin »in der Lehre«. Vor der Eröffnung eines eigenen Salons war Julie de Lespinasse fast zwölf Jahre Gast in dem der Madame de Geoffrin und der Madame du Deffand. Gastgeberinnen der Salons bereiteten sich ernsthaft auf die abendlichen Diskussionen vor, manchmal fertigten sie auch im vorhinein Abschriften oder schriftliche Ausarbeitungen zu bestimmten Themen oder Anlässen an. Andererseits blieben die französischen Salons im 17. Jahrhundert Orte der Begegnung, wo sich potentielle Ehepartner von unterschiedlichem Rang und Stand auf informelle Art treffen konnten. Doch vor allem waren die Salons Freiräume, in denen Frauen freundschaftliche Beziehungen zu Männern und Frauen auf der Grundlage gemeinsamer kultureller Interessen knüpfen konnten.

Der früheste bekannte Salon in England war der im 16. Jahrhundert von Mary Herbert, Gräfin Pembroke und Schwester von Sir Philipp Sidney, unterhaltene, wo Dichter wie Spenser, Shakespeare und John Donne sich mit gebildeten Frauen, Aristokraten und Künstlern trafen. In den britischen Salons des 18. Jahrhunderts setzten die »Blaustrümpfe« die Tradition der Förderung von bildender Kunst und Literatur durch Frauen fort, boten aber zugleich einen Raum, in dem Frauen ihren

Umgang untereinander pflegen und sich gegenseitig unterstützen konnten, wie wir schon gesehen haben.

Im frühen 18. Jahrhundert kam es in Deutschland zu einem verstärkten Auftreten von weiblichen Intellektuellen, die einander ermutigten und sich gegenseitig aus ihren Werken vorlasen. Christiana Mariana von Ziegler (1695-1760) führte einen musikalischen und literarischen Salon in Leipzig. Ihr Beispiel ermutigte Sidonia Hedwig Zäunemann (1714-1740), ihre literarische Karriere zu beginnen und fortzusetzen. Fünfzig Jahre später bestanden ähnliche Zirkel in Darmstadt, Weimar und Berlin als Teil der frühromantischen Bewegung, die bis zur Mitte des 19. Jahrhunderts florierten.

Es bedürfte eines eigenen Buches, um die Wirkungen der Salons auf die beteiligten Frauen darzustellen. Ich will mich hier auf ein Beispiel beschränken, das der Frühromantiker in Deutschland. Johanna Schopenhauer (1766-1838), die Mutter des Philosophen Arthur Schopenhauer, zog nach dem Selbstmord ihres Mannes mit ihren Kindern nach Weimar und gründete 1806 einen der ersten bürgerlichen Salons. Da sie arm war, bot sie nur einfache Speisen an, servierte nur Tee, was sie zum Gegenstand des Gespötts der Hofgesellschaft machte. Doch Goethe und sein Freundeskreis besuchten diesen Salon häufiger als die, zu denen Adlige einluden. Die wichtigen Salons, die in einer engen Beziehung zur frühromantischen Bewegung standen, waren die von Sophie von Mereau und Caroline Schlegel in Jena und die von Henriette Herz und Rahel Varnhagen in Berlin. Für die Dichterinnen und Dichter, Philosophen, Schriftsteller und Historiker der frühromantischen Bewegung waren diese Salons nicht nur gesellschaftliche und intellektuelle Zentren, sondern eine enge Gemeinschaft von sich gegenseitig unterstützenden und miteinander verbundenen Menschen, die ihre philosophischen und politischen Ideen zur Diskussion stellten. Mitglieder des Jenaer Kreises, eine Gruppe von Menschen, die sich im Umkreis der literarischen Zeitschrift ›Athenäum‹ (1798-1800) bildete, waren: der Philosoph Johann Gottlieb Fichte, Ludwig Tieck und seine Frau Amalie, der Dichter Heinrich von Hardenberg, bekannt als

Novalis, und seine Gefährtin Julie von Charpentier, August Wilhelm Schlegel und seine Frau Caroline, sein Bruder Friedrich Schlegel und seine Geliebte und spätere Frau Dorothea. Dieser Kreis zeichnete sich aus durch eine enge Geistesverwandtschaft, gemeinsames Arbeiten, familiäre Verbindungen untereinander und die Bereitschaft, mit ungewöhnlichen sexuellen und häuslichen Umgangsformen zu experimentieren.

Die Frühromantiker stellten nicht nur die Enge und Beschränktheit der bürgerlichen Gesellschaft in Frage, sondern setzten sich sehr gründlich mit den kulturell definierten geschlechtsspezifischen Rollenvorstellungen auseinander. Einige von ihnen waren beeinflußt von dem, was sie über östliche Philosophien gelesen und bei Studien über vorchristliche Religionen und Mythologien entdeckt hatten. Sie gelangten zu einer Neubestimmung des Begriffs »Weiblichkeit«, die Frauen glorifizierte und in einem romantischen Licht erscheinen ließ. In seinem Essay ›Über die Diotima‹ (1795) und seinem Roman ›Lucinde‹ (1799) erläuterte Friedrich Schlegel das Ideal einer neuen Androgynität, in dem sich eine sanfte Männlichkeit mit einer unabhängigen Weiblichkeit verbinde. Frauen wurden in dieser neuen Gedankenwelt begrüßt als Partnerinnen, Autorinnen und Liebende. Doch wie wir noch sehen werden, sollte am Ende die patriarchale Vorstellung von der Frau als Muse und Gehilfin des Künstlers überwiegen.

Alle Frauen, die diesem Kreis angehörten, waren sorgfältig erzogene, manche hochgebildete, charmante, geistreiche Gesprächspartnerinnen, ernsthaft Schreibende und Denkende aus eigenem Recht und Vorläuferinnen der Bewegung für »freie Liebe« gegen Ende des 19. Jahrhunderts in Großbritannien und den USA. Wie die Anhänger der freien Liebe in jüngster Zeit, waren diese Frauen entschlossen, ihren philosophischen Ideen und emanzipatorischen Überzeugungen in einem unkonventionellen Lebensstil Ausdruck zu verleihen. Mehrere von ihnen wurden einmal oder häufiger geschieden, und einige lebten vor der Eheschließung mit ihrem künftigen Ehemann (oder mit anderen Männern) in einer freien Verbindung zusammen. Caroline Schlegel-Schelling hatte ein uneheliches

Kind, und Sophie Mereau, die später Clemens Brentano heiratete, lebte nach ihrer Scheidung einige Jahre lang als alleinstehende Mutter. Die 39jährige geschiedene Dorothea Veit heiratete Friedrich Schlegel, der neun Jahre jünger war als sie, nachdem sie schon mehrere Jahre mit ihm zusammengelebt hatte. Rahel Levin heiratete im Alter von 40 Jahren den zwölf Jahre jüngeren Karl Varnhagen von Ense. Fast alle Frauen dieses Kreises hatten einige leidenschaftliche Liebesaffären während oder außerhalb von Ehen. Sie blieben bis zu ihrem Lebensende mit früheren Geliebten befreundet und kultivierten neben ihrer Ehe intellektuelle Freundschaften mit anderen Männern. Einige der Frauen, besonders Bettine Brentano und Rahel Varnhagen, hatten leidenschaftliche erotische und intellektuelle Beziehungen zu Frauen.

Caroline Schlegel-Schelling (1763–1809) war in diesem Kreise die Frau mit der bemerkenswertesten Lebensgeschichte. Sie war die Tochter eines berühmten Orientalisten und Theologen und bekam die beste Ausbildung, die damals möglich war. Mit 19 Jahren wurde sie mit einem Arzt verheiratet und lebte vier unglückliche Jahre lang mit ihm in einer Kleinstadt. Sie erwartete ihr drittes Kind, als ihr Mann plötzlich starb. Eines ihrer Kinder war schon als Säugling gestorben, und so kehrte die Witwe mit ihren beiden kleinen Kindern zu ihrer Familie zurück. In dieser Zeit lernte sie August Wilhelm Schlegel kennen, der sich in sie verliebte, mit dem sie jedoch keine Verbindung eingehen wollte. Dann erlebte sie eine weitere Tragödie, den Tod ihrer dreijährigen Tochter. Caroline zog zu einer Freundin aus Kindertagen, die in Mainz lebte und deren Ehe ebenfalls unglücklich war. Als die Stadt von Napoleons Truppen erobert und besetzt worden war, verließ die Freundin Mann und Kinder, um mit einem Geliebten zusammenzuleben. Caroline blieb bei dem verlassenen Ehemann und kümmerte sich um ihn und seine Kinder, hatte aber eine kurze Affäre mit einem französischen Offizier der Besatzungsarmee, die eine Schwangerschaft zur Folge hatte. Die Sympathie ihres Gastgebers für die Jakobiner und das Gerücht, sie sei seine Geliebte, führten zu ihrer Festnahme. Im Gefängnis gelang es ihr, die Tatsache ihrer Schwangerschaft zu verbergen; aber sie war so verzweifelt wegen der möglichen Entdeckung ihres Zustands, daß sie daran dachte, sich das Leben zu nehmen. Sie wurde aufgrund der Bemühungen ihres Bruders freigelassen, woraufhin August Wilhelm Schlegel ihr seinen Schutz und eine Deckgeschichte zur Bemäntelung ihrer Schwangerschaft bis zur Geburt ihres Sohnes anbot. Sie gab ihren Sohn in Pflege, doch er starb im Alter von zwei Monaten. So hatte Caroline drei kleine Kinder verloren, und es blieb ihr nur ihre Tochter Auguste.

August Wilhelm Schlegel erwies sich als zuverlässiger und selbstloser Freund. Sein jüngerer Bruder Friedrich empfand eine verzweifelte Liebe zu Caroline, die er aber nicht zeigte, weil er annahm, diese sei mit seinem Bruder verlobt. Caroline, die August Wilhelm nicht liebte, ihm aber für seine Freundschaft und Unterstützung sehr dankbar war, stimmte der Eheschließung mit ihm zu, weil ihr die Ehe mit ihm der einzige Weg zu sein schien, gesellschaftlicher Ächtung und Armut zu entgehen. Sie zog mit ihrem Mann nach Jena, wo sie zum Mittelpunkt des Jenaer Kreises wurde, dessen Mitglieder gewöhnlich in ihrer Wohnung zusammenkamen. Ihre gesellschaftlich führende Position unter den Jenaer Romantikern wurde nur überschattet von der heftigen Rivalität und den Konflikten mit der Frau, die Friedrich Schlegel geheiratet hatte, Dorothea Veit.

Einige Jahre später schloß sich Friedrich Wilhelm Schelling, damals 24 Jahre alt, diesem Kreis an. Er bemühte sich um eine enge Freundschaft zu Caroline, die fast vierzig war, und verliebte sich in deren vierzehnjährige Tochter. Caroline, die sich ihrer Liebe zu ihm schon bewußt war, stimmte der Verlobung Schellings mit ihrer Tochter zu. Doch im Jahre 1800 starb das junge Mädchen ganz plötzlich. Schelling und Caroline litten furchtbar unter dem Schmerz und ihren Schuldgefühlen und versuchten, sich voneinander zu lösen und ihre Beziehung zu beenden. Aber nach einem Jahr der Trennung nahmen sie ihre Beziehung wieder auf. 1803 vereinbarte Caroline mit August Wilhelm Schlegel die Scheidung und heiratete Schelling. Danach drehte sich ihr ganzes Leben um ihren Mann, mit dem sie bis zu ihrem Tode glücklich war.

Dieses ungewöhnliche Leben einer Frau wurde für die Romantiker und ihre Anhänger zu einem Musterbeispiel der Selbstentfaltung einer Frau durch Liebe. Aber die andere Seite dieses Lebens zeigt auch die Grenzen des romantischen Strebens nach einem neuen Sexualverhalten. Caroline Schlegel-Schelling hinterließ nur ein geringes literarisches Werk – einige Essays, Buchbesprechungen, viele Briefe und den Anfang einer Autobiographie. Sie hatte aber dennoch ein erfülltes literarisches Leben als Mitarbeiterin August Wilhelm Schlegels bei dessen Übersetzung sämtlicher Dramen von Shakespeare. Wie schon erwähnt, bestand sie selbst darauf, daß ihr Name in den gedruckten Werken nicht erschien, die mehr als ein Jahrhundert lang die deutsche Standardübersetzung Shakespeares blieben. Während ihrer Ehe mit Schelling widmete sie sich ausschließlich der Förderung seiner Karriere. Der Preis für die Selbstverwirklichung der Caroline Schlegel-Schelling durch Liebe war die Aufgabe ihrer Existenz als Schriftstellerin.

Agnes-Marie Grisebach
Amalie und die Droste

Als junges Mädchen wurde Male Hassenpflug nicht nur zusammen mit ihrer Familie, sondern auch oft allein zu den Haxthausens nach Bökendorf oder auf die Hinneburg bei Brakel eingeladen. So verbrachte sie die warmen Tage des Jahres meist auf diesem oder jenem Gutshof in Gesellschaft der vielen Haxthausen-Vettern, -Basen, -Onkeln und -Tanten.

Die alte freundliche Freifrau von Haxthausen hatte einer Menge von Stiefkindern eine ebenso große Zahl eigener Kinder zugefügt, so daß Tanten oft jünger waren als Nichten, Stiefenkel oft älter als eigene Kinder. Zwei dieser Stiefenkelinnen, die ihre so jugendliche Großmutter verehrten, waren die Schwestern Jenny und Annette von Droste-Hülshoff. In ihrer Wasserburg Hülshoff in Westfalen, in der ihre Mutter ein strenges Regiment führte, waren die beiden Freifräulein längst nicht so gern wie hier in Bökendorf im Kreise all der vielen jungen Leute. Jenny war fünf, Annette drei Jahre älter als Malchen, so daß diese sich mehr mit Anna von Haxthausen, einer gleichaltrigen Tante der beiden, anfreundete, mit der sie bei ihren Besuchen immer das Zimmer teilte und dadurch zu deren Vertrauter wurde. Meistens war auch ein neun Jahre jüngeres Enkelkind der Freifrau, eine Amalie von Zuydtwick, zu Besuch, die leidenschaftlich an Malchen hing und für die sich Malchen sehr interessierte, weil dieses Kind ganz außerordentliche Begabungen zu haben schien.

Die großzügige Freifrau von Haxthausen machte für sich selbst keinen Unterschied, ob ein Gast bürgerlich oder adlig, protestantisch oder katholisch war. Für sie galt nur der Mensch. Aber sie war sehr fromm und hielt Sitten und Traditionen für göttliche Gebote, die ein Mensch nun einmal zu befolgen habe, ob ihm das lieb war oder nicht. So erwartete sie von ihren Gästen nicht nur selbstverständlich die Befolgung der göttlichen Gebote, sondern auch die Respektierung der menschlichen Traditionen, etwa daß zwischen Adligen und Bürgerlichen ebenso wie zwischen Protestanten und Katholiken keine Ehen geschlossen und somit auch keine Liebesbeziehungen angeknüpft werden sollten.

Ihre studierenden Söhne und Enkel brachten ungehindert bürgerliche und protestantische Freunde mit nach Hause, die Haxthausenfräulein bürgerliche und protestantische Freundinnen. Man sammelte gemeinsam Märchen, man sang gemeinsam die von Clemens Brentano und seinem Freund Achim von Arnim gesammelten Volkslieder aus ›Des Knaben Wunderhorn‹, man politisierte und las sich Gedichte und Novellen vor, aber es wurde nicht in der Weise »geflirtet«, wie das heutzutage in einem so großen Kreis junger Männer und Frauen üblich wäre.

Ludwig Hassenpflug, der Lotte Grimm liebte und während seiner Studienzeit bereits entschlossen war, sie zu heiraten, hatte in Bökendorf Gelegenheit, die Geliebte auf neutralem Boden zu sehen und zu sprechen, denn in Kassel hätte jeder Besuch, der nicht den Brüdern galt, Lotte ins Gerede gebracht; aber erst als durch viele Briefe, die Malchen oft hin und her trug, abgeklärt war, daß auch Lotte Ludwig liebte, wagten sie den ersten heimlichen Kuß.

Wie selten kam es vor, daß zwei Heiratskandidaten, die den gleichen Stand und die gleiche Religion hatten und deren Vermögensverhältnisse vom Familienrat für passend befunden wurden, sich auch wirklich liebten. Die Regel war, daß ein Mann innerhalb seiner Standes- und Religionsgrenzen eine gewisse Auswahl unter »passenden« Mädchen hatte, sich die hübscheste »erkor« und das betreffende Mädchen dann aufgefordert wurde, diesen zu heiraten und zu lieben, was sie, wie Louischens Mutter Grisebach, meist auch gehorsamst tat.

Als Backfisch hatte Malchen die Tragödie miterlebt, daß der bürgerliche, protestantische Wilhelm Grimm und die adlige katholische Jenny von Droste-Hülshoff gegen dies Gebot verstießen und sich ineinander verliebten. [...]

[Freifrau von Haxthausen] merkte nun selbst, daß beide in großer Liebe zueinander entflammt waren, aber das Äußerste taten, um dies gefährliche Geheimnis für sich zu behalten und es niemandem, wohl noch nicht einmal einander, zu verraten. Der Freifrau tat ihre geliebte Stiefenkeltochter sehr leid. Mußte denn nun auch dieses liebe Kind den Schmerz kosten, den sie selbst als junges Mädchen erlitten und nie ganz überwunden hatte? Warum nur legte Gott den Frauen so schwere Prüfungen auf? Jenny wird daran reifen, wie ich daran gereift bin, dachte sie und informierte Jennys und Annettes Mutter von der Sache. Diese kam sofort, holte ihre Tochter auf die Wasserburg Hülshoff zurück und verbot ihr, je wieder mit den Grimms zusammenzutreffen. Die Reinhaltung des alten Namens »von Droste-Hülshoff« sei ein höherer Wert als die vergängliche Liebe, niemals dürfe eine Droste-Hülshoff einen Grimm heiraten. Das erlaube Gott nicht, außerdem sei Grimm ein Protestant, der nach seinem Tode nicht in den Himmel kommen könne. Was wolle Jenny mit einem Ehemann, von dem sie nach ihrem Tode doch geschieden würde. Mit Wilhelm Grimm sprach die alte Freifrau von Haxthausen selbst – voll Liebe, voll Güte und voll Mitgefühl. Sie muß den ihr geistig weit überlegenen, aufgeklärten Mann vom Willen ihres Gottes so überzeugt haben, daß er tatsächlich seine Liebe zu Jenny aufgab und später eine andere Frau heiratete.

Es war ein tränenreiches Jahr. Alle Gäste auf Bökendorf litten mit den Liebenden, empfanden den Beschluß der Freifrau zwar als schmerzlich, aber auch als richtig. Nächtelang saß Malchen mit Jennys Schwester Annette, der Dichterin, zusammen und suchte die drei Jahre ältere Freundin von der Weisheit ihrer Großmutter zu überzeugen. Annette widersetzte sich. Sie empfand es als primitiv, Sitten und Traditionen zu göttlichen Geboten zu erklären. Ihr Vertrauen zu der bisher für unfehlbar gehaltenen Großmutter bekam einen Sprung und auch das Vertrauen zu ihrer bisher für unfehlbar gehaltenen Religion. Ihre Verse hörten auf, sich nach dem Geschmack ihrer Mutter und Großmutter zu richten, hörten auf, wohlgefällige Reime zu sein, sondern begannen etwas von den tiefen Glaubenskämpfen auszudrücken, die sich in ihrem Herzen abspielten. Sie fing an, sich nach Menschen umzusehen, deren Geist dem ihren glich und die wirklich etwas von Literatur verstanden.

Malchen dagegen imponierte die Festigkeit der alten Freifrau. Sie wußte, daß diese unter der Härte, zu der sie sich gezwungen sah, selbst litt. Sie tadelte Annette um ihrer Zweifel willen, wie sie Anna um ihrer Neugier willen getadelt hatte. Sie konnte sich das erlauben, denn obwohl eine der Jüngsten, wurde sie doch im Kreis der Bökendorfer Jugend seltsamerweise stets als eine Autorität angesehen.

Alle fanden sie hübsch, lobten ihren Takt und ihren Verstand und empfanden es als wohltuend, daß sie den anderen Mädchen keine Konkurrenz zu machen drohte. Sie zeigte an begehrenswerten jungen Männern kaum Interesse. Und suchte nicht zu gefallen.

Im Jahr 1819 kam die Droste zur Wiederherstellung ihrer schwächlichen Gesundheit für anderthalb Jahre nach Bökendorf zu Besuch. Ihr fehlte dort die verständnisvolle Schwester Jenny sehr, und so schloß sie sich in dieser Zeit besonders an Malchen an. Malchen lachte nicht wie die anderen Mädchen über ihre Gedichte, sondern prüfte sie ernsthaft und unterzog sie einer durchdachten, sachlichen Kritik. Sie fand die Tatsache, daß Annette Gedichte machte und diese gelegentlich abends im großen Kreise vorlas, sehr anerkennenswert. Den anderen Mädchen war das so peinlich, als hätte ein junger Mann Frauenkleider angezogen und ernsthaft gefragt, ob ihm die wohl gut zu Gesicht ständen. Sie glaubten, Annette dichte nur, um damit auf originellere Weise Männer anzulocken, weil ihr die normalen »Lockmittel« nicht zur Verfügung ständen. Malchen, die selber jegliche Werbung für ihre Person verabscheute, verstand die Dichterin und hatte ein Gespür für die künstlerische Kraft, die nach einem adäquaten Ausdruck drängte. Aber sie war immer ehrlich und heuchelte kein Lob, wenn ihr Herz tadelte. Die Droste schrieb über Malchens Kritik:

»Leider bin ich mit Malchen, was Kunst und Poesie betrifft, nicht einer Meinung, da sie einer gewissen romantischen Schule auf sehr geistvolle, aber etwas einseitige Weise zugetan ist; dennoch ist jedes ihrer Worte tiefgedacht und sehr beherzigenswert; sie wird mich aber nie in ihre Manier hineinziehn, die ich nicht nur wenig liebe, sondern auch gänzlich ohne Talent dafür bin ... Malchen ist ganz Traum und Romantik, und ihr spuken unaufhörlich die Götter der Alten, die Helden Calderóns und die krausen Märchenbilder Arnims und Brentanos im Kopfe.«

Trotz der Andersartigkeit erkannte die Dichterin in Malchen aber einen geistig ebenbürtigen Menschen und nannte ihr Kommen jedesmal einen Feiertag und ein Fest.

Doch als es 1820 für die damals dreiundzwanzigjährige Dichterin um Sein oder Nichtsein ging, stand Malchen nicht auf der Seite der Freundin.

Wenn August von Haxthausen seine Studienfreunde aus Göttingen nach Bökendorf einlud, war es für die dort anwesenden jungen Mädchen unmöglich, sich den »Löwen« gegenüber – wie sie die ihnen so überlegenen jungen Männer nannten – zu behaupten. Sie galten nicht als gleichwertige *Menschen,* und besonders die sensible Annette von Droste-Hülshoff fühlte sich im Bökendorfer Jugendkreis oft nur ausgenutzt und für irgendwelche ihr unverständliche Zwecke der Männer benutzt. Dagegen sträubte sich ihr Stolz. Der einzige ihr als Frau zugängliche Weg, wirklich beachtet und anerkannt zu werden, war, Männer in sich verliebt zu machen. Da ihre nur als Mittel zu diesem Zweck angewandte Koketterie aber nicht ihre wahre Natur war, fing sie es ungeschickt an und erntete damit bei manchen der Jünglinge ein gewisses Unbehagen, so etwa bei Wilhelm Grimm, der ihre unverkrampftere Schwester Jenny liebte. Wie Ludwig Grimms Karikaturen von der jungen Annette im Kreis der Bökendorfer Jugend zeigen, war sie körperlich größer als die meisten anwesenden Herren, so daß diese eher vor ihr zurückgewichen sein werden.

Viel später, im Januar 1844, schrieb sie an ihre Freundin Elise Rüdiger über ihre damaligen Probleme:

»Was kommen Sie mir denn mit meiner steinalten, seit 25 Jahren begrabenen Koketterie? Ich habe Ihnen ja schon früher erzählt, wie wir sämtlichen Kusinen haxthausischer

Branche durch die bittere Not gezwungen wurden, uns um den Beifall der Löwen zu bemühen, die die Onkels von Zeit zu Zeit mitbrachten, um ihr Urteil danach zu regulieren, wo wir dann nachher einen Himmel oder eine Hölle im Hause hatten, nachdem diese uns hoch oder niedrig gestellt. Glauben Sie, wir waren arme Tiere, die ums liebe Leben kämpften, und namentlich Wilhelm Grimm hat mir durch sein Mißfallen jahrelang den bittersten Hohn und jede Art von Zurücksetzung bereitet, so daß ich mir tausendmal den Tod gewünscht. Ich war damals sehr jung, sehr trotzig und sehr unglücklich und tat, was ich konnte, um mich durchzuschlagen.«

Auf männlichen Beifall verzichten zu können und mehr Selbstbewußtsein zu entwickeln, half ihr dann die soviel kühlere Amalie Hassenpflug.

Annettes Tragödie begann damit, daß Ostern 1820 ein gewisser Heinrich Straube zu Besuch nach Bökendorf kam.

Heinrich Straube war ein intimer Studienfreund von August von Haxthausen und dessen Protegé. Als Kind reicher Leute geboren und verwöhnt, war er durch einen Konkurs seines Vaters schlagartig verarmt und hätte Studium und Karriere aufgeben müssen, wenn August von Haxthausen und dessen Freunde ihn nicht ausreichend mit Geld versorgt hätten. Sie alle hielten ihn für einen großen, ja den größten Dichter ihrer Zeit und taten sich etwas darauf zugute, die selbstlosen Förderer des zukünftigen Goethe zu sein.

Obwohl Straube stets einen schmutziggelben Flausch trug, der aus der Nähe unangenehm nach feuchter Wolle oder nassem Hund roch, oft eine staubige Perücke auf dem Kopf hatte, häßlich war und mit einer ungewöhnlich hohen Stimme sprach, die ihm den Spitznamen »Wimmer« eintrug, gewann er sofort alle Herzen, vor allem die mitfühlender Frauen. Allgemein wetteiferte man darum, diesem lieben armen Kerl zu helfen, der so laut und herzlich lachen und so wundervoll dichten konnte. Wer ihn nicht »Wimmer« nannte, sprach von ihm als dem »Allotria«.

Annette hatte Ostern 1820 gerade den Schmerz um eine verlorene Jugendliebe überwunden. Dem Studenten Wolff, der sich aus ihr unverständlichen Gründen von ihr abgewandt hatte, war unheimlich geworden, daß die von ihm Verehrte dichtete und ihm erzählte, sie habe Augenblicke, wo sie die Menschen fliehen und allein sein müsse.

So war sie offen für den schmuddeligen Charme des jungen Dichter-Genies, der als erster ernst nahm und respektierte, was sie schrieb. Sie kannte ihn schon länger, hatte ihm aber nie besondere Beachtung geschenkt.

Es war Frühling, ein warmes Lüftchen wehte, Straube ging viel mit den anderen spazieren, sein einziger Anzug lüftete etwas aus, der Geruch ließ nach, und mit seinem geistreichen, klugen Wesen begann er, Annette allmählich zu bezaubern. Was es für ein zweiundzwanzigjähriges Fräulein vom Land, deren Dichtungen bisher von niemandem ernst genommen wurden, bedeutete, daß ein anerkannter Poet für ihre Werke Interesse zeigte, kann nur verstehen, wer selbst heimlich künstlerisch tätig ist und noch niemanden fand, der darüber ein kompetentes Urteil abgeben konnte. Es ist ein überwältigendes Gefühl! Es ist, als ob eine Pflanze begossen wird, die schon dicht vor dem Verwelken und Vertrocknen ist. Sie blüht auf, reckt sich voller Leben und beginnt, von innen heraus Kraft auszustrahlen.

Straube lobte aber nicht nur ihre Gedichte, er hatte auch tiefstes Verständnis für Annettes Glaubenszweifel. (Sie arbeitete gerade an dem Zyklus ›Das geistliche Jahr‹, den sie ihrer Großmutter zu Weihnachten schenken wollte. Und sie litt darunter, daß es ihr nicht gelang, den von ihrer Großmutter gewünschten reinen, unbeschwerten Kinderglauben zum Ausdruck zu bringen.) Er, der Protestant, unterhielt sich mit ihr, der Katholikin, über Unterschiede und Gemeinsamkeiten ihrer Religionen von einer so hohen Warte aus, daß Gott für Annette plötzlich aus dem engen Rahmen seines vorgeschriebenen traditionellen Bildes heraustrat und ihr lebendig wurde.

Bei diesen Gesprächen kam Straubes Seele ihrer so nahe, daß beide nach einiger Zeit glaubten, zwischen ihnen sei die große Liebe entbrannt.

Annette hielt sich für stärker und für klüger als ihre Schwester Jenny. Sie hatte sich schon bei deren Tragödie geschworen, sich von niemandem davon abhalten zu lassen, einen bürgerlichen Protestanten zu heiraten, wenn ihre Liebe zu ihm groß genug sein würde. Was Gott verlangte, war Liebe und nicht ein lupenreiner Stammbaum, was Jesus verlangte, war, ihm und nicht irgendeiner Konfession anzugehören. Aber da sie wußte, was sie opfern müßte, wenn sie Straube heiraten würde, brauchte sie Zeit zur Prüfung. Es gab etwas an ihm, was sie störte.

Eigentlich wußte sie nicht, warum sie so widerstrebte, als er eines Tages auf einem Spaziergang darauf drängte, in eines der Bökendorfer Treibhäuser hineinzusehen. Das war doch eine Gelegenheit, mit dem Verehrten ganz allein und unbeobachtet zu sein! Einerseits fieberte ihr Herz dem großen Augenblick entgegen, das erstemal im Leben geküßt zu werden, andererseits befahl ihr der Verstand, davor zu flüchten, wegzulaufen. Aber sie hatte sich zuvor in ihren Phantasien schon so in die ganz großen Gefühle hineingesteigert, von denen sie gelesen und die sie bei Jenny erlebt hatte, daß sie nun, wo der Traum Realität werden sollte, zitternd dem drängenden Willen des Verehrers nachgab und sich küssen ließ.

Doch dann war alles ganz anders, als sie es sich erträumt hatte. Sie mußte entdecken, daß die Seele dieses wundervollen, von ihr so heiß geliebten Menschen in einem Körper steckte, der in der Erregung Schweiß absonderte. Jetzt erst merkte sie, daß der rührend häßliche Mund des Mannes, der so kluge, geistreiche Worte sagen und so herzlich lachen konnte, kranke Zähne hatte und roch. Sie hatte erwartet, eine Welle von Lust- und Wonnegefühlen würde sie überfluten, statt dessen überkam sie etwas wie Ekel, das sie daran hinderte, den Kuß aus eigenem Antrieb auch zu erwidern.

Aber Straube hatte gar nicht erwartet, daß ein Freifräulein mehr tat, als bei seinem Kuß stillzuhalten. Er bat sie um ihre Hand – wie sich das gehörte –, und sie bat sich Bedenkzeit aus, wie sich das auch so gehörte. Beim ersten Mal durfte kein Mädchen gleich jubelnd ja sagen.

Die beiden waren jedoch nicht unbeobachtet geblieben. August von Haxthausen hatte gesehen, wie sie im Treibhaus verschwunden waren, und sich sein Teil dabei gedacht. Denn August kannte dieses Treibhaus gut und wußte, wozu es sich eignete. Er gönnte seinem Freund den Spaß und amüsierte sich darüber. Aber einen bürgerlichen Protestanten ein katholisches Freifräulein heiraten zu lassen ging doch nicht gut an ...

So ließ er sowohl in Bökendorf als auch später im Kreise der Göttinger Studienkollegen humorvolle, scheinbar unabsichtliche Bemerkungen fallen, die das Geheimnis von Annette und Heinrich verrieten, aber es als ein Spiel darstellten, das von der »koketten« Annette nicht ernst genommen wurde. Die Folge war, daß viel Mitgefühl mit dem armen Straube und Verdächtigungen gegen Annette geweckt wurden, als ob sie ein Mädchen sei, daß leichtfertig mit jedem Beliebigen »ins Treibhaus« gehe. Da August ein Mann war, der mit vielen Mädchen tändelte, traute er ein derartiges Verhalten auch der Nichte zu und war sich möglicherweise gar nicht bewußt, daß er falsche Verdächtigungen in die Welt setzte.

Wenig später kam ein weiterer Studienfreund von August von Haxthausen, ein gewisser August von Arnswaldt, zu Besuch nach Bökendorf, der ebenfalls schon mehrfach mit Annette zusammengetroffen war und große Zuneigung für sie empfunden hatte.

Seit 1817 war er ein intimer Freund sowohl von Straube als auch von August von Haxthausen, da er deren Interessen für Philologie, Geschichte, Theologie und Literatur teilte. Auch er hielt Straube für einen großen Dichter und beteiligte sich an dessen finanzieller Unterstützung.

Arnswaldt war ein ausnehmend schöner Jüngling von ruhiger Vornehmheit, bescheidenem Auftreten und großer Sensibilität. Als überzeugter Protestant klagte er einmal einem Freund, daß es »öde und kalt« in ihm sei. Die Wahrheit habe er zwar begriffen, doch nur in Erkenntnis des Verstandes, aber Leben und Liebe fehle ihm, so »erschrecke ihn jetzt der Zorn Gottes«. Er lebe nur im verzehrendsten Sündegefühl, und das Licht der Gnade wolle ihm nicht erscheinen.

Mit diesen Glaubenskämpfen und Zweifeln ähnelte der Protestant der katholischen Annette und verstand das, was sie in ihrem Zyklus ›Das geistliche Jahr‹ zum Ausdruck bringen wollte, besser als jeder andere. Aber er hatte nicht, wie Straube, Antworten und Alternativen anzubieten. Die Gespräche mit ihm waren nicht tröstlich, sondern stürzten Annette eher in noch tiefere Zweifel. Und dann hatte Arnswaldt nicht das umwerfend laute Lachen zur Verfügung, mit dem Straube alle bösen Geister verscheuchen konnte.

Obwohl August von Arnswaldt für die katholischen Haxthausenmädchen wegen seines Protestantismus zu den »verbotenen Früchten« gehörte, in die sie sich nach dem Willen ihrer Mutter und Großmutter nicht verlieben sollten, entbrannte Anna von Haxthausen, die intime Freundin unserer Amalie Hassenpflug, in heißer, aber vorläufig unerwiderter Liebe zu ihm. Eifersüchtig beobachtete sie jedes Gespräch Annettes mit dem Angebeteten und neckte sie – in Gegenwart von Arnswaldt – ziemlich intrigant mit ihrer Beziehung zu Straube. Arnswaldt hatte derartige Anspielungen auch schon in Göttingen gehört, aber nicht geglaubt. Zuvor war er sich noch nicht ganz klar darüber gewesen, ob er Annette wirklich liebte oder nicht. Jetzt aber ließ sein Stolz nicht zu, daß ihm möglicherweise jemand vorgezogen wurde, den er finanziell unterstützte und der auch noch so häßlich war. Zudem gab es unter den jungen Göttinger Studenten einen Ehrenkodex, der besagte, daß keiner dem anderen ein Mädchen abspenstig machen durfte. Wer dagegen verstieß, wurde fast geächtet. Selbst wenn er in Annette schon leidenschaftlich verliebt gewesen sein sollte, was die Briefe nicht wirklich glaubhaft andeuten, hätte er sich sofort zurückgezogen, wenn er berechtigte Ansprüche Straubes hätte feststellen können. Also, so dachte er, mußte er ihre wahren Gefühle prüfen.

Die dreiundzwanzigjährige Annette wußte in diesem Mai 1820 kaum, wie ihr geschah. Ostern hatte Straube um ihre Hand angehalten, den sie herzlich zu lieben glaubte, gegen den sich aber etwas in ihr innerlich sträubte, und nun kam im Mai August von Arnswaldt und zeigte ganz deutlich, daß er sie liebte und erobern wollte.

Alles, was sie an Straube vermißt hatte, besaß Arnswaldt in hohem Maße. Er sah blendend aus, war nach der neuesten Mode gekleidet und frisiert, und wenn er gelegentlich lachte, zeigte er ein makelloses Gebiß. Alles an ihm war sauber und gepflegt, er war adlig und reich. Annette beschrieb ihre zwiespältigen Gefühle den beiden Verehrern gegenüber:

»Ich hatte Arnswaldt sehr lieb, auf eine andere Art wie Straube. Straubens Liebe verstand ich lange nicht, und dann rührte sie mich unbeschreiblich, und ich hatte ihn wieder so lieb, daß ich ihn hätte aufessen mögen. Aber wenn Arnswaldt mich nur berührte, so fuhr ich zusammen. Ich glaube, ich war in Arnswaldt verliebt und in Straube wenigstens nicht recht...«

Mädchen unseres Jahrhunderts werden kaum glauben, wie wenig Annette, die heute so berühmte Dichterin des 19. Jahrhunderts, von der Beschaffenheit ihrer unterschiedlichen Gefühle zu den beiden Verehrern wußte. [...] Annette aber glaubte, die erste zu sein, die in einen derartigen Konflikt geriet, und alle, die im Mai 1820 in Bökendorf zu Gast waren, lauerten voller Sensationsgier oder aber – wie Anna von Haxthausen – mit brennender Eifersucht darauf, daß die »Kokette« noch einmal mit einem Galan im Treibhaus verschwinden und wieder ihr »sündhaftes« Spielchen mit dem armen Opfer ihrer »Verführungskunst« treiben werde.

Obwohl Annette ganz genau spürte, daß Arnswaldts zur Schau getragene Liebe nicht ganz echt war, da er hin und wieder Bemerkungen machte, die sie völlig ernüchterten, glaubte sie doch weiter an seine edle Natur und ging vertrauensvoll mit ihm ins Treibhaus, um einen Heiratsantrag, wenn er erfolgen sollte, abzulehnen. Sie hatte dabei nicht mit der Reaktion ihres Körpers auf seine erste leise Berührung gerechnet, ließ sich daher küssen und erwiderte mit Leidenschaft seine Küsse, ehe sie es fertigbrachte, ihn von sich zu stoßen und ihm zu sagen, sie liebe ihn nicht.

Da sagte auch er, daß er sie nicht liebe, er habe sie nur wider Willen geküßt, weil das so über ihn gekommen sei, er bäte um Entschuldigung für die unfeinen Äußerungen und darum, daß sie doch Freunde bleiben mögen. Beide trennten sich scheinbar ohne Groll und Vorwürfe, aber Annette glaubte später, Arnswaldt habe sie von da an gehaßt und vernichten wollen und sie habe recht gehabt, zu ahnen, daß die ganzen Liebesbeteuerungen nur geheuchelt waren.

Natürlich blieb auch dieser Treibhausgang nicht ohne Beobachter, und daß Amalie ihre Freundin Annette deswegen später so hart verurteilte, mag auch daran gelegen haben, daß sie damals gerade in Bökendorf war, mit Anna von Haxthausen im gleichen Zimmer schlief und miterlebte, wie diese die ganze Nacht vor Verzweiflung und Eifersucht weinte, während Annette sie in diese intimsten Angelegenheiten nicht einweihte.

Arnswaldt reiste ab. Um sein Gesicht vor der Haxthausenfamilie zu wahren, meldete er sich im Juli noch einmal in Bökendorf an, um sich mit Annette »auszusprechen«, wie er mit ihrem Onkel August absprach, damit seine »ernsten Absichten« nicht in Zweifel gezogen würden.

Er führte also bei ihr und allen anderen das Mißverständnis herbei, als sei er gekommen, ein halb gegebenes Jawort zu holen, und Annette – wieder bezaubert von seiner Anziehungskraft – fühlte sich verpflichtet, ihm zu gestehen, wie stark er auf sie wirke, daß sie sich aber an Straube gebunden fühle.

Sie schrieb später an Anna darüber:

»Er hat mir eine unabsichtlich erscheinende Neigung auf alle Weise bewiesen. Du hast es ja oft gesehen. Ein wahrscheinlich sehr herbeigeführtes Mißverständnis ließ mich glauben, daß Arnswaldt mir seine Neigung gestanden, und ich stand keinen Augenblick an, auch meine Gesinnungen offen zu gestehen. Das glaubte ich irrig zu dürfen, da ich fest entschlossen war, ihm meine Hand zu verweigern, wenn er sie fordern sollte, und entdeckte ihm mein Verhältnis zu Straube ... Ich konnte ihm nicht alles sagen und wollte doch nicht lügen; so verwirrte ich mich, und er ängstigte mich dermaßen durch seine Fragen, daß ich doppelsinnige Antworten gab, und sonach endlich das Ganze äußerst verstellt und verändert dastand ... Dieser stille tiefe Mensch hatte für die Zeit eine unbegreifliche Gewalt über mich .. Ich habe noch oft von Straube, mit aller Liebe, die ich für ihn fühlte, geredet und mich aufs härteste angeklagt, aber Arnswaldt ging immer leicht darüber hin; Straube sollte mit Gewalt gerettet werden; und ich zu Grunde, o, wie mußte der mich hassen!«

Tatsächlich muß der »stille, tiefe, vornehme Mensch« von Annettes Ablehnung tief verletzt worden sein, denn er rächte sich furchtbar. Er fuhr zu Straube. Ohne ihm ein Wort davon zu sagen, wie oft Annette von ihrer Liebe zu Straube gesprochen hatte und wie sehr sie sich an ihn gebunden fühlte, erzählte er ihm, ihn habe sie auch im Treibhaus geküßt, und zwar sehr leidenschaftlich. Sie küsse wohl jeden und meine es mit keinem ernst, und sie beide sollten sich doch wegen einer so leichtsinnigen Frauensperson nicht auseinanderbringen lassen. Straube war darüber todunglücklich, aber dann schrieben beide gemeinsam einen Abschiedsbrief an Annette, von dem nichts erhalten ist als die grausamen Worte Arnswaldts: »Meinen Freund Straube zu retten, war mein erster Gedanke, ich fand dies leichter, als ich dachte; denn er war schon fast gerettet.« Das erschien ihm aber noch zu milde, und er korrigierte dazu: »sehr viel leichter«.

So sollte Annette glauben, Straube empfände über die Trennung von ihr keinen Schmerz.

Diesen grausamen, verletzenden Brief schickten sie nicht etwa mit der Post an Annette persönlich, sondern an August von Haxthausen, verbunden mit einer geradezu lächerlich übertriebenen Aufforderung zu »äußerster, äußerster Geheimhaltung«. Er möge doch »ganz ganz unauffällig« diesen Brief Annette zuspielen, ihnen beiden dann aber doch bitte mitteilen, welche Wirkung er auf die Nichte gehabt habe. Und August war natürlich nicht der Ritter, der sich taktvoll schützend vor seine Nichte gestellt hätte. Er übergab den Brief mit den gleichen lächerlichen Mahnungen und Aufforderungen zur Geheimhaltung an eine Bekannte und schrieb dann später an die Freunde: »Euer Brief an Nette hat fast die Wirkung gehabt, die wir dachten«, nämlich, das leichtfertige Mädchen sei ohne besondere Betroffenheit darüber hinweggegangen. Nichts ist geheimgehalten worden, alle erfuhren davon; sämtliche Haxthausenverwandten einschließlich der alten Freifrau von Haxthausen und Annettes Mutter empfanden Annettes Verhalten als einen solchen Skandal, daß ihr Bökendorf für lange Zeit verschlossen blieb und alle Onkel, Tanten, Vettern und Basen sich von ihr zurückzogen. Weitere Versuche, für sie noch einen Ehemann zu finden, wurden auf immer eingestellt. Sie wurde zum schrecklichsten aller Schicksale verurteilt, das ein Mädchen dieser Zeit treffen konnte, dem der »alten Jungfer«.

Natürlich ist die Dichterin nicht mit Leichtsinn darüber hinweggegangen, vielmehr ist sie ihr Leben lang nicht über die Beleidigung hinweggekommen. Sie hat noch einmal versucht, sich gegen die Verketzerung und Mißachtung zu verteidigen, und Anna von Haxthausen einen erschütternden, ausführlichen Brief geschrieben, in dem sie alles, was geschehen war, aus ihrer Sicht darstellte und vor allem ihre unauslöschliche Liebe zu Straube betonte. Anna schickte diesen Brief – wie wohl beabsichtigt – an Straube, der ihn lebenslang mit Annettes Locke aufbewahrte. Doch Anna schrieb ihm auch, nachdem er sie um ein Wiedersehen mit Annette oder einen direkten Brief von ihr gebeten hatte:

»Lieber Straube, nein, ich glaube nicht, daß es gut ist, wenn Nette Ihnen schreibt. Wär' sie schon ganz fest in ihrer Besserung, ja dann würde es mich selbst erfreuen. Aber sie ist noch ein zartes Pflänzchen, das wir pflegen müssen, und so fürchte ich, daß es nicht gut wäre, wenn Nette glauben könnte, sich mit Ihnen versöhnt zu haben, getilgt die große Schuld, die sie gegen Sie hat. Nette muß zu ihrer Buße noch oft den Vorwurf in sich fühlen, wie schlecht sie gegen Sie gehandelt hat – glaubt sie aber sich gegen Sie gerechtfertigt oder auch nur ganze Verzeihung, dann möchte sie am Ende auch glauben, gegen den Himmel nichts mehr verbrochen zu haben, und wie kann sie das?«

Daraufhin hat dann Straube nicht mehr versucht, mit Annette in Verbindung zu treten, obwohl er zweifellos darunter litt.

Um den Freund zu trösten, schrieb ihm August von Haxthausen im November 1820 einen Brief, in dem es unter anderem heißt:

> »Du findest in mir einen sehr verliebten Privatdozenten, den nichts so sehr ärgert, als daß er seine neue Liebe wieder fast genau so angefangen hat wie die meisten vorigen und daß er durchaus keinen rechten Schwung von interessanten Situationen hereinbringen kann, daß die Küsse immer auf dieselbe Weise erteilt und gewonnen werden, daß überhaupt nichts Neues unter der Sonne ist...«

Und dann gibt er dem Freund den Rat: »Sauf dich lieber knüppeldicke voll und prügle mit diesen Knüppeln die Liebe zu den Beinen heraus!«

Der gleiche Mann, der es den Mädchen zum Vorwurf macht, daß sie ihre Küsse immer auf dieselbe Weise erteilen und keine neuen, interessanten Situationen hervorbringen, empfindet es als unauslöschlichen Skandal, daß seine Nichte Annette nicht gleich beim ersten Kuß weiß, ob dies der Mann fürs Leben sein wird. Ebendieser Mann verbietet ihr sein Haus und macht sie in der ganzen Gesellschaft unmöglich. Und seine kleine Stiefschwester Anna hält ihn für einen ehrenwerten Menschen, zu dem sie in Ehrfurcht aufblicken darf, während sie Annette so verurteilt, als habe diese sich gegen *Gott* versündigt und ein schlimmes Verbrechen begangen.

Überhaupt läßt dieser von heuchlerischer Moral triefende Brief Annas darauf schließen, daß Arnswaldts Haß auf Annette Annas Intrigen zu verdanken war, mit der sie in verzweifelter Eifersucht darum kämpfte, den Geliebten für sich zu gewinnen.

Intrigen waren die einzigen Waffen und die einzige Kunst der Mädchen, mit denen sie einen eigenen Willen durchsetzen konnten. Anna muß sehr klug und sehr geduldig vorgegangen sein, denn erst 1830 hat sie ihren Arnswaldt geheiratet. Sie wurden ein angeblich glückliches Paar, das allerdings unter der Hypochondrie des Ehemannes gelitten haben soll und viele kranke Kinder bekam.

Ingeborg Weber-Kellermann
Bauer und Bäuerin

»Lebendig steht er noch vor mir, der selige Weidhofer, wie ein knorriger, trutziger Baum, mit allen Bauerntugenden, die seine einzige Tochter, meine Kostmutter, von ihm rühmend berichtete. Er hatte den Weidhof schon als junger Bursch übernehmen müssen, nachdem ihm der schwarze Tod über Nacht die Eltern und das Gesinde weggeholt hatte. Er war damals gerade im Tirolerland gewesen bei einem Vetter, als ihm flüchtende Bewohner des Heimatdorfes die Hiobsnachricht zutrugen. Kurz darauf holte er sich eine Bäuerin aus der Umgebung, die ihm neben dem stattlichen Brautschatz auch einen sparsamen Sinn und ein Paar riegelsame Arme mitbrachte. Mit ihr hauste er 35 Jahre und war zufrieden und angesehen. Und als er ihr nachmals ein verschnörkeltes Grabkreuz und den alten Efeustock auf ihren Hügel setzen mußte, half ihm eine einzige Tochter trauern und den Hof versorgen. Diese Tochter aber war meine Ziehmutter.«

Mit diesem Porträt eines bayerischen Bauern aus der ersten Hälfte des 19. Jahrhunderts beginnt Lena Christ (1881–1920) ihren Roman ›Mathias Bichler‹. Die Rollen sind sogleich klar verteilt, und die nennenswerten Qualitäten der jungen Bäuerin beschränken sich auf einen stattlichen Brautschatz, einen sparsamen Sinn und zwei »riegelsame«, d.h. fleißige Arme. Was für ein Mensch sie gewesen sei, äußerlich und innerlich, wird nicht erwähnt. Und ähnlich unindividuell beschreibt auch Peter Rosegger (1843–1918) das bäuerliche Bild von »Familie« in seiner steirischen Heimat:

»Wenn man in jener Gegend den Bauer nach der Anzahl der Bewohner seines Hauses fragt, so mag wohl folgende Antwort geschehen: ›Bewohner? Ja, die muß ich mir selber erst zusammendenken. Da bin ich; – tut nur fleißig nachzählen – ich und mein Weib und unsere fünf Kinder und der Knecht und acht Rindviecher und die Magd.‹ Und er meint es nicht anders. Schützt sie doch allzusammen ein Dach, lebt doch Eines für Alle, wie Alle für Eines leben, und sie ernähren sich gegenseitig und erheitern sich das Leben, und die Kinder und die Kälber laufen lustig durcheinander herum.«

Die Bauernfamilie erscheint hier in der alten Bedeutung des oikos, der Hausfamilie, die gemeinsam unter einem Dache lebt und gemeinsam ihre Produktionsmittel an Hof und Feld und Vieh bearbeitet. Das »Haus« war nicht nur Wohnung, sondern es bot seinen Insassen auch Recht und Schutz; in ihm herrschte besonderer Friede, der »Hausfriede«. Das beinhaltete allerdings auch gewisse Machtbefugnisse des Hausherrn, Züchtigungsrechte sogar über das Gesinde, und andererseits seine politischen Rechte in der Gemeinde, die Rechte des Hausvaters für sein Haus und alle Innewohnenden.

Die so umschriebene Form des Hauses, die die Existenz von Randgruppen nicht ausschließt, umfaßte das bäuerliche Leben und die adlige Daseinsform, die leitbildhaft zumindest auf die großbäuerliche Lebensweise wirkte und weitgehend auch deren Kultur bestimmte. In idealisierender Weise beschreibt die »Hausväterliteratur«, eine Sammlung von Sachbüchern für die Ordnung des täglichen Lebens, die familiäre Funktionsverteilung, wie sie für den Ackerbürger, aber auch für den größeren Bauern um 1800 galt: »Dieser Hausvater ist im würdigsten Verstande der Erste von der ganzen häuslichen Gesellschaft – d.h. der Weiseste und Beste, ein Muster jeder männlichen Tugend ..., auf das alle männlichen Hausgenossen nur blicken dürfen, um sich auf das Männlichedelste nachzubilden. Neben den Hausvater tritt die Hausmutter, der die Leitung der innerhäuslichen Geschäfte obliegt. Ist der Hausvater für die männlichen Hausgenossen vorbildlich, so zeigt sie sich als Muster jeder weiblichen Tugend, auf das alle weiblichen Hausgenossen nur blicken dürfen, um sich auf das Weiblichedelste nachzubilden.« [...]

Arbeitsteilung – Lebensteilung

Die Arbeiten, die dieses System stabilisierten, waren streng nach den Geschlechtern aufgeteilt: Der Mann versorgte Acker und Feld – und besaß ganz selbstverständlich die repräsentative Autorität über seinen Hof im Sinne des Schemas der Haushaltsfamilie; die Frau stand dem innerhäuslichen Bereich vor und dem Kuhstall, während die Pferde Männersache waren. Diese Ausschließlichkeit der Rollenverteilung wirkte zwar ordnend für das Hofgefüge, aber der absolute patriarchalische Anspruch konnte die eheliche Partnerschaft und den Generationenzusammenhang auch hemmend beeinflussen.

In der bäuerlichen Hofwirtschaft war also der Vater in jeder Beziehung die oberste Autoritätsperson und bestimmte sowohl die gesamten Arbeitsabläufe wie auch das Verhalten von Frau, Kindern und Gesinde und zwar innerhalb und außerhalb des Hofes. Das Besondere der bäuerlichen Familienwirtschaft bestand in dem Aufeinanderangewiesensein aller Teilnehmenden, in der bewußten gemeinsamen Teilhabe an einer Arbeit, die allen von kleinauf bekannt war und die dem Produktionsmittel der Familie, dem »Hof«, diente.

Arbeits- und Freizeitleben standen mit dieser Wirtschaftsgröße in Beziehung, die der Vater repräsentierte. Der Bauer, der Mann, der Arbeitserfahrene und Familienverantwortliche trug auf diese Weise eine große Last, die jedoch durch die Gleichförmigkeit des dörflichen Lebens erleichtert wurde. Jeder Hofwirt im Dorf hatte die gleichen Probleme, folgte den gleichen Verhaltensgesetzen und Lebenszielen. Wenn Söhne Sorgen machten, dann höchstens durch Krankheit oder körperliche Schwäche, aber selten durch ein Durchbrechen der dörflichen Normen.

Mit der männlichen Geschlechtsrolle war also in der Bauernfamilie die Position des Betriebsführers mit allen Rechten über die in seinem Betriebe Arbeitenden – also auch seine Familie – verbunden. Der Hausvater organisierte die Arbeit, aber auch den Gehorsam. Und so war das Männliche in der bäuerlichen Partnerbeziehung ein biologisches, ein soziales und ein wirtschaftliches Merkmal. Hier drückte es sich nicht in erster Linie als Opposition zum weiblichen Prinzip aus, sondern als führende Kraft schlechthin: »Es versteht sich, daß Vater und Mutter die Häupter der Familie sind, in Hinsicht auf ihre Kinder und Untergebenen zwar zu gleichen Rechten, untereinander jedoch in Gemäßheit der höheren Ordnung nach dem Befehle Gottes: Und er soll dein Herr sein!« Dem entsprach auch die Stellung des Hofwirtes als Vertreter seines gesamten Hauses in der Gemeindeversammlung, also in der Öffentlichkeit.

Und die Bäuerin? »Sie hieß Theres Heimrath oder vielmehr Resl, wie man sie in gewohntem Dialekt nannte, und war die vierte von neun Geschwistern. Zwei davon waren kaum halbjährig gestorben, bevor sie zur Welt gekommen war, und wiederum zwei, darunter der einzige Sohn, starben, als sie noch zur Schule ging. Man schrieb den 1. November 1857. Am Nachmittag dieses Allerheiligentages, da die Leute nach altem Brauch im Gottesacker des nahen Pfarrdorfes Aufkirchen die Gräber ihrer Verstorbenen aufsuchten, erblickte sie das Licht des Tages. Ihre Mutter soll, so wird erzählt, schon in den Wehen gelegen haben, als der Bauer und die Dienstboten das Haus verließen. Die religiöse Pflicht erschien ihnen wichtiger als bedrängte Mutterschaft und Kindsgeburt. Niemand war in der Ehekammer als die einjährige Genovev, die plappernd auf dem Boden herumkroch, manchmal ans Bett der Mutter kam, deren heiße, verkrampfte Hände betastete, verwundert aufschaute, erschreckt von den wimmernden Wehlauten der Gebärenden zu weinen anfing und wieder wegtappte. Zwischen Tod und Leben schwebend, betete die Heimrathin in ihrem Schmerz und überstand alles. Erst beim Hereinbruch der Dunkelheit kamen die Ihrigen zurück und fanden neben der erschöpften Mutter das neugeborene, schreiende Kind. Die kleine Genovev hatte sich unter einer Bettstatt verkrochen.«

Diese realistische Schilderung einer Geburt auf dem Bauernhof, erlitten von einer angesehenen Bäuerin, beschreibt den äußersten Grad der Zurückgenommenheit alles Persönlichen, wie es im allgemeinen der Bauersfrau auferlegt war. Zwar ist das Lob der bäuerlichen Hausmutter in der Bauernliteratur viel besungen worden, sowohl im Hausväterschrifttum des 18. wie in den Bauernromanen des 19. Jahrhunderts und auch in der wissenschaftlichen Literatur und hier besonders durch Wilhelm Heinrich Riehl: »Die Bauersfrau bewahrt die Sitte des Hauses am treuesten und macht dadurch das Bauernhaus gar oft zu einem wahren Musterhaus, daran man dem Städter ein Exempel aufstellen kann. Aber dieses Leben in der häuslichen Sitte ist auch wieder passiv und unbewußt.« Unmittelbar zuvor heißt es: »Sie ist der leibeigene Gehülfe des Mannes, recht eigentlich die ›Männin‹ nach Luthers Ausdruck, die nicht aufkommen kann neben dem Manne, weil sie ihm gleich ist.« In seiner unpräzisen, doch größte Allgemeingültigkeit vortäuschenden Darstellungsweise betont Riehl hier zumindest ein entscheidendes Kriterium: die Bäuerin war einem ökonomischen Rollenmuster verpflichtet, und ihre Arbeitsbereiche gehörten zur Autoritätsverteilung auf dem Bauernhof, in die sie sich gehorchend und befehlend einordnete ohne Rücksicht auf ihre eigene Person.

»Um diese Zeit [Sommer] haben die Weibsleute draußen auf dem Lande gemeiniglich ihre großen Wasch- und Putztage; denn nach altem Brauch und Herkommen räumt man noch vor Beginn der großen Ernte mit dem ganzen rußigen Nachlaß des Winters gründlich auf. Da weißelt und tüncht man Stuben und Kammern, Kuchel und Speis, Hausflöz und Stall, verschönt den ganzen Bauernhof und putzt ihn säuberlich heraus, auf daß der Segen Gottes um so lieber Einkehr darin halten möcht. Und die Vorhänge und Polsterziechen, das Linnen und Bettzeug wird gewaschen und gebleicht, damit es wieder frisch und sauber ist und seine Schuldigkeit tut so lange, bis die Bäuerin das Kirchweihmehl in die Truhe siebt und das Schmalz ausgängt und siedet für Krapfen und Küchl.«

Wie schon gesagt, unterstand der Bäuerin – das galt insbesondere für den größeren Bauernhof – das Innere des Hauses, Garten und Kuhstall, auch meist die Schweinezucht. Der Pferdestall, die Viehzucht und fast alle Feldarbeiten waren Männersache; der Frau verblieben das Essenbereiten, die Kinderaufzucht, die Herstellung und Pflege von Wäsche und Kleidung, der Garten, das Geflügel, das Futterbereiten und Melken. Dazu kamen das Legen der Kartoffeln, das Behacken und Jäten der Feldfrüchte – also mehr die Pflege der Kulturen – und der weibliche Anteil bei den großen Saisonarbeiten des Heumachens und der Ernte. Die häufigen Schwangerschaften brachten keine unterschiedlichen Bedingungen für dieses weibliche Rollenverhalten auf dem Bauernhof. Zudem blieb die Frau oft intellektuell von den größeren wirtschaftlichen Entscheidungen ausgeschaltet oder war nur informativ beteiligt.

»Ich habe immer gesagt: die Frau ist dem Bauern eine Frau für's Bett, eine Mutter für die Kinder und eine Magd zum Arbeiten!« So hörte es noch in unserer Zeit S. Becker bei seinen Befragungen im hessischen Hinterland.

Das ist ein sehr grober Ausspruch, der aber Typisches zur Werteinschätzung der Frauenarbeit auf dem Dorfe ausdrückt. Zur Beschreibung des weiblichen Arbeitsanteils gibt es bisher viel zu wenig Darstellungen. Abgesehen von regionalen Differenzierungen (wie z.B. dem Brauen in Norddeutschland, dem Hopfenpflücken und der Einzelpflege der Weinkulturen in Süddeutschland) ähneln sich die geschlechtsspezifischen Zuordnungen. Was Maria Bidlingmaier für die Zeit um 1900 in Württemberg recherchiert hat, dürfte als arbeitsteiliges Normverhalten auch 50 Jahre früher nicht viel anders abgelaufen sein. Sie definiert die bäuerliche Ehe als eine Produktionsgemeinschaft von zwei einander unentbehrlichen Produzenten, wobei der Mann die Arbeiten außerhalb des Hauses und die Produktion der Rohstoffe übernimmt, während der Frau das Hausinnere und die Weiterverarbeitung der Produkte obliegt. Damit seien zwei klar geschiedene Produktionssphären entstanden, wobei sich die weibliche mit der Mutterschaft vereinbaren müsse. Hier würde sich das Männliche und das Weibliche nach der Schwere der körperlichen Leistung bestimmen, und die Rolle der Landfrau wird auch gerne so verstanden. Nach dem frühen Tod des Bauern stellte sich z.B. in einem oberbayrischen Dorf die Situation für die Bäuerin in folgender

Weise dar: Es blieb ihr nichts weiter übrig, als »einen Verwalter ins Haus zu nehmen, der die ganze Arbeit und alles was damit zusammenhing, von Grund auf verstand und die Knechte regieren konnte. Einem alleinigen, verwitweten Weibsbild gegenüber hätten sie sich wahrscheinlich im Verlaufe der Zeit nicht mit dem nötigen Respekt benommen. Unleugbar, das Müllerische lag der Heimrathsbäuerin tief im Blut, grob und nüchtern war sie und wußte immer, was sie wollte. Sie konnte sich, wenn es galt, gegen jeden Widerstand durchsetzen. Um aber auf so einem großen Hof die rechte Ordnung aufrechtzuerhalten, dazu gehörten vier Augen und zwei Hirne. Ein Mann für den Stall und die Felder, ein Weib fürs Haus. Zudem waren fünf unmündige Töchter da, die sich zwar beständig besser einfügten und zunächst keine weiteren Sorgen machten, doch die meisten von ihnen waren, da sie ja durch ihre Arbeit fast stets mit ihm zu tun gehabt hatten, seit jeher mehr am Vater als an ihrer Mutter gehangen.«

Die Bäuerin, mochte sie noch so tüchtig und energisch sein, trat also ganz selbstverständlich hinter die Mannesführung zurück, wie es zu dem patriarchalischen Hofdenken paßte. Dabei hatte sie oftmals nicht nur den notwendigen und hinreichenden Überblick, sondern verstand sich auch auf die Arbeiten. Es entspricht also mehr dem patriarchalistischen Vorurteilsdenken als den Tatsachen, die Frauen bei der ländlichen Arbeitsteilung nur als »Hilfsarbeiter« zu bezeichnen; ihr Bereich war – im Gegensatz zur physischen männlichen Kraft – oft durch größere Anforderungen an Geschicklichkeit bestimmt, wie später noch für die Arbeitsbereiche Ernte und Flachs deutlicher ausgeführt werden wird. Besonderes Wissen und ausnehmende Sorgfalt erforderte die Arbeit mit der Milch, eine Arbeit, die sich auf dem Bauernhof viele Jahrzehnte hindurch gleich blieb. Aus einer großen Bauernwirtschaft oder einem kleinen Gut in Schleswig-Holstein wird eine Meierei um 1860 beschrieben:

»Die Mutter hatte ihre drei Mädchen in der Meierei, die molken, Holzgefäße scheuerten, spannen und ein wenig im Garten arbeiteten. Sie hatte ihre Köchin, hatte Haus- und Kindermädchen und vor allem die Meierin, die sie am liebsten mietete, wenn sie noch gar nichts konnte und ganz von ihr selber angelernt werden mußte. Diese Meierin war dann für vieles mitverantwortlich, zum Beispiel schalt sie nicht wenig, wenn sie in dem mächtigen Butterfaß, das, blütenweiß gescheuert, zum Lüften und Trocknen in der Sonne lag, erdige Spuren von den Füßen der Kinder oder gar diese selber fand, die sich arglos angesiedelt hatten wie in einem geräumigen Hundehaus.

In dieses Butterfaß, das dem ungefügen hölzernen Mühlenwerk verbunden war, wurde früh aus der Rahmstange im Keller der saure Rahm getragen – oh, wie ein kleines Kind wollte diese Rahmstange pfleglich behandelt sein. Sie mußte abends und morgens gemessen und durch hineingehängte lange Blechflaschen voll Wasser im Sommer gekühlt und im Winter gewärmt werden. Im tiefsten Teil des Kellers wurde im Troge, der ein ausgehöhlter Baumstamm war, die Butter geknetet, gewaschen und mit Salz bestreut in die sauberen Drittel aus Buchenholz geschlagen. Kaum war am zeitigen Vormittag diese vornehmste Arbeit getan, so kam das Käsen daran. Im riesigen Bottich wartete schon die lauwarme Milch auf das Gerinnen. Das grob gewebte Tuch füllte sich, hoch und weiß lösten sich später aus der Presse die viele Pfund schweren Käse. Sie stapelten sich in einer luftigen Kammer, wurden sorgsam beobachtet, mußten gewendet, gekniffen und beschnitten werden. Waren sie halbwegs reif, erschien der Aufkäufer, zahlte wenige Pfennige für das Pfund und bekam eine Wagenladung an das Schiff in Sieseby geliefert, mit dem er von seinem Wohnsitz in Angeln herübergesegelt war.

Zweimal am Tage mußte die Milch, die im Keller in vielen flachen, außen grün und innen rot bemalten Bütten ›aufgeseiht‹ war, entrahmt werden – das war ebenfalls ein verantwortliches Amt, das die Mutter keinem anderen als der Meierin überließ: nie hätte sie gestattet, daß die Rahmkelle, ein flacher Teller an einem kurzen Stiel, zu unwürdigem Gebrauch in einen Küchentopf gesenkt würde. Hohe Kälte war eine rechte Plage für die Milchwirtschaft. Sobald die Milch im Keller ernstlich zu frieren drohte, mußten Kohlenbecken aufgestellt und Luken und Fenster mit Stroh abgedichtet werden.«

Das waren freilich umständliche Arbeitsabläufe, die Wissen, Sorgfalt und Geschick erforderten. Alles, was mit dem Kuhstall zusammenhing, war also Frauensache. Vielleicht halfen Bauer oder Knecht beim Wasserholen und Tränken, aber mit den Kühen und der Milch zu wirtschaften, galt als unmännlich und war verpönt.

Die bisher beschriebene Arbeitsteilung auf rein ökonomischer Basis konnte jedoch so nur auf größeren Höfen mit genügend Arbeitskräften durchgeführt werden. Zwar unterstanden hier der Bäuerin die Mägde für die Hausarbeit, doch hatte der Bauer meist jederzeit die Macht, auch weibliches Gesinde für notwendige Außenarbeiten wie Holzsammeln oder Feldbestellung abzuziehen.

Zeigte sich also das Männliche und das Weibliche in den bäuerlichen Partnerschaftsbeziehungen vornehmlich als wirtschaftlich bestimmt? Die Verhältnisse lagen komplizierter, waren jedoch – das hat Wilhelm Heinrich Riehl richtig gesehen – in jedem Falle mit der wirtschaftlichen Lage der Betreffenden verknüpft. Riehl sah den Gegensatz der Geschlechter bereits in der bäuerlichen Familie auf das kleinste zusammengeschrumpft und die eheliche Liebe der bürgerlichen Gesellschaft auf dem Lande durch die Arbeitspartnerschaft ersetzt. Der Unterschied zwischen Mann und Weib sei um so weniger ausgebildet, je tiefer man in den Gesellschaftsschichten nach unten steige.

»Bei dem bäuerlichen Taglöhner und dem armen Kuhbauern schafft die Frau ganz das Gleiche wie der Mann. Auch die geistige Bildungsstufe beider wird völlig gleichartig sein. Beide arbeiten im Acker, lenken Pflug und Wagen gemeinsam, säen, ernten und verkaufen gemeinsam oder in zufälliger Abwechslung. Das Walten im Hause ist nur eine gelegentliche Zugabe für die Frau. Ja, männlicher und weiblicher Beruf findet sich auch hier oft ebenso ausgetauscht wie die Bezeichnung von Kappe und Haube ...

Hier sei nun ferner daran erinnert, daß die Teilung des Berufs nicht bloß nach dem Geschlecht, sondern selbst nach den

Altersstufen immer verwischter wird, je tiefer wir zu besitz- und bildungslosen Volksschichten hinabsteigen. Bei den armen Kleinbauern muß schon der Schulbube dem Vater die halbe Berufsarbeit abnehmen. Die Beschäftigung der Frau, der heranwachsenden Kinder und des Hausgesindes fällt in eins zusammen. In den Städten haben die Kinder, bis sie zu Jünglingen und Jungfrauen herangereift sind, ihre eigentümliche Kindertracht. Auf den Dörfern steckt der fünfjährige Bube schon in den verkleinerten Wasserstiefeln und dem Miniaturrocke des Vaters.«

Das ist richtig beobachtet und zeigt, daß in den unteren bäuerlichen Schichten die männlichen und weiblichen Produktionssphären nicht mehr so klar unterschieden waren. Das existenzielle Wohlergehen der Familie verwischte solche Schranken der Geschlechter, und die Frau verstand sich meist auf alle Landarbeiten genauso wie der Mann. Die geschlechtslose Bezeichnung der Mägde und einfachen Landfrauen als »*das* (treue, fleißige ...) Mensch« gehört in diesen Zusammenhang. Riehl glaubte also, bei den Frauen des Bauernstandes eine gewisse Unweiblichkeit feststellen zu können – gegenüber der Überweiblichkeit in der Aristokratie und dem gehobenen Bürgertum. Verbunden sei diese bäuerliche Frauencharakteristik aber zugleich mit ihrem Beruf in der Familie und damit in ihrem Stande, eben dem des Bauern. Wie schnell eine solche Verwischung der Geschlechtsunterschiede, das baldige Verblassen des Weiblichen in der arbeitsüberlasteten Gruppe der Tagelöhner ablief, hat Fritz Reuter (1810–1874) für Mecklenburg beschrieben: »Dies ist das gleiche Los aller Frauen unsers Tagelöhnerstandes. Arbeit, zum Teil schwere Arbeit im Freien bei jeglichem Wetter, der sie sich von Jugend auf unterziehen müssen; Sorge, zum Teil kummervolle Sorge, die sie in ihrer Häuslichkeit als verheiratete Frauen finden, streifen bald die Zauber der Jugend ab. O wie traurig, daß die Jugend, daß die Schönheit, dies von Gott gegebene Erbteil des Weibes, dem täglichen Brot zum Opfer fallen muß! Welch ein Wechselbrief, auf Glückseligkeit lautend, steht auf ihrem Antlitz geschrieben, wenn sie als Hofdirnen trotzig einhergehn in dem Gefühl ihrer Kraft, welches Gesundheit und Jugend gibt! Welch eine Derbheit und Sicherheit froher Hoffnung strahlt aus ihrem lachenden Auge, wenn sie dir in der Ernte das Strohband um den Arm binden oder ihrem Herrn den Erntekranz bringen mit Reim und Rede! – Und das ist alles dahin, in ein paar Jahren alles dahin! Die Ehe löset diesen Wechsel der unverheirateten Dirne nicht ein, das Gefühl von Kraft und Übermut muß der Sorge weichen, die frohe Hoffnung der traurigen Resignation. Auch die Männer altern schneller als die der andern Stände; aber die Kraft des Mannes wehrt sich tapferer als die Schönheit des Weibes; auch ist seine Lage nicht in dem Maße drückend wie die der Frau: muß er auch dem Worte des Herrn gehorchen, so gehorcht doch das Weib wieder seinem Wort. Mit ihr ist die Stufenleiter der Knechtschaft abgeschlossen, sie ist das letzte Glied in ihrer Kette, sie ist die Dienerin des Dieners. – Ein traurig Los, das jede eigene Entwicklung stört und am Ende die Willenlosigkeit auf den höchsten Grad bringt, wo sie keine Waffe hat als die Klage, die man in den Gesichtszügen liest, aus den Tönen, nicht bloß Worten, der Sprache hört und die jeden rühren muß, der nicht durch den täglichen Umgang mit diesen Leuten daran gewöhnt und dagegen verhärtet ist.«

Reuter hat hier scharfsichtig die doppelte Abhängigkeit der Arbeiterfrauen erkannt: die selbstverständliche Unterordnung unter ihren Ehemann und auf diesem Wege auch unter den ihm übergeordneten Herrn. Hinter solch zwiefacher Zurücknahme der Eigenbestimmung geriet auch das Gefühl für die eigene Weiblichkeit völlig in den Hintergrund.

Besonders sichtbar wurde die Undeutlichkeit des »Weiblichen«, wenn eine Frau aus den unteren ländlichen Schichten frühzeitig ihren Mann verlor und sich damit aus der üblichen Arbeitsstruktur ausgegliedert sah:

»Aber der Tod des Mannes hatte dennoch Einfluß auf das Leben der Zurückbleibenden. Die Frau war genötigt, selbst und allein für ihren Unterhalt zu sorgen, und es fiel ihr schwer. Sie hätte es vielleicht etwas besser haben können, wenn sie in den Steinbrüchen der gutsherrlichen Familie Handdienste hätte tun wollen; aber sie wies diesen Gedanken mit Heftigkeit zurück. Auch auf den Herrenhof selbst wollte sie nicht, wie ihr der Pfarrer bei seinem Besuch vorschlug und seine Fürsprache dazu anbot. Sie wollte weder als Arbeiterin noch als Magd dort abhängig sein, wie sie sagte, sondern selbst ihren Erwerb suchen, wo es und wie schwer es auch immer sei. Es war ihr in der Tat schwer, und sie darbten manchmal; aber die Frau murrte nicht. Sie tat Dienst bei den Bauern und im Wirtshaus des Dorfes; war die Zeit vorbei, wo sie hier Beschäftigung finden konnte, so suchte sie sich durch Besenbinden in der Nachbarschaft ihr Brot zu verschaffen. Die Leute gaben ihr wohl aus Mitleid, wenn sie konnten, in der Erntezeit und sonst zu tun; aus Mitleid ließ der Wirt im Dorfe die Gläser und Zimmer von ihr reinigen; aus Mitleid kaufte man ihr in der Nachbarschaft ihre schlecht gebundenen Besen ab. Es war eine traurige Existenz für die Frau.«

Aber ihr Bedürfnis nach »männlich«-selbständiger Existenzbewältigung war wohl stärker als alle Demütigungen. Diese Belege und Beobachtungen, die wesentlich erweitert werden könnten, sagen etwas aus über die Vieldeutigkeit des »Weiblichen« in der agrarischen Gesellschaft. Auch die Bauersfrau war, wie die bürgerliche Hausfrau, zuständig für den Reproduktionsbereich (Familie, Haushalt, Kindererziehung); dazu kamen ganz selbstverständlich die traditionellen ländlichen Frauenarbeiten (Garten, Kuhstall, Aufzucht allen Jungviehs, Schweinemast, Geflügel); und dazu wiederum gesellten sich zahlreiche Teilarbeiten bei der Feldbestellung, wie es die alltäglichen Notwendigkeiten ergaben. Die Arbeitsbereiche der Bauersfrau waren also polifunktional, traditionsbestimmt – und als »weibliche Hilfsarbeiten« wenig geachtet.

Manuela Müller-Windisch
Das Lockern der Gewänder

Die *Mode* ist der einzige Tyrann, gegen den die moderne Zivilisation noch keinen Kreuzzug gestartet hat; ihre Macht ist ungebrochen und despotisch wie eh und je. Gegen ihr Diktat gibt es keinen Einspruch; Gesundheit und Anstand werden gleichermaßen im Schreine dieses Molochs geopfert.
M. P. Merrifield

Es sollte ein Grundanliegen sein, jedes Mädchen mit der naturbedingten Formgebung seines Körpers vertraut zu machen ...
Der Körper der Frau ist *keine* Schaufensterpuppe, die mit Röcken und Krinolinen behängt wird, die man zusammendrückt, ausstopft oder in willkürlich neue Proportionen zwingt ... man verachte ihn nicht in seiner unveränderten Natürlichkeit oder suche ihn gar mit quälerischem Selbsthaß zu ignorieren ...
Kleidung sollte dem Körper angepaßt werden und nicht der Körper der Kleidung. Alles andere ist eine Verkennung des guten und gesunden Geschmacks.
A. Kingsford

Im neunzehnten Jahrhundert bestimmte vornehmlich die Pariser *Haute Couture* die europäische und amerikanische Damenmode. Im unaufhaltsamen Wechsel der Kleiderschnitte wurden von ihr als verbindlich akzeptierte Richtlinien diktiert. Der Grad kapriziöser Mißachtung jeglicher Grundforderungen an Bequemlichkeit, Bewegungsfreiheit und Wärme irritierte aufgeklärte und kritische Betrachterinnen stets aufs neue. Daß hier mit künstlich verordneten Modeparaphernalia eine geradezu systematische Dysfunktionalisierung des Frauenkörpers betrieben wurde, provozierte die Kritikerinnen. Die Hauptverantwortlichen sahen sie in den Häusern *Worth, Doucet, Paquin, Redfern* und *Rouff,* die die Silhouette der jeweils aktuellen Mode maßgeblich festlegten. »Das *Modediktat* allein entscheidet darüber, daß sich die Frauen nicht bewegungsförderlich kleiden, und so erweckt es den Anschein, als ob die gesellschaftliche Konvention schon allein in der Möglichkeit weiblicher Körperaktivität den Verstoß gegen Moral, Anstand und Sitte sieht.« Selbst moderate Versuche einer funktionalen Kleiderreform wurden um die Jahrhundertwende von der großen Mehrheit noch immer entschieden abgelehnt. Diese borniete Geisteshaltung nahm Kate Mitchell, eine der ersten publikationsstarken Ärztinnen des viktorianischen Englands, zum Anlaß, sich empört Luft zu machen:

> »Die *Mode* proklamiert von den Zinnen der Hausdächer, daß eine Frau dann höchst unzüchtig sei, wenn sie aus Gründen der Konvenienz und Reinlichkeit einen gekürzten Rocksaum trägt, um Schlamm und Schmutz der Londoner Straßen zu entgehen und hierbei einen Inch ihres wohlbedeckten Knöchels sehen läßt; *jedoch:* Sie ist höchst dezent, fürwahr, wenn ihr Dekolleté vor den Augen einer starrenden Öffentlichkeit bis hinab zur Taille reicht!«

So unterlag die Mode für Frauen gänzlich anderen Regeln als den Idealen der funktional denkenden Reformer.

Daß es überhaupt zu gewissen Angleichungen zwischen solch entgegengesetzten Modeauffassungen kommen konnte, war mitbedingt durch die katalytische Funktion des Frauensports, der in seinem Bestreben um einen größeren Bewegungsspielraum wesentliche Impulse zur Entwicklung einer alternativen Damenmode setzte. Dem Sport ist es zu verdanken, daß eine funktionale und weitaus unkompliziertere Freizeitmode ihren Einzug in das Alltagsleben und die Kleiderschränke der Frauen nehmen konnte.

Es wäre sicherlich falsch, ausschließlich die professionellen Modeschöpfer der viktorianischen Kleiderabsurditäten für ihre absolutistische Willkürherrschaft über eine Gefolgschaft »höchst unterwürfiger exquisiter Sklavinnen« verantwortlich zu machen. Erfindungsreiche Modemacher sind, nach den Worten von Silvia Bovenschen, viel eher »Antizipatoren«, die mit viel Feingespür für den jeweiligen Zeitgeist jenem »kunstkommerziellen Wechselbalg« Mode zu ständig neuer diktatorischer Macht verhelfen.

»Sie müssen die Nase im Wind haben; sie müssen aus den bestehenden Moden, ohne die Formgesetze der Mode zu mißachten – denn die Mode kennt Formgesetze – Impulse aus fast allen Bereichen aufnehmen. Der beginnenden Veränderung von Lebensstilen, dem Verhältnis von sakralen und profanen Momenten, der Entwicklung der Wissenschaften, den politischen Trends, der Technologie, dem Sport und der Kunst müssen sie Aromastoffe abgewinnen, die eine stimmige Komposition des Neuen begünstigen.«

Diese Vielzahl an Ingredienzen, die anteilhaftig am Entstehen einer neuen Mode mitwirken, verdeutlicht, daß Mode allgemein niemals als ein isoliertes Phänomen betrachtet werden kann. Mode muß in ihrer Komplexität als ein Produkt eines diffizilen soziokulturellen Systems verstanden werden. Daß man der Bekleidung schon früh eine nonverbale Kommunikationsfunktion beimaß, bestätigt ein Artikel der Zeitschrift ›Quarterly Review‹: »Kleidung wird zu einer symbolischen Sprache – einer Art Persönlichkeitsglossar – einer Spezie der Körperphrenologie; sie zu ignorieren wäre ein Zeichen von Verrücktheit ... Für all diejenigen, die mit dieser Wissenschaft vertraut sind, läuft jede Frau gewissermaßen wie eine Plakatwand umher, auf der ihre vornehmlichen Qualitäten angepriesen stehen.« Man wußte durchaus um die Signalwirkung der Mode und ihre Funktion als prestigeträchtiges Statussymbol.

An der Kleidung der Frauen lassen sich aber darüber hinaus ästhetische Kriterien ihrer Zeit aufspüren und veräußerlichte gesellschaftliche Zwänge nachweisen. Im modischen Putz ihres Erscheinungsbildes kommunizierten die Kleider der Welt die erwarteten gesellschaftlichen Funktionen und Aufgaben ihrer Trägerin. Gleichzeitig erinnerten sie die Frau in ihrer allgegenwärtigen Unbequemlichkeit ständig an ihre Pflichten und ebenso an die spürbaren Grenzen ihres Wirkungsraumes. Schnitt, Stofflichkeit und Materialfülle unterstützten in verschwörerischer Komplizenschaft den gesellschaftlich sanktionierten normativen Verhaltenskodex. Sie ließen gar bestimmte Gesten oder Bewegungen erst entstehen und konditionierten viele Modeadeptinnen dazu, die sich hieraus ergebenden Bewegungsrestriktionen als nun einmal vorgegebene Unabänderlichkeiten im Leben einer Frau zu akzeptieren. Der Wunsch nach Attraktivitätssteigerung und das Bemühen einer möglichst perfekten Anpassung an das propagierte Ideal femininer Weiblichkeit ließ die Frauen einem Modediktat Gefolgschaft leisten, das durch Schneiderkunst verstand, ihren Bewegungsradius immer radikaler einzuschränken. Darüber hinaus entfremdete die Mode die Frauen immer mehr von ihrem eigenen natürlichen Körper durch die ihre Körperkontur entstellende modische Ummodellierung. Die anatomisch vorhandene weibliche Körperfunktionalität wurde systematisch außer Kraft gesetzt. Sie wurde modisch nahezu pervertiert, beispielsweise durch atemberaubende Korsetteinschnürungen, die selbst ein moderates Vorbeugen des Oberkörpers qualvoll machten und freies Durchatmen zu oberflächlichem Geseufze degenerierten. Die Freiheit der Arme wurde durch extrem tief angesetzte und hautenge Ärmel auf ein Minimum reduziert, ein Anheben über Schulterhöhe gänzlich unmöglich gemacht. »Nur eine Frau kennt das Gefühl, wenn sich ihr Kleid um ihre Knie verfängt, die Stoffmenge sie doppelt ermüdet und ihre Bewegungskräfte lähmt«, schrieb Margarete Oliphant in ihren Reflexionen zur Geschichte der Damenmode. Aufgeblähtes Rockvolumen, verursacht allein von fünf bis zehn Kilogramm schwerer Unterwäsche, über die noch ein ähnlich schweres Oberkleid gezogen wurde, ließen die Tatsache vergessen, daß es sich auch bei der Frau um ein zweibeiniges Lebewesen handelte. Obwohl zwischen Jahrhundertmitte und den sechziger Jahren die Krinoline als segensreich empfundene Erfindung die Frau von der Last der zahllosen Unterröcke befreite, die ihrem Kleid den gewünschten Stand gegeben hatten, verbannte auch sie ihre Trägerin gleich einem Vogel in einen ausladenden Käfig aus Draht-, Rohr- oder Eisengeflecht. Mit einem möglichen Durchmesser von modisch extremen vier bis fünf Metern schwebte sie aufgrund ihres überproportional aufgeblasenen Gesamtkörperumfangs in ständiger Lebensgefahr: »Der Tod kann sich durch diese Mode jederzeit, völlig unerwartet in der allerschrecklichsten Weise ereignen«, so warnte ›The Illustrated News of the World‹ seine Leserinnen im Jahre 1863, und ›The Englishwoman's Domestic Magazine‹ berichtete, daß jährlich 3000 Frauen verbrannten und mehr als 20000 Knochenbrüche oder andere ernsthafte Blessuren erlitten, die ausschließlich durch diese neue Modetorheit verursacht wurden.

Im Jahre 1884 schrieb das englische Mediziner-Fachblatt ›The London Medical Record‹ zu diesem Thema:

»Viele Frauen klagen schon nach einem kurzen Spaziergang über einen Zustand heftigster Erschöpftheit. Dies erstaunt keineswegs, da sie doch ein Gewicht mit sich herumschleppen, das selbst einen starken Mann in die Knie zwänge. Ihre Taille umgürtet ein Reifen, an dem ein Gewicht hängt, das schwerer als die Metallkette eines gefangenen Kapitalverbrechers wiegt. Schultern und Brust werden zusätzlich belastet: ihre Atmung geschieht nur unter größter Anstrengung, und das Gewicht, mit dem die inneren Organe nach unten gedrückt werden, würde in Pfunden gemessen beträchtliches Entsetzen hervorrufen.«

Aber nicht nur das belastende Gewicht der Kleider zwang die Frauen dazu, sich mit einem relativ eng gesteckten Bewegungsumfeld zu begnügen, denn das qualvolle Schuhwerk, so erläuterte Dr. Edwin Checkley, tat das Seinige noch dazu:

»Die unzähligen schlecht sitzenden und viel zu engen Schuhe haben ähnliches Unheil in der Welt angerichtet wie die Korsettagen. Sie bringen es fertig, einen an sich heiteren Menschen verdrießlich zu stimmen, ja ihn wegen seiner unerträglichen Mürrischkeit für die Umwelt ungenießbar zu machen; selbst ein körperlich kräftiger Mensch wird durch sie schnell gereizt, lustlos, zu einem geschwächten und leidenden Wesen ... Nach aller Wahrscheinlichkeit leiden etwa 95% aller Frauen, unterschiedslos ihrer gesellschaftlichen Stellung, unter der Auswirkung von zu kleinem oder schlecht verarbeitetem Schuhwerk ... ›Zu enge, zu spitze, zu kleine Schuhe‹ verkündet der Gang von nahezu jeder Frau.«

Unzweckmäßiges und schmerzendes Schuhwerk, das modisch sehr spitz zugeschnitten und von stattlicher Absatzhöhe war, wurde in der Regel immer etwas zu klein gekauft. Um dem propagierten Ideal zierlicher Gliedmaßen zu entsprechen, wählten Frauen auch ihre Handschuhe lieber eine Nummer zu eng.

Das am heftigsten verurteilte Kleidungsstück der Viktorianerinnen ist jedoch unbestritten das Korsett. Es verkörpert am eindrücklichsten die artifizielle Einengung der Frauen und war maßgeblich verantwortlich für die Unnatürlichkeit ihrer Haltung. Die Bereitschaft, den Körper wie eine Skulptur völlig willkürlich zu modellieren und in modischer Variation erotisch zu akzentuieren, ließ alle Frauen, die es sich nur irgendwie finanziell leisten konnten, zu diesem modisch unverzichtbaren Marterinstrument greifen. »In unseren Tagen ist das Korsett keine Modesache mehr, sondern ›Bedingung‹ der Toilette. Sein Anlegen zu vergessen, möchte mancher Frau in gleicher Weise unmöglich erscheinen, wie etwa zu vergessen, sich zu waschen«, schrieb Johanna von Sydow 1877 in ihrem Moden- und Toiletten-Brevier.

Die Möglichkeit körperlicher Schäden durch dieses modische Folterinstrument schien Allgemeinwissen zu sein. Ada Ballin und mit ihr zahllose Zeitgenossinnen kommentierten die durch das Tragen des modisch eng geschnürten Korsetts bedingte Apathie und Schwäche jener Frauen, »[die durch das Leben schreiten] ohne zu murren, in einer Art dumpf ertragenem Leid, dem Ergebnis einer geringen Lebensfreude, bedingt durch dieses Marterinstrument«. Die Schwächung der weiblichen Physis durch das Korsett war natürlich weitgehend bedingt durch die Intensivität der individuellen Engschnürung. Wollte man dem Ideal entsprechen, wurden die Korsetts so fest angezogen, daß die Taille spielend mit zwei Händen umfaßt werden konnte, also einen Umfang von vierzig bis fünfzig Zentimetern nicht überschritt. Trotz zahlreicher Kontroversen über Sinn und Funktion des extremen Schnürens war das Korsett stets omnipräsent. Von der Wiege bis ins hohe Alter schien die stützende Härte des Korsetts unentbehrliche Basis allen modischen Darübers. »Nur wenige Frauengestalten gibt es, welche auf die Dauer einer solchen ›Stützbrust‹ nicht bedürfen«, konstatierte Emil Schlegel. Eine florierende Korsettagenindustrie entwickelte für jede Situation das adäquate Korsett: In Badekostümen erweckte ein Büstenformer aus gummiertem Stoff den Anschein von mehr Substanz als vorhanden; medizinische Korsetts mit besonderer Leibstütze für die durch viele Geburten erschlaffte Bauchdecke schafften den Anschein muskulärer Festigkeit; aufknöpfbare Umstands- und Nährkorsetts mit besonderen Brustzwickeln und elastischen Gummibändern hielten die werdende und frisch gewordene junge Mutter in Form (oftmals wurde diese daran gemahnt, während der Geburt nicht zu vergessen, ihr Korsett doch zu lösen!); Schlafkorsetts und bequemere Negligé-Korsetts, auch »Faulenzer« genannt, wurden für den gemütlichen oder arbeitsamen Morgen zu Hause entwickelt und weiche, dehnbare Strickkorsetts für die nicht mehr der modischen Eitelkeit frönenden älteren Damen gewirkt. Daß das Korsett keine reine Angelegenheit der Frauen war, zeigen die Annoncen, die auf eine männliche Käuferschaft abzielten. Diese »Figurstraffer« verhalfen, so das Versprechen, dem Geschäftsmann bei seiner Karriere nach oben, wie es auch der Berufsehre eines Offiziers anstand, sich schneidig und straff zu präsentieren. Auch Männer verbargen so die visuell allzu offensichtliche Existenz ihres Embonpoints.

In seiner Septemberausgabe des Jahres 1872 veröffentlichte das ›Englishwoman's Domestic Magazine‹ eine Nähanleitung zur Herstellung sogenannter »baby-stays«, die, obwohl noch nicht mit festen Fischbein-Stäbchen verstärkt, doch allzuoft von ehrgeizigen Müttern fest zusammengezurrt wurden, »nur um den niedlichen Kleinen ein bißchen Halt zu geben, Sie verstehen?« In der Tat gab es kaum Töchter der bourgeoisen Mittelschicht und Aristokratie, die wirklich erst mit Eintritt in die Pubertät in Korsettagen geschnürt worden wären. [...]

Die häufige Kurzatmigkeit, poetisch verklärt als »der sich anmutig schnell hebende Busen eines jungen Mädchens«, Ohnmachtsanfälle und mysteriöse Indisponiertheiten des weiblichen Körpers waren in Wirklichkeit häufig das Indiz einer allzu engen Korsettverschnürung. Aber bei weitem nicht alle Mediziner waren bereit, dies zuzugeben. So diagnostizierte der medizinische Universalist und Vielschreiber Dr. Strange bei schwächlichen Frauen mit Anzeichen von Kurzatmigkeit eine Unterentwicklung ihrer Respirationskapazität, ohne auch nur mit einem Wort auf die walfischknochenverstärkte, sekundäre »Verknöcherung« des weiblichen Körpers einzugehen, die diese Symptome hervorrief: »Nach der Knochenverfestigung ihres ausgewachsenen Skeletts ... kann nurmehr ein bestimmtes Luftvolumen von den Lungenflügeln der Frau aufgenommen werden. Hieraus resultiert, daß nur eine ganz gering dosierte körperliche Anstrengung überhaupt möglich ist, ohne sie in ernsthafte Atemnot zu zwingen, oder gar die Ohnmacht oder einen Kollaps herbeizuführen.« Dr. Strange setzte diese Argumentation als Bestandteil seiner ablehnenden Haltung gegenüber dem neuen Schulbildungssystem für Mädchen ein und rechtfertigte gleichermaßen damit seine Verteuflung gegenüber jeglichem weiblichen Engagement in der Welt des Sports.

Der aufgeklärtere Teil der viktorianischen Ärzteschaft machte dagegen das Mieder für einen breiten Krankheitskanon verantwortlich, unter anderem für Brustkrebs, Magengeschwüre, Diarrhoe und Verdauungsbeschwerden, Hepatitis, Tuberkulose, Wandernieren, Herzklopfen und Lungeninsuffizienz, Gebärmuttervorfall und Unfruchtbarkeit, Gesichtsfalten und häßlich gerötete Nasen. Dr. Frederick Treves warnte allerdings vor einer übergebührlichen Dramatisierung dieser »Corsetitis«, wie sie zum Beispiel ein zeitgenössischer amerikanischer Kollege betrieb, der in einer Publikation seiner Leserschaft versicherte, »[daß die Praxis des extrem geschnürten Korsetts] mehr körperlichen Schaden bei der zivilisierten Menschheit angerichtet habe als Krieg, Pest und Hungerkatastrophen innerhalb des gesamten letzten Jahrhunderts«. Aber die katastrophale

Gesundheitsschädigung der Frauen durch die Korsettagen war trotzdem nicht zu unterschätzen. Ein bekannter englischer Gynäkologe konstatierte im Jahr 1888, daß allein die Zahl der durch das Korsett bedingten Gebärmutterkomplikationen im Verlauf der letzten zwei Jahrzehnte um fünfzig Prozent angestiegen sei.

»Das Martyrium ... das Frauen durchleiden aus Mangel an Einsicht gegenüber den rudimentärsten mechanischen Gesetzen in bezug auf ihre Bekleidung, ist eines der erstaunlichsten Beispiele menschlicher Fehlorientierung, wenn nicht gar völliger Torheit. Durch das wenige an Körperertüchtigung, was sich mit all den Röcken und Korsetten als qualvoll anstrengende Zumutung erweist, die die normalen körperlichen Funktionen der Organe zur Hälfte unterbindet, ist es kein Wunder, daß so viele Frauen schon in verhältnismäßig jungen Jahren korpulent, schwerfällig und von angegriffener Gesundheit sind. Um diesen Zustand zu korrigieren, schnüren dann ausgerechnet diese Frauen in der Regel ihre abermals versteiften Korsettes noch ein wenig enger ...«

Angesichts des Scheiterns aller medizinischen Aufklärungskampagnen im Kampf gegen das Korsett kommentierte ein viktorianischer Mediziner die Uneinsichtigkeit der Frauen nicht ohne Sarkasmus: »Es bedarf wirklich keiner künstlichen Maßnahme wie bei der Taille, um das weibliche Gehirn in seiner Funktion zu reduzieren!«

»Die Kleidung der Frau ist und war ein einziges Sammelsurium gesundheitlicher Irrtümer«, schreibt Annie Armstrong. Sie pervertierte die weibliche Gestalt zur disproportionierten Karikatur der »göttlich gegebenen Form«. Aber für viele Frauen spielte die individuelle Attraktivitätssteigerung im täglichen Konkurrenzkampf um die männliche Aufmerksamkeit eine weitaus wichtigere Rolle als eine plumpe, unelegante aber bequeme Natürlichkeit. Der amerikanische Sozialökonom Thorstein Veblen macht die gesellschaftlichen Repräsentationsaufgaben, die der Frau des Mittelstandes angetragen waren, zu einem ausführlich abgehandelten Thema seiner ›Theory of the Leisure Class‹. Er reduziert sie sarkastisch auf den einen Satz: »[Ihre einzige Aufgabe] besteht darin, die Finanzkraft ihres Ernährers offensichtlich zu machen ..., so wird sie zum Objekt ganz augenfällig unproduktiver Geldverschwendung«. Ihre Kleidung mußte aus wertvollen Materialien und exquisit geschnitten sein. Ihre modische Verarbeitung durfte keinesfalls den Anschein von Strapazierfähigkeit erwecken. Je komplizierter der Aufputz, desto mehr Muße hatte offensichtlich seine Trägerin, sich ihrer Frisur, den Details von Rüschen, Bändern und Spitzen sowie einer sorgfältigen Kosmetik und Schönheitspflege zu widmen. Je bewegungshinderlicher die Mode war, desto prägnanter war ihr Hinweis auf die mangelnde Notwendigkeit von körperlicher Anstrengung und Bewegungsfreiheit. Denn, so schreibt Georgiana Hill mit gewissem Upper-Class Snobismus: »Nur ein bestimmter Teil der Gesellschaft hat eben die Zeit, sich zu kleiden. Der Rest ist lediglich angezogen.«

Der Wandel der Frauenmode schien jedoch unaufhaltbar: »Als die Frauen ein aktiveres Leben zu führen begannen und sich auch die Welt des Sports eroberten, änderte sich ganz drastisch die Zusammensetzung ihrer Garderobe im Kleiderschrank; man kann mit großer Sicherheit behaupten, daß der Sport die Kleidermode stärker beeinflußte als die Mode selbst die Sportbekleidung«. Das wachsende Angebot an Damen-Freizeit- und Sportbekleidung war an die Erschließung der einzelnen Sportarten für Frauen und an den sich entwickelnden sportlichen Leistungsgedanken gekoppelt. Die adäquate Sportkleidung hatte sich zur modischen Grundausstattung der Gesamtgarderobe einer jeden Dame der Gesellschaft etabliert. »Kleiden Sie sich stets im adäquaten Kostüm passend zu jeder Sportart; egal ob Tennis, Bogenschießen, Rudern, Schwimmen oder Schlittschuhlaufen, passen Sie stets Ihre Kleidung an Ihr Bewegungsvorhaben an!« empfahl Lady Bellairs ihren Leserinnen.

»Jahrhunderte der Indolenz, vornehmlich verursacht durch ihre sklavische Hörigkeit gegenüber dem Modediktat ihrer

Zeit, das sie außerstand setzte, an den sportlichen Vergnügungen ihrer Männer außer Haus teilzunehmen, haben dazu beigetragen, die englischen Damen zu dem zu machen, was sie heute sind – den Männern unterlegen in *physischer und intellektueller Wirkungskraft!* Erst in unserer gegenwärtigen Generation beginnt sich ein Widerstand gegenüber der Modetyrannei zu etablieren und ganz allmählich auszubreiten.«

Diese der Mode abgetrotzte Konzession an den sich weitenden Wirkungskreis der Frauen bestand in den achtziger Jahren in dem als Modeinnovation gefeierten relativ schlicht geschnittenen *Tailor-made Costume*.

»Der spezifische Charakter der modernen Mode liegt in seiner Vorliebe für äußerste Einfachheit. Kein Kleidungsstück erfreute sich je größerer Beliebtheit als das Schneiderkostüm, in dem das Ultimative an Schlichtheit erreicht wurde ... Es entwickelte sich aus dem neuen Geschmack der modernen Frau für den *Sport*.

Zuerst nur von einem kleinen Kreise der Elite getragen, wurde es schnell kopiert und heutzutage von allen möglichen Leuten ausgeführt, die noch nie in ihrem Leben eine Heidelandschaft gesehen, geschweige denn zum Wandern betreten haben, ja sicherlich nie auf etwas anderem gelaufen sind als auf dem ordinären Pflaster der Londoner Straßen. Billige Nachahmungen des echten Schneiderkostüms findet man allerorten, denn das Original ist, so einfach es ausschauen mag, ein kostspieliger Luxus.«

Julius Price kommentierte diese gesellschaftliche Metamorphose mit den Worten: »Die gelangweilte Elegante der alten Schule wurde in ein neues Wesen transformiert, wurde zu einer modernen Création der neuen modernen Ideen.« Man verschaffte der nunmehr vermehrt reisenden, beruflich aktiven und sich außerhäuslich engagierenden Frau ein Image, das dem der Geschäftsmänner ihrer Zeit ähnelte. »Heutzutage würde [das tailor-made costume] kaum mehr ein Maximum an Freiheit und Bequemlichkeit für uns in der Kleiderfrage repräsentieren«, gibt Doris Langley Moore zu Recht zu bedenken: »Da es im Schnitt der maskulinen Garderobe nachempfunden war und mit einer Bluse, ähnlich einem Herrenhemd, getragen wurde, schienen sich die Frauen selbst eingeredet zu haben, daß es auch für den Sport das richtige Out-Fit sei, obwohl es in jeglicher Hinsicht ein höchst unbequemes Kleidungsstück war.« Das neumodische Erscheinungsbild der Frau erweckte allerdings nicht uneingeschränkte Bewunderung: »Die Wirkung war höchst unweiblich. Die so bekleidete Frau strebte danach, einen kernigen sportlichen Eindruck zu vermitteln bei gleichzeitig sanftem und damenhaftem Auftreten«. Die Trägerin solch eines Kostüms nahm mit den unbequemen maskulinen Details, die durchaus auch die männlichen Zeitgenossen verdrossen, wie dem bretthart satinierten und hohen Hemdenkragen, den glasierten Manschetten und der engen Krawatte, noch zusätzliche Nachteile in Kauf: Erwähnt sei die Verpackung in das obligate Unterkorsett, das erst mit mindestens einem steif gestärkten Unterrock den perfekten Sitz des Rokkes garantierte.

Beim Untendrunter hatte die Konvention erneut über alle Bestrebungen der Kleiderreform gesiegt. Die Unverzichtbarkeit des Korsetts veranlaßte die Korsetthersteller 1898 zu der triumphierenden Zeitungsannonce: »Die Damen werden *keineswegs* Abschied von ihren Korsettagen nehmen, *niemals*, wie auch immer die Argumente der *Kleider-Reformer lauten werden! Deshalb kaufen auch Sie Dr. Warner's Coraline Corsets*, mit Stützstangen aus unzerbrechlichem Coraline.« Aber nicht nur diese Einzwängung beschränkte den neu gewonnenen Bewegungsspielraum. Madeleine Ginsburg erläuterte in einem Gespräch über ein viktorianisches Damenreisekostüm, einem Ausstellungsstück der von ihr betreuten Kleidergalerie des Victoria and Albert Museum in London, daß es einer alleine reisenden und Koffer tragenden Dame völlig unmöglich war (oder es ihr die Schneider nicht gestatteten?), ihr eigenes Gepäck ohne fremde Hilfe zu verstauen. Sie konnte einfach nicht ihre Arme höher als zum Feststecken ihrer Hutnadel heben.

Gwen Raverat, die als Kind die neunziger Jahre in Cambridge verbrachte, erinnert sich an eine höchst indiskrete Beobachtung, die ihr nachhaltig in Erinnerung blieb. Sie hatte aus den Augenwinkeln, scheinbar tiefschlafend, eine junge Verwandte, mit der sie das Zimmer geteilt hatte, beim Ankleiden eben dieses Kostüms beobachtet:

»1. dicke wollene Unterwäschekombination mit langen Armen und Beinen;
2. darüber weiße Baumwollunterwäschekombination mit zahlreichen Knöpfen und Rüschen und
3. sehr martialisch aussehendes graues, mit Stäben verstärktes Korsett mit Strumpfbändern;
4. schwarze Wollstrümpfe;
5. weiße Baumwollunterhosen, mit Knöpfen und Rüschen;
6. weißes Baumwoll-»Petticoat Leibchen«, bestickt, mit Knöpfen und Rüschen;
7. halblanger, weißer Flanellunterrock;
8. langer Alpaca-Unterrock, mit Rüschen rund um den Saum;
9. roséfarbene Flanellbluse;
10. hoher, steif gestärkter weißer Kragen, mit Kragenknöpfen befestigt;
11. marineblaue Krawatte;
12. blauer Rock, bodenlang und eng sitzend;
13. Ledergürtel, sehr eng gebunden;
14. geknöpfte Stiefel mit hohem Absatz.«

Und über all dies kam die dem Herrenjackett nachempfundene Kostümjacke. Heinrich Pudor beschreibt solch eine »kostümierte« Dame höchst kritisch:

»Diese unsere modische Kleidung ... macht das weibliche Hüftgelenk hart, indem sie die Brust bis ... unter die Hüften in Panzer schnürt. Die Freiheit des weiblichen Halsgelenks macht sie durch fünf Zentimeter hohe Kragen illusorisch. Die weiblichen Arme zwängt sie in so enge Röhren, daß jede

Bewegung des Armes einem ästhetischen Auge ... physischen Schmerz verursacht. Noch schlimmer verfährt sie mit den Hand- und Fingergelenken, die sie in glacé-lederne Gefängnisse schnürt. – Kurz: Die modische Kleidung stellt alle ästhetischen Gesetze geradezu auf den Kopf und macht aus Wahnsinn Methode.«

Immerhin erwies sich dieser erste Versuch, ein Damenkostüm in modischer Annäherung an die männliche Bekleidung zu schneidern, als großer Verkaufserfolg. Seine Popularität hat sich, wenn auch im Schnitt modifiziert, bis in unsere Gegenwart als Klassiker der Damengarderobe behauptet. Pudors Anspruch an ein künstlerisch gelungenes und gleichzeitig bequemes Damenkostüm war natürlich ungleich radikaler als Kostüme, wie sie in den Läden erhältlich waren. Aber in moderatem Rahmen war ein gewisser Fortschritt erreicht worden: »Frauen haben durchaus ihre Kleidung den eigenen Beschäftigungen und Amusements angeglichen oder versuchen dies wenigstens, denn wir sind unbestreitbar noch weit entfernt vom absoluten Erfolg hierbei«, so beurteilte die Kostümhistorikerin Georgiana Hill 1893 den Stand der Mode der sich emanzipierenden Frau.

Irene Hardach-Pinke
Ein anständiger Broterwerb

Im Gegensatz zu dem literarischen Klischee vom schweren Los der Gouvernanten hatten Pädagoginnen wie Elisabeth Bernhardi, Amalia Holst, Betty Gleim und Tinette Homberg immer wieder betont, daß eine Erwerbstätigkeit in der häuslichen Erziehung Frauen ökonomische Unabhängigkeit gewährleistete und ihnen die Erfüllung einer wichtigen gesellschaftlichen Aufgabe ermöglichte. Dieser Gegendiskurs wurde jedoch kaum öffentlich aufgegriffen, auch nicht später von der Frauenbewegung. Louise Otto hatte 1876 über die Erfolge der Bewegung geschrieben: »Im Erziehungs- und Lehrfach ist den Frauen ein viel größerer Spielraum eröffnet worden, werden zugleich viel höhere Anforderungen an ihre Fähigkeiten und deren Ausbildung gestellt, als die Vergangenheit mit ihrem ›Bonnen‹- und Gouvernantenwesen sie kannte. An die Stelle der ersteren ist die praktisch und theoretisch vorgebildete Kindergärtnerin des Fröbelsystems getreten, an die der letzteren die gewissenhafte in einem Lehrerinnen-Seminar vorgebildete und vom Staat geförderte Lehrerin.«

Louise Otto schaute in dem angeführten Zitat etwas herablassend auf die Bonnen und Gouvernanten der alten Gesellschaft zurück. Sie hatte selbst für Verbesserungen der Frauenbildung und der weiblichen Berufsausbildung gekämpft und positive Veränderungen miterlebt. Der erreichte Fortschritt erschien ihr um so größer, je geringer die Leistungen des weiblichen Lehrpersonals der Vergangenheit bewertet wurden. Dabei hatten sicher auch viele Gouvernanten des 18. Jahrhunderts ihren Beruf erfolgreich ausgeübt. Die Kenntnisse und Fähigkeiten von Gouvernanten ohne Fachausbildung und Examen waren bis in die zweite Hälfte des 19. Jahrhunderts nicht unbedingt geringer als die von seminaristisch gebildeten und examinierten Lehrerinnen, ja waren ihnen nicht selten sogar weit überlegen.

Von Gertrud Bäumer, die, ebenso wie Louise Otto, selbst nie als Hauslehrerin gearbeitet hatte, erfahren wir zu Anfang des 20. Jahrhunderts, daß die Gouvernante der alten Zeit »ein armes Fräulein aus guter Familie war und mit ihren paar Töchterschulkenntnissen den Weg der Entsagung durch fremde Häuser zog«. Auch diese Sicht ist zeitbedingt. Gertrud Bäumer ging es ebenfalls darum, die erfolgte Professionalisierung des Lehrerinnenberufs positiv hervorzuheben. Sie transportierte dabei allerdings ein Klischee, das gegen die Erwerbstätigkeit von Frauen in einem qualifizierten Beruf entwickelt wurde und die kulturellen Leistungen von Gouvernanten unterschlägt.

Frauen, die Stellen in der häuslichen Erziehung annahmen, nutzten in ihrer Zeit Arbeitsmarktchancen zur Entwicklung neuer weiblicher Lebensmöglichkeiten. Im 18. Jahrhundert waren es in Deutschland vor allem gebildete »Französinnen«, die als Gouvernanten arbeiteten. Ihnen verdankten Töchter, aber auch Söhne, Fremdsprachenkenntnisse, guten Briefstil, Konversationsfähigkeit und Einführung in die französische Literatur. Hundert Jahre später handelte es sich bei den Hauslehrerinnen überwiegend um junge deutsche Frauen mit Lehrerinnenexamen, die langfristig eine Tätigkeit im Schuldienst anstrebten. Sie unterrichteten Mädchen und Jungen weitgehend nach den Lehrplänen der öffentlichen Schulen. Haben die alte »Gouvernante« und die neue »Hauslehrerin« überhaupt denselben Beruf ausgeübt? Zweifellos, denn die Aufgaben und Strukturen ihrer Tätigkeit in der häuslichen Erziehung, nämlich Individualerziehung und Identität von Wohnstätte und Arbeitsplatz, blieben dieselben.

Trotz des negativen Gouvernantenbilds in der Öffentlichkeit ließen sich gebildete Frauen nicht davon abhalten, diesen Beruf zu ergreifen. Denn andere Bildungsberufe, die ihren individuellen Neigungen und Fähigkeiten vielleicht besser entsprochen hätten als das Lehramt, standen Frauen lange Zeit nicht offen. Mme. Heck z. B. mußte eine Gouvernantenstelle annehmen, obwohl sie für diese Erwerbstätigkeit einen »ausgeprägten Ekel empfand« und ihren Lebensunterhalt lieber durch literarische Arbeiten verdient hätte. Ihr Gouvernantengehalt war bescheiden, lag bei einer vergleichbaren Position jedoch nicht unter dem eines Hofmeisters. Johann Georg Hamann z.B. erhielt 1753 in Livland von der Baronin Budberg 80 Albertstaler, später in Kurland von dem Baron Witten 100 Albertstaler. Die livländische Gräfin Braun hatte 1768 ihrer Gouvernante, einer Hugenottin aus Berlin, 150 Albertstaler und die gesamten Reisekosten gezahlt. Zu dem Einkommen von Gouvernanten zählten Wohnung, Nahrung, Bedienung, Heizung und ein Gehalt, das ihnen erlaubte, sich angemessen zu kleiden, von Zeit zu Zeit ein Buch zu kaufen und etwas zu sparen. In den ärmlichen Verhältnissen des 18. und frühen 19. Jahrhunderts war das nicht wenig. Ferner konnte eine Gouvernantentätigkeit auch gesellschaftlichen Ehrgeiz und Abenteuerlust befriedigen. Wenn Henriette Müller und Mlle. de Beausobre im 18. Jahrhundert die weite Reise ins wilde Rußland antraten, so entsprach das sicher nicht den herrschenden Vorstellungen von einer wünschenswerten weiblichen Lebensweise, zog aber weder Beeinträchtigungen ihres guten Rufes noch ihrer gesellschaftlichen Stellung nach sich. Aber im Vergleich zu den Berufschancen von Bildungsbürgern waren die einzigen qualifizierten Stellungen, die Bildungsbürgerinnen offenstanden, instabil und boten weder soziale Sicherheit noch Aufstiegsmöglichkeiten. Für Gouvernanten des 18. und 19. Jahrhunderts gab es im Gegensatz zu den Hofmeistern keine Hoffnung auf ein öffentliches Amt in Kirche, Wissenschaft oder Verwaltung. Dennoch läßt sich in Deutschland nicht von einem »Gouvernantenelend« sprechen, obwohl einige gebildete Frauen die Bedingungen, unter denen sie in der häuslichen Erziehung arbeiteten, als Zumutung empfanden. Aber waren sie das tatsächlich immer? Gouvernanten zeigten sich oft genug überempfindlich. Sie fühlten sich schon durch Vorgehensweisen persönlich beleidigt, die auf einem Arbeitsmarkt allgemein üblich waren. So beklagten sich Erzieherinnen häufig über Einstellungsgespräche, in denen sie wie eine »Ware« behandelt wurden, weil Vermittler und potentielle Arbeitgeber nach ihren Kenntnissen und Fähigkeiten fragten.

Frauen wollten auch in der Erwerbsarbeit oft noch als ganze Person zu anderen Menschen in Beziehung treten und fühlten sich deshalb nicht nur durch die Gouvernantenrolle, sondern durch die Berufsrolle überhaupt zurückgesetzt. Der Beruf war ja ein neues Handlungsfeld, dessen emotionale und soziale Einschränkungen gebildete Frauen erst nach einem häufig schmerzhaften Lernprozeß akzeptieren konnten. Gouvernanten und Schullehrerinnen waren es, die sich im 18. Jahrhundert als erste mit der Rolle erwerbstätiger Frauen in einem qualifizierten Beruf auseinandersetzten. So hatten sich die Gouvernanten, die mit J. H. S. Formey korrespondierten, Gedanken darüber gemacht, wie sich ihr Berufsprofil von dem der Bonnen unterschied und welche Verhaltensweisen mit dem »point d'honneur d'une gouvernante« zu vereinbaren waren. Ihre Identität gründete sich auch auf außerhäusliche Erwerbsarbeit und nicht nur auf Reproduktionsarbeit in der Familie.

Im 19. Jahrhundert wurde die Professionalisierung der Lehrerin in Schule und Haus entscheidend vorangetrieben, und immer mehr Frauen aus den gebildeten Schichten ergriffen diesen Beruf. So beschloß auch Thekla Trinks 1851, im Alter von zwanzig Jahren, Lehrerin zu werden, weil sie sich zum Leben einer Hausfrau nicht hingezogen fühlte. Sie gewann ihre Mutter für den Plan, stieß aber bei ihrem Vater, der die Kosten für die Ausbildung tragen mußte, auf Ablehnung. Der Vater konnte erst umgestimmt werden, als ihm der Direktor des Lehrerinnenseminars in Elberfeld schriftlich versicherte, daß es genügend Stellen für examinierte Lehrerinnen gab. Thekla Trinks wurde nach bestandener Abschlußprüfung auch gleich an einer höheren Töchterschule eingestellt. Sie erinnert sich: »Jedermann war jetzt mit meinem Entschlusse ausgesöhnt. ›Du hättest gar nichts Klügeres thun können! – Ganz wie für dich geschaffen‹ – hieß es jetzt. Das Gehalt – 300 Thaler – erschien enorm. ›So viel Geld kannst du verdienen! – Mehr als ein Assessor!‹ – Man staunte. Es kam den Leuten vor, als ob ich wie für das Leben gesichert und förmlich etabliert wäre. Und da es in dem Beamtenstande unseres Herzogtums gar manche unversorgte Tochter gab, machte mein Beispiel einen solchen Eindruck, daß in den folgenden Jahren nicht weniger als 10–12 junge Mädchen die Reise gen Elberfeld zum Direktor Friedländer antraten.«

Frauen, die sich im 19. Jahrhundert zur Lehrerin ausbilden lassen wollten, sei es durch Privatstunden, sei es an einem Seminar, brauchten dazu in der Regel die finanzielle Unterstützung ihrer Eltern oder Geschwister. Oft mußten sie anfängliche Widerstände gegen ihre Pläne überwinden, wenn es in der näheren Umgebung noch keine Lehrerinnen oder Gouvernanten gab. Wo aber schon mehrere Frauen im Lehrberuf Geld verdienten, entfaltete der Arbeitsmarkt große Anziehungskraft. Deshalb bestimmten einige Eltern ihre Töchter auch ohne Rücksicht auf etwaige Neigungen oder Abneigungen dazu, sich zur Lehrerin ausbilden zu lassen, um für die Familie Geld zu verdienen.

Marie Loeper-Houselle klagte 1895: »Aus allen Gesellschaftsklassen wenden die jungen Mädchen sich dem Lehrberufe zu. Ist doch nach der Anschauung der Menge der Erwerb als Lehrerin der ›anständigste‹ – als ob nicht jeder Erwerb durch redliche Arbeit anständig wäre! – Dann bietet der Lehrberuf verhältnismäßig früh eine wenn auch oft recht kärgliche, so doch geregelte Einnahme und, freilich nur für die Lehrerinnen an öffentlichen Schulen, in den meisten deutschen Staaten sichere Bürgschaft für eine Altersversorgung. Diese Anschauung und der Ausblick auf die beiden Vorteile sind in den meisten Fällen ausschlaggebend bei der Wahl des Lehrberufes für die Tochter.« Weil es nach wie vor auf dem Arbeitsmarkt kaum adäquate Alternativen zum Lehrberuf gab, ergriffen ihn immer noch Frauen, die dazu weder Talent noch Neigung besaßen.

Bertha Lindner äußerte sich ebenfalls besorgt zur »Überfüllung des Lehrerinnenstandes« und versuchte junge Frauen zu bewegen, sich für einen anderen Beruf zu entscheiden. Sie fragte 1886: »Warum soll ein heiteres, den Kindern zugeneigtes Gemüt nicht den Beruf der Kindergärtnerin ergreifen? Warum soll ein guter Rechenkopf nicht die Buchführung lernen? Oder warum soll eine Geschmack besitzende junge Dame nicht ein

Konfektionsgeschäft errichten? Ist es nicht angenehm, durch Wahl richtiger Farbenzusammenstellung, durch anmutig gewählte Formen von Hüten usw. das eigene Geschlecht zu verschönern? Das wäre der Kunst nicht ebenbürtig, nicht selbst einer Schülerin Platos würdig? – Kann sich nicht eine gebildete Dame mit der Kochkunst beschäftigen, junge Mädchen darin unterrichten, ein auf eigener Erfahrung begründetes Kochbuch verfassen? Ruht doch oft der Frieden von ganzen Familien auf einem billigen, gut zubereiteten Gericht! Weshalb Künstlerin, vor allem Lehrerin werden wollen, während so viele ehrenwerte, geschätzte Berufsarten, die auch beglückend wirken, noch lange keine Überfüllung aufweisen? Wir, welche das Dasein selbständig erringen wollen, oder errungen haben, dürfen keinen Hochmut kennen. Die Bildung wird überall geschätzt.«

Der beschwörende Ton ähnelt dem der Pädagogen des 18. Jahrhunderts, die Frauen überreden wollten, sich ihren Lebensunterhalt mit »der Nadel« zu verdienen statt im Lehrberuf. Aber im 18. Jahrhundert hatten gebildete, ehrgeizige Frauen die Tätigkeit einer Gouvernante dem Gelderwerb durch Handarbeit vorgezogen, und im 19. Jahrhundert wollten sie lieber als Lehrerin in Schule und Haus arbeiten, statt als Kindergärtnerin, Buchhalterin, Verkäuferin oder Wirtschaftsleiterin ihren Lebensunterhalt verdienen. Die Gründe waren im Prinzip dieselben, denn nach wie vor war das Lehramt an einer höheren Schule oder in einem Privathaushalt die einzige Erwerbsarbeit, die für Frauen aus dem Bildungsbürgertum keinen »Bruch mit dem Herkommen« bedingte und sich nicht mindernd auf ihren sozialen Status auswirkte.

Viele spätere Führerinnen der Frauenbewegung haben als Gouvernanten gearbeitet. Überraschenderweise bewerten sie, trotz Louise Ottos und Gertrud Bäumers Skepsis gegenüber Arbeitsplätzen in der häuslichen Erziehung, diesen Lebensabschnitt meist nicht negativ. Die Ärztin Franziska Tiburtius schreibt: »Ende des Jahres 1866 verließ ich das mir sehr liebgewordene Haus, meine Aufgabe dort war zu Ende. Auch mußte ich mich allmählich auf meine selbständige Existenz hinarbeiten. Ein Jahr war ich noch als Erzieherin in dem Hause des Herrn von Behr-Schmoldow, des Vormundes der Lyngenschen Kinder. Ich war inzwischen wohl über die Jahre hinaus, in denen man auch in abhängiger Stellung sich vollständig in die Interessen eines fremden Hauses einleben und sich darin befriedigt fühlen kann. Mein Ziel war damals die Übernahme einer Schule, und allerhand Fühler wurden schon ausgestreckt.« Helene Lange trat 1867 ihre erste Erzieherinnenstelle an und berichtet darüber fast entschuldigend: »Von den unangenehmen Seiten des Erzieherinnenberufs, die mir oft so lebhaft geschildert waren, habe ich nichts erfahren; meine Arbeit interessierte mich und fand Verständnis, meine Kinder kamen vorwärts. Ich fühlte mich in jeder Hinsicht zu Hause und fand freundliche Beziehungen, die auch der rein menschlichen Entwicklung Nahrung boten.« Minna Cauer, die von 1868 bis 1869 als Erzieherin in Paris arbeitete, fühlte sich in ihrer Stellung nicht besonders wohl, schreibt aber dennoch rückblickend über ihren Entschluß, eine Gouvernantenstelle im Ausland anzunehmen: »Ich aber ging, und noch heute, in meinem Alter blicke ich auf diesen Schritt als denjenigen, der mich aus der ›gottgewollten Abhängigkeit‹ in die gottgewollte Unabhängigkeit geführt hat.«

Gebildete Frauen, die ihren Lebensunterhalt in der häuslichen Erziehung erwarben, fanden sich in ihrem Arbeitsalltag oft vor schwierige Probleme gestellt, aber sie wurden dort gegenüber männlichen Kollegen nicht systematisch benachteiligt, wie das während des 19. und frühen 20. Jahrhunderts im öffentlichen Schulwesen der Fall war. Gouvernanten und Hauslehrer erhielten für ähnliche Arbeit ähnliche Gehälter und unterlagen beide einem Heiratsverbot, von dem an öffentlichen Schulen nur Frauen betroffen waren. Deshalb boten gerade Hauslehrerinnenstellen die Möglichkeit, besonders am Anfang des Berufslebens, jenseits einer ständigen Herabsetzung durch Bürokraten, Vorgesetzte und Kollegen Selbstbewußtsein zu entwickeln und pädagogische Fähigkeiten zu überprüfen. In der häuslichen Erziehung behaupteten sich Frauen erfolgreich gegenüber männlicher Konkurrenz, lange bevor ihnen das im öffentlichen Schulwesen gelang. Sie unterrichteten Mädchen, und manchmal auch Jungen, häufig in den wissenschaftlichen Fächern, die in den Oberklassen der höheren Mädchenschulen bis in die Zeit vor dem Ersten Weltkrieg nur von akademisch gebildeten Männern erteilt werden durften. Seit den achtziger Jahren des 19. Jahrhunderts zeigen auch vereinzelt Stellenangebote, daß Hauslehrerinnen den Lateinunterricht von Jungen übernahmen und sie für den Eintritt in die mittleren Klassen des Gymnasiums vorbereiteten, das sie selbst in der Regel nicht besuchen durften. So heißt es 1891 in der ›Lehrerin in Schule und Haus‹: »Eine adelige Familie in Mecklenburg sucht eine Erzieherin, die die 15jährige Tochter und den 13jährigen Sohn in den gewöhnlichen Schulfächern und Musik unterrichtet. Kenntnis der lateinischen Sprache Bedingung.« Auch Anna Wagemann, geboren 1855, hatte Latein und Griechisch bei ihrem Vater, einem Pfarrer, gelernt und Jungen später in diesen Fächern als Hauslehrerin unterrichtet.

Hauslehrerinnen traten in die Familien ihrer Arbeitgeber und waren von persönlichen Anweisungen abhängig, daraus konnten bedrückende Konflikte und bittere Kränkungen entstehen. Doch der lebensweltliche Bezug derartiger Stellen gestattete ihnen andererseits auch eine Entfaltung von Originalität, Spontaneität und Emotionen, die Institutionen bei der Arbeit mit Kindern kaum erlaubten. Außerdem waren öffentliche Schulen nicht nur der behagliche Hort lebenslanger Anstellungen und Pensionen, sondern bildeten stets einen wichtigen Bestandteil des staatlichen Herrschaftsapparates. Privatleute konnten sich im Gegensatz zu Schulbürokraten eher über staatliche Instrumente der sozialen Kontrolle, über Vorschriften und Berufsverbote hinwegsetzen und denjenigen Lehrerinnen Zuflucht gewähren, die in öffentlichen Institutionen aus religiösen, politischen oder rassischen Gründen unerwünscht waren. Die spätere kommunistische Politikerin Clara Zetkin geb. Eißner (1857-1933) hatte in ihrer Jugend ein Lehrerinnenseminar besucht und 1878 die staatliche Prüfung abgelegt. Eine Chance, im öffentlichen Schuldienst angestellt zu werden, bestand für sie nicht, weil sie Kontakte zur sozialdemokratischen Partei unterhielt. Deshalb blieb ihr nichts anderes übrig, als ungeliebte Hauslehrerinnenstellen erst in der Nähe von Leipzig, später in Österreich anzunehmen.

Clara von Arnim, Gutsfrau in der Mark Brandenburg und Mutter von sechs Kindern, berichtet in ihren Erinnerungen über die Einstellung einer Hauslehrerin im Jahre 1939. Eine ältere Frau war der Familie durch Bekannte empfohlen worden: »Beim Vorstellungsgespräch mit Friedmund und mir im Herrenzimmer erzählte sie uns freimütig ihr Schicksal: Sie war Jüdin (Volljüdin im Sinne der Nürnberger Rassegesetze) und von ihrem arischen Ehemann geschieden. Zwar hatte sie ein Lehrerinnen-Examen abgelegt, durfte jedoch nicht an einer staatlichen Schule unterrichten. Sie machte deshalb besagten Kindergarten auf, den sie 1938 schließen mußte. Sie wollte nun mit einem Freund nach Palästina auswandern, hatte schon alle Papiere dafür beisammen, da starb der Freund an Lungenentzündung. Daraufhin beschloß sie unterzutauchen, das heißt sie blieb in Deutschland und suchte sich eine Stelle als Hauslehrerin auf dem Land.«

Anbieter von Privatstellen durften normierte Einstellungsvoraussetzungen und Altersgrenzen ignorieren, sie konnten Chancen bieten, Begabungen fördern und über Fehltritte hinwegsehen. Das waren Vorteile, von denen bis ins 20. Jahrhundert besonders Frauen profitierten, die bis dahin von etablierten Bildungskarrieren ausgeschlossen waren und auf dem öffentlichen Arbeitsmarkt weiterhin benachteiligt wurden. Privatstellen in der häuslichen Erziehung hatten sich seit dem 18. Jahrhundert bei all ihren gravierenden ökonomischen und sozialen Nachteilen als ausbaufähiger Anfang erwiesen, der Frauen den Zugang zur qualifizierten Erwerbstätigkeit eröffnete und ihnen ermöglichte, grundlegende Erfahrungen mit der Stellenvermittlung, mit Arbeitsverträgen, Verhandlungsführung, Vertretung der eigenen Interessen und Konkurrenz auf dem Arbeitsmarkt zu gewinnen. Gouvernanten waren Bildungsbürgerinnen, die diesen Status nicht aufgrund familiärer Bindungen einnahmen, sondern aufgrund ihrer eigenen Erwerbstätigkeit, die Bildung voraussetzte. Sie konnten in der Frauenbewegung ein Recht auf Bildung und auf politischöffentliche Partizipation mit größerem Nachdruck und konkreteren Argumenten fordern als nicht-erwerbstätige Ehefrauen und Töchter von Bildungsbürgern. Gouvernanten repräsentierten in ihrer Zeit einen neuen weiblichen Sozialtyp, nämlich den der modernen Frau, die ihr Selbstwertgefühl auch auf berufliche Leistung gründet. Sie waren keine Randerscheinung, denn das sich verbreitende Bürgertum mußte zwangsläufig einige seiner Töchter auf den Arbeitsmarkt schicken, weil es nicht alle ernähren bzw. verheiraten konnte. Außerdem machten die neuen Ideale der Gefährtenschaft, der Konversation und der pädagogisch engagierten Mütterlichkeit eine Verbesserung der Mädchenbildung unumgänglich. Frauen mit Sprach- und Musikkenntnissen nutzten die Möglichkeiten, die sich ihnen nun boten, und verließen das Elternhaus, um mit der Erziehung nichtverwandter Kinder Geld zu verdienen. Die bürgerliche Gesellschaft, die Männern den Beruf und Frauen das Haus zuwies, brachte gleichzeitig eine Praxis hervor, in der Frauen auf der Grundlage ihrer Bildung erwerbstätig werden konnten und das nach zögerlichen Anfängen auch immer häufiger taten. Jedoch in dem Diskurs, den das gebildete Publikum über sich selbst führte, wurde dieser neue Frauentyp nur selten thematisiert und dann meist nur auf herabsetzende Art und Weise.

Seit dem 19. Jahrhundert hatten Lehrerinnen und Erzieherinnen mit fortschreitendem Organisationsgrad einen eigenen Lebensstil für alleinstehende Frauen entwickelt, der von dem Vorbild der Familie ebenso unabhängig war wie von dem der Klöster oder der Diakonissenhäuser. Sie verbrachten immer mehr Zeit miteinander in Fortbildungseinrichtungen, Kurheimen, auf Studienreisen und bei gemeinsamen Freizeitveranstaltungen. Im Vergleich zu ihren Lebens- und Arbeitsweisen erschien ihnen das alte Gouvernantenwesen mit seinen »Französinnen« und seinen wenig normierten Bildungsinhalten wie ein Symbol für eine schlechte, aber zum Glück überwundene Vergangenheit. Hauslehrerinnen wollten mit Gouvernanten nicht in einem Atemzug genannt werden. Die kulturellen Leistungen ihrer Vorgängerinnen für den Unterricht in modernen Fremdsprachen gerieten bei ihnen ebenso in Vergessenheit wie die einflußreichen pädagogischen Schriften von Mme. de Beaumont und Mme. de Genlis. Mitglieder der Frauenbewegung wiesen auf das Gouvernantenwesen als Beweis für die Defizite der Mädchenbildung im 18. und frühen 19. Jahrhundert und beschrieben es als minderwertig und prätentiös. Aber Gouvernanten repräsentierten in ihrer Zeit nicht nur die mangelhaften Bildungsmöglichkeiten der Mädchen im Vergleich zu denen der Jungen, sondern auch die Bemühungen von Frauen, ihre Kenntnisse zu erweitern und eine ökonomisch selbständige Existenz zu führen. Langfristig waren sie damit erfolgreich. Gouvernanten bewiesen erstmals, daß sich weibliche Erwerbstätigkeit auch auf qualifizierte Berufe ausdehnen kann, die intellektuelle Fähigkeiten voraussetzen.

Ute Frevert
Männergeschichten – Frauengeschichten
Von der Lust und Last, ein Mann zu sein

[...] Begriffe wie »Männlichkeit«, »Mannesbewußtsein«, »Mannesstolz«, »Manneswert«, »Manneswürde«, »Mannesheiligkeit« waren immer dann zur Stelle, wenn es darum ging, Identität und Motive von Duellanten genauer zu beschreiben. Eigentlicher Zweck des Duells, befand 1864 der Berliner Kammergerichtspräsident Adolph von Kleist stellvertretend für viele seiner Zeitgenossen, sei es, die »Manneswürde« zu bewahren, indem es »Männlichkeit, d.h. das Bewußtsein des persönlichen Muts«, unter Beweis stelle. Und auch Heinrich Heine erklärte 1837 seinem Verleger auf die Frage, warum er in der letzten Zeit nur wenig hätte arbeiten können, kurz und knapp: »Weibergeschichten und Männergeschichten, nämlich Liebesklatschereien und Duelle.«

Duelle waren allein schon deshalb »Männergeschichten«, weil sie grundsätzlich nur unter Männern ausgetragen wurden. Zwar geisterten immer wieder einmal Nachrichten über Frauenduelle durch die Presse, die jedoch als exotische Ausnahmefälle galten und dementsprechend kommentiert wurden. 1864 berichtete die ›Neue Preußische Zeitung‹ degoutiert über ein »Damen-Duell« in Berlin: »Die Waffen bestanden zum Glück nicht aus Säbeln oder Pistolen, sondern in zwei biegsamen Stöcken; eine Freundin der beiden Duellantinnen war die Unparteiische dieses eigentümlichen Zweikampfes, der damit endete, daß beide die Stöcke wegwarfen und mit Fäusten aufeinander losschlugen, bis sie durch das Einschreiten mehrerer Männer getrennt wurden. Die eine der Duellantinnen soll eine starke Beschädigung des rechten Auges davongetragen haben, und beide Emanzipierte waren so übel zugerichtet, daß sie zur Vermeidung noch größeren Skandals in Droschken nach Hause fahren mußten.« Bissiger Zusatz der Redaktion: »Auch ein Fortschritt, aber gewiß keiner zu Ehren dieser Damen!«

Gerade die Kreuzzeitung, die für männliche Duellanten immer ein offenes Ohr hatte und deren späterer Chefredakteur von Hammerstein selber eine stattliche Reihe von Herausforderungen und Zweikämpfen vorweisen konnte, reagierte auf weibliche Duellanten indigniert, herablassend und abwehrend. Daß Frauen in eine so eindeutig männlich definierte Domäne einbrachen, war nicht zu entschuldigen, sondern ein Zeichen des Zeitgeistes, der unbedingt bekämpft werden mußte. Die seit den 1840er Jahren beobachtbare Furcht vor den »Emanzipierten«, die männliche Herrschaftspositionen angriffen und sich männliche Symbole – Zigarren, Hosen und nun auch noch Duelle – zu eigen machten, fand in den einsamen Duellantinnen ein willkommenes Objekt. Selbst wenn, wie Zeitgenossen immer wieder erleichtert hervorhoben, solche »Mannweiber« und »duellierenden Furien« zumindest in Deutschland – in Frankreich scheint dies anders gewesen zu sein – mit der Lupe zu suchen waren, galt ihr Verhalten doch als gefährliches Menetekel, das man einerseits lächerlich zu machen versuchte, andererseits aber doch als ernstzunehmende Bedrohung maskuliner Privilegien begriff. 1858 ermahnte der Hallenser Philosophieprofessor Erdmann seine Studenten: »Vielleicht wird, daß jetzt die Frauen nicht nur Schlittschuh laufen und rauchen, sondern daß einige derselben auch anfangen, sich zu duellieren, ambitiöse junge Männer dahin bringen, sich zusammenzunehmen, damit die Weiber es ihnen nicht zuvortun. Es wäre Zeit.« Vor allem in der zweiten Hälfte des 19. und im frühen 20. Jahrhundert, als die Frauenbewegung immer mehr von sich reden machte und weibliche Forderungen nach gleichen Chancen und Rechten nicht mehr zu überhören waren, beharrte die Männerwelt der Satisfaktionsfähigen eifersüchtig auf ihrem Duellmonopol und suchte es wortgewaltig zu verteidigen.

Dennoch war die Angst, daß Frauen dieses Monopol zerstörten und Konflikte untereinander fortan ebenfalls mit Pistole oder Säbel austrügen, eher vorgeschoben. In Wirklichkeit fürchtete man sich weniger vor duellierenden Frauen als vor Männern, die sich nicht mehr duellierten und unter dem Druck der »Verhältnisse« auf dieses unverwechselbare Insignium von

Männlichkeit verzichteten. Das Duell erschien in dieser Perspektive geradezu als Bollwerk gegen die schleichende »Feminisierung« der Gesellschaft, die sich im öffentlichen Leben, aber auch in der Welt von Technik und Industrie immer deutlicher abzuzeichnen begann. »Weil die Frau nicht Mann werden kann«, diagnostizierte 1902 der streitbare Duellanhänger von Wimpffen, »macht sie den Mann zum Weibe«, eine Verwandlung, die dem Mann alle geschlechtstypischen Energien und Eigenschaften raube und ihn zu einem »lendenlahmen Neutrum« degenerieren lasse. Vor solchen Zeichen des »Verfalls« warnte in den 1890er Jahren auch der Berliner Rechtsprofessor Otto Gierke, wenn er darauf verwies, daß »die Männlichkeit den Männern abhanden« komme, und seine Geschlechtsgenossen aufrüttelte: »Sorgen wir vor allem, daß unsere Männer Männer bleiben!«

Tatsächlich schien das traditionelle Bild starker, kraftvoller, autonomer Männlichkeit in der modernen Gesellschaft allmählich überlebt. Die wachsende Einförmigkeit und Standardisierung industrieller Produktion, die sich von körperbetonter Virilität immer deutlicher distanzierende Technik, die Erfahrung der »Vermassung« und Entindividualisierung in den schnell wachsenden Großstädten – all das trug dazu bei, daß Männer sich ihrer Männlichkeit nicht mehr sicher waren. Selbst der Krieg, jene zutiefst männliche Situation, bot offensichtlich nicht unbedingt die Gewähr, die gefährdete Männlichkeit zu stabilisieren. Zwar vermittelte das Militär im 19. Jahrhundert zweifellos eine »Erziehung zur Männlichkeit«, die »auch im Bürger halbvergessene Manneseigenschaften« zu wecken versprach. Doch entging es aufmerksamen Zeitgenossen nicht, daß, wie die Frauenrechtlerin Helene Lange 1912 konstatierte, »selbst für die Kriegsführung ... heute die Wichtigkeit des Ingenieurs und Technikers gegenüber der des Soldaten unendlich gestiegen« sei und nicht so sehr persönlicher Mut, sondern technische Intelligenz und Präzision über Erfolg und Scheitern einer militärischen Operation entschieden.

Die stupende Beredsamkeit, mit der Studenten, Offiziere, Professoren, Beamte und sonstige Akademiker vor allem in der zweiten Jahrhunderthälfte die »Männlichkeit« des Duells priesen und die Notwendigkeit hervorhoben, den Ehrenzweikampf als Markenzeichen des männlichen Geschlechtscharakters zu bewahren, erhält vor diesem Hintergrund eine besondere Bedeutung. Die Betonung angeblich typisch männlicher Eigenschaften und Fähigkeiten wie Kaltblütigkeit, Eindeutigkeit, Selbstbeherrschung, Selbständigkeit, Freiheitsdrang, Willenskraft und Mut, die sich im Duell einen vollendeten Ausdruck verschafften, nahm geradezu beschwörend-verschwörerische Formen an, als ob es gelte, sie vor dem drohenden Zerfall zu retten. Solange sich Männer noch duellierten, blieben sie wahre Männer, die ihrem Geschlecht Ehre machten und zeigten, daß sie in einer geschlechterdualistisch konzipierten Welt auf der richtigen, Macht und Autonomie verkörpernden Seite standen. [...]

Ebenso wie ein Gerichtsassessor, Arzt oder Offizier nicht von einem Schneider- oder Metzgergesellen in seiner persönlichen Ehre und Männlichkeit gekränkt werden konnte, zeigte er sich auch für Beleidigungen, die Frauen gegen ihn aussprachen, prinzipiell unempfänglich. »Keine Gesellschaft«, meinte 1898 ein Duell-Autor, »wird die Ehre eines Mannes durch den Schimpf eines Weibes, und sei er noch so arg, für verletzt halten.« Niemals – außer in Romanen – wäre ein Mann auf den Gedanken verfallen, eine Frau, die ihn beleidigt hatte, zum Duell zu fordern; allenfalls konnte er überlegen, sie gerichtlich zu verklagen. Eine Frau durfte, so der Verfasser eines Duellkodexes, »für eine Beleidigung, die sie begangen hat, nicht verantwortlich gemacht werden. Genugtuung kann in diesem Falle von ihrem Beschützer verlangt werden.« Diesem Grundsatz folgte 1876 der Referendar und Reserveoffizier Zacher, der auf einem Fest mit der Gattin des Kreisgerichtsrats Maeckelburg in Streit geriet und von ihr als »gemeiner Mensch« tituliert wurde. Anstatt sie dafür direkt und persönlich zur Rechenschaft zu ziehen, wandte sich Zacher an ihren Mann und forderte von ihm »eine Aufklärung dieses Benehmens«. Von nun an war der Konflikt Männersache: Maeckelburg hielt mit seiner Frau Rücksprache, kehrte dann zu Zacher zurück und beleidigte ihn seinerseits mit Ausdrücken wie »dummer Junge« und »gemeiner Lümmel«. Als er ihm außerdem noch Ohrfeigen androhte, revanchierte sich Zacher mit einer Pistolenforderung.

Untätig mußten Frauen auch dann bleiben, wenn sie selber beleidigt worden waren. Laut übereinstimmender Auffassung der Duellhandbücher war es die Aufgabe ihrer »natürlichen Beschützer«, von dem Beleidiger, sofern er männlichen Geschlechts war, für seine Verfehlung Genugtuung zu verlangen. Die Beleidigung ging gleichsam über die Frau hinweg auf ihren Gatten über oder, falls sie unverheiratet war, auf ihren Vater, »der hierdurch in direkter Weise getroffen wird, als wenn sich die Frau nicht zwischen dem Angreifer und ihrem Beschützer befinden würde«. Die Frau als ursprünglich Angegriffene verschwand gänzlich aus dem Blickfeld und räumte den Kampfplatz, um ihn Männern zu überlassen.

Von einer solchen Erfahrung wußte etwa Marianne Weber zu berichten. Als 1910 im Anschluß an die Heidelberger Tagung des Bundes deutscher Frauenvereine ein Zeitungsartikel erschien, in dem ein junger Dozent die Frauenbewegung als Verband von Witwen, Jüdinnen, unverheirateten und sterilen Frauen sowie solchen, die sich den Mutterpflichten bewußt entzögen, verunglimpfte, geriet Max Weber in »weißglühenden Zorn« über diese eindeutig an die Adresse seiner Gattin gerichtete Schmähung. Offenbar bedurfte es großer Überredungskünste, ihn daran zu hindern, »sogleich zu[zu]greifen«. Zunächst forderte Marianne Weber den Dozenten auf, seine Anwürfe zurückzunehmen, und erst als jener darauf nicht einging, »erfolgte unter ihrem Namen eine öffentliche Züchtigung, an deren schneidender Schärfe jeder den Mitverfasser erkannte«. Des weiteren erklärte sich Weber bereit, die »Ehre seiner Frau« im Duell zu »vertreten«, womit der Disput endgültig in einen Konflikt unter Männern überführt worden war.

Weber selber hätte sein Verhalten wahrscheinlich, wenn man ihn danach gefragt hätte, als »ritterlich« bezeichnet und sich damit auf ein Verhaltenskonzept berufen, das im satisfaktionsfähigen Bund der Ehrenmänner hohen legitimatorischen Wert beanspruchte. Nicht nur der Umgang von Männern untereinander sollte den Geboten einer verklärten Ritterlichkeit folgen und Gleichheit, Fairness und Mut widerspiegeln; auch und vor allem das Benehmen dem anderen, »schutzlosen« Geschlecht gegenüber hatte sich an diesem Ideal zu orientieren und sich durch Zuvorkommenheit, Schutz und Verehrung auszuzeichnen. Ebenso wie es galt, der Ehre einer Frau nicht zu nahe zu treten (sofern die Frau der gleichen Gesellschaftsschicht angehörte!), sollte sie dann, wenn sie verletzt worden war, in »ritterlicher« Repräsentation von dem dafür zuständigen »natürlichen Beschützer« verteidigt werden.

Ein solcher Stellvertretungsgedanke leitete sich aus verschiedenen Wurzeln her. Zum einen entsprang er der von der bürgerlichen Gesellschaft des 19. Jahrhunderts übernommenen und verschärften Vorstellung, Frauen seien keine rechtsfähigen Wesen, sondern unterständen der Vormundschaft ihrer Väter bzw. Ehemänner. Als Unmündige seien sie daher weder in der Lage, Verantwortung für ihr Handeln zu übernehmen, noch dürften sie sich selbständig gegen Angriffe Dritter zur Wehr setzen. Diese im Allgemeinen Landrecht von 1794 niedergelegten und im familienrechtlichen Teil des 1900 in Kraft tretenden Bürgerlichen Gesetzbuchs weitgehend fortgeschriebenen Grundsätze bildeten sich auch in den informellen »Gesetzen« des in den sozialen Oberschichten gültigen Ehrenkodexes ab.

Die Tatsache, daß Frauen das Recht und die Fähigkeit abgesprochen wurden, ihre Ehre mit eigener Kraft zu verteidigen, rührte aber zum anderen von der spezifischen Qualität dieser Ehre her. Weibliche Ehre war in noch viel stärkerem Ausmaß als die Ehre von Männern als Geschlechtsehre definiert, die an die körperlich-sexuelle Integrität der Frau gebunden war. Verlor sie diese Integrität, indem sie ihren Körper einem Mann hingab (oder hinzugeben gezwungen war), der dazu kein »Recht« hatte, büßte sie auch ihre Ehre ein. Es war nur folgerichtig, daß solcherart verlorene Körper-Ehre nicht durch eigenen körperlichen Einsatz wiederhergestellt werden durfte. Die durch einen Mann verletzte Ehre konnte nur durch einen Mann »geheilt« werden: entweder, bei unverheirateten Frauen, auf dem Wege der Eheschließung oder, bei verheirateten Frauen, durch ein Duell zwischen Ehebrecher und Ehemann.

Besonders deutlich trat dieser Zusammenhang in einer Begebenheit zutage, die sich 1904 in Berlin ereignete. Damals hatte der 45 jährige, verheiratete Hauptmann Joachim von Levetzow die zwanzig Jahre jüngere, ledige Margaretha Gaup kennengelernt und intime Beziehungen zu ihr angeknüpft. Beide trafen sich mehrfach in einer Absteige. Als dies ein Jahr später dem Bruder der jungen Dame, die mittlerweile mit einem Berliner Bankier verheiratet war, zu Ohren kam, sah sich dieser, ebenfalls Offizier, »als der älteste männliche Vertreter seiner Familie zu einer Herausforderung des Hauptmanns a. D. v. Levetzow zum Zweikampf auf Pistolen genötigt, um sich für die ihm und seiner Familie zugefügte schwere Beleidigung Genugtuung zu verschaffen«. Zunächst hatte der Gatte Margaretha Gaups den verflossenen Liebhaber zur Rechenschaft ziehen wollen, zumal Margaretha anfangs vorgab, von Levetzow verführt und vergewaltigt worden zu sein. Als sich aber herausstellte, daß sie die Beziehung freiwillig eingegangen war, betrachtete ihr Mann den Ehrenhandel als gegenstandslos und überließ das Feld seinem Schwager. Indem Margaretha ihre Jungfräulichkeit dem falschen Mann geopfert hatte, nämlich einem, der bereits verheiratet war und ihre durch den unehelichen Beischlaf verletzte Ehre nicht durch eine nachträgliche Eheschließung reparieren konnte oder wollte, war nicht nur ihre eigene Ehre, sondern auch die ihrer Familie in Mitleidenschaft gezogen worden. Ihr Bruder handelte daher gleichsam in doppelter Funktion: als ihr Stellvertreter und in eigenem Namen.

Hätte Margaretha Gaup *nach* ihrer Heirat mit dem Hauptmann geschlafen, wäre es Sache ihres Gatten gewesen, sich in seiner »häuslichen« oder »Familienehre« verletzt zu fühlen und den Offizier zum Duell zu fordern. Der Bankier wäre damit aber nicht in erster Linie als Geschlechtsvormund seiner Frau aufgetreten, sondern als ein in seiner persönlichen Ehre gekränkter Mann. Indem ein anderer Mann in den »befriedeten Bezirk seiner Familie« eingedrungen wäre, hätte er sich »an einem überaus kostbaren Gute des Ehemannes« vergriffen,

»welches durch die Intimität der ehelichen Beziehungen gewissermaßen einen Teil der eigenen Persönlichkeit desselben« konstituierte. Der Ehebruch dokumentierte »eine eklatante Geringschätzung dieser Persönlichkeit und bildet somit einen scharfen Affront gegen die Wehrhaftigkeit des Gatten«. Wurde der Affront durch eine Duellforderung zurückgewiesen, bewies der Ehemann, daß er nicht bereit war, die Enteignung seiner Ehefrau zu dulden und den massiven Angriff auf seine Männlichkeit klaglos hinzunehmen. Trotz der Beteuerungen vieler Zeitgenossen, es gebe gar keine männliche Sexual- oder Geschlechtsehre, agierte der Gatte in einem solchen Fall unverhohlen die sexuelle Kränkung aus, die ihm der Ehebruch zugefügt hatte. Auf dem Duellplatz zeigte er sich selber, seiner Frau, dem Ehebrecher und der ganzen Gesellschaft, daß er immer noch Manns genug war, seine im Bett des Nebenbuhlers angezweifelte Männlichkeit im mutigen, todesverachtenden Kampf zu verteidigen. Nicht verletzte Liebe, sondern verletzte Männlichkeit und Ehre bewogen den Ehemann zu diesem Schritt, von dem er seine Frau in der Regel – sofern er es dann noch konnte – erst nach dem Duell in Kenntnis setzte. Selbst wenn die Ehe längst zerrüttet war und die Ehegatten getrennt lebten, forderte die gekränkte Männerehre gebieterisch ein Duell – ein deutlicher Beweis dafür, daß der »Kampf ums Weib« höchstens den formellen Anlaß, keineswegs aber das eigentliche Motiv des Ehrenzweikampfs abgab.

Als der Stabsarzt Scholz den 42jährigen verwitweten Hauptmann Karl von Eckartsberg wegen Ehebruchs mit seiner Frau 1904 zum Duell forderte, beabsichtigte er damit sicherlich nicht, seine Ehe zu retten, die er selber mehrfach gebrochen hatte. Die Ehe hatte von Anfang an nicht funktioniert, und spätestens als sie ihren Mann mit dem Dienstmädchen erwischte, entschloß sich Frau Scholz, sich von ihm zu trennen. Während seiner zweijährigen Abkommandierung nach Ostasien ging sie ein Verhältnis mit seinem Regimentskameraden Eckartsberg ein, wovon Scholz nach seiner Rückkehr erfuhr. Obwohl er selber in China und Japan »anscheinend kein sittlich einwandfreies Leben geführt« hatte, forderte er den Hauptmann zum Pistolenduell, das unter schwersten Bedingungen – gezogene Pistolen mit Visier, zehn Schritte Distanz und dreimaliger Kugelwechsel – stattfand. Im zweiten Gang erhielt Scholz eine schwere Schußverletzung in Kinn und Hals; sein Gegner blieb unverletzt.

Daß die Gesellschaft der Ehrenmänner ein Verhalten, wie es Scholz an den Tag legte, erwartete, zeigten die Vorkommnisse in Kiel 1899, als der 36jährige Kapitänleutnant Alfons von Bentheim mit schlichtem Abschied aus der Marine entlassen wurde, weil er Kameraden, die mit seiner Frau geschlafen hatten, nicht zum Duell gefordert hatte. Als Bentheim nach seiner Rückkehr von einer Auslandsreise erfuhr, daß seine Frau zwischenzeitlich intime Beziehungen zu mehreren Offizieren unterhalten hatte, reichte er die Scheidung ein, unterließ es aber, diejenigen Schritte zu tun, zu denen er nach Ansicht des Offizierkorps »zur Sühne des Geschehens verpflichtet war«. Vom Ehrengericht befragt, warum er die betreffenden Offiziere nicht sofort gefordert habe, erklärte er, erst den Scheidungsprozeß abwarten zu wollen, um seine Kinder bei einem für ihn ungünstigen Duellausgang nicht einer »minderwertigen Frau« überlassen zu müssen. Das Ehrengericht ließ dieses Argument nicht gelten, »da die Wahrung der Ehre allen anderen Rücksichten vorangestellt werden mußte«.

Rief Bentheims Verhalten bei seinen Kameraden und Vorgesetzten nur Unverständnis hervor, konnte ein Mann wie der Landrat Adolf von Bennigsen, der 1902 den Liebhaber seiner Frau zum Duell forderte, der Zustimmung seiner sozialen Kreise gewiß sein. Bennigsens Gattin, Mutter von fünf Kindern, hatte eineinhalb Jahre lang ein sexuelles Verhältnis mit dem Domänenpächter Oswald Falkenhagen unterhalten, der bei Bennigsens täglich ein- und ausging und mit dem Ehemann Skat spielte. Als Bennigsen davon erfuhr, übersandte er Falkenhagen eine Pistolenforderung, die jener sofort annahm. Das Hannoveraner Schwurgericht, das Falkenhagen nach dem für Bennigsen tödlich verlaufenden Duell zu sechsjähriger Festungshaft verurteilte, zog strafverschärfend in Erwägung, daß der Domänenpächter dem Landrat durch den »lange Zeit hindurch fortgesetzten Ehebruch mit dessen Frau den größten Schimpf angetan hat, der einem Ehemann zugefügt werden kann, einen Schimpf, unter dem auch die angesehene Familie des Getöteten und seine Kinder zu leiden haben würden; ferner, daß er trotz seiner sträflichen Beziehung zur Frau seines Gegners weiter in dessen Hause gesellig verkehrt hat«. Diese massive Aufkündigung männlicher Loyalität konnte nach Ansicht des satisfaktionsfähigen Männerbundes nicht anders beantwortet werden als mit einer männlichen Tat, durch die Bennigsen seine so empfindlich gekränkte Ehre als Mann wiederherstellte.

Auch Armand von Ardenne, Adjutant des preußischen Kriegsministers, griff 1886 zu diesem Mittel, als er von der Liaison zwischen seiner Frau Elisabeth und dem Amtsrichter Emil Hartwich erfuhr. Obwohl die Affäre Jahre zurücklag, schickte er dem Mann, den er als Freund des Hauses geschätzt hatte, eine Pistolenforderung. Anders als im Duell Bennigsen/Falkenhagen überlebte damals der betrogene Ehemann, der sofort danach die Scheidungsklage einreichte und Theodor Fontane zu einem Roman inspirierte, der das Duell als gesellschaftliche Konvention sehr kritisch unter die Lupe nahm.

Ohne den sozialen Druck, dem Männer der »besseren« Kreise in solchen Fällen ausgesetzt waren, unterschätzen zu wollen, scheinen doch gerade Zweikämpfe, die aus Anlaß eines Ehebruchs vereinbart wurden, in dieser Konventionalität nicht aufgegangen zu sein. Ein Mann wie Bennigsen gehorchte wohl kaum nur einem gesellschaftlichen Zwang, als er Falkenhagen zum Duell forderte. Allenfalls könnte man sagen, daß er unter dem Zwang stand, seine Männlichkeit zu behaupten, und dafür einen Weg wählte, der ihn mit seinem Gegner direkt, beinahe hautnah konfrontierte. Indem ihm das Duell erlaubte, Eigenschaften, die als wesentliche Züge von Männlichkeit galten, zu demonstrieren und auszuspielen, gewann er vor sich selber, vor seinem Angreifer und dem immer präsenten, wenn auch nicht physisch anwesenden Publikum seine Glaubwürdigkeit als Mann zurück.

Selbst Männer, die dem Duell mit großen Vorbehalten begegneten, die viel an seinen Formen und Anlässen auszusetzen hatten, hielten es in solchen Situationen für legitim und notwendig – ein überzeugender Beleg für die prinzipielle Zustimmung, deren sich das Duell als Manifestation des männlichen Geschlechtscharakters, der männlichen Persönlichkeit gerade auch im Kaiserreich erfreute.

Konnte sich diese Männlichkeit zweifellos am besten dort entfalten, wo Frauen im Spiel waren, bildeten Ehebruch oder Eifersucht doch keineswegs die häufigsten Anlässe eines Zweikampfs. Der preußische Kriegsminister gab 1913 im Reichstag bekannt, daß von den insgesamt 53 Offizieren, die seit 1897 als Duellanten verurteilt worden seien, nur ganze 14 wegen »unerlaubten Verkehrs mit Frauen« in ein Duell verwickelt wurden. Demgegenüber hätten in 32 Fällen tätliche, in 7 wörtliche Beleidigungen den Anlaß zum Zweikampf gegeben. Diese Statistik läßt sich durch die Auswertung archivalischer Quellen unschwer bestätigen. Dennoch fällt auf, daß sehr viele, wenn nicht sogar die meisten duellträchtigen Konflikte unter Männern in einem gesellschaftlichen Umfeld entstanden, das durch die prominente Gegenwart von Frauen gekennzeichnet war. Bevorzugter Ort, an dem Duelle verabredet wurden, waren gesellige Veranstaltungen, Bälle, Tanztees, private Festlichkeiten, auf denen sich beide Geschlechter mischten. Unter den aufmerksamen Augen potentieller Heiratskandidatinnen suchten sich Männer gegenseitig in ihrer Männlichkeit zu übertreffen. Jede Berührung, jede Tabakqualmwolke konnte ihnen willkommener Anlaß sein, einen Streit vom Zaun zu brechen und sich als Helden zu präsentieren. Gerade angesichts der relativ scharfen Trennung männlicher und weiblicher Sphären in der bürgerlichen Gesellschaft des 19. Jahrhunderts, die sich auch auf der Ebene von Gesten, Sprache und Blicken deutlich ausprägte, schien es bei solchen Begegnungen offenbar reizvoll, das männliche Persönlichkeitsinventar in seiner ganzen Fülle in Szene zu setzen und den anwesenden Damen einen bleibenden Eindruck des »männlichen Charakters« zu vermitteln.

Doch selbst dann, wenn Frauen bei einem solchen Konflikt nicht zugegen waren, konnte man mit Sicherheit davon ausgehen, daß ihnen die Kunde eines Zweikampfes zu Ohren kommen würde. Daß es eine für Männer schmeichelhafte Kunde war, zog kaum jemand ernsthaft in Zweifel. Um ihren Angebeteten zu imponieren, erfanden Liebhaber zuweilen sogar ein Duell. So erhielt eine junge Frau namens Fanny Caspers zu Beginn des 19. Jahrhunderts Besuch von ihrem ungeliebten Bräutigam, einem Arzt, dessen Arm in einem Verband steckte. »Er erzählte, er habe um Fannys willen ein Duell gehabt. Diese war anfangs betroffen, dann aber stellte sie mit dem angeblichen Duellanten ein solches Kreuzverhör von allerlei Fragen an, daß sich bald zeigte, wie er Komödie gespielt hatte, um seiner Braut mehr Liebe zu sich einzuflößen.«

Die Ehre einer Frau im Duell zu verteidigen, brachte Männern demnach Ruhm, Ehre und die ewige Dankbarkeit der von so viel Ritterlichkeit und Mut »Betroffenen« ein. Für die Frau dagegen, die solcherart zum Anlaß eines männlichen Ehrenhandels geworden war, stellte sich die Situation sehr viel ambivalenter dar. Mochte sie sich einerseits, wie der katholische Duellgegner Graf Stolberg 1820 tadelte, »mit dem Erkühnen des Betörten, der in ihrem Dienste seine Seele in Gefahr stürzt«, brüsten und sich in ihrer »Eitelkeit« geschmeichelt fühlen, konnte andererseits ihr Ruf Schaden nehmen. Selbst wenn sie ohne eigenes Zutun und gegen ihren erklärten Willen ein Duell provoziert hatte, trübte allein schon das öffentliche Gerede, das dadurch ausgelöst wurde, »den Glanz ihres guten Rufes«. Etwas blieb immer »hängen«, getreu der viktimologischen Devise, daß das Opfer an der Tat nie ganz unschuldig gewesen sein könne. Anständige Frauen, hieß es denn auch, achteten durch ihr eindeutiges, fehlerfreies Verhalten darauf, keinen Grund zu ehrenrühriger Nachrede zu geben; ein Duell, das ihretwegen stattfand, mußte daher zwangsläufig Zweifel an ihrer makellosen Moral wecken. Endete der Zweikampf gar tödlich, hatten sie massive Vorwürfe und, im schlimmsten Fall, soziale Ächtung zu gewärtigen.

Frauen, die ein Duell ›schuldhaft‹ verursachten, traf das Urteil der öffentlichen Meinung mit besonderer, existenzvernichtender Wucht. Ihr Fehltritt, ihre eheliche Untreue etwa, wurden durch den Ehrenhandel allgemein publik und prägten sich dem kollektiven Gedächtnis als gesellschaftlicher Skandal unauslöschlich ein. Der männliche Ehrenkodex erlegte daher auch Frauen immense Verhaltenszwänge auf – ohne sie aber, gewissermaßen als Ausgleich, an dem partizipieren zu lassen, was das Duell als Akt autonomer Selbstbestätigung für viele Männer so attraktiv machte. Waren sie nicht jederzeit peinlich darauf bedacht, ihre Ehre bzw. das, was aus männlicher Sicht dafür galt, unversehrt zu erhalten, stürzten sie ihren »natürlichen Beschützer« in einen vielleicht tödlichen Konflikt, der zwar *seine* Ehre rettete, die *ihre* jedoch faktisch zerstörte oder zumindest schwer belastete.

Bezeichnenderweise wurde diese fundamentale Asymmetrie in der zeitgenössischen Duell-Debatte kaum jemals angesprochen, geschweige denn problematisiert. Anstatt Frauen als die eigentlich Leidtragenden der konventionellen Ehrbegriffe wahrzunehmen, neigte man vielmehr dazu, sie für die Zweikämpfe der Männer aktiv verantwortlich zu machen. Nicht ein ins Absurde übersteigerter Männlichkeitskult, sondern die Schwäche des »starken Geschlechts«, leichtsinnigen Verführungen der Frauen nicht widerstehen zu können, galt vielen Duellkritikern als Quelle des Übels. Um so eindringlicher appellierten sie an die potentiellen Verursacherinnen, ihre gefährliche Macht nicht zu mißbrauchen, Duellanten gesellschaftlich zu boykottieren und sich als züchtige »Weiserinnen« auf den »verschlungenen Pfaden männlicher Ehre« zu betätigen: »Wohl mische sich die Frau nicht in den ernsten Streit der Männer. Wo aber ein unseliges Vorurteil die Wurzeln der Familie anzunagen droht, da frommt auch ihr ein Wort.« Die Wirkung solcher Appelle scheint jedoch begrenzt gewesen zu sein. Vorwurfsvoll monierte 1903 der Zentrumsabgeordnete Bachem auf der 50. Generalversammlung der Katholiken Deutschlands, daß »man oft von ganz katholischen Damen Bemerkungen nach dieser Richtung hört: Das Duell ist allerdings eine scheußliche Sache, aber ein Duellant ist doch ein recht pikanter und interessanter junger Mann, den muß man sich ansehen. (Heiterkeit)«. Noch größere Heiterkeit erntete sein nächster Satz: »Das ist ja in einem gewissen Sinne erklärlich aus der Natur des weiblichen Geschlechts heraus.«

Wie sehr sich Bachem und die heiteren katholischen Bürger auch über diese »Natur« belustigen mochten – Tatsache war, daß Frauen dort, wo sie auf ein weibliches Rollenmodell festgelegt wurden, das ihnen kaum Spielräume für autonomes Handeln zugestand, ihre sozialen Geltungsansprüche nur durch Männer befriedigen konnten. Immerhin verkündete ein einflußreicher Pädagoge wie Friedrich Paulsen noch 1889, die Frau habe »keine selbständige Ehre, weder politisch noch sozial, sie hat Teil an der des Mannes. Der Ehrtrieb, der in ihr ist, kann also nur indirekt Befriedigung finden: dem Mann anziehend zu sein, ist für sie unter allen Umständen der gewiesene Weg zu jedem Ziel.« Wenn sich aber Frauen nur im Schatten von Männern bewegen, als Spiegelbilder von Männern erscheinen durften, konnte es nicht überraschen, daß sie Männer bevorzugten, die Kraft und Stärke demonstrierten und deren »Ehrenschild«, um eine beliebte zeitgenössische Wendung zu benutzen, so blank geputzt war, daß sich Frauen ungetrübt darin spiegeln konnten. Solange sich Frauen durch Männer definierten und sich einander als »Frau Bankdirektor«, »Frau Regierungsrat« oder »Frau Rechtsanwalt« vorstellten, durfte sich eigentlich niemand darüber wundern, daß sie für Männer schwärmten, die den Ansprüchen, die ihre »Natur«, ihr Geschlechtscharakter ihnen auferlegten, vollauf gerecht wurden. Die von manchen beklagten, von anderen geschätzten »Sympathien« des »weiblichen Geschlechts« für das Duell und das darin verkörperte männliche Heldentum waren deshalb nur folgerichtig und die in christlichen Romanen stilisierte weibliche Abwehr in der sozialen Wirklichkeit wohl nicht häufiger anzutreffen als ihr männliches Pendant.

Wenn Frauen zuweilen sogar größere Begeisterung für das Duell aufzubringen schienen als Männer, läßt sich dies gleichfalls aus dem ihrer Lebenssituation entspringenden Bedürfnis erklären, in Männern das zu lieben, was ihnen selber nicht gestattet war und worin sich Männer dezidiert von Frauen unterschieden. Ebenso wie Männer eine Vorliebe für »weibliche« Frauen an den Tag legten, begeisterten sich Frauen für »männliche« Männer – ein im polaren, auf Komplementarität bedachten Geschlechterverständnis des ›bürgerlichen‹ 19. Jahrhunderts mühelos nachvollziehbarer Mechanismus. So riet der Dichter Georg Weerth, der sich in seinem 1849 erschienenen parodistischen Schnapphahnski-Roman auch über das Duell als Mannbarkeitsritual lustig machte, jedem Mann, sich wenigstens einmal in seinem Leben zu duellieren, denn: »Kann man den Frauen ein größeres Vergnügen machen, als wenn man ihnen beweist, daß man ein Mann ist?«

In diesem Sinn bestärkte Caroline von Humboldt ihren Gatten nachträglich in seinem Entschluß, sich mit Boyen zu duellieren: »Wie es einmal war, so hätte ich selbst, wenn ich bei Dir gewesen wäre und Du mich wert gefunden hättest, mit mir darüber zu sprechen, Dir keinen anderen Rat geben können, als wie Du es gemacht hast. Es ist immer kurios, was man für aufgeerbte Empfindungen über ein Duell hat, sie lassen sich nie wegräsonnieren, und ich ließe nie eins zweifelhaft.« Wilhelm war demgegenüber weniger bestimmt und reagierte leicht pikiert: »Ich muß sehr über Dich lachen, mein gutes Kind, was Du für recht adlige Ideen über Duelle hast.« Ob es nun nur die Ideen einer standesbewußten Adligen waren oder auch die einer auf ihre Weiblichkeit bedachten Frau, ist eine Interpretationsfrage, die sich ebenso an Sophie von Hatzfeldt richten ließe. Während Lassalle sich noch 1858 als grundsätzlicher Gegner des Duells verstand, stimmte sie darin nach eigenem Bekunden nicht mit ihm überein. Die oft beschriebene »Duellschwärmerei« vieler nichtadliger Frauen spricht denn auch dafür, die Haltung der beiden Damen nicht so sehr als adlige Prätention, sondern vor allem als Ausdruck eines polaren Geschlechterdenkens zu werten.

Je mehr sich dieses Denk- und Wahrnehmungsmodell jedoch auf weiblicher Seite abschwächte und modifizierte, desto wahrscheinlicher wurde es, daß Frauen die für sie nicht nur schmeichelhafte Geschlechtersymbolik des männlichen Ehrenzweikampfs mit kritischerem Blick betrachteten. »Bis jetzt«, notierte Generalleutnant von Boguslawski kurz nach der Jahrhundertwende, hätten Frauen »die Betätigung von Energie und Mut« bei Männern sehr geschätzt, doch lasse das Auftreten der Frauenbewegung Schlimmes befürchten: »Frauenrechtlerische Ausartung« wolle »jetzt des männlichen Schutzes entbehren können«. Im Deutschen Adelsblatt legte ein Standesgenosse namens von Stenglin 1895 dar, daß zwischen weiblicher Emanzipationsanstrengung und männlichem Ritterlichkeitsangebot ein grundlegender Widerspruch bestehe: Ritterlichkeit könne es »zwischen Gleichberechtigten nicht geben, weil diese Ungleichheit, nämlich die Rücksicht erheischende Schwäche des einen Teils, voraussetzt«.

Tatsächlich ließen Frauen, die Stärke und Autonomie zunehmend auch für sich selber beanspruchten, Männern immer weniger Spielraum, sich als ihre »natürlichen Beschützer« zu gerieren. So mancher Mann wäre scharf zusammengezuckt, hätte er 1912 Helene Langes bissige Attacke gegen »Duellsitte und Patriarchalismus« gelesen: »Diese merkwürdige und für jede selbstbewußte Frau so befremdende Art, zu formulieren: wenn ›einem Mann seine Frau oder Tochter verführt wird‹. Als ob man sagte, ›wenn einem seine Katze gestohlen wird‹. Diese unbewußte Herabdrückung der Frau unter das Maß persönlicher Verantwortlichkeit, das in einem solchen Fall dem Mann als Schuldigen oder Rächer zugeschoben wird. Ihr Ausgeschaltetsein aus dem Austrag des Falls, den die Männer als Besitzer unter sich erledigen und dieser Begriff der ›Familienehre‹, die nichts anderes als eine erweiterte Mannesehre ist, die von der Frau zwar verletzt, aber nicht behauptet werden kann.«

Ob unter Helene Langes Leserinnen viele solcher selbstbewußten Frauen waren, die ein Duell zwischen Ehemann und Liebhaber als persönliche Demütigung empfunden hätten, ist schwer zu entscheiden. Immerhin scheint es selbst Marianne Weber ihrem Gatten alles andere als übelgenommen zu haben, daß er ihre »Ehre« im Duell vertreten wollte. Dennoch ließen der Aufbruch der Frauenbewegung und ihre spätestens seit der

Jahrhundertwende unübersehbaren Erfolge auf dem Gebiet weiblicher Bildungs- und Erwerbschancen das männliche Selbstbewußtsein nicht gänzlich ungeschoren. In dem Maße, wie Frauen ihre Handlungsspielräume ausdehnten und die eng gezogenen Grenzen ihres »weiblichen Charakters« überschritten, mußten sich auch Männer neu orientieren und sich allmählich von liebgewordenen, aber auch belastenden Zeichen ihrer Männlichkeit trennen. Das Duell war eines dieser Zeichen, das sich zwar noch in den letzten Jahren des Kaiserreichs hoher Popularität erfreuen konnte, dessen Tage aber – nicht zuletzt wegen der bereits eingeleiteten Veränderungen in den Beziehungen der Geschlechter – gezählt waren.

Autorinnen, Autoren und Quellennachweis

WOLFGANG BEHRINGER, geb. 1956, Stipendiat der DFG, Historiker an der Universität Bonn.
Verdacht, Verhör, Folter und Hinrichtung: Stationen der Hexenverfolgung, aus: Hexen und Hexenprozesse. Hrsg. v. Wolfgang Behringer, 2. überarb. Aufl. München 1993 (dtv 2957), S. 267–274 © Deutscher Taschenbuch Verlag GmbH & Co. KG, München.

LOUISE BRUIT ZAIDMAN, Dozentin an der Universität von Paris VII.
Die jungen Mädchen, aus: Georges Duby/Michelle Perrot (Hrsg.), Geschichte der Frauen. Bd. 1: Antike. Hrsg. v. Pauline Schmitt Pantel, Frankfurt 1993, S. 378–387. © 1993 Campus Verlag, Frankfurt a. M., New York/ Editions de la fondation Maison des Sciences de l'homme, Paris.

JOACHIM BUMKE, geb. 1929, em. Professor für Literaturgeschichte des Mittelalters an der Universität Köln.
Lehren für Frauen. Erziehung und Bildung, aus: Höfische Kultur. Literatur und Gesellschaft im hohen Mittelalter. München, 8. Aufl. 1997 (dtv 4442), S. 470–483. © Deutscher Taschenbuch Verlag GmbH & Co. KG, München.

MARGARETHA DEBRUNNER-HALL, geb. 1960, Honorary Fellow und Lecturer für Alte Geschichte am University College in London.
Eine reine Männerwelt? Frauen um das römische Heer, aus: Maria H. Dettenhofer (Hrsg.), Reine Männersache? Frauen in Männerdomänen der antiken Welt. Köln 1994, S. 207–228. © Böhlau Verlag, Köln.

GEORGES DUBY, 1920–1996, lehrte Geschichte am Collège de France in Paris und war Mitglied der Académie Française.
Eleonore, aus: Héloise, Isolde und andere. Frauen im zwölften Jahrhundert. Aus dem Französischen von Grete Osterwald, Frankfurt 1997, S. 15–35. © 1995 Editions Gallimard, Paris/ 1997 S. Fischer Verlag, Frankfurt a. M.

EDITH ENNEN ist em. Professorin für Mittelalterliche und Neuere Geschichte der Universität Bonn.
Die weibliche Frömmigkeitsbewegung, aus: Frauen im Mittelalter. München, 5. überarb. u. erw. Aufl. 1994, S. 112–125.
Die Frau in der mittelalterlichen Stadtgesellschaft, aus: ebd., S. 143, S. 158–166. © C. H. Beck'sche Verlagsbuchhandlung (Oscar Beck), München.

UTE FREVERT ist Professorin für Neuere und Neueste Geschichte an der Universität Konstanz.
Männergeschichten – Frauengeschichten, aus: Ehrenmänner. Das Duell in der bürgerlichen Gesellschaft. München 1995 (dtv 4646), S. 264–286. © 1991 C. H. Beck'sche Verlagsbuchhandlung (Oskar Beck), München.

JANE F. GARDNER ist Professorin am Institut für Alte Geschichte der Universität Reading.
Arbeitende Frauen, aus: Frauen im antiken Rom. Familie, Alltag, Recht. Aus dem Englischen von Kai Brodersen, München 1995, S. 235–257. © C. H. Beck'sche Verlagsbuchhandlung (Oscar Beck), München.

DAGMAR VON GERSDORFF, geb. 1938, ist promovierte Literatur- und Kunstwissenschaftlerin.
»Nur Ausdauer und Widerstand können uns retten«. Die Unterredung von Luise und Napoleon. 1807, aus: Königin Luise und Friedrich Wilhelm III. Berlin 1996, S. 149–163. © Rowohlt · Berlin Verlag, Berlin.

AGNES-MARIE GRISEBACH, geb. 1913, ist freie Schriftstellerin.
Amalie und die Droste, aus: Frauen im Korsett. Zwei ledige Bürgertöchter im 19. Jahrhundert, Stuttgart 1995, S. 125–141. © Deutsche Verlags-Anstalt, Stuttgart.

HANS-WERNER GOETZ ist Professor für Mittelalterliche Geschichte an der Universität Hamburg.
Eheleben und Sexualität, aus: Frauen im Mittelalter. Frauenbild und Frauenleben im Frankenreich. Köln 1995, S. 231–242. © Böhlau Verlag, Köln.

IRENE HARDACH-PINKE ist Soziologin und lebt in Marburg.
Ein anständiger Broterwerb, aus: Die Gouvernante. Geschichte eines Frauenberufs. Frankfurt 1993, S. 257–265. © Campus Verlag, Frankfurt a. M.

ERDMUTE HELLER studierte Orientalistik und arbeitet als Journalistin.
HASSOUNA MOSBAHI, geb. in Kairouan (Tunesien), ist Schriftsteller und Journalist.
Der Schleier und die Verbote des Islam, aus: Hinter den Schleiern des Islam. Erotik und Sexualität in der arabischen Kultur. München 1997 (dtv 4712), S. 108–115. © 1993 C. H. Beck'sche Verlagsbuchhandlung (Oscar Beck), München.

MARGARET L. KING ist Professorin für Geschichte an der City University of New York.
Frauen mit Macht und Einfluß, aus: Frauen in der Renaissance. Aus dem Englischen von Holger Fliessbach, München 1993, S. 188–197. © 1993 C. H. Beck'sche Verlagsbuchhandlung (Oscar Beck), München.

GERDA LERNER ist em. Professorin für Geschichte der Universität Wisconsin, Madison.
Die Ehefrau und die Konkubine, aus: Die Entstehung des Patriarchats. Übersetzt von Walmot Möller-Falkenberg, München 1997 (dtv 4710) S. 135, 142–160.
Frauengruppen, Frauennetzwerke, soziale Freiräume, aus: Die Entstehung des feministischen Bewußtseins. Vom Mittelalter bis zur ersten Frauenbewegung. Übersetzt von Walmot Möller-Falkenberg. Frankfurt a. M. 1995, S. 278–283. © 1993 Campus Verlag, Frankfurt a. M.

MANUELA MÜLLER-WINDISCH ist Pressereferentin einer staatlichen britischen Organisation in Frankfurt a. M.
Das Lockern der Gewänder, aus: Aufgeschnürt und außer Atem. Die Anfänge des Frauensports im viktorianischen Zeitalter. Frankfurt a. M. 1995, S. 58–68. © Campus Verlag, Frankfurt a. M.

RÉGINE PERNOUD, war Konservatorin an den Archives Nationales in Paris.
Die Rose und die Schriftgelehrten, aus: Christine de Pizan. Das Leben einer außergewöhnlichen Frau und Schriftstellerin im Mittelalter. Übersetzt von Sybille A. Rott-Illfeld, München, 5. Aufl. 1997 (dtv 30631), S. 88–109. © Deutscher Taschenbuch Verlag GmbH & Co. KG, München.

GAY ROBINS ist Assistant Professor in der Abteilung für Geschichte und Kuratorin für Ägyptische Kunst im Michael C. Carlos Museum der Emeroy University, Atlanta, Georgia.
Fruchtbarkeit, Schwangerschaft und Geburt, aus: Frauenleben im alten Ägypten. Übersetzt von Martina Dervis und Sabine Jainski, München 1996, S. 84–97. © C. H. Beck'sche Verlagsbuchhandlung (Oscar Beck), München.

PETER SCHUSTER, geb. 1957, ist promovierter Historiker in Bielefeld.
Die Prostituierten, aus: Das Frauenhaus. Städtische Bordelle in Deutschland 1350–1600. Paderborn 1992, S. 77–98. © 1992 Ferdinand Schöningh, Paderborn.

INGEBORG WEBER-KELLERMANN ist em. Professorin für Geschichte in Marburg.
Bauer und Bäuerin, aus: Landleben im 19. Jahrhundert. München 1987, S. 132–133, S. 144–153. © 1987 C. H. Beck'sche Verlagsbuchhandlung (Oscar Beck), München.

HEIDE WUNDER, geb. 1939, ist Professorin für Sozial- und Verfassungsgeschichte der frühen Neuzeit in Kassel.
Die Hebamme: ein Frauenberuf, aus: »Er ist die Sonn', sie ist der Mond«. Frauen in der Frühen Neuzeit. München 1992, S. 139–144.
© C. H. Beck'sche Verlagsbuchhandlung (Oscar Beck), München.

NATALIE ZEMON DAVIS, geb. 1928, ist em. Professorin für Geschichte der Universität Princeton.
Mit Gott rechten. Glikl bas Judah Leib, aus: Drei Frauenleben. Glikl, Marie de l'Incarnation, Maria Sibylla Merian. Übersetzt von Wolfgang Kaiser, Darmstadt 1996, S. 13–25. © 1996 Verlag Klaus Wagenbach, Berlin.